公共财政学概论

GONGGONG CAIZHENGXUE GAILUN

（第三版）

刘隽亭　许春淑◎主　编

首都经济贸易大学出版社
Capital University of Economics and Business Press
·北　京·

图书在版编目(CIP)数据

公共财政学概论/刘隽亭,许春淑主编. —3版. —北京:首都经济贸易大学出版社,2014.9

ISBN 978-7-5638-1461-9

Ⅰ.①公… Ⅱ.①刘… ②许… Ⅲ.①公共财政学 Ⅳ.①F810

中国版本图书馆CIP数据核字(2012)第146869号

公共财政学概论(第三版)

刘隽亭 许春淑 主编

出版发行	首都经济贸易大学出版社
地　　址	北京市朝阳区红庙(邮编100026)
电　　话	(010)65976483 65065761 65071505(传真)
E-mail	publish@cueb.edu.cn
经　　销	全国新华书店
照　　排	首都经济贸易大学出版社激光照排服务部
印　　刷	北京世纪雨田印刷有限责任公司
开　　本	880毫米×1230毫米 1/32
字　　数	406千字
印　　张	15.875
版　　次	2004年2月第1版 2012年7月第2版 2014年9月第3版 2014年9月总第8次印刷
印　　数	19 001~23 000
书　　号	ISBN 978-7-5638-1461-9/F·1156
定　　价	29.00元

作者简介

刘隽亭，男，1954 年 6 月生，天津武清人，天津商业大学三级教授、硕士研究生导师，天津财政学会、税务学会、金融学会理事。从 1977 年恢复高考首批录入大学后，致力于该领域的学习与研究已 36 载，为全校经济、管理类的学生累计授课 331 个班，标准学时达 10 580 个，授课的各类学生达 13 270 人。先后担任 10 年的系主任和总支书记等行政职务，耗费了大量的精力与体力。在繁重的教学和行政工作重压下，始终念念不忘科学研究，本人执笔并公开发表科研论文 65 篇，其中《财政研究》《税务研究》《财经研究》等核心期刊 28 篇，CSSCI 来源期刊 14 篇。主编教材及工具书 7 部，撰写学术专著 6 部，累计撰写并出版 306 万字。主持并完成省部级课题三项，有两项分别获国家税务总局首届优秀成果奖和天津市第八届优秀社会科学成果二等奖。曾连续三年被天津市教委授予"三育人"先进个人、连续两年被天津市总工会授予"八、五"立功奖章，1995 年被国家教委和人事部联合授予"全国优秀教师"光荣称号。

许春淑，女，1964 年 11 月生，副教授，毕业于山西财经学院(现山西财经大学)统计系，后在天津财经大学取得经济学硕士学位，现从事财税理论的教学与科研工作,并担任财政教研室主任。主讲过“西方经济学”、“财政学”、“税收学”和“国际税收学”等课程。在《税务研究》《中国财政》《山西财经大学学报》等刊物发表论文 20 多篇,主编教材 2 部,参编教材 4 部,主持天津市社科规划项目和国家统计局项目各一项、天津市青年基金项目和天津市教委项目各一项,参加国家社科基金项目子课题一项。

序　言

本书的主编刘隽亭教授和许春淑副教授，多年来从事财经科学的教学和研究工作，积累了丰富的知识和经验，本书就是在此基础上，经过较长时间的思考和酝酿写成的，我作为从事财政学教学的老教师，身在同行之列，对他们的成长和进步甚感欣慰和鼓舞。通阅全书之后，我感到该书与国内已经出版的财政学教材相比较，具有几个明显特点。

该书的第一个特点是，理论体系的继承性和创新性的相结合。本书对财政理论各个研究领域的知识都做了简明的介绍，使学生从中可以获得关于财政分配的完整认识。同时，该书还注重以市场经济理论为基础来研究财政问题和构建财政体系理论，加深了对一些财政问题的经济理论的分析，这又体现了该书在理论体系上的创新性，并较好地反映了财政学理论和实践的新发展，更加适合教学的需要。

该书的第二个特点是，内容的新颖性和简洁性的相结合。该书以社会主义市场经济为理论基础，因此，吸收了财政理论研究的大量新成果，还适当地介绍了西方财政理论的积极内容，使学生从中可以获得新的财政知识。在论述方式上，作者采用了深入浅出、通俗易懂的方法，表现了行文的简洁性，对书中的某些章节，只要学生掌握了经济学最基本的知识，就可以通过自学理解书中所叙述的财政理论。

该书的第三个特点是，结构合理，适于教学。该书的编写者都是在教学第一线上辛勤工作的中青年教师，而编写本书的目的就是为了满足教学的需要。本书结构布局合理,在章节之间保持了较强的逻辑联系,循序渐进,内容适量。在每章后都列有思考题,便于学习和复习;书末还列出了参考书目,便于任课老师和有兴趣做深入研究的学生查阅。

综上所述,我认为编写者达到了自己的写作目的,既为学生提供了一本质量较高的财政学教材,又为财政理论和相关学科的研究奉献了一本重要的参考书籍。因此,我十分高兴地向全国财政专业的师生和从事财政税收研究与业务工作的同志推荐此书。

感谢编写者的盛意,邀我写这个序言。我也借此机会对编写者表示祝贺,并期望他们在今后的教学与科研中再结硕果。

王维舟

2003 年 12 月 1 日于天津财经学院

目　录

再版前言

本书问世以来，获得部分高校和同行专家的肯定。由于我国经济体制改革形势日新月异，书中部分内容已时过境迁，亟须修改。本次修订我们根据当前业已变化的政策法规，删除过时部分，补充原遗漏的契税等相关内容。本书修订后理论与实践联系更密切、结构更合理、内容更丰满、操作性更强。但作者水平所限，书中疏漏在所难免，敬希指正！

刘隽亭

2014.8

第一章　导论

现代社会中,政府的作用日益明显,国民收入中相当大的部分是由政府组织管理和支配的,政府组织由权力较大的中央政府和权利较小的地方政府组成,对国民经济有重要的影响。本章将从公共财政的一些基本概念入手,依次分析公共财政学的特点、基本研究方法及基本内容。

第一节　公共财政学的概念、产生与发展

一、公共财政学的概念

关于公共财政学的概念,一直是个众说纷纭的问题。国内外学者对此有不同的论述,集中体现为关于财政本质的争论。国内学者曾有六种不同的说法:国家分配论、价值分配论、国家资金运动论、剩余产品论、社会再生产论和社会公共需求论。这反映了财政是一门发展中的学科,开展各种学派和学术观点的争鸣,有利于推动财政理论的发展。对于这一问题的争论,我们的基本观点是:财政的本质是政府集中提供经济社会不可或缺的公共产品以满足经济社会不断增长、变化了的公共需求,即社会公共需求论。关于公共财政的概念,可以作如下几方面的理解。

(一)公共财政以追求公共利益为己任

人类社会的经济需求大体上可以划分为两类:个人需求和公共需求。个人需求主要通过个人、厂商分散的经济活动予以满足,是人类社会生存、繁衍、发展的基本前提条件。公共需求是相对于

个人需求而言的,它是市场活动不能满足而主要通过政府财政活动集中提供公共产品予以满足的需求。公共需求是维持社会正常经济秩序的客观要求,促使人类社会赖以生存和发展的不能间断的社会性生产活动得以正常进行下去。正是从这个意义上讲,公共需求才有了无可争辩的客观必然性。在实践中,满足社会公共需求的任务,最终还是落在政府身上。如各种基础设施和公用设施,都是公共物品或服务的代表,也都是社会公共需要的范畴,它只能由政府出资兴办,或部分吸收民间资本与政府共同兴办。需要说明的是,在公共财政的框架内,政府既可以通过直接的公务活动来提供公共物品或服务,也可以通过投资于国有经济的途径来提供公共物品或服务。社会公共需要也没有一个固定的模式,它的内容是不断变化的,在不同时期、不同背景下有不同的需求。

(二)公共财政界定、规范了政府职能

经济社会必须以满足社会公共需要的范围限定政府发挥作用的合理范围。财政支出是政府活动的成本,确定规范政府职能的标准,当然要以能否满足社会公共需要或纠正市场失灵为依据。按此标准对现存的政府职能逐一筛选,一是消除“越位”——政府管了不该管的、不属于社会公共需要领域的事,如竞争性领域的投资、应用性研究领域的投资、对一般性文艺团体的投入、弥补国有企业亏损(特别是弥补竞争性领域国有企业的亏损)以及给予一般加工工业的投资补贴等等。二是消除“缺位”——政府该管的、属于社会公共需要领域的事没有管好。目前,政府的“缺位”主要体现在社会保障、调节收入分配、科学教育事业、宏观调控、环境保护、维护市场秩序等方面。从“越位”退出,进而补足“缺位”,政府职能将进入一种规范状态,财政职能也就能科学界定,进而实现市场经济要求的“小而窄”的财政职能。

(三)公共财政要受到法律的约束和规范

公共财政,始终以满足社会公共需要为着眼点。其一举一动,与每个老百姓的切身利益息息相关。随着公共财政的实施,百姓对政府财政收支的监督意识会越来越强,不仅会对财政收支运作要纳入法制化轨道提出要求,还会对财政收支决策的科学化以及资金的使用效率提出更高的要求。政府预算就是约束规范公共财政的基本法律手段。

总之,公共财政就是强调市场经济的主导地位,在此前提下,要求政府(充当社会的代表)对有限的财政资源实行高效运作与管理,以充分发挥其各项经济职能。

二、公共财政学的产生和发展

在西方,早在17~18世纪,在重商主义影响下,德国官房学派就以国库行政为中心,讨论租税征收和费用管理的方法,这可说是西方财政学的原始形式;重农学派提倡简化税制,实行不违反"自然秩序"的租税制度,但还没有形成财政学的体系;亚当·斯密的《国民财富的性质和原因的研究》(简称《国富论》)出版于1776年,其第五篇讨论了财政,分为支出、收入和公债三章,初步形成财政学体系。由于亚当·斯密把财政作为政治经济学的一个部分来研究,作为一个经济范畴来分析,作为国家经济同私人经济相区别,一般被认为是首创了资产阶级财政学。

从亚当·斯密到现在约200多年间,西方财政学的发展历经了两个阶段:从1776年《国富论》的出版到1929年世界经济危机的爆发约150年间,是古典学派的财政学;从1929年以来约60年间,是凯恩斯主义及其后各种流派的财政学。古典学派认为,"财政是政府对收入和支出的管理",而"财政学是政府收支管理的科学"。到20世纪20年代,道尔顿说"财政是货币事务及其管理",虽是前进了一步,但仍没有摆脱传统学派的观点。现代经济与财政学者主要遵循的是凯恩斯主义的观点,他们认为财政是公共部门经济,财政学是公共部门经济的科学,尤其着重于财政政策对总体经济的影响。这是一个巨大的转变。财政学的内容,原来只包括对税收、支出、公债、预算等财政范畴的论述,现在它还系统地论述了国家干预经济的作用,尤其论述了财政政策的实施对总体经济活动(如失业、通货膨胀、经济增长等)水平的影响。财政学的课题研究,已不局限于财政收支管理,更不局限于货币资金的管理,而是要结合资源配置、收入分配、经济稳定等内容,从宏观与微观两个角度进行分析。财政学这门科学,过去从政治经济学中分离出来,现在又被强调成为经济学的一个范畴,甚至有人用"公共部门经济学""财政经济学"来替代"财政学"。

现代财政学研究的重点是财政体制、财政政策、财政政策与货币政策的协调。财政政策与货币政策是西方国家宏观经济政策的两大支柱。财政学派认为,执行财政政策,通过公共支出和税收,可以促进经济稳定发展;货币学派主张执行货币政策,控制货币供应量和利率,避免经济衰退。特别是自20世纪60年代以来,经济学家认识到经济衰退、失业增加、通货膨胀等问题,不是财政政策或货币政策能单独解决的,因而主张执行财政货币混合政策。这种政策的实施,不仅会影响国民生产总值的水平,而且还会影响国民生产总值的结构。税收、支出、公债、货币供给量和利率,都是改变消费、储蓄、投资以及政府采购的潜在因素。所以说,现代西方财政学的研究已远远超过收支管理的范围,而扩大到公共部门经济领域。它主要是从组织政府收入、安排财政支出、提供公共产品、纠正市场失灵、调节资源配置等方面进行分析。

从我国来看,在古代并无"财政"一词,各种古籍文献主要使用国计、国用、理财、生财等词反映有关国家财政收支活动。"财政"一词,相传是在清朝末期由日本传入我国的。我国官方文件中最早使用"财政"一词,是在1898年(清光绪二十四年)戊戌变法的《明定国事诏书》中,有"改革财政,实行国家预算"的条文。清朝灭亡后,随着西方文化思想的传播,西方财政学的概念传到我国，并逐渐流行。20 世纪 40 年代，中华书局出版的《辞海》中关于“财政”的解释是：“财政谓理财之政，即国家或公共团体以维持其生存发达为目的，而获得收入，支出经费之经济行为也”。这与西方财政的概念是一脉相承的。

第二节　公共财政学研究的基本方法

一、规范分析法

在财政学研究中，我们往往要碰到这样一类问题：政府应该这样干还是那样干，在众多可选择的方案中，政府应该采用哪些方案。这类问题的具体例子有许多。例如，哪些产品或服务应该采用公共提供的消费方式，哪些应该采用市场提供的消费方式；哪些生产应该由公共生产，哪些生产应该由私人生产；某公共项目的筹资方式是采用税收的形式好还是采用使用费的形式好；在税收总量既定的条件下应采用怎样的税收方式来征收，是根据收入的多少收税还是根据其购买产品或服务的数量来征税；自来水、煤气和电的价格应如何制定，是高些好还是低些好；政府筹集的收入中多少用于国防，多少用于教育，多少用于卫生保健，显然不同项目之间可以有多种比例关系，但哪一种安排最好；政府对进出口贸易的控制是采用关税措施好还是采用许可证、配额这样一类非关税措施好；人民币汇率定的高些好还是低些好；扩大总需求应采用增加政府支出或减少收入的方式还是增加货币供应量的方式；等等。

当我们讨论应该怎样或说明哪种做法好、哪种做法不好时，首先必须要有一个评价的标准。没有评价的标准就无法说明什么是好，什么是不好，也就无法讨论应该怎样。经济学中关于研究评价社会经济状态好坏标准的理论被称为规范经济学或规范分析，同时亦被称为福利经济学，它回答的问题是应该怎样。这一理论对财政学的研究是十分重要的,具有双重意义。首先,它确认了财政政策的目标。规范经济学论证了什么是经济的最佳状态,这种最佳状态就是我们要努力实现的目标。财政具有资源配置的职能,不同的财政政策会产生不同的资源配置状态,当我们阐明了怎样的资源配置状态是最佳的,财政政策就有了确定的目标,我们也就可以有选择地采用那些能够使资源配置达到或者接近最佳状态的政策。同时,财政具有收入分配的职能,不同的财政政策会产生不同的收入分配结果,当我们认定某一种收入分配结果是最理想的,这种理想状态就成了财政政策的目标,我们也就可以选择那些有助于实现这一目标的政策。第二,规范经济学所论证的最佳状态本身就是评价财政政策好坏的标准。正如要评价一个射手的射击水平,我们必须确立靶心一样,这个靶心不仅是射手的目标,而且也是评价射手水平高低的依据,击中点离靶心越近说明射手的水平越高。规范经济学所确认的最佳状态也起着"靶心"的作用。当财政政策所产生的资源配置和收入分配的结果离最佳状态较远时,我们就可以说这种政策不好;反之,若采取某种财政政策所产生的结果相对政府采用其他行动来说更接近于这个最佳状态,我们就可以说,这种政策是较好的。

在财政学研究中免不了会出现意见分歧,有些分歧来自规范经济学,即对好坏评价的标准不一致。例如,甲乙两个经济学家都认为政府如采用方案 A,社会的总产出水平将为1 000单位,通货膨胀率将为7%;采用方案 B,社会总产出水平为 900 单位,通货膨胀率为 4%。他们之间的分歧是,甲主张采取 A 方案,乙则坚持要采用 B 方案。显然,甲认为 A 方案的结果比 B 方案好,乙的意见正相反。这种分歧的原因在于两个经济学家所确认的好坏评判标准不同。要弄清是非,最终还是要讨论哪一种评判标准是适当的。

如果不从理论上确立评价标准,财政学就会失去是非观念。尽管规范理论十分重要,但要阐明这一理论却又很困难。其原因之一是它立足于对整个国民经济的状态进行评价，而不是仅对其中的某一方面、某一局部进行评价。如果仅仅是对某一方面或某一种产品进行评价，问题要单纯得多。例如，评价粮食生产，我们可以认为生产6亿吨粮食比生产4亿吨好，事实上，“大力发展粮食生产”，“发展重工业”，“发展教育事业”，“发展高新技术产业”，“增加财政收入”，“扩大积累”等等，很难说出有什么不对之处。然而，从国民经济全局来看，由于资源是有限的，大力发展某一方面就要在这方面投入较多的资源，这意味着对其他方面的资源投入将会减少，这样做好还是不好，不能单看某一局部，而要从构成一个整体的各局部之间的相互关系中加以说明。一个立足于对国民经济进行全面评价的标准，必须要能够阐明在一种理想状态中国民经济无数局部之间的相互关系之后，才能对每一个局部作出适当的评价。规范理论的困难之二是它并不是针对某一种具体的环境。国民经济理想状态中各局部之间的相互关系并不是一成不变的，当我们说积累与消费的比例以3:7为宜时，总是针对某种具体环境，当环境发生变化时，适当的比例可能会发生变化。因此，规范理论既不能空洞地说“正确处理积累与消费的关系”（因为如何才是“正确处理”并没有说明），也不能断言某比例，例如3:7是积累与消费的正确比例关系（因为这一比例可能只适用于某种特定的情况，而不能作为积累与消费之间的永恒正确的比例关系）。因此，作为财政政策的目标和评价标准的规范理论必然是抽象的，只有抽象才能包罗构成国民经济整体的各个方面，才能适用于各种不同的经济环境。

二、实证分析法

实证分析又称实证经济学，它描述经济运行的过程，解释各经济因素或政策手段与各经济变量之间的联系，它描述客观现实与客观规律，回答“是什么”、“会怎样”的问题。

实证分析与规范分析有较大区别。实证分析旨在弄清事实,过去怎样,现在怎样,将来会怎样,采取某一种政策会产生怎样的结果,采取另一种政策又会产生怎样的结果,但它并不作好坏的评价,它不论证是这种结果好还是那种结果好,是这种政策好还是那种政策好。而规范分析则着重论证好坏的标准,怎样的状况是好的,怎样是不好的,而各种不同的做法会产生怎样的结果,不属于规范分析所包含的内容。

显然,政府该怎样做即政府该采取怎样的政策,既涉及实证分析,又涉及规范分析。一方面,只有通过实证分析,我们才能了解政府采用不同的政策会产生的结果,否则,即便我们确认了好坏的标准,也无法评价各种政策的优劣。另一方面,如果单有实证分析,弄清了各种政策会产生的结果,但没有规范分析所确认的是非标准,我们仍无法评价各种可能结果的好坏,无法对政策加以选择,或者只能盲目地对政策进行选择。

实证分析可根据其分析方法分为理论实证分析和经验实证分析。

理论实证分析是根据若干基本前提,通过逻辑推理的方法对可能产生的结果作定性的分析。正如几何问题的证明需要以一系列公理(例如,过两个已知点只能作一条直线,过直线上的一点只能做一条垂线)为推理依据一样,理论实证分析也依赖于一些基本前提,这些前提反映了人们对基本客观事实的认定,其真实性和可靠性是整个理论体系的基础。经济学和财政学所确认的基本前提有以下几个方面:

第一,在生产技术方面,经济学认定,在技术给定的条件下,生产要素投入量的增加会使产出量增加,每一种生产要素的边际产出量是随着这种要素的增加而递减的,也就是说,等产量曲线呈现向下倾斜并向原点凸出的形式。

第二,在人们的偏好方面,经济学认定,每一种具有正效用的产品的增加都会使消费者的效用水平提高。每一种产品的边际效用是随着这种产品的消费量的增加而递减的。在图像上表现为无差异曲线下倾且向原点凸出,需求曲线向右下方倾斜。

第三,在人的行为方面,经济学认定,所有的经济实体,个人、家庭、企业、利益集团都以利益最大化为目标,在实证分析中,这是最为重要的一个理论前提。以上两方面既是实证分析的前提,又是规范分析的前提,而第三项则是理论实证分析所特有的前提,它指出了一切经济实体的行为目标,同时也决定了它们的行为规律。

根据以上三个方面的基本假定前提,就可以用逻辑推理的方法来分析在各种不同情况下,各经济行为主体会做出怎样的反应,会产生怎样的结果。所有理论实证分析的结论都是前面所确认的基本前提的推论。

理论实证分析通常依据这些理论前提,用抽象的函数形式来表示生产可能性曲线、无差异曲线、预算约束线及供求曲线等,并通过对图形的分析来论证在各种不同的经济运行机制和政策条件下会产生的经济结果。但在某些情况下,理论实证分析不能得出明确的结论,因为它是以抽象的方式对一般情况进行的分析,而确切的结论只能在给出具体情况时才能得出。

可见,依据一些基本前提作逻辑推理的理论实证分析有其局限性,要确切地说明在各种情况下会产生的结果,就必须对具体事物进行具体的分析。这就需要进行经验实证分析。

经验实证分析是根据调查取得的实际资料所进行的实证分析。理论实证分析的基本前提就是从大量的经验中概括出来讨论。例如,向下倾斜的需求曲线就是对人们所观察到的事实的一种概括。商品的价格越高,购买的数量就会越少,由此,人们得出了价格与购买量的一般关系,得出了边际效用递减的规律。但是,在分析具体事物时,仅依赖于这样的一般关系是不够的,它只能对问题作定性的回答,但却不能告诉我们具体的数量关系。如果能通过实际的调查,弄清研究对象的需求曲线的具体形式,就必须对具体的研究对象作实际的调查,以实际资料作为分析的依据。

理论实证分析在许多场合不能得出明确的结论。例如,在一个社会中,公共部门与私人部门的分工可有不同的安排,究竟哪一种安排能使生产更快地发展?理论实证分析只能指出公、私部门的各自的长处和短处,但对哪一种安排更能迅速发展生产则不能做出确切的回答。这时只能依靠经验实证分析来解决问题,通过搜集和比较各国公私分工以及经济发展的具体数据,得出某些结论。

第三节 竞争市场的效率与市场失灵

一、帕累托效率

生产资源的配置应达到效率的要求。效率按一般理解就是以最少的耗费来产生所期望得到的效果,也就是把不能产生有用效果的浪费减到最小限度。西方经济学家提出的效率的概念是帕累托(Paret)效率,或称为帕累托最优状态。它是指这样一种资源配置境界:已不可能再增加任何一个人的福利而不减少其他一些人的福利,也就是不可能通过改变资源使用的配置来使一些人得到利益,同时又不使另一些人受到损失。如果可以通过资源使用的重新安排,能够使一些人的情况改善又不使另一些人的情况恶化,那么现行的安排则缺乏效率,应进行改变,以增加社会的经济福利。例如,人们的福利决定于在经济中可能利用的生产资源和现有的技术知识所生产的消费品的数量,如果能把浪费消除,那么同样的资源就可生产更多的产品,因此,就可能使一些人的情况改善而不使另一些人受到损失。再如,一些人能够同另一些人进行互相有利的交易,在这个范围内也可能增加这些人的福利而不减少其他人的福利。从帕累托最优可引申出“帕累托更优”和“帕累托改善”的概念。如果改变资源配置后与改变前相比同时符合以下两个条件:①至少有一个人处境变好;②没有一个人处境变坏。那么,我们改变资源配置可达到“帕累托更优”,这种资源配置的改变称为“帕累托改善”。当一种资源配置的状态不可能达到帕累托更优或不可能进行帕累托改善时,就是一种帕累托最优的资源配置。

帕累托效率的定义比较抽象,我们可以借助图 1-1 来进一步说明帕累托最优的含义。假定社会中只有 A、B 两个人,横轴代表 A 的福利水平,纵轴代表 B 的福利水平,A 和 B 的经济福利取决于他们各自消费多少产品和劳务。由于社会总的资源是有限的,因此,A、B 两人消费的总量也是有限的。图中 *WW′* 曲线就表示总量有限的产品和劳务全部分配于 A 和 B 之间两人可能达到的福利水平的各种组合,*WW′* 曲线被称为福利边界。也可以说,福利边界代表当 A(或 B)的福利水平既定时,B(或 A)能够达到的最高的福利水平。*WW′* 曲线以外区域的点,如 *C* 点,是任何资源配置方式都不可能达到的,只有 *WW′* 曲线上及曲线内的各点才是可能的福利水平。

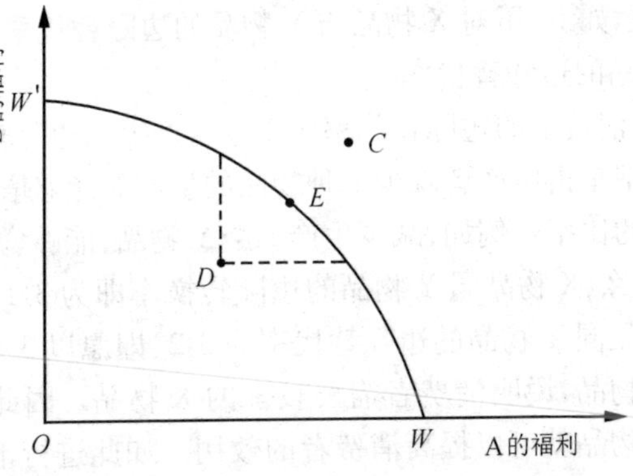

图 1-1　福利边界与帕累托最优

西方经济学认为,资源配置达到帕累托效率标准,需要满足以下三个条件:

第一,效率要求采用可能的最好技术,使生产一定数量的某种物品同时能生产出最大可能数量的其他物品。如果一种技术可以生产X物品100单位和Y物品80单位,另一种技术则生产X物品100单位和Y物品50单位,显然应当采用前者。这是第一个条件。

第二,对消费者来说,不同物品在消费上的边际替代率必须相同。边际替代率是指消费者愿意以一种物品同另一种物品交换的比率,也就是消费者对一种物品的边际效用和另一种物品的边际效用之间的比率。例如,甲对Y物品的边际效用相当于对X物品的边际效用的1/3,愿以1个X物品交换3个Y物品,而乙对Y物品的边际效用相当于对X物品的边际效用的1/4,愿以4个Y物品交换1个X物品,那么,进行这种交换可使乙得到更多的X物品,而甲也没有损失。这样的交换进行下去,Y物品减少而X物品增加,由于边际效用递减的作用,乙对Y物品的边际效用将上升而对X物品的边际效用将下降,因而甲对X物品同Y物品的边际替代率和乙对X物品同Y物品的边际替代率就会达到相同,可用等式表示如下:甲对X物品与Y物品的边际替代率=乙对X物品同Y物品的边际替代率。

第三,消费上的边际替代率应当和生产上的边际转换率相同。边际转换率是指生产者减少一种物品的生产而能够增加另一种物品的生产的比率。例如,减少生产1个Y物品,能够增加生产3个X物品,那么,X物品同Y物品的边际转换率即为3:1。如果消费者对X物品同Y物品的边际替代率为3:2,即愿以3个X物品交换2个Y物品,说明消费者需要较多的X物品。因此,生产者增加生产X物品就可以提高消费者的效用。如此进行下去,X物品的生产逐渐增加,在消费者方面,由于边际效用递减的作用,对X物品的边际效用下降;在生产者方面,由于收益递减的作用,生产

X 物品的成本相对上升,因而在消费方面 X 物品同 Y 物品的边际替代率和在生产方面 X 物品同 Y 物品的边际转换率就达到相同。

实现以上几个条件,可以说这种资源配置就符合了帕累托效率的要求。而在完全竞争的市场中,通过价格信号的引导,私人物品的资源配置可以满足以上几个条件。完全竞争的市场是指在市场中没有任何人能影响某种产品的价格,市场价格反映了供给与需求力量的自由的相互作用,生产者和消费者都不能控制市场价格而只能对市场价格做出反应。在这种情况下,消费者按照市场价格购买某种物品,直到他增加购买所得到的边际利益与他付出的价格相等(付出的价格即等于他用这笔钱购买其他物品可得到的利益)。如果他增加购买所得到的边际利益高于支付的价格,继续购买就可增加利益;如果这种边际利益低于支付的价格,则继续购买将减少利益。因此,消费者调整他们消费任何物品的数量直到边际利益等于市场价格,就可使其从交易中取得的利益达到最大限度。生产者按照市场价格出售产品,如果增加生产的边际成本低于市场价格,则增加产量即可增加利益;如果增加生产的边际成本高于市场价格,则增加产量就将减少利益。因此,生产者调整他们生产任何物品的数量直到边际成本与市场价格相等,就可使其所得利益达到最大限度。

在完全竞争的市场中,价格起着有效地配置生产资源的作用,因而通过价格机制,资源的配置可以达到帕累托效率要求的三个条件:

第一个条件是要求采用可能的最好技术。在完全竞争的市场中,生产者为了获得最大的利润,将要采取成本最低的生产方法,可以满足这个条件。

第二个条件是消费者对不同物品在消费上的边际替代率必须相同。在完全竞争的市场中,价格等于边际利益,消费者对不同物品的边际替代率均等于不同物品的价格比,可以满足第二个条件。

第三个条件是消费上的边际替代率应当和生产上的边际转换率相同。在完全竞争的市场中,价格=边际利益=边际成本,消费方面的边际替代率和生产方面的边际转换率均等于价格的比率,达到相同,可以满足第三个条件。

因此说,私人物品在完全竞争的市场中,由于市场机制的作用,可以实现生产资源的有效配置和达到社会的最大利益。

二、福利经济学的基本定理

我们已经从理论上论证了完全竞争市场的运行结果,我们发现,完全竞争市场的运行结果正好符合资源配置的理想状态——帕累托效率所规定的全部条件。我们也许会问,现实世界的经济会不会达到这种理想状态,福利经济学的基本定理为我们提供了答案。

第一个定理是,在完全竞争的条件下,市场运行的结果必定符合帕累托效率,即将竞争市场和帕累托效率联系起来。全面而严格的证明这一定理需要较高深的数学,但是它的结论是一般化的,我们可以凭直觉加以把握:这一定理无非是说明,均衡价格信号足以协调无数分散的经济活动,使其以令人满意的方式达到帕累托最优标准。第二个定理是,任何一种符合帕累托效率的配置状态都能通过完全竞争市场来实现,它包含着这样的思想:在一个社会的资源、技术、人们的偏好给定的条件下,存在着多种符合帕累托效率的资源配置状态。这是因为每一种资源配置状态都是与特定的收入分配状态相联系的,不同的收入分配状态会产生不同的帕累托效率状态。

在市场经济中,生产的成果在不同的个人之间的分配取决于个人所做的贡献份额,而这种份额又取决于个人的禀赋,即他在参加生产之前所拥有的资本和劳动力(包括体力和智力)。由于市场中只能用自己所拥有的换取自己所需要的,因此,个人的禀赋决定了分配结果。福利经济学第二定理的含义是,如果人们认为市场产生的收入分配结果不能令人满意,可以由政府改变个人初始禀赋的分配状态,同时保持市场的运行和分配规则,这样就可以得到一个在资源配置上满足帕累托效率、在收入分配上又能符合公平的结果。换言之,从福利经济学所阐述的观点来看,在完全竞争的市场条件下,政府所要做的事只是改变个人初始禀赋的分配状态,其余的一切都可以由市场来解决。

三、市场失灵

尽管市场机制能够发挥极为重要的和基础性的资源配置作用,却并不等于在任何场合和领域它都能有效地发挥这种作用。这就是一旦市场运行无法获得充分竞争这一条件时,市场机制对于社会资源的配置将是无效或低效的,即产生"市场失灵"问题。

市场失灵,也被称作"市场失效""市场失败""市场缺陷"等等。所谓的市场失灵,指的是市场在充分发挥其基础性资源配置作用的基础上,天然具有的无法有效配置资源或难以正常发挥作用的状态。人们通常从以下几个方面来理解市场失灵。

(一)公共产品的存在

公共产品的存在是市场失灵的首要原因。前述的市场效率,是在针对个人产品或私人产品的分析之上得出的。一般来说,人们关于"产品"的认识,通常局限于个人消费性质的产品即个人产品上。由于个人产品的个人消费性质,使得个人产品的生产者或提供者能够排他性地保有产品的所有权,使得个人为了消费该产品,就必须在市场上付出相应的价格,才能获得并拥有消费该产品的权利。然而,在市场经济中,人们活动的对象并不仅限于个人产品。在个人产品之外,还存在着另一类型的"产品",即公共产品。所谓公共产品,指的是具有共同消费性质的产品和服务。如国防、灯塔、收音机及电视节目的播放、防洪设施,等等。决定一种产品

和服务是否具有公共产品的根本特征,在于其是否具有共同消费性,具体表现为以下两个特征:

1. 消费时的非排他性。消费时的非排他性是指只要有人提供了公共产品,不管该提供者是否愿意让其他人也消费该产品,在该公共产品的效应覆盖范围和区域内,任何人都能够“消费”该产品。这时产品的提供者要想不让某人消费该产品,或者是技术上做不到,或者是阻止他人消费该产品的成本费用过于昂贵,即实际上不可能,因而是无法排除该区域内任何一个社会成员享受该产品的效用的。这一点与个人产品所具有的消费时的排他性,即产品只能由提供者或购买者自己个人消费,而可以不让他人参与该产品的消费,形成了鲜明的对比。

2. 消费时的非竞争性。消费时的非竞争性是指只要有人提供了公共产品,则该产品效应覆盖范围和区域内的消费者人数多寡,与该公共产品的数量和成本的变化无关。或者说,新增消费者引起该公共产品的边际成本为零。原有消费者在已有的公共产品数量下所享用的消费量和效用程度,丝毫不会由于新消费者加入而有所减少和损失。这一点与个人产品具有消费时的竞争性,即某一消费者消费了某一产品,其他人是不能同时消费该产品的,或者说新增消费者必须增加该产品的供应量,否则就得减少原有消费者的消费量,也形成鲜明对比。此外,由这两个特征,还可以派生出公共产品的另一个特征,即共同消费性。这就是对于消费者个人来说,一旦有人提供了公共产品,只要自己是处于该产品效应覆盖的范围内,则必然地和自然地受到该产品的服务和影响,而不以个人是否愿意和需要这些消费和服务的意志为转移。共同消费性决定了公共产品存在的领域,是市场失灵的领域。在市场活动中,追求自身利益最大化是市场活动主体的理性行为。公共产品的共同消费性,使得消费者产生了“免费搭车(者)”和“囚犯困境”等问题。在公共产品问题上,这些问题指的是人们不顾对自己根本利益的危害,而试图自己不提供公共产品,或不为其提供费用,希望坐享他人提供公共产品的效用的行为和现象。对于个人产品来说,追求自身利益最大化的个人,显然也会有坐享其成的动机和心理。但对于个人产品来说,由于消费时的可排他性,使得只要确定了产品的所有权,消费者个人要想消费该产品,就必须通过市场付出相应的价格,才能获得并消费该产品。这就是在市场经济条件下,为什么竞争性的市场价格能够充分正常发挥作用,从而个人产品能够并且也必须由市场提供的根本原因所在。然而,公共产品消费时所具有的非排他性,使得消费者个人能够不经过市场,更无须付出相应的价格,只要别人提供了公共产品,也就能够享受到该产品。对于追求自身利益最大化的市场活动主体来说,显然每个人都希望别人提供公共产品而自己"免费搭车"。这就决定了市场是无法提供公共产品的,或者说在公共产品供应上,市场价格难以存在,市场机制也就无法引导必要数量和质量的社会资源配置于该领域。可见,在公共产品存在的领域内,产生市场失灵的结果是很自然的。

(二)外溢性的存在

外溢性的存在,是市场失灵的一个重要原因。"外溢性"也称作"外部效应"、"外部经济"、"外部影响"、"外部性"或"外在性"等等。所谓"外溢性",指的是人们的行为对他人产生的利益或成本的影响。典型的如工厂排放的废水、废气、废料等对周围环境的污染,严重地减少了被影响者的个人或企业的利益,或增大了其生产成本和生活费用。

外溢性与公共产品有着很大的共性,这就是在外溢性的效应覆盖范围和区域内,也具有共同消费性,即消费时的非排他性和非对抗性。不管外溢性的受益者或受害者是否愿意,其外溢影响都是具有非拒绝性的。因此,外溢性现象与公共产品现象密切相关,实际上是公共产品的一种特例,对于外溢性问题的分析,大体上可以归入准公共产品问题中。然而，之所以又单独将外溢性问题列为市场失灵的一种状态，是由于外溢性与公共产品之间又存在着差异：①公共产品本身就是正产品，而外溢性则不过是私人或企业行为的一种副产品和伴生物而已，是他们在提供个人产品的过程中附带产生的。②公共产品的提供者以提供公共产品为行为目的，是有意识地提供的，而外溢性的产生者的行为目的则是个人产品，通常来说不以产生外溢性为目的，因而往往是非故意产生的。比如，造纸厂的生产目的是生产纸张，至于在生产过程中形成的废水和废料等，并非是该厂的生产目的物，而仅是生产过程中不得已的派生物，生产者从主观上还是不希望产生环境污染的。外溢性的共同消费性，决定了外溢性存在之处也存在市场失灵。然而，外溢性的活动又具有个人消费与共同消费、个人利益与社会利益相混杂的特点，它与公共产品仅具有共同消费性和社会利益是不同的，这决定了两者的市场失灵是有区别的。这种区别就在于公共产品处于市场无效状态，而外溢性则处于市场低效状态。当然，无论是无效还是低效，都是市场失灵的表现。

外溢性具有的共同消费性尽管是不完全的，但也足以产生“免费搭车”和“囚犯困境”等问题。使得市场及其价格体系无法发挥作用，即市场价格无法对外溢性本身的成本和效益做出评价。此时，就产生外溢性的正产品而言，它本身也是个人产品，其市场价格是存在的，这就使得具有外溢性的生产是能够经由市场进行的，社会资源也能够在市场机制的作用下配置到这一领域。然而，此时形成的市场价格评价的仅是具有外溢性活动的正产品部分，而不包括外送给社会的利益和成本。在追求自身利益最大化的动机下，人们进行市场活动所考虑的显然只是自身的利益和成本，而不会考虑市场价格所不反映的社会成本和社会利益。这样，具有外溢性的产品的市场价格，是不完全的市场价格，是扭曲的市场价格。人们经由市场开展的具有外溢性的活动，是不能通过市场价格信息实现社会资源的有效配置的，这就产生了市场失灵状态。

对于外溢性来说，又可依据利益外溢还是成本外溢，将其分为两大类：一类是正外溢性，指的是将利益外溢给了社会的那类行为与活动。比如森林，它除了能够提供木材等产品外，还具有调节气候、保持水土、涵养水分等功能，对社会全体成员都提供着巨大的利益。然而，其中只有木材之类的主产品才是森林的正产品，它是个人消费性质的产品，森林的所有者能够拥有它并索取市场价格而获得个人收益。而调节气候等作用对于森林所有者来说，则是派生的，是外送给社会的副产品，森林的所有者是难以拥有的，也就不能通过市场价格获得个人收益。正外溢性的主要例子，还有水库等，水库的发电、通航、灌溉等作用，都是能够通过市场价格获得个人报酬的，但其防洪、美化环境等作用，则是难以收取市场价格的。外溢性的另一类是负外溢性，指的是将成本外加给了社会的那类行为与活动。人们对负外溢性是比较熟悉的，典型的例子是环境污染问题。工厂的生产在获得正产品的同时，也排放了废水、废气等派生物。正产品是个人消费性质的产品，产品的所有者能够拥有并获得个人收益。而派生物则是共同消费性质的产品，由社会承担了成本，没有在市场价格体系中反映出来。

这样，具有正外溢性的产品和服务，其所有者所能获得的个人效用，将由于利益外送而小于他所产生的利益总量。成本利益对称是市场等价交换原则的具体表现，是人们在市场活动中所必须遵循的基本原则之一。在个人利益小于成本的情况下，正外溢性的提供者将缩小其正产品的生产和提供的规模，使得具有正外溢性的活动规模小于社会最佳规模。如个人建造花园，优化了周围的环境而向社会外溢了利益。这样，花园的建造者承担了全部成本，却只获得部分效用。成本利益的失衡，使得花园的建造规模可能小于社会所需要的规模，或者说在花园的建造上，市场配置的资源是不足的。反之，对于产生负外溢性的活动，成本外溢使提供者只承担了生产正产品的实际成本的一个部分,却获得了全部利益。为此,成本利益的倾斜,将导致市场过度配置资源的结果,使得这类活动大于社会所需的规模。社会资源的有效配置应是最适配置,即不多不少处于最佳点上。"过"犹不及,资源配置的过度,不仅意味着过量资源的低效使用,而且意味着其他部门资源配置的不足。因为社会资源的总量是既定的,因而社会资源的配置并不处于最佳状态之上。而资源配置不足,显然也不处于最佳点上。可见,无论是利益外溢还是成本外送,都将导致社会资源的低效配置,而产生市场失灵的结果。

(三)规模报酬递增

为了保证看不见的手能够发挥调节经济的作用,就必须有充分的竞争。然而,在现实的市场经济中,一方面产品之间总是有差别的,存在着不同程度的不可替代性;另一方面,交通费用等交易成本也往往阻碍着资源的自由转移。这些因素都会增强个别厂商影响市场的能力,削弱市场的竞争性。

此外,在某些行业(如电话、供电、供水等行业)中,大规模生产可以降低单位成本,提高效率,即存在着规模经济,一旦某个公司占领了一定的市场,实现了规模经济,就会阻碍潜在竞争者的进入。因为新进入该行业的公司由于生产达不到一定的规模,成本会远远高于大公司,难以与大公司展开竞争。因此,在规模经济显著的行业特别容易形成垄断,这就是所谓的自然垄断。在自然垄断的情况下,垄断者凭借自身的垄断优势,往往使产品的价格和产出水平偏离社会资源最优配置的要求,从而影响市场机制自发调节经济的作用,降低资源的配置效率。为此,政府部门需要通过自己生产或对私人生产进行管理来达到一个更有效率的产出。

自然垄断的生产者的均衡情况如图 1 - 2 所示。在自然垄断行业,平均成本递减,边际成本小于平均成本。为了使利润达到极大,厂商的均衡产量在 Q_1 处,此时,边际收益等于边际成本,均衡价格为 P_1。

如果依社会福利极大化的要求按边际成本定价，价格为 P_0，则产量可达到 Q_0，但此时厂商无法补偿其生产成本，必将遭受亏损。

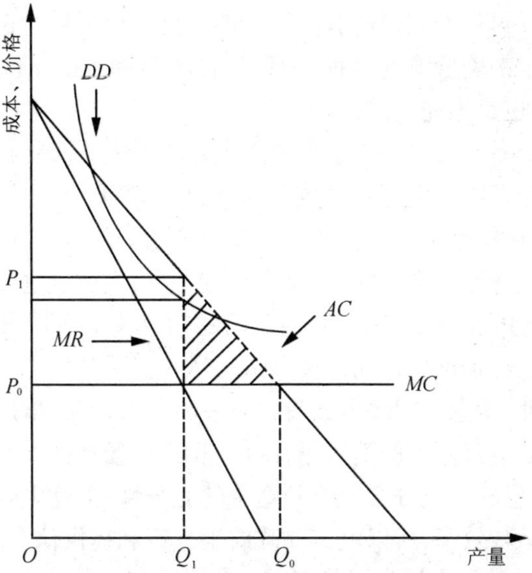

图 1－2　自然垄断的生产者均衡

为避免垄断带来的福利损失（图 1－2 中阴影部分），公共部门可有几种可能的方案：一是要求垄断企业按边际成本定价，由公共部门给予补贴，或者要求其按平均成本定价，在不盈不亏的状态下维持经营，求得次优的结果；二是直接由公共部门来投资经营。由于这类产品的边际成本不为零，所以不应免费提供，向使用者收取等于边际成本的价格对于避免过度消费是非常必要的。

（四）信息不对称

完全竞争市场关于信息的假定可以说是最理想化的了。所谓完全的信息或知识，是指生产者及消费者不仅充分掌握市场当前正在出现的情况，而且了解明天、后天会出现的事情。但是，随着市场规模的不断扩大,信息越来越分散、复杂,加工、处理信息的成本也可能会升高到为决策者所无法接受,从而不可避免地出现很多非理性的决策。比如,生活在一个大都市里的人们,是不可能为了买一件衬衫而跑遍所有的商店的,这样,他最后的选择很可能并不是真正物美价廉的一种。所以,在风险和不确定性存在的领域里,市场也是不完全的。

当交易双方中一方掌握的信息多于另一方时就存在信息不对称。这有可能是卖方知情较多,如旧车销售商、医生、劳动者、经理等;也有可能是买方知情较多如保险市场上的投保者、信用卡的购买者等。无论怎样,拥有信息较多的一方,都会通过以下两种途径在与对方的交易中,充分利用自己的信息优势造成市场失灵。这两种途径分别称为逆向选择和道德风险。

另外,信息从很多方面看也是一种公共产品,增加一个人的消费不会减少其他人的消费量,因此,私人市场所提供的信息往往很不足,信息的不充分会影响到竞争的充分性,由此也会影响到市场机制的运转效率,所以就需要政府来生产和提供信息。

(五)其他市场失灵状态

有关市场失灵,人们通常提到的就是以上诸方面,它们主要是针对资源配置效率而言的。此外,还存在着其他类型的若干市场失灵状态,人们并未对市场寄予厚望,如优质品的提供、分配不公和宏观经济不稳等问题的解决,市场做得从来都不尽如人意。

1. 收入分配不公。上述四类市场失灵状态,都是由于市场竞争的不充分而产生的。这是以市场无法最佳配置社会资源为基础的市场失灵状态。然而,自发运行的市场即使处于充分竞争和最佳资源配置状态下,也会产生市场自身无法克服的若干弊病。这是另一种类型的市场失灵,即市场难以正常发挥作用的市场失灵状态。社会分配不公和宏观经济不稳就是这类市场失灵的典型表现。

所谓社会分配不公,指的是在特定时期内,所存在的与当时社会公认的公平准则不相符的收入、财富和社会福利的分布状态。

人们的市场活动是可能产生多种结果的，其中若干乃至许多可能是符合帕累托效率的，即社会资源的多种配置格局都可能处于最优状态。不过，此时每一种效率状态，都对应着一种收入和社会福利的分布状态。这就产生了同为资源最佳配置状态，却可能相对着公平的或不公平的收入和福利分布状态的不同结果。所以，一旦有效运行的市场所产生的分配状态不符合公平准则要求时，市场本身是无法改正和克服的。由于在公平问题上市场机制无法正常发挥作用，从而产生了又一种市场失灵状态。

2. 偏好不合理——优质品、劣质品问题。个人偏好的合理性是市场竞争结果的合理性的前提条件，但在现实的市场中，并不是每个人的要求、愿望都是合理的。可能某种产品能给个人带来较大的利益，但消费者本人却没有意识到这一点，只是给予它以较低的评价，也就是说只有在很低的价格下才愿意购买；或者相反，某种产品能给个人带来的好处并不大，或者根本有害无益，但消费者却给予它较高的评价，表现为愿意以较高的价格购买。尽管对于什么是合理的偏好，怎样的评价才是正确的，并没有一致的精确看法，但人们可以认同的是，在现实市场中，至少某些人的偏好在某些方面不尽合理。例如，有人低估了教育带来的好处，不愿意为子女受教育付出代价，导致学龄儿童弃学经商；又如，有人高估了香烟的好处，甚至有人愿意高价购买毒品。我们把消费者的评价低于合理评价的产品称为优质品，而把消费者的评价高于合理评价的产品称为劣质品。这些物品与公共产品和私人产品都不同，在公共产品和私人产品领域，我们仍然相信消费者会按最佳利益行事，从而会完全尊重消费者主权。而优质品和劣质品的情况却不相同，它不存在对消费者主权的尊重，因为这种物品之所以被提供出来恰恰就是要矫正消费者不利于自身最佳利益的选择行为，这两种情况都为政府干预提供了理由。

3. 宏观经济总量失衡。所谓宏观经济总量失衡，指的是市场经济在自发运行过程中所必然产生的失业、通货膨胀和经济危机等现象。

在经济危机状态下，社会资源处于程度不同的闲置状态中，大量的工人失业和设备物资闲置，社会生产力也遭到很大破坏，已有的产品往往被人为销毁，从整个社会看，此时的经济运行远未达到社会生产可能性曲线上。这样，经济危机不仅在经济上，而且对于整个社会都产生着灾难性的影响，严重者甚至可能导致整个市场经济制度的灭亡。

然而，宏观经济总量失衡尤其是经济危机状态的出现，并不是由于市场竞争的不充分、市场运行未处于效率状态而产生的。相反，即使是在充分竞争的状态下，市场的自发运行也可能甚至是必然产生这些结果。这样，周期性的失业和经济危机状态，在经济学中认为是市场失灵的最典型症状，是最严重的市场失灵。

宏观经济总量失衡这一市场失灵状态，与前述市场失灵状态是有区别的。它们的差异之处在于，前述的几种市场失灵是微观经济学意义上的市场失灵，而宏观经济总量失衡则是宏观经济学意义上的市场失灵。所以，应附带指出的是，讲充分竞争的市场能够达到最佳效率状态，仅仅是就微观经济而言，它对于宏观经济是不完全适用的。一旦出现了宏观经济总量失衡的状态，私人和企业是无法扭转这些市场自发运行的结果的。

总之，上述的市场失灵都是在肯定市场机制的基础性作用，同时又看到市场对某些问题天然无能为力的前提下得出的。然而，克服这些市场失灵状态，又是确保市场正常运行的必不可少的前提与条件。这样，就必须寻求非市场的解决办法，这就要求政府及其公共财政的介入。因此，在市场经济条件下，市场失灵是公共财政存在的经济根源，或者说“市场失灵”就是“市场不能干的”，因而是需要政府及其公共财政去做的。

第四节　公共财政的职能

以上所述表明,市场经济运行中所产生的无效率以及不公平要求政府从多方面介入社会经济运行,西方经济学家将其概括为三个方面:资源配置、收入分配和稳定经济。政府的这些经济职能,可通过财政政策、货币政策或法令规章等行政措施来实行。其中财政手段,即通过政府本身的收支活动来纠正市场失灵,是相当重要、不可或缺的手段之一。因此,资源配置、收入分配和稳定经济往往也被概括为公共财政的三大职能。这三项经济职能,贯穿到税收、支出等财政行为中,就体现为效率、公平和稳定三条原则。

以下具体阐述公共财政的这三大职能。

一、资源配置职能

由于存在着以上所述的市场失灵,也就是说,由于在以上几个方面市场不能提供有效的资源配置,因此,需要政府承担资源配置的职能。

以财政手段进行资源配置,主要可利用下面四种政策工具。

(一)财政支出

政府可直接提供某些市场供给不足的产品,如公共产品、准公共产品、私人经营容易产生垄断的产品、市场不完全的产品、优质品等。政府提供不一定直接由政府生产,比如,国防属典型的公共产品,应由政府提供,但某些具体的国防产品可由私人企业生产,再由政府购买并提供给公众。

(二)财政补贴

以上市场供给不足的产品,政府也可以通过财政补贴的方式刺激私人企业生产,达到与政府直接提供同样的目的。

(三)政府购买支出

从一般意义上讲,政府对私人产品的购买均可视为对该产品的补助,因为它直接体现为对该产品的需求,可收到刺激该产品的生产、扩大供给的效果。

(四)政府税收

政府可通过调整税率来鼓励或限制某些产品的生产。

二、收入分配职能

由于市场机制不能避免收入和财富分配的不公平,因此需要政府来执行收入分配职能。政府为了改善收入分配不平等状况而采取的财政措施主要有下面三种。

(一)税收——转移支付制度

转移支付制度包括按照支付能力原则设计的税收制度和按照受益能力原则设计的转移支付制度。政府可以通过征税强制性地把财富从那些应该减少收入的人手中收集起来,再通过补助金或救济金制度,以货币或实物形式把财富转移给那些应该增加收入的人们。

(二)用于公共事业投资

政府可以把征收累进所得税筹集的收入用于公共事业投资,如公共住宅建造等,以使低收入阶层获利。

(三)对奢侈品征高税

政府可对奢侈品实行高税率征税,而对日用品进行补贴,借以加重高收入阶层的负担,减轻低收入阶层的负担。公平是一个"规范性"的问题,公平与否很难有一个一致公认的标准。另外,由于公平与效率有着相互制约的关系,如果一味地征收高额累进税,很可能打击边际生产力水平较高的人们的工作积极性,甚至可能使他们带着自己的资本和智慧迁移到国外去,对一国的经济发展不利。因此,近年来世界各国财政政策的注意点,逐步从处于收入等级顶端的人们的过多收入问题,转移到处于收入等级下层水平的人们的适当收入保障问题上,当前讨论的具体问题主要是防止贫穷,而不是限制最高收入。

三、稳定经济职能

由于市场机制不能自发实现经济稳定发展,因此需要政府的干预和调节,执行稳定经济职能。目前世界公认的宏观经济稳定的四大目标是:充分就业、物价稳定、经济增长和国际收支平衡。

在政府可以采用的各种宏观经济政策手段中,财政政策的地位举足轻重,它在影响总需求方面有着不可替代的作用,这主要体现在两个方面。

(一)相机抉择的财政政策

这是指通过调整预算收支来调节社会总需求。在经济过热时,财政可以减少支出或增加税收或者两种手段同时采用,在经济萧条时则相反。在这个过程中,政府财政收支不平衡是可能的,而且是允许的,因为这正体现了以政府财政收支的不平衡来换取整个社会总供求平衡的意图。

(二)自动稳定器

这是指通过财政的某些制度性安排来发挥对经济的"自动"的稳定作用。比如,累进的所得税制就具有这种功能,当经济过热时,投资增加,国民收入增加,累进所得税会自动随之递增,从而可以适当压缩人们的购买力,防止通货膨胀。当经济衰退时,投资减少,国民收入下降,累进所得税又会自动随之递减,从而防止总需求过度缩减而导致萧条。在支出方面,失业救济金制度也可以发挥类似的功能。比如,严格规定领取失业救济金的收入标准,当人们的收入因经济过热而普遍增加时,可领取失业救济金的人数自然减少,救济金支出随之减少,从而财政总支出"自动"得到压缩;

反之,当人们的收入因经济不景气而普遍下降时,有资格领取失业救济金的人数自然增加,救济金支出随之增加,从而财政总支出"自动"获得增加。

当然,政府还可以通过货币政策达到稳定经济的目的,而且一般认为,财政政策与货币政策的密切配合,会更有助于达到满意的效果。当然,现代世界各国稳定经济政策的手段相当复杂,各个经济学流派的主张各不相同,对此不作赘述。

第五节　公共选择理论与政府失灵

以上分析使我们认识到了市场机制在很多方面存在着缺陷,以致不能实现社会资源的有效配置、收入的公平分配和经济的稳定发展,因此需要政府介入,执行三方面的经济职能。但有的经济学家认为,市场虽然有时不尽如人意,但这并不能说明政府就会做得更好。为了对这一观点作出判断,我们必须对政府机制的运行状况进行考察,而这正是现代公共选择理论研究的主要对象。

一、公共选择理论概述

公共选择理论是用研究经济的一系列方法来分析和研究政府的政策制定过程,研究在既定的社会公众的偏好和政治程序下,政府政策是怎样制定出来的,以及如何改变政治程序,以改进决策的结果。简单地说,公共选择理论是对非市场决策(政府决策)的经济研究,或者说是经济学在政治学中的应用。

经济学在政治学中的运用,主要体现在将"经济人"的概念和分析方法引入政治领域,"经济人"是经济学中的一个重要假设,它把人抽象为理性的、追求自身效用最大化者,政治舞台因此就可以看成是经济学上的交易市场。

(一)政府决策机制的特点

公共选择理论借用市场经济分析方法,做出与一般经济学相同的各种行为假定(理性的、功利、有个人偏好的人),提出与传统的价格理论一样的问题,即在人们偏好以及决策程序给定的条件下,是否存在某种均衡状态,是否符合效率与公平的目标,等等。

尽管如此,公共选择所研究的政府决策行为与个人的市场决策行为还是有很大区别的,这些不同给公共选择研究带来很大的挑战性,具体来看,有以下几点:

1. 偏好表达方式不同。市场决策下,个人偏好是通过用货币购买来表达对不同产品的偏好的,这就像人们用货币在进行投票,但由于各人的收入不等,因而投票权的大小不一,各人权力的大小取决于他对生产所做贡献的大小;而政府决策,公众偏好往往是通过选票来表达的,各人表达自己偏好的能力取决于政治程序。在直接民主制度中,每人都有同等的投票权,在间接民主或其他政治制度中,有些人的偏好能够很大程度地影响决策结果,而另一些人则可能不能通过投票方式来表示自己的偏好,或者即使表示了也对决策结果的影响很小,在这种情况下,个人没有充分的动力显示出自己的偏好。市场购买行为是取得自身利益的必要条件,不购买就不能得到自己所需要的产品;而政府决策是一种公共产品,公共产品的非竞争性使得政府决策所产生的利益由所有人享受,而非排斥性诱使人们采取事不关己的态度,这是因为政府所提供的公共产品不论你是否参加投票都可以同样享受到,而自己所承担的成本只占其中微不足道的一个份额。

2. 个人偏好的表露对决策结果产生的影响很小。对于个人来说,参不参加投票,结果可能没有什么区别。如果政府提供公共产品的成本是根据个人偏好而实行分摊,人们就会隐瞒自己的偏好或歪曲地显示自己的偏好,以免除或减少成本的负担,同时又享受同样的利益;即使成本不是按个人偏好来分摊,人们也无足够的激励去显示真实的偏好，因为显示偏好（如去投票）需要花费一定的成本（时间、精力），而享受的收益并不比不显示偏好（不负担成本）更多。

3. 偏好体系不同。对私人产品，个人可以通过市场购买自己所需要的产品。在这种情况下，每一项决策都只取决于各人自己的偏好。而对公共产品来说，决策涉及众多不同的偏好，依靠众多不同的偏好来进行一项共同的决策。政府试图将各种不同的投票者的偏好综合为统一的社会偏好，但这种社会偏好往往不可能同时符合所有个人的偏好。

4. 强制性。私人产品在市场决策中，买卖都是自愿的，每个人都在给定的客观条件下取得自己满意的结果；而公共决策的结果往往是一部分人拥护，另一部分人反对，政府总是不可避免地要牺牲一部分人的利益去满足另一部分人的利益。一旦做出了公共决策，不管你是否赞成，都必须接受并遵照执行，承担规定的成本份额，因此具有一定的强制性。

（二）公共决策的基本内容

1. 公共项目的种类。公共决策的一项重要内容是决定政府所提供的产品或服务的种类。显然，每个人对不同的公共项目有不同的利益关系及不同的效用评价，有些人可能认为社会治安值得政府花更多的钱，而另一些人则可能认为交通或环境保护更为重要一些。总之，不同的人对某一种类型的公共产品的重要性会有不同的评价。这种评价可以用需求曲线的方式来表示。人们总是倾向于赞成与自己切身利益密切相关或者自己对它的效用评价较高的公共项目，在某种项目组合中，通常也会给予这些项目以更高的权重。因此，政府打算花钱干什么以及在公共项目的各种组合中打算采取哪种组合，直接影响到投票者的态度。

2. 公共项目的成本分担方式。个人对公共项目的效用评价并不能直接决定投票者的态度，即使他认为某个项目对他个人来说有很大效用,他也要将效用与他所必须支付的成本相比较才能决定赞成还是反对。如果成本分担方案对他很不利,即公共项目需要他承担的成本很高使他认为得不偿失,那么他就会反对这一项目。反之,若某一项目的效用并不很高,但投票者个人所承担的成本份额很小,或者可以不承担成本,他就有可能投赞成票。公共项目的成本如何分担将影响到个人对这一项目的态度。同时也是公共决策中的一项重要内容。

3. 公共项目的规模。如果公共项目的种类与成本分担方式已定,每一个人就有了给定的需求曲线和成本曲线,这就决定了各个人心目中理想的公共项目规模,这一规模应能使该投票者的净效益达到最大化,在这一提供水平上,个人的边际效用等于边际成本。在图 1 – 3 中,Q_0 表示在公共项目的种类与成本分担方式既定条件下某投票者最为满意的公共项目规模。假定提供 Q_1 水平的公共项目与提供 Q_0 水平的公共项目是两项供投票者选择的方案,那么该投票者将会赞成 Q_0 方案而反对 Q_1 方案。可见,公共项目的规模也是影响投票者态度的一个重要因素,同时又是公共决策中的一项重要内容。

公共选择理论研究政治决策程序,既包括实证分析,也包括规范分析。从实证分析来看,它研究公众的偏好通过某种政治程序会产生怎样的决策结果;从规范分析来看,它评价通过各种不同政治程序所产生的各种结果的优劣,从而为选择某种政治程序提供依据,以使得决策结果能够较为符合我们所确定的目标。

二、维克塞尔—林达尔机制

什么样的政府机制能够达到最佳的效率与公平的目标呢? 早在一百多年以前,瑞典财政学家维克塞尔就提出了一个最优化模型,该模型后来经过他的学生林达尔的发展和完善,被称为维克塞尔—林达尔机制。

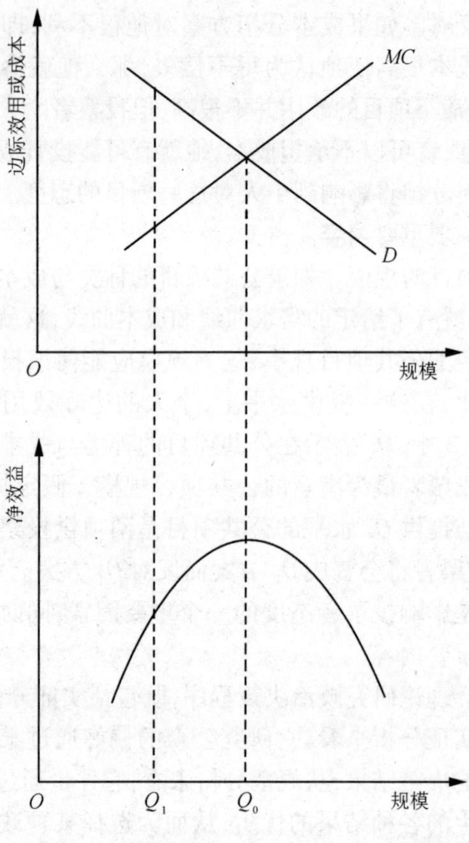

图 1－3　公共项目的规模与选民的态度

在维克塞尔—林达尔机制中，有这样两点基本假定：①每一个社会成员都参加到表决程序中来，并且每一个社会成员的权利都是平等的，也就是一人一票制。②投票人在做出选择及获得投票人的表决信息并以此为基础形成决策以及付诸实施的过程中，不需要为信息的传递耗费任何资源，并且在信息的传递过程中不存在任何失真。简而言之，就是信息成本为零。

在这样的假定下，维克塞尔的观点是：各种公共产品的提供应当通过个别的税收来筹资；为确定到底应该提供多少公共产品，需要利用政治的和集体的选择过程。具体办法是，让每一个人在一开始就明确知道各自可以从公共项目中得到的好处和需要做出的贡献，然后进行投票，直到有一个全体一致同意的组合被通过为止。他试图论证这一原则是个人免受其他成员剥削的原则，当全体一致同意实现的时候肯定意味着不会有任何人的利益遭到侵犯，这一境界其实也就是帕累托最优境界。

林达尔的分析则更为具体和精致。他将政府的作用看作是一个拍卖过程，在这一过程中，首先将不同的税收份额提供给当事人 A 和 B，由 A 和 B 申报在这一份额结构下各自对公共支出的偏好水平。如果二人偏好的公共支出水平不一致，则政府必须重新设置税收份额，提高需求高者的份额以使其需求降低，同时降低需求低者的份额以使其需求增加。这个过程将一直持续下去，直到双方在不同的税收份额下偏好相同的公共支出水平为止。

虽然在现实中，人们拥有的实际政治权利并不完全一致，而信息成本为零的假定也无法实现，在有着一个相当大数量人口的表决机制中，信息成本甚至是非常巨大的，但这些都不妨碍维克塞尔—林达尔机制为现实政府机制的改进提供方向和标尺。

首先，通过维克塞尔—林达尔机制我们可以清楚地看到，保证公共决策既符合效率原则又符合公平原则的一个前提是，尽可能使政府机制中的每一个人所拥有的权力是平等的。

其次，如何通过适当的制度安排来尽可能多的减少政府机制运行中所发生的巨大信息成本，是提高政府机制运行效率和保证社会公平的重大课题。

最后，尽管在现实中对于某一项公共决策达到每个人都同意的程度是不大可能的，但维克塞尔—林达尔机制仍然向我们传递了这样一个朴素而有价值的信息：尽可能使政府机制的运行保证尽可能多的人的利益，是衡量政府机制有效性的重要依据。

三、多数票通过原则

直接民主决策中，全体一致原则由于上述种种缺陷，一般不大采用，而最常见的是多数票决策，即在政府政策方案付诸全体选民表决时，只要赞成票占多数，该方案即获通过。多数的含义，在实际运用中通常有简单多数（1/2 以上的投票者表示赞成）和 2/3 多数（2/3 以上的投票者表示赞成）两种，其他的有关“多数”的规定还有，但不及这两种常用。一般情况下，比较不重要的方案只要取得简单多数即可，重要的方案需取得至少 2/3 选民的同意。多数票决策，避免了全体一致原则下可能出现的一个决策也作不出的尴尬局面，也比全体一致决策大大降低了成本。那么，同样的问题是，多数票决策能实现均衡吗？

实际上，多数票决策可以实现均衡，只要符合以下条件：①投票者具有单峰形偏好，即投票者可以将付诸表决的不同方案加以排序，只出现一个极值（峰），如图 1－4 的（a）（b）（c）三图，而不会出现（d）图中所描绘的双极值曲线；②付诸表决的方案是两两进行投票表决的，以获胜次数最多的方案为最后的决策。

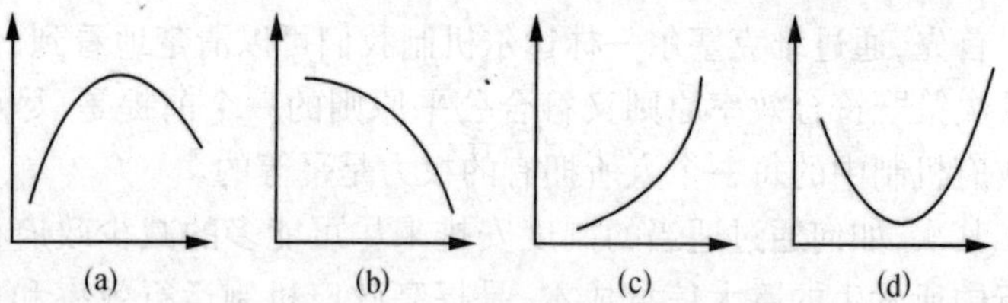

图 1－4 单峰形与多峰形偏好

我们利用一个三人模型，来说明多数票决策均衡。我们假定有三个投票者Ⅰ，Ⅱ，Ⅲ，付诸投票表决的方案是 A，B，C 三个。对这三个方案，Ⅰ的评价是 A > B > C，Ⅱ 的评价是 C > B > A，Ⅲ的评价是 B > C > A。如图 1 - 5 所示,这三人的偏好都是单峰的。Ⅰ,Ⅱ,Ⅲ三人的极值(峰值)分别是 A,C,B。现在开始投票表决,采用两两表决的方法,先就 A 和 B 表决,Ⅱ,Ⅲ都认为 B 优于 A,于是投 B 的票,只有Ⅰ投 A 的票,少数服从多数,B 获胜;再就 B,C 表决,Ⅰ,Ⅲ投 B 的票,B 胜;再就 A、C 表决,Ⅱ,Ⅲ投 C 的票,C 胜。由于在三场投票中,B 获胜两场,所以最终的决策结果应是 B,B 的获胜与投票顺序无关,因而 B 获胜的结果是均衡的。这也可以用以下图示(图 1 - 6)来表示:三个方案两两表决,共有三次,B 获胜两次,故 B 优于其他两种方案,它是多数票通过的必然决策结果。

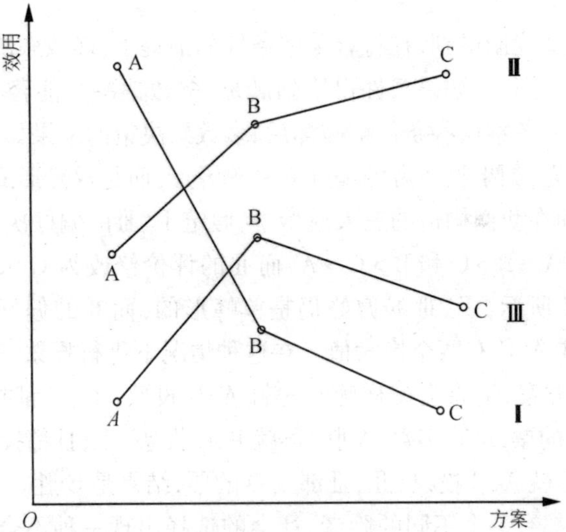

图 1 - 5　选民的不同偏好

假定上例是在项目既定、成本分担方式既定的条件下对项目的规模进行投票,方案 A 的公共支出水平较低,方案 B 的公共支出水平居中,方案 C 的公共支出水平较高。我们发现,只要满足

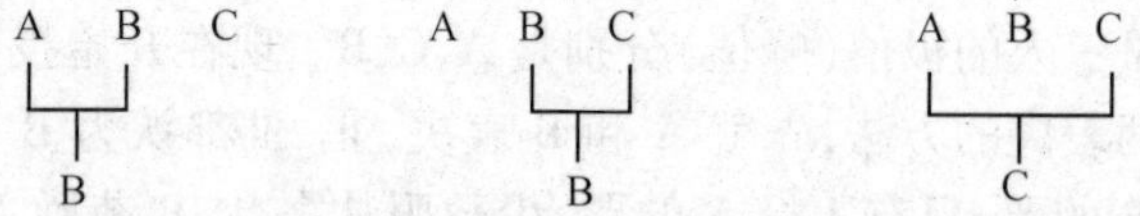

图 1－6 选民的不同偏好

单峰形偏好和方案两两表决这两个条件，投票的最终结果总是反映了中位选民的偏好。所谓中位选民是指在所有选民中偏好居中的那个选民，赞成较低公共支出水平的选民人数恰好等于赞成较高公共支出水平的选民人数。

四、多数票决策的困境与阿罗不可能定理

上文我们讲到，在符合某些条件的前提下，多数票决策可以达到均衡。那么，如果条件得不到满足，多数票决策能否实现均衡？我们逐一考察这些条件被破坏后，多数票决策的结果如何。

首先，如果投票者的偏好不是单峰形，而是双峰形或多峰形的情况，而在我们构造的三人模型中，假定Ⅰ、Ⅲ的偏好次序不变，仍分别是 A > B > C 和 B > C > A，而Ⅱ的评价修改为 C > A > B。如图 1－7 所示，Ⅰ、Ⅲ的偏好仍是单峰形的，而Ⅱ的偏好是双峰形的，即在 A，C 有两个极大值。在这种情况下进行投票，表决 A，B，C 三个方案，结果会怎样呢？先就 A，B 投票，Ⅰ、Ⅱ都投 A 的票，Ⅲ投 B 的票，A 获多数，A 胜；再就 B，C 投票，Ⅰ、Ⅲ都投 B 的票，B 胜；最后就 A，C 投票，Ⅱ、Ⅲ都投 C 的票，结果是 C 胜。三场投票，每一场都有一个不同的胜者，社会的选择出现一种不合逻辑的现象：A > B，B > C，C > A。这种情况被称为循环投票，结果是没有一个方案能获得稳定的票。虽然每一个投票者的偏好是前后一致的，但整个社会的偏好却无法保持一贯。公共选择理论的专家们已证明，在公共项目的种类和成本分担方式已定的条件下，对公共

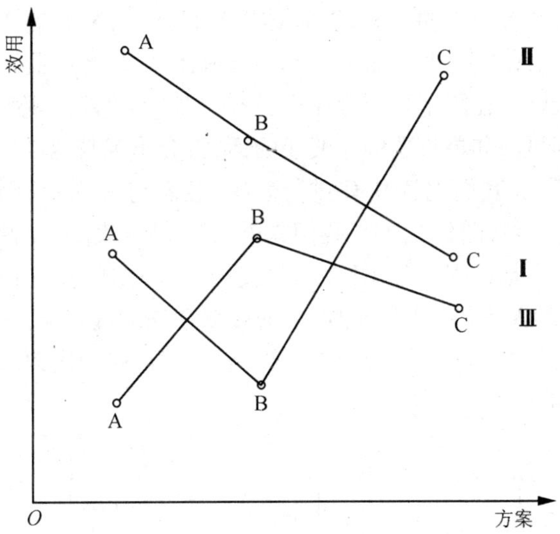

图1-7　多峰形偏好与决策困难

项目的规模进行表决时，选民往往具有单峰形的偏好，存在着决策均衡。但是，对公共项目的种类或成本分担方式进行表决时，多峰形偏好就会经常地出现，例如，Ⅰ、Ⅱ、Ⅲ三人对一笔开支用于学校(A)、医院(B)还是公园(C)进行表决。Ⅰ的偏好是 A > B > C，Ⅱ的偏好是 C > A > B，Ⅲ的偏好是 B > C > A，则循环投票就会出现。同样的，对成本的分担方式进行表决时，也会出现类似的结果。

现在我们再来看改变两两表决的程序会出现怎样的结果。由于两两循环表决方式耗时长、成本高，如果方案较多，就会出现旷日持久的投票运动。而且，若存在多峰形偏好，投票表决就会没有稳定的结果，这就使我们想起运用体育比赛中经常使用的淘汰制，即确定某种投票顺序先对某两个方案表决，获胜者将参与与另一个方案的表决，失败者被淘汰，不再参加表决。仍以前面的例子为例，即Ⅰ的偏好顺序是 A > B > C，Ⅱ的偏好是 C > A > B，双峰形偏好Ⅲ的偏好是 B > C > A。我们确立一种投票顺序,比如先就 A,B 进行表决,胜者与 C 进行比较,则结果是显然的,A,B 表决,A 胜;A 再与 C 比,C 胜。即如图 1-8(a)所示,C 方案将是最终的胜利者。也就是说,在既定投票顺序下,淘汰制投票将能出现唯一稳定的结果。但是,如果投票顺序改变的话,将会出现其他结果。如图 1-8(b)所示,我们先就 B,C 进行表决,胜者与 A 对决,则会发现胜者是 A。再看图(c),如果我们先就 A,C 进行表决,胜者与 B 对决,胜者将会是谁呢? 是 B! 因此,我们可以看到,在这种情况下民主投票的结果取决于投票顺序,而投票顺序的确定又是主观的、独断的,因此投票程序经常会被操纵,以期得出符合投票顺序确定者意愿的结果。

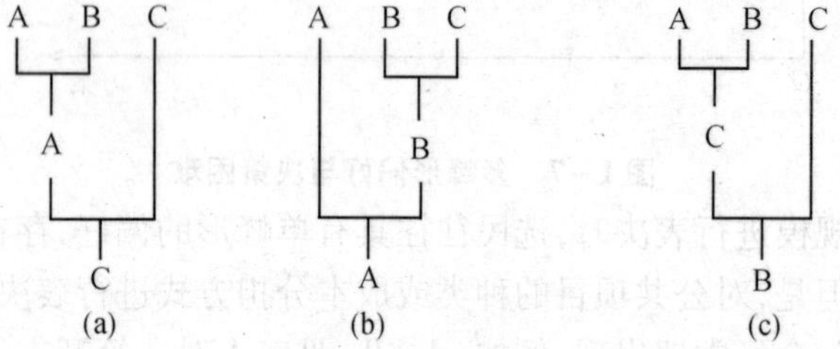

图 1-8　表决顺序不同条件下的投票结果

在这种情况下,如果投票者在事先知道了别人的偏好,为了避免自己最不满意的结果出现,会有意歪曲自己的偏好(不诚实投票)。在我们的例子中,如图 1-8(c)所示的情况中,每一个人都诚实投票,将会出现 B 胜的结果,而 B 是Ⅱ所最不愿意见到的结果。如果Ⅱ知道Ⅰ、Ⅲ两人的偏好顺序,为了避免 B 的出现,在第一轮表决 A,C 时,歪曲自己的偏好,不投 C 而投 A 的票,由于Ⅰ也会投 A 的票,这样第一轮获胜的将是 A 而不是 C。第二轮 A,B 对决,各人都诚实投票,获胜的将仍是 A,这样 B 的决策结果就被避免了。在两两循环表决和其他人也采取歪曲偏好投票的时候，情况将更加复杂。可见，只要有人知道按真实偏好投票会出现最不利于自己的坏结果，并且知道别人的偏好时，就会隐瞒、歪曲自己的偏好，以避免最坏结果的出现。当然，现实中还会出现更复杂的情况，如两选民相互协商，共同损害第三方的利益，或互相协商，使三方的方案都获得通过等等，在这些情况发生时，多数票决策的结果将受到选民投票策略的影响，因而不存在稳定的均衡结果。

综上所述，多数票决策如果不能满足单峰形偏好的条件，将会出现各种各样的问题，这些问题我们统称为投票决策困境。能不能找到一种决策规则避免种种决策困境？换句话说，在民主社会里，能否找到一种投票程序，使它所产生的结果不受投票顺序的影响，同时又尊重每一个人的偏好，能将所有个人偏好转换为一种社会偏好从而做出前后一致的决策呢？诺贝尔经济学奖获得者肯尼思·阿罗的研究证明，这是不可能的。这就是阿罗不可能定理。从这一定理引申出来的一个结论是，无法指望政府像一个富有理性的人那样，表现得行动一致。也就是说，我们不能把政府拟人化，把其当作理性的人，或者认为其比构成政府的个人还有智慧。

五、政府失灵

对于"市场失灵"的认识，使西方国家在 20 世纪 30 ~ 60 年代期间采取了一系列干预经济的措施。然而，到了 70 年代，采用这些措施所带来的问题日益暴露，经济学家和政治家们开始注意"政府失灵"现象，我们可以将其概括为下面四个方面。

（一）有限信息

信息不足是"市场失灵"的表现之一，然而现实经济生活相当复杂，许多行为的结果是难以预料的。私人经济部门固然难以掌握完全的信息，而政府事实上也很难做到这一点。因此，政府也难免出现决策失误。政府"犯错误"在实践当中并不少见，一再修改自己的决策甚至否定过去的做法也是常事。

(二)对私人市场反应的控制能力有限

政府采取某种政策后,它对私人市场可能的反应往往无能为力。例如,政府采取医疗保险或公费医疗政策,却无法控制医疗费用的飞速上升;一些国家为了吸引外资或鼓励投资,对外来资本或国内某些领域实行税收优惠政策,却难以阻止许多不应享受优惠的投资者钻空子;一些国家为了使收入分配更公平,对高收入者征收高额累进税,却把这些人赶到税率低的国家定居,随之失去了他们的资本和智慧。

(三)官僚主义

政府与官僚主义历来是密切联系在一起的,这首先体现在政府做出一项决策要比私人部门做出一项决策慢得多,因为当中要经过这样几个时滞:

1. 认识时滞。这是指从问题产生到被纳入政府考虑日程的这一段时间。如果是中央政府决策,那么还要加上地方政府反映、报告问题的时间。

2. 决策时滞。这是指从政府认识到某一问题到政府最后得出解决方案的那一段时间。在其中,可能要经过国会的讨论、争论及总统的否决等,政府做出决策绝非易事。

3. 执行与生效时滞。这是指从政府公布某项决策到付诸实施以致引起私人市场反应的时间。

任何公共决策都不可避免地存在着上述时滞,在一些时候,当针对某一问题的政策真正起作用的时候,情况可能已经发生了变化,它或者已不是什么重要的问题了,而解决新问题的对策又要经过上述时滞。

除了时滞问题以外,官僚主义还体现在政策实施情况和最初政策意图的不一致,因为政策制定者和执行者一般不是同一个政府机构。这种问题可能纯粹由于政策意图本身的模棱两可,使得执行机构对政策的解释和理解不符合政策制定者的初衷，而并非是前者有意所为。在更多的时候，由于政策的执行结果在很大程度上取决于执行人员的效率和公正廉明，而政府官员自己的利益或偏好与社会的利益往往并不完全一致，因而使得政策的执行结果大打折扣。虽然实践中可以通过教育和监督的方式要求政府官员克己奉公，但事实上不可能完全避免这种情况的出现。

（四）政治决策程序的局限性

政治决策程序本身的局限性也是政府不可克服的缺陷之一。现代民主制度并不能很好地解决偏好显示和偏好加总的问题，从而不能实现有效的决策结果。政府的决策会影响到许多人，但真正做出决策的只是少数人，不管这些少数人是由选举产生的还是其他方式指定的，他们在决策时总会自觉或不自觉地倾向自己所代表的阶层或集团的偏好和利益，而一旦既得利益集团形成，这种格局就很难被打破。此外，阿罗的不可能定理证明：政府行为和决策的前后不一致，也是民主决策过程不可避免的现象。

基于上述原理，市场经济的支持者们认为，政府能够发挥的积极作用也是十分有限的，对于一些市场在经济效率方面的失灵现象，这些经济学家更倾向于通过分权式的私人决策来解决。例如，外部效应是要求政府介入的一大理由，但是，按照科斯定理，政府只需界定和保护产权，市场机制就可以克服这种现象。

这些看法未免极端，但我们必须考虑这些“政府失灵”的因素，而不能过分夸大政府对于纠正“市场失灵”的作用。另外，政府干预本身也是有成本的。税收是政府筹资的主要方式，但在征税过程中会产生征收成本，并且，由于税收干扰了私人经济部门的选择往往还会带来额外的效率损失，即税收的超额负担。因此，只有在市场失灵导致的效率损失大于这些税收成本的情况下，才需要政府干预。而在一些竞争性领域，尤其不应出现政府投资与私人部门相交叉竞争的现象。因为在这些领域公共经营效率低下，政府与私人部门相竞争，难免要倚仗其固有的行政垄断力量，会破坏市场机制作用的发挥。

总之，单纯的市场机制或单纯的政府机制都是不可取的，两者虽然都有优越性，但也都有其自身不可克服的缺陷。只有将两种机制相互配合，才有助于目标的真正实现。

思考题

1. 如何理解市场竞争效率？
2. 试析福利经济学的基本原理。
3. 阐述市场失灵的具体表现。
4. 如何理解公共财政职能？

第二章　公共支出理论

第一节　公共产品理论

公共产品的提供是政府配置职能涉及的最重要的领域。在市场经济中,公共产品不仅是市场失灵的原因,而且是政府经济活动的主要内容。现代财政如果用一句话来概括就是:它是提供公共产品的公共经济部门。所以,我们仅仅知道政府有必要提供公共产品是远远不够的,还必须充分了解公共产品相对于私人产品的特殊性,包括其最优供给条件、模型以及不同的机制,这些问题关系到公共财政理论最为核心的内容。

一、公共产品的含义

通过上一章的分析,我们已经知道:一件纯粹的公共产品在消费上是非竞争性的。这意味着,一旦该物品存在,另外一个人消费它所需要付出的追加资源成本即为零。以灯塔的使用为例,只要灯塔启用,另一条船受它指引并不造成资源成本的耗费,也就是说,一个人借用灯塔的光亮完全不妨碍另一个人享用灯塔的服务。

我们对公共产品的定义有几个方面需要注意。

第一,虽然每个人消费的公共产品的数量相等,但这并不等于可以要求所有人对该消费具有等同的评价。在其他条件相同的条件下,运输贵重物品的船主比运输廉价物品的船主,对船只借以明确航向从而可以安全抵岸的灯塔服务的价值看得更大。

确实,人们对于一定的公共产品的价值是正是负的看法,是不一致的。当一个新导弹系统建立起来以后,每个人除了接受它之外,没有其他选择。对那些认为导弹系统能增加其安全感的人来说,该系统的价值是正的。而对于那些认为新导弹系统只能加剧军备竞赛,并不能增强国防实力的人来说,该系统的价值就是负的。这些人更愿意为设法阻止导弹系统的建立而出钱。

第二,一种物品之归属为公共产品不是绝对的。这取决于市场条件和技术状况。大学图书馆的阅览室,在读者少时可被看作公共物品,但随着读者的增加,会出现拥挤现象,虽然每个人"消费"的图书馆的"面积"相等,但由于拥挤,消费的质量下降了。因此,严格的非竞争性的标准,已不复满足了。所以,在许多场合,把"公共性"作为一个程度问题来理解是有益的。一件纯粹公共产品,能完全满足上述定义的要求;而对不纯粹公共产品的消费,就具有某种程度的竞争性。纯粹公共产品的例子举不出很多,但正如对完全竞争的分析能够引出关于实际市场运行的若干重要结论一样,对纯粹公共产品的分析,也有助于我们对政府决策者面临的问题的理解。

第三,非排他性概念常常与公共产品的概念有联系。如果任何人都不愿付费而能消费某物,而阻止他的消费或者消费代价昂贵或者不可能消费时,我们就说对这种物品的消费具有非排他性。许多非竞争性物品具有非排他性。例如,灯塔就是一件非排他性物品,因为无法阻止任何一条船借用它的光亮。但是,非排他性和非竞争性并不必然相伴。以行车高峰时的都市商业区街道为例,在许多场合,非排他性是成立的,因为不可能建立那么多过路税岗来调节交通。但是,消费确实是竞争性的,每个曾被交通堵塞过的人都可证明这一点。但在另一方面,许多人都可以享受大片海滨,而不影响他人的消费。尽管在这种情况下人们的消费不具有竞争性,但只要通往海滨的道路有限,排除不交费者的消费是完全有可能的。请注意,和非竞争性一样,非排他性也不是绝对的。这取决于技术状况和法律规定。假定有人发明了一种干扰装置,该装置能使不买特殊接收器的船只无法获得灯塔的信号；或者，假定灯塔主人向不购买在灯塔周围一定范围内航行许可的任何船只发射导弹是合法的，那么，在这两种场合下，灯塔均将具有排他性。

第四，若干在习惯上不被看作"商品"的事物具有公共产品的特征。一个重要的例子是诚实。如果每个公民在商业交往中都是诚实的，那么，整个社会都将因做生意的成本下降而受益。这种成本下降既有非排他性特点，也有非竞争性特点。同样，有人认为，收入分配也是一件公共产品，如果收入能够"公平"分配，每个人都会因生活在一个良好的社会里而得到满足，没有人能被排除在外。当然，由于人们对公平概念有不同的看法，因此在应当如何评价某种既定收入分配格局的意见上会有分歧。但是，人们对收入分配的"消费"仍是非竞争性的，因此，它也仍是一件公共产品。

第五，私人物品不一定只由私人部门供应。公共部门供应私人物品（即政府供应竞争性商品）的例子很多。医疗服务和住房是有时由公共部门供应私人物品的两个例子。同样，公共产品也可由私人部门供应，例如，私人向社区捐赠公园。简言之，"私人"和"公共"两词的本身，并不表明该物品一定要由私人还是公共部门供应。

第六，某物由公共部门供应，并不一定意味着它由公共部门生产。以垃圾处理为例，某些社区本身供应这项服务——公共部门的管理者购置运送垃圾的卡车，雇用工人，安排计划，等等；但在其他社区，地方政府雇佣一个私人公司来做这项工作，它本身并不具体组织生产。

二、公共产品的有效供给

通过以上论述我们得出结论，公共产品必须由公共部门来提供，那么，政府如何有效率地提供公共产品呢？下面我们将集中讨论这一问题。

(一)局部均衡分析

从局部均衡的角度看,任何一种产品的市场均衡产量、价格由其供给曲线和需求曲线的交点决定,需求曲线应与该产品消费方的边际效用曲线相一致,供给曲线应与该产品生产方的边际成本曲线相一致,这样,社会边际效用等于社会边际成本,帕累托最优得以实现。

在我们循此思路来推导公共产品有效供给的实现条件之前,有必要首先回顾一下私人产品的局部市场均衡和帕累托最优供给量的决定。

1. 私人产品的局部均衡。假定社会上只有 A、B 两个人。图 2 -1中 D_A 与 D_B 线分别代表个人 A 与个人 B 对某私人产品的需求。A、B 需求曲线的差异主要是由于两人收入水平的不同造成

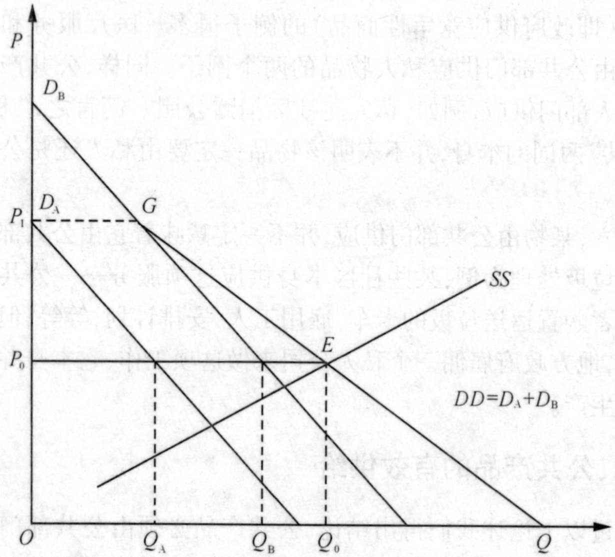

图 2 -1　私人产品的局部均衡

的。对这一产品在不同价格下的市场需求量,可通过加总在各个价格水平下A,B两人各自的需求量得到,这样市场需求曲线DD就是A、B两人需求曲线的水平相加,即$DD = D_A + D_B$。

DD线之所以会在G点出现拐折,是因为当价格上升为P_1时,A的需求将为零,这时只有B有需求,在P_1价格以上的$DD = D_B$。

如果生产者边际成本决定的该产品的供给曲线为SS,则市场均衡点为DD线与SS线的交点E,均衡价格为P_0,均衡产量为Q_0,它是所有消费者消费量的总和,其中Q_A为A的消费量,Q_B为B的消费量,$Q_A + Q_B = Q_0$。在P_0这一价格下,两个消费者的最终消费量由于收入水平的不同而有所差别。但他们的边际效用相同,都等于市场价格。在私人产品的条件下,由于没有外溢性现象,消费者个人从某一产品消费中获得的边际效用也就是这一产品的社会边际效用,这样,在E点社会边际成本等于社会边际收益,实现了帕累托最优。

私人产品帕累托最优的实现条件可以更具体地写成:

$$MSB = MB_i = MSC(i = 1,2,\cdots,n)$$

2. 公共产品的局部均衡。公共产品的局部均衡与私人产品的情况有很大区别。如图2-2所示,D_A和D_B曲线分别是个人A与个人B对某公共产品的需求曲线,这是与他们消费公共产品所得到的满足(边际效用)相一致的。萨缪尔森称其为"虚假的需求曲线",因为在实际生活中,人们一般不会明确表示出他们消费一定量的公共产品的边际效用是多少,愿意出多少的价格。但是,这种需求曲线对分析问题却是有帮助的。

对于私人产品,消费者面对的是相同的价格,他们可以通过调整消费量来使自己的边际效用等于既定的市场价格。而公共产品则不同,它一旦被提供出来,任何人都可以消费它,而不管是否出于本人的愿望,并且每个消费者的消费量都是相同的。但不同的

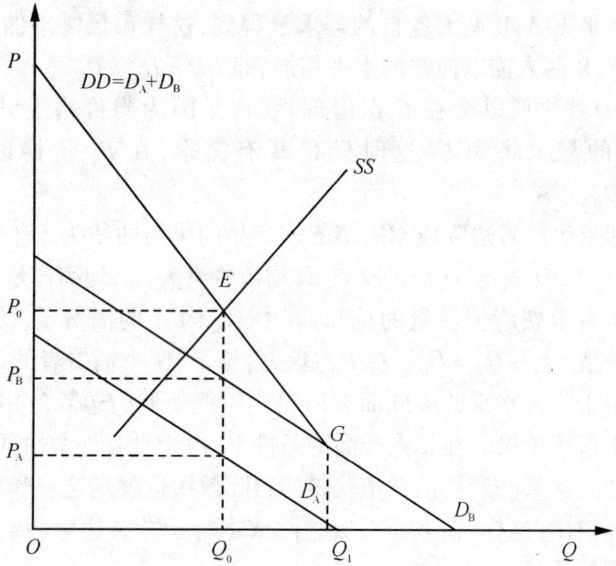

图 2－2 公共产品的局部均衡

个人从公共产品中获得的满意程度即边际效用却并不相同，这意味着每个人愿意支付的价格是不同的，一般说来，收入较高的人会对公共产品有较高的评价，从而愿意对一定的公共产品支付较高的价格。全社会对一定数量的公共产品愿意支付的价格（税收）应由不同个人愿意支付的价格加总得到。这样公共产品的市场需求曲线 DD 就应是每个人的需求曲线的垂直相加。即 $DD = D_A + D_B$。DD 线之所以会在 G 点出现拐折，是因为当供给量在 Q_1 以上时，A 不愿意付出任何价钱，而只有 B 愿意出价，在 Q_1 供给量以上的 $DD = D_B$。

如果与公共产品的边际成本相一致的供给曲线为 SS，则 DD 与 SS 线的交点决定公共产品的均衡产量 Q_0，这是任何消费者都必须接受的消费量。公共产品的均衡价格 P_0 是所有社会成员愿

意为 Q_0 单位的公共产品所支付的价格的总和，其中 P_A 为 A 的出价，P_B 为 B 的出价，$P_A + P_B = P_0$。

因为消费者的出价是与其消费公共产品所获得的边际效用相一致的，所以所有消费者出价的总和就是其边际效用的总和，即社会边际收益。这样，在 E 点社会边际成本等于社会边际收益，实现了帕累托最优。因此，公共产品的帕累托最优实现条件可写成：

$$MSB = \sum_{i=1}^{n} MB_i = MSC$$

公共产品的价格事实上就是税收。关于公共产品的局部均衡分析，基本上是假定以个人交纳的税收来负担公共产品的生产成本，税收应由个人的受益程度决定，因此应实行差别的税收，这被称为税收的受益能力原则。

（二）一般均衡分析

公共产品有效供给的一般均衡分析主要是解决社会资源应如何在公共产品和私人产品之间进行配置的问题，其基本理论模型是由萨缪尔森于 1954 年在其《公共支出的纯理论》一书中提出的。

我们已经知道，在只有私人产品的市场中，假定只有两个消费者 A，B，两种产品 X，Y，两种生产要素 L，K，则达到帕累托最优的条件是：

$$MRTS_{LK}^{X} = MRTS_{LK}^{Y}$$

（用于生产两种产品的两种生产要素的边际技术替代率相等）；

$$MRS_{XY}^{A} = MRS_{XY}^{B}$$

（A，B 两人消费两种产品的边际替代率相等）；

$$MRS_{XY}^{A} = MRS_{XY}^{B} = MRT_{XY}$$

（生产的边际转换率等于消费的边际替代率）。

在存在公共产品的情况下，以上的结论就需要修正了。假定社会上只有两个消费者A,B,两种产品是纯粹的私人产品X和纯粹的公共产品G,两种生产要素L,K,则达到帕累托最优的条件是:

$$(1)\quad MRTS_{LK}^{X}=MRTS_{LK}^{G}$$

(用于生产两种产品的两种生产要素的边际技术替代率相等);

$$(2)\quad MRS_{XG}^{A}+MRS_{XG}^{B}=MRT_{XG}$$

(生产的边际转换率等于消费的边际替代率之和)。

也就是说,在存在公共产品的情况下,消费的帕累托最优和产品组合的帕累托最优的实现条件较只有私人产品的市场情况有所不同。对这一结论的推导如下:

如图2-3所示,假定图(a)中的A_1A_1,A_2A_2等曲线是个人A消费私人产品X和公共产品G的无差异曲线,图(b)中的B_1B_1,B_2B_2等曲线是个人B消费私人产品X和公共产品G的无差异曲线,图(c)中的FF线是社会资源用于生产私人产品X与公共产品G时的生产可能性边界。根据帕累托最优的定义,我们将分析当个人B的效用水平确定时使个人A达到最高的效用水平所需满足的条件。

不妨假定B的效用水平为B_2B_2,将图(b)中的B_2B_2线下移到生产可能性边界坐标图中,则成为图(c)中的B_2B_2线,由图(c)中FF线和B_2B_2线我们可以推导出个人A的消费可能性曲线。B_2B_2线在P点和Q点与FF线相交,生产可能性曲线的性质决定了只有B_2B_2线在P点和Q点之间的部分才是个人B可能的消费组合,这表明他可能消费G_1至G_2单位的公共产品,公共产品的特性决定了个人A必然和个人B一样,也将消费G_1至G_2单位的公共产品,而个人A可能消费的私人产品的数量则应是生产可能性曲线决定的社会所有成员可能的消费总量减去个人B的消费量。这样,我们可以在区域G_1G_2内,在图(a)中画出个人A的消费可

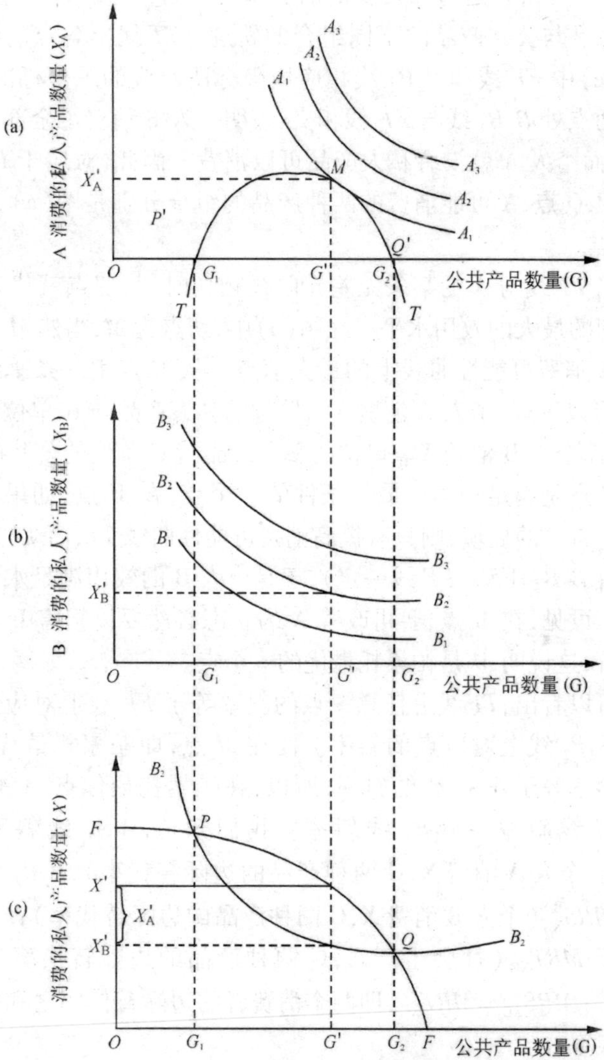

图 2-3　公共产品的一般均衡分析

能性曲线 TT,它是当个人 B 的消费满足以后,个人 A 可能消费的私人产品与公共产品的不同组合的轨迹。TT 线上各点的纵坐标为图(c)中 FF 线和 B_2B_2 线相应横坐标所对应的纵坐标的差,在 P,Q 两点处 B_2B_2 线与 FF 线相交,表明个人 B 消费了全部私人产品,从而个人 A 就没有私人产品可以消费。因此,对应于 B_2B_2 线上的 P,Q 点,A 可能消费的两种产品的组合分别是图(a)上的 P' 和 Q'点。

当 TT 线与 A 的某条无差异曲线相切时,其切点就代表 A 所能达到的最大的效用水平。在图(a)中,切点为 M,当然 M 并不是个人 A 消费可能性曲线上的最大值点。从 M 点引一条垂线到图(c),可以发现,个人 A 消费 X'_A 单位的私人产品与 G'单位的公共产品,而个人 B 消费 X'_B 单位的私人产品与 G'单位的公共产品。

M 点是满足帕累托最优条件的一个点,在 M 点,如果个人 A 想改善自己的处境,则只有提高消费可能性曲线 TT,而 TT 上移则意味着 B_2B_2 下移(FF 线一定),于是个人 B 的效用满足水平必然下降。可见,在 M 点,要再改善 A 的状态必然要以损害 B 的利益为代价,这说明 M 是帕累托最优的一个点。

可以看出,TT 线上任意一点的斜率等于 FF 线上对应点的斜率减 B_2B_2 线上对应点的斜率。而在 M 点,即帕累托最优点,TT 线的斜率等于 A_1A_1 线的斜率,所以,在帕累托最优点,A_1A_1 线斜率 = FF线斜率 - B_2B_2 线斜率。我们知道,A_1A_1 线斜率等于 MRS_{XG}^{A}(个人 A 消费 X,G 两种产品的边际替代率),B_2B_2 线斜率等于 MRS_{XG}^{B}(个人 B 消费 X,G 两种产品的边际替代率),FF 线斜率等于 MRT_{XG}(社会生产 X,G 两种产品的边际转换率),所以 $MRS_{XG}^{A}+MRS_{XG}^{B}=MRT_{XG}$,即两个消费者的边际替代率之和等于边际转换率。

我们将这种两种物品、两个消费者的模型加以推广,可以推论出在一般情况下,只要存在着私人产品与公共产品,则公共产品的

最优供给量的条件是

$$\sum_{i=1}^{n} MRS_{j,k} \quad i = MRT_{j,k} \qquad \begin{array}{ll} i = 1,\cdots,n & \text{（消费者数目）} \\ j,k = 1,\cdots,m & \text{（消费者数目）} \end{array}$$

这就是说,纯粹公共产品的有效供给要求各个社会成员的边际替代率之和等于产品的边际转换率。公共产品对私人产品的边际替代率代表为获得一个单位的公共产品人们所愿意放弃的私人产品的量,边际替代率之和就是为了得到一个单位的公共产品,所有社会成员愿意放弃的私人产品的总和。为了实现帕累托最优,人们愿意放弃的全部私人产品的量,应等于在现有资源约束下,为了多生产一个单位的公共产品人们客观上所必须放弃的私人产品的产量,后者就是边际转换率。

换言之,边际替代率实际上衡量的是人们对公共产品的相对效用水平的评价,边际替代率之和即社会成员对公共产品的相对效用水平的总的评价;而边际转换率实际上衡量的是公共产品的机会成本。为了实现帕累托最优,人们从公共产品中得到的好处应等于它客观的机会成本,这与局部均衡分析所得到的个人对公共产品所愿意支付的价格之和应等于公共产品的边际成本的结论是一致的。

当然,在图 2－3 中,如果确定个人 B 具有另一种效用水平,也就是说他有另一条无差异曲线,相应地,个人 A 也将有另一条消费可能性曲线 *TT*,*TT* 与 A 的另一条无差异曲线相切,则得到另一个帕累托最优点,可见,这样的点可以有无数个,其轨迹如图 2－4 中的 *LL* 线,而至于最终的均衡点是哪一点,则取决于个人 A 与个人 B 的初始的分配情况,这涉及收入分配问题,在这里暂不讨论。

让我们把这一效率条件应用于国防产品,假定在现有资源约束下,要想增加一个单位的武器产量,必须减少一个单位的黄油的产量,即边际转换率为 1。用于国防的武器是公共产品,而黄油是私人产品。不妨考虑只有两个人的简单经济:鲁滨孙和星期五。

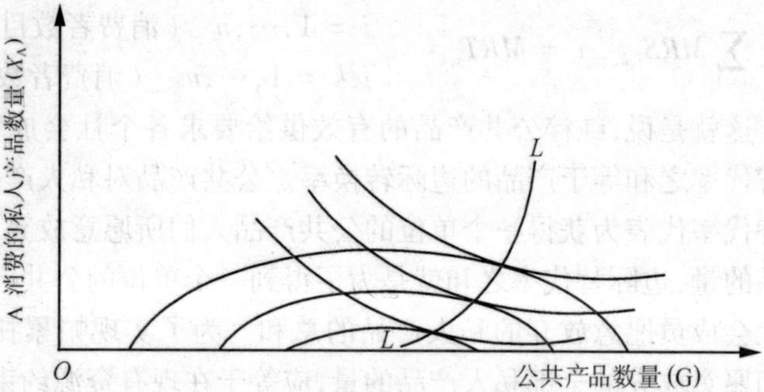

图 2-4 公共产品的一般均衡

鲁滨孙为了多得到一个单位的武器愿意放弃1/3磅的黄油,但仅凭这1/3磅的黄油还无法得到一个单位的武器。星期五为了多得到一个单位的武器愿意放弃2/3磅的黄油。这样,这个小社会愿意付出的全部黄油的量是:1/3+2/3=1,这是他们能够用来购买一单位的武器的全部代价,而他们也只需付出1磅黄油。这样,边际替代率之和等于边际转换率,他们的政府提供了一个有效的国防产品的产量水平。如果实际的边际替代率大于边际转换率,人们可以提高国防产品的产量或减少出价来达到一个有效率的水平。

第二节 外部效应理论

如前所述,外部效应的存在是市场失灵的一个重要原因,也是政府干预和公共经济部门存在的一个重要理由。我们有必要展开对外部效应的分析,深入了解公共财政存在和发展的基础。

一、外部效应的概念

外部效应或外部经济效果,是指经济主体的经济活动对其他经济主体的活动所施加的"非市场性"的影响。这里所说的"非市场性”的影响是指一种活动所产生的成本或收益不是通过市场价格反映出来的,而是无意识地强加于他人的。施加这种成本或收益的人并没有为此付出代价或得到收益。外在性有外部正效应(果)和外部负效应(果)之分,如果一个经济主体的经济活动对其他经济主体产生积极的影响,无偿为他人带来利益,则称为外部正效应;反之,如果一个经济主体的经济活动给其他经济主体带来消极影响,对他人施加了成本,则称为外部负效应。

对外部效应的分类作简单的介绍可以帮助我们对外部效应现象有一个更全面的了解。一方面,外部效应可能是生产行为或消费行为引起的;另一方面,外部效应有正的外部效应(即外部收益)和负的外部效应(即外部成本)之分。这样,我们就可以将外部效应现象作下面的分类。

(一)生产的外部正效应(生产的外部收益)

比如,一方面,养蜂场的蜜蜂帮助隔壁果园的果树传播花粉从而提高果树产量,另一方面,养蜂场也会因果园的存在得到增加蜂蜜产量的好处,这里养蜂场和果园双方都给对方带来了外部收益而不能得到对方支付的报酬。

(二)消费的外部正效应(消费的外部收益)

人们注射预防传染病的疫苗,使他人也因此减少了传染上这种疾病的可能;沿街居民在阳台上放几盆花让过路人赏心悦目,这些都是消费的外部收益。

(三)生产的外部负效应(生产的外部成本)

工厂向空气中或河流中排放废气或废水,会严重污染环境却不必对此进行补偿,这是经济学文献中最经常被引用的典型的外部成本的例子。

(四)消费的外部负效应(消费的外部成本)

吸烟者给同一场合的不吸烟者的健康造成损害,高层住宅里的人们将垃圾倒在一楼邻居的庭院里,这些都是消费的外部成本。

甚至交通堵塞中也存在外部成本，比如，如果某人高峰时间驾车外出，就会使道路变得更加拥挤，其他车辆也不得不进一步放慢速度。

（五）公共资源问题

还有一种很重要的外部效应现象，被称为公共资源问题。公共资源的特征主要有两个，一是这种资源是稀缺的，二是这种资源的使用不受限制。比如一个池塘，有很多渔民喜欢在其中捕鱼，显然，一个单个的渔民捕鱼的难度取决于渔民的总人数，这样，每一个渔民的加入都给其他渔民带来了外部成本。还有一个重要的例子是油田。一般在大油田附近广泛的区域内都很容易找到石油，而为了能够采油，人们只需到那里去购买一块足够钻一眼油井的土地，再买齐相关的采油设备。当然，从一眼井中钻取的石油越多，别人能够开采的量就越少。更重要的是，由于多一眼井，地下的压力减轻了，能够继续从地下冒出的石油的总量也会减少，所以这里多打一口油井给单个企业带来的收益和给全社会带来的收益，再次出现了明显的差别。

二、外部效应的经济影响——效率损失

最早研究外部效应的是19世纪初的英国经济学家庇古。庇古指出，如果存在外部经济的话，完全竞争一般均衡将不是帕累托最优，这主要表现在下面三个方面。

（一）外部正效应

某种产品收益的外部化将导致这种产品私人收益小于社会收益，私人企业的供给不足，从而带来福利损失。在市场机制下，利益的外溢会带来效率损失。如图2－5所示，*dd*线为准公共产品购买者的边际效用曲线（需求曲线），*DD*线为社会边际收益曲线，它们之间的垂直距离表示该产品的边际外部收益（边际外部收益往往是递减的，为了讨论的方便，我们这里假定它是常数），供给曲线（边际成

本线）为 SS 线。该产品符合效率准则的产出水平为 DD 线和 SS 线的交点 E_0 所决定的 Q_0。但在市场机制下，人们按照本人获得的利益决定购买量，该产品的产出水平只能达至 dd 线和 SS 线的交点所决定的 Q_1，这就会导致效率损失（图中三角形 E_0AB）。

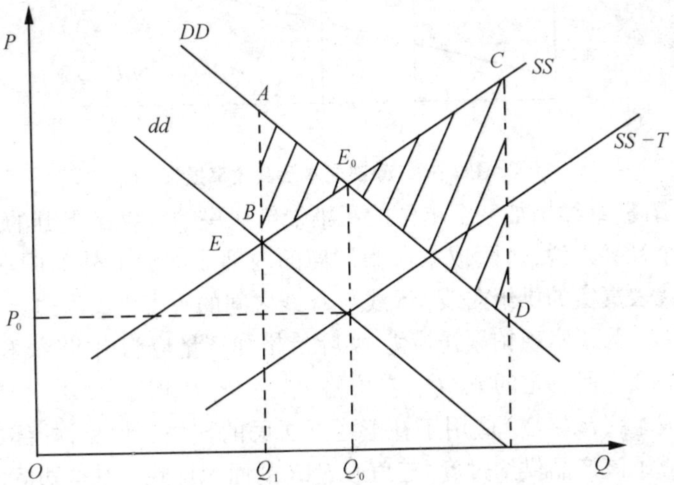

图 2－5　准公共产品

（二）外部负效应

当存在成本外部化现象时，情况则恰恰相反，生产商忽视产品的外部成本将会造成产品的实际供给量大于帕累托最优的供给量，这就会导致社会福利的损失。如图 2－6，DD 线为某产品的需求曲线，它与消费者的边际效用曲线相一致，ss 线为生产者的供给曲线，它由生产者边际生产成本决定，市场均衡价格和产量分别为 P_1 和 Q_1。如果该产品在生产的同时会向附近的河流中排放一些污染物，从而给居民造成一定的危害，那么就存在着外部成本，如图 2－6 中 MEC 线所示，这条曲线向上倾斜是因为随着污染水平

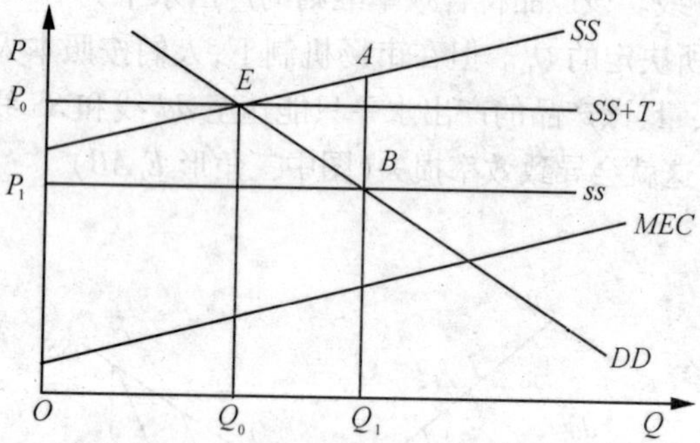

图 2－6　外部成本及其效率损失

的增高，继续增加一个单位的污染带给居民的危害是上升的。从整个社会来说，边际成本应为厂商的内部成本加上外部成本，*SS* 线代表真实的供给曲线，*SS* 线与 *ss* 线之间的垂直距离为边际外部成本。为了实现帕累托最优，实际价格和产量应为由 *SS* 线和 *DD* 线的交点所决定的 P_0、Q_0，在价格 P_0 中，P_1 应用于补偿厂商的内部成本，(P_0-P_1) 应用于补偿附近居民的损失。可见，外部成本造成了该产品供给过度，三角形 *EAB* 的面积反映了社会边际收益不足以补偿社会边际成本而带来的效率损失。

（三）公共资源问题

在公共湖泊中，渔船的增加一般会使这个湖泊的鱼的总产量增加，但不可能是成比例地增加。每艘渔船平均的捕鱼量会随着渔船数的增加而减少，这就意味着增加一艘渔船的边际社会收益会低于每艘船的平均收益。

如图 2－7 所示，设添置一艘渔船的成本为 *MC*，每艘渔船的平均捕鱼量为 *AR*，这相当于添置一般渔船给渔民个人带来的边际收益，而渔船的边际社会收益为 *SR*，*SR* 线在 *AR* 线以下。渔民们将权衡添置一艘渔船的成本和自己由此获得的收益，从而湖泊中的渔船数由 *MC* 线与 *AR* 线的交点决定，为 *f*。然而，从社会角度考虑，最优的渔船数应由 MC 线与 SR 线交点决定,为 f^*。显然,$f > f^*$,这表明了在私人市场机制下对公共资源的过度利用和效率损失。

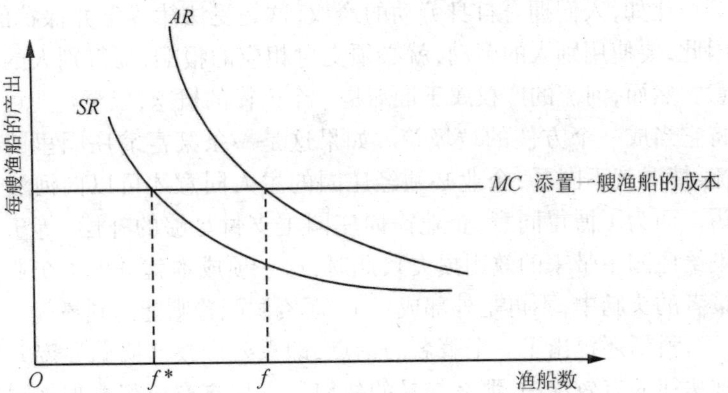

图 2－7　公共资源及其效率损失

三、私人部门纠正外部效应的机制及其缺陷

有的经济学家认为,私人经济部门自身有着克服外部效应的机制,主要表现在下面几个方面。

(一)一体化

私人市场机制可通过扩大企业规模,组织一个足够大的经济实体来使外部成本或收益内部化,从而纠正外部效应带来的效率损失。比如在前面讨论的果园的例子中,如果果园的主人同时经营养蜂生意,外部收益就内部化了。不过,只有在果园的规模足够大,使所有的蜜蜂只能在这一个果园采蜜的情况下,这种机制才会奏效。

(二)产权与科斯定理

完整、系统地论述产权问题的最著名的学者是美国当代经济学家,1991 年诺贝尔经济学奖获得者罗纳德·科斯。科斯于 20 世纪 60 年代初对传统的庇古法则作了修正,他认为,外部经济从根本上说是产权界定不够明确或界定不当引起的,所以只需界定并保护产权，而随后产生的市场交易就能达到帕累托最优。

所谓产权，通常指某种资源的所有权、使用权以及自由转让权等。比如，人们拥有自身劳动的产权，这是受法律界定并保护的。因此，要使用别人的劳动，就必须支付相应的报酬，征得别人的同意。然而，河流的产权属于谁却是一个模糊的概念，以至企业可以将它当成一个方便的垃圾箱。如果这是一条某富翁庄园里的河流，情况就不同了，企业必须经庄园的主人同意才可以向河流排污。而为了博得同意，企业需向庄园主支付足够的补偿（等于污染给庄园主带来的效用损失），此时，这一项成本就进入了企业决策者的头脑中，不再是外部成本了，而资源配置则能达到最优。

科斯还提出了一个著名的论点，即只要产权已明确界定并受到法律的有效保护，那么交易的任何一方拥有产权都能带来同样的资源最优配置的结果，这可通过双方之间的谈判自然地实现，产权赋予不同的人只是会带来收入分配结果的不同，这就是科斯定理。科斯举了这样一个例子来说明他的结论：一个农民在一块公共土地上种庄稼，邻居的牛经常闯进这块土地踩坏庄稼，这时庄稼的损失就是一种外部成本，因为农民无法让牛的主人向他赔偿。现在，假定农民拥有这块土地的产权，那么，邻居的牛踩坏庄稼他就能索取赔偿了，从而庄稼的损失成了邻居的内部成本，邻居就会权衡管好牛的成本和需付给农民的赔偿费（即损坏庄稼的经济损失），使这两者相等，这样损坏庄稼的程度就会下降到最有效率的水平（当然不是一定为零）。反过来，如果邻居拥有这片土地的产权，那么农民将愿意“贿赂”他的邻居，也就是支付给后者一定的补偿让他不要放出牛来损坏自己的庄稼，因为牛少损坏一点庄稼，农民就能多得到一点利润，这种“贿赂”的金额最终也会等于牛损坏庄稼带来的经济损失，最后的“均衡”损坏庄稼水平将与农民拥有土地产权时的情形一模一样。在这两种情况下，有区别的只是承担成本或享受收益的人有所不同。

科斯非常看重市场本身的纠正外部效应的能力,他甚至认为,即使不把公共资源的产权赋予单个的一个人,市场也可以自动地纠正外部效应,在一个公共湖泊中捕鱼的渔民可以经常协商出一个捕鱼的限量;油田的各个采油公司也可以经常地集中起来统一他们的产量。

按照科斯的说法,如果一个房间里既有吸烟的人又有不吸烟的人,不吸烟者的损失超过了吸烟者的获益,那么不吸烟的人会联合起来付给吸烟的人一定的补偿,要求他不要吸烟;相反,在列车的不吸烟车厢中,如果禁止吸烟给吸烟者造成的损失超过不吸烟者因此获得的收益,那么吸烟的人会付给不吸烟的人一定的补偿,要求后者允许他们吸烟。当然,在不同的制度背景下,各方的利益或损失情况截然不同,如果某一场合有禁止吸烟的制度,那么吸烟的人将会承担更多的损失;而如果没有这种的制度,不吸烟的人就必须承担更多的损失。

(三)社会制裁

社会制裁事实上反映的是道德的作用。中国的儒家有句名言:“己所不欲,勿施于人”,在西方也有类似的道德规范。比如,吸烟是消费成本外部化的典型表现,但吸烟给不吸烟者的健康带来损害,这是有违社会公德的。在某个场合,当吸烟者的人数较不吸烟者为少时,社会道德规范将自动起作用,吸烟者可能会觉得这时吸烟很不合适,从而自然地停止这种会带来负的外部效应的行为。

在私人市场机制下虽然存在着通过上述途径纠正外部效应的可能性,然而,实际上这些机制并不能有效地发挥作用。一体化的机制要求企业的规模尽可能地大,而一方面这很难做到,另一方面企业规模过大又将导致垄断等新的市场失灵。社会约束这种机制则过于软弱。在严厉得多的法律都不能消除犯罪的社会里,可以想象依赖道德规范是不可能真正解决外部负效应的问题的,在

"禁止吸烟"标牌下公然吸烟者不乏其人,向公共河流中倾倒废水、垃圾的现象也远远没有杜绝。至于科斯定理,它也受到交易成本等因素的限制,不是在所有的场合都能奏效。概括地说,私人经济部门纠正外部效应的各种机制的局限性主要是由两种因素决定的:

1. 公共产品问题。因为外部效应的存在往往与公共产品相关,比如,洁净的空气或水就是公共产品,排除人们免费享受这类产品的好处的成本是很高的。一个不吸烟的人往往会装作并不介意有人吸烟,而希望别人去和吸烟的人交涉,自己坐享没有人吸烟的好处,这显然比由自己出面得罪人更合算。

2. 交易成本。让有关的个人或企业自愿联合起来将外部效应内部化,其成本是相当巨大的。这项组织工作本身就是一种公共产品,人们都宁愿坐享好处而不愿出面从事这项工作,因此,从某种意义上来说,政府正是私人部门所能指望的纠正这些外部效应的最好的机制。

四、政府对外部效应的纠正

政府可以采用更为有效的办法来纠正外部效应,较常用的措施有罚款、补贴、公共管制和法律措施等。

(一)罚款或征税

在存在外部成本的情况下,如果政府向有关企业或个人课以相当于他所造成的边际外部成本的罚款或税收,外部成本就成了有关当事人的内部成本,他们在进行决策时就会考虑到这些成本,从而可以避免效率损失。

如图 2-6 所示,如果对排放污染物的厂商就其每单位产品征税 T,T 等于最佳产量 Q_0 下的外部成本,则厂商的供给曲线上升到 $SS+T$,市场均衡达到帕累托最优的 E 点。以后我们将证明,税收向买方还是卖方征收并不影响均衡结果,因此,在这种情况下,政府也可以向购买该产品的消费者征收同样金额的税，使需求曲线下移，收到同样的纠正外部成本的效果。这种通过税收来纠正外部成本的方法是庇古首先提出的，因此也被称为庇古税。

（二）补贴

当存在外部收益时，为了扩大实际消费量，一方面，政府可以直接提供准公共产品；另一方面，政府也可以给私人企业提供补贴，降低私人企业的边际生产成本，从而使企业在一定的价格下扩大供给量，达到纠正市场失灵的目的。如图 2－5 所示，政府可以对厂商每生产一个单位的产品补贴 T，T 为最优产量下的社会外部收益，这样，厂商的供给曲线将下移至 $SS-T$，于是，市场均衡达到帕累托最优的 E_0 点。当然，向购买该产品的消费者进行等额的补贴也可以收到同样的效果。

当存在外部成本时，比如，企业排污给附近的河流造成污染，政府也可以向企业提供补贴，鼓励其采取减除污染的措施，从而减少向河流排污的量。

（三）公共管制

为限制企业排污这类带来外部成本的行为，政府也可以采用公共管制的办法，比如，规定一个法定的排污标准，或对生产程序作出规定（如规定所使用的原料必须符合某种质量要求等）。公共管制可直接地限制企业过量排污，达到与罚款或补贴同样的效果。

（四）法律措施

法律措施是政府纠正外部效应的重要途径。如科斯所言，产权不明是外部效应的根源，因此，政府明确地界定并有效地保护产权，可以极大地减少这类现象的产生。

当然，以上可供选择的政策方案具有不同的政策效果，会对效率和公平这两大社会目标带来不同的影响，而且受到信息等条件的限制，在不同情况下有效执行的难易程度也不同。政府在实际决策时,还必须针对具体情况进行具体分析。

思 考 题

1. 试述公共产品最优供给理论。
2. 分析外部效应的经济影响。
3. 试析私人部门纠正外部效应的机制及其缺陷。

第三章　公共支出概述

第一节　财政支出的分类

财政支出是国家对通过财政收入所集中起来的资金进行有计划的分配的过程，用以满足整个社会再生产和国家各方面活动的需要，从而为实现国家的各种职能服务。因此，财政支出是财政分配活动的重要环节，它反映了国家的政策，规定了政府活动的范围和方向。

国民经济运行是一个复杂的庞大系统，财政作为以国家为主体的分配活动，必然与这个大系统发生多方面的联系。对财政支出进行分类，就是为了刻画财政活动与国民经济运行之间存在的多方面的联系。一种适当、全面的财政支出分类方法，可以明确反映政府各方面使用的经费是否符合社会经济发展的需要，从而有效、合理地使用财政资金。

财政支出的分类至今未形成统一标准。现实经济生活中，各国政府都是根据本国当时的具体社会经济环境来确定财政支出的具体分类标准。按不同标志对财政支出进行分类，也就产生了按不同分类形成的财政支出结构。下面介绍几种主要的财政支出分类方法及结构。

一、按支出的具体用途分类

按财政支出的具体用途分类，是最基本的分类方法。我国现行国家预算科目中的“类”级科目，就是采取这种分类方法。按这种分类方法，我国财政支出共分为 31 类，包括：①基本建设支出；

②企业挖潜改造资金;③简易建筑费;④地质勘探支出;⑤科技三项费用;⑥流动资金;⑦支持农村生产支出;⑧农业综合开发支出;⑨农林水利气象等部门事业费;⑩工业交通等部门事业费;⑪流通部门事业费;⑫文体广播事业费;⑬教育事业费;⑭科学事业费;⑮卫生经费;⑯税务、统计、财政、审计等部门事业费;⑰抚恤和社会福利救济费;⑱行政事业单位离退休经费;⑲社会保障补助支出;⑳国防支出;㉑行政管理费支出;㉒外交外事支出;㉓武装警察部队支出;㉔公检法司支出;㉕城市维护费支出;㉖政策补贴支出;㉗对外援助支出;㉘支援不发达地区支出;㉙土地和海域开发建设支出;㉚专项支出;㉛其他支出。这种分类便于对各项财政资金进行管理和监督,是其他各种分类方法的基础。

二、按国家职能分类

财政支出按照其与国家职能的关系,大体可分为经济建设支出、社会文教支出、行政管理支出、债务支出和其他支出。其中,经济建设支出主要包括政府用于国有经济的基本建设支出,企业挖潜改造资金支出,流动资金支出,国家物资储备支出,科技三项费用支出,地质勘探费支出,工、交、商业部门事业费支出和支农支出等。社会文教支出主要包括政府的文化、教育、科学、卫生、抚恤和社会福利救济、社会保险等支出。行政管理支出指政府机构的各种费用,包括立法、行政、外交及党派等方面的费用。国防支出指政府用于军事等方面的开支,包括各种武器和军事设备、军事科研、军人给养等支出。债务支出指由政府出面借入的国内外资金、发行各类债券的资金和利息支出。

从这种分类可以看出国家政治经济活动的全貌和不同时期国家职能的演变。世界各国在预算管理上也大致采用类似的分类方法,但在项目的分类和包括的内容上不可能完全相同。

三、按财政支出的价值构成分类

按价值构成分类，体现了财政支出的最终使用方向。社会总产品在价值构成上分为C，V，M三个部分。在简单再生产条件下，社会总产品的最终使用可以分为补偿支出和消费支出两个部分。而从扩大再生产的角度考察，C的价值并非全部用于补偿消耗掉的生产资料，有一部分可以用于扩大生产规模。作为劳动者个人收入的V中，也有一部分会通过各种渠道转化为投资，M的价值扣除社会消费基金以后也形成积累。因此，在扩大再生产条件下，从社会总产品的价值构成来看，财政支出最终形成补偿性支出、积累性支出与消费性支出。

在整个财政支出中，属于补偿性支出所占的比重很小，主要是挖潜改造资金支出。积累性支出主要有基本建设支出、流动资金支出、国家物资储备支出以及科技三项费用、地质勘探、支农、各项经济建设事业费、城市维护建设费等支出中增加固定资产的部分。消费性支出主要是文化、教育、科学、卫生事业费、抚恤和社会救济费、行政管理费、国防费等项支出。这种分类的目的，主要是便于分析研究和正确安排国民经济中积累和消费的比例关系。

四、按经济性质分类

财政支出虽然都毫无区别地由政府花出去了，最终完成国民收入再分配，但不同性质的财政支出对国民经济的影响是不同的。

按财政支出的经济性质分类，财政支出可以分为购买性支出和转移性支出两大类。购买性支出指政府直接消耗国民经济中一部分生产资源（生产资料、劳动力）的支出，表现为政府根据等价交换原则，在商品和劳务市场上直接购买所需的商品和劳务，用以向公众提供各种公共产品。这里既包括政府购买日常行政管理所需商品和劳务的支出，又包括政府投资兴办各种事业所需的商品和劳务的支出。在我国,这类支出大体上包括:各种经济建设支出、文教行政支出、国防支出等。其特点是商品和劳务发生相向运动,政府一只手付出资金,另一只手购得商品和劳务,属市场性再分配活动,是政府对真实经济资源的索取和消耗。转移性支出是指政府根据一定的经济和社会政策,通过特定方式对企业或个人、地区的单方面转移的财政资金。它是一种政府对企业和个人的无偿支付,政府不能通过转移性支出获得相应的收益,只不过通过政府的税收和支出政策,可以把一部分企业和个人的收入转移给另一部分企业或个人,同时,它也不消耗国民经济中的生产资源,是政府非市场性的再分配活动。在我国,这类支出大体包括社会保险和救济方面的各种福利支出,对居民的补助支出,债务利息支出,捐款支出等。

在财政支出中,购买性支出和转移性支出之间比例的变动,反映了财政在资源配置职能和收入分配职能之间的侧重点的不同,以及在这两个方面的作用的变化。不同的财政支出对经济运行的影响是有区别的。购买性支出可以直接增加当期的社会购买力,构成社会总需求的组成部分,并由政府直接占有社会产品和劳务,运用得当,有助于优化资源配置,提高资源利用水平,但其对国民收入分配只产生间接影响。转移性支出只是资金使用权的转移,对分配产生直接影响,但由于资金的受领者在使用资金的时间上存在着先后的差异,并不一定立即形成当期的社会购买力,所以对资源配置的影响是间接的。由此可见,以购买性支出占较大比重的财政支出结构,执行资源配置职能的能力较强;以转移性支出占较大比重的财政支出结构,执行国民收入分配职能的能力较强。因此,这种分类对研究财政支出对宏观经济运行的影响具有重要意义。

此外,出于不同的研究目的,财政支出还可以进行其他分类。例如,按政府部门分类,将财政支出分为工业、农业、交通、邮电、商业、文化、教育、国防、外交等部门的支出。这种分类与预算的编制和执行过程一致,便于国家预算的编制、执行和管理;财政支出按照与生产的关系,可以分为生产性支出和非生产性支出。这种分类便于正确处理国家建设和人民生活的关系。财政支出按照与投资和资产经营的关系,可以分为经常支出和资本支出两大类。这种分类可以把政府用于经常性的文教、行政、国防等经费支出与用于国有企业投资、公共工程建设投资和国家信用支出的资本支出区别开来,分别编制预算和管理。

第二节　财政支出的规模与增长趋势

一、财政支出规模的衡量

财政支出规模是财政支出总量的货币表现,是国家实际运用的财政资源的数量状态,是衡量一个国家或地区政府财政活动规模的一个重要指标。衡量财政活动的规模,通常可以使用两个指标:财政收入占国民收入的比重和财政支出占国民收入的比重。财政支出占国民收入的比重比财政收入占国民收入的比重更能反映实际情况,理由有三:①财政支出无一例外地表现为财政对国民收入的实际使用和支配的规模。而财政收入则只表示了财政可能使用和支配的规模。②财政收入反映的是财政参与国民收入分配过程的活动,财政支出反映的则是财政在国民收入使用过程中的活动。③财政收入和财政支出都体现了财政对宏观经济运行的调控,但后者更能全面准确地反映财政对宏观经济运行的调控能力。

进行进一步分析我们可以发现,衡量财政支出规模指标至少有两大类:一类是绝对指标,也可以称为财政支出的绝对规模;另一类是相对指标,通常用财政支出占国民收入比重或国民生产总值比重来表示。为了便于对政府财政支出规模进行横向或纵向比较以及动态分析，国际上对政府财政支出规模进行分析时常采用相对量指标，它们都反映了政府经济活动在整个国民经济中的相对重要性。然而，按照国内生产总值计算出来的财政支出比例和按国民收入计算出来的财政支出比例在数量上是不相同的，其经济含义也不尽相同。这主要是因为统计口径的差别。世界上普遍通行两种核算体系：国民经济核算体系（简称 SNA）和国民经济平衡表体系（简称 MPS）。要想把国民经济核算体系的国民生产总值换算成国民经济平衡表体系的国民收入，需从前者中减去：①来自国外的净要素收入；②非物质生产部门的增加值；③固定资产折旧费。

财政支出的根本目标是国家为实现其职能提供物质基础，因此，财政支出的规模与政府活动范围大小有着密切关系。因为政府的活动范围有不断扩大的趋势，表现为各国财政支出绝对额的增长，且财政支出的增长速度往往超过同期国民生产总值的增长速度，因此，财政支出占国民生产总值或国民收入的比重也呈现出不断上升的趋势。

二、财政支出增长的原因分析

（一）西方有关财政支出增长的理论

1. 瓦格纳法则。西方国家中最早对财政支出的增长问题做出解释的经济学家是 19 世纪的德国经济学家阿道夫·瓦格纳。他经过对西方资本主义国家 18～19 世纪近百年公共支出的研究，提出了公共支出不断增长的命题。“夜警国家”的“廉价政府”已不符合现代资本主义国家发展的实际情况。国家除需执行原有职能之外，已在发展社会经济、文化、教育和社会保障等方面有了新的职能，国家职能从内涵和外延上都在不断扩大。具体讲，公共支出不断增长是由于政治和经济两个因素造成的。政治因素是指国家活动的范围和领域不断扩大，政府职能的内在质量也在逐步提高，这就要求有更多的公共支出来予以支持和保证。如随着经济的工业化，正在扩张的市场与这些市场中的当事人之间的关系会更加复杂，市场关系的复杂化引起了对商业法律和契约的需求，并要求建立司法组织执行这些法律，这样，就需要把更多的资源用于提供治安和法律设施上。经济因素是指市场的先天不足，要求政府出面矫正经济运行的偏差，弥补市场缺陷。也就是说，政府有必要提供市场无法提供的公共产品，以满足社会的共同需要。如工业化的发展推动了都市化的进程，人口居住密集化，由此将产生拥挤等外部性问题，这就需要公共部门加大管理和协调工作。此外，瓦格纳还把对于教育、娱乐、文化、保健与福利服务的公共支出的增长归因于需求的收入弹性。他认为，随着实际收入水平的上升（即 GNP 的上升），对于这些项目的公共支出将会超过 GNP 上升的比率，即对公共消费品需求的收入弹性会大于 1。根据恩格尔法则，随着人们收入水平的提高，人们在衣、食、住等基本需求上的支出份额将下降。然而，当人们的基本需求得到基本满足之后，将会要求满足其他方面的需求。一方面，随着经济的发展，人们将会对教育、卫生设施、安全和其他项目提出较大的需求，要求将更多的资源用来生产这些公共产品；另一方面，在由于人们收入水平的提高而带来的消费中，有一些需要补充性的公共服务，例如，人们旅游需要的增加量引起在公共交通、公园等方面的公共投资。这些都会增加公共产品的需求，从而增加公共产品的份额。

2. 经济替代效应论。经济替代效应论是英国经济学家皮考克和卫斯曼为了说明政府支出增长趋势和“时间模型”而对英国政府支出增长进行研究所得出的一种理论。皮考克和卫斯曼认为：财政支出的增长受到纳税人投赞成票或反对票的影响，因而支出的变化与公共选择密切相关。一般讲，公众既希望多享受公共产品的利益，又不愿意为此多纳税而承担成本。政府在决定预算支出的规模时，必须密切注意公民关于赋税承受能力的反应。在经济成长的正常时期，经济发展，收入水平上升，以不变的税率征得的税收也会上升，于是政府支出上升会与 GNP 呈线性关系，这是内在因素的结果。但在发生战争、自然灾害等非常时期，财政收入的增加会受到一定的抑制，而与此相矛盾的是，在非常时期，支出的增加要求一般会大大上升。政府为满足此时大量增加的支出需求，就不得不增加税收，从而使私人支出减少。这种公共支出替代私人支出的替代效应，在非常时期里比较容易为公众所接受，正是“替代效应”使得公共支出又从一个新的高度上开始了其逐渐增长的趋势。而且，在非常时期过后，公共支出水平即使有所回落，也难以回到原来的水平上。因为，非常时期即使暂时渡过，政府和公众都会从理性上认真“反思”自己对整个社会应承担的责任，社会可容忍的或可接受的税收水平会比非常时期前有明显的提高。根据这种理论建立的财政支出增长趋势及其时间模型如图3－1所示。

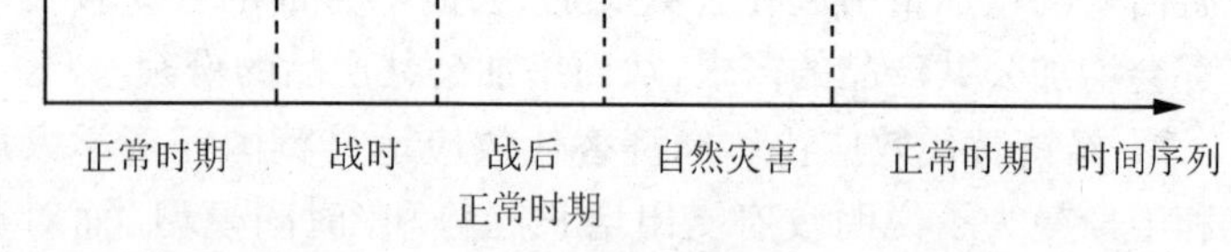

图 3－1　公共支出梯状发展趋势图

3. 经济成长阶段论。经济成长阶段论是美国经济史学者在分析资本主义工业化时所提出的一种理论，其中提出了在经济成长的各个阶段中财政收支的作用及其增长模式，从经济发展的不同阶段要求公共支出结构做出相应变化。

著名学者罗斯托把从传统工业到现代工业经济的历史演变过程划分为一系列经济成长阶段。他认为，在经济发展的早期阶段，为启动经济，促进经济尽快成长，政府往往会大力增加投资，政府投资在总投资中占有较高的比重，公共部门为经济发展提供基础设施，如道路、运输系统、环境卫生系统、法律与秩序、健康与教育以及其他用于人力资本的投资等，以便为经济发展及私人投资提供良好的外部环境。在经济发展的中期阶段，政府仍会继续增加投资，因为规模已经增大的经济又会对社会基础设施的进一步扩大提出新的需求，但这时的政府投资只是对私人投资的补充。当经济增长达到成熟阶段，公共投资的比重会有所下降，但支出总额不会减少，并且公共支出的投向会逐渐由用于建设和改善社会基础设施等"硬件"方面，转向用于改善教育、卫生保健以及其他直接用于国民福利的"软件"方面，主要用于提高国民素质和经济福利水平，且在这方面的支出增长将大大超过在其他方面的支出增长，也会快于 GNP 的增长速度。

4. 凯恩斯干预经济理论。凯恩斯在其著名的《就业、利息和货币通论》一书中，否定了"萨伊定律"，认为供给本身并不能创造需求。因为，在边际消费倾向比较稳定的情况下，人们总是把增加的收入的大部分用于储蓄，而不是消费，这使得有效需求严重不足，社会总供求不能实现自动平衡。所以，为了解决有效需求不足的问题，凯恩斯主张放弃经济自由主义，代之以国家干预。表现在财政政策方面，就是实行赤字财政政策，增加政府支出，以加大公共投资弥补私人投资的不足。

增加公共投资和公共消费支出，实行扩张性的财政政策，这是国家干预经济的有效方法。由此出现的财政赤字，不仅无害，而且有助于把经济运行中的"漏出"或"呆滞"的财富，重新用于生产和消费，从而实现供需平衡，促进经济增长。政府支出还具有一种大于原始支出的连锁效应，一笔支出可以取得几倍于原始支出额的收入水平，这种现象被称为乘数效应。后凯恩斯主义者继续对乘数理论予以扩展，认为 K 倍于投资增量的所得增量，进一步会引致投资量更大的增加，即国民收入的增加又会形成政府支出进一步增加的需求，从而出现了"支出增加—收入增加—支出进一步增加—收入进一步增加"的"加速原理"。

(二)影响我国财政支出增长的原因

通过以上的分析可以看出，财政支出增长似乎是市场经济国家经济发展中的一条规律。我国财政支出比重在改革以前也呈现过扩张的趋势，在改革后有所下降，这是因为政府正在努力摆脱包得过多、统得过死的局面。一旦体制转变成功，步入市场经济运转轨道后，下降趋势理应逆转。那么，影响我国财政支出增长的原因有哪些呢?

1. 经济性因素。它主要指经济发展的水平、经济体制的选择和政府干预经济的政策等。罗斯托的"经济发展阶段论"的分析，说明了经济发展不同阶段对财政支出的结构变化趋势以及对财政支出规模的影响，这些分析表明经济发展因素是影响财政支出规模的重要因素。同时，经济体制的选择也会对财政支出规模发生影响，最为明显的例子是前苏联、东欧国家和我国等在实行计划经济体制时，财政支出规模普遍高于实行市场经济体制的国家。政府的经济干预也会对财政支出规模发生影响。但应当指出的是，若政府的经济干预主要是通过管制而非通过财政的资源配置活动或收入的转移活动来进行时，它对支出规模的影响并不明显。因为，政府通过管制或各种规则对经济活动的干预，并未发生政府的资源配置或收入再分配活动，即财政支出规模基本未变。显然，政府通过法律或行政的手段对经济活动的干预具有不同的资源再配置效应和收入再分配效应。

2. 政治性因素。政府组织财政收入的主要目的之一是满足其履行政治职能的需要。政治性因素对财政支出规模的影响主要体现在两个方面：一是政局是否稳定；二是政体结构的行政效率。当一国政局不稳，出现内乱或外部冲突等突发事件时，财政支出的规模必然会超常规地扩大。而若一国机构臃肿，人浮于事，效率低下，经费开支也必然增多，这是确定无疑的。

3.社会性因素。人口状态、文化背景等社会性因素，也在一定程度上影响着财政支出规模。在发展中国家，人口基数大、增长快，相应的教育、保健以及救济贫困人口的支出压力便大；而在一些发达国家人口出现老龄化问题，公众要求改善生活质量等，也会对支出提出新的需求。此外，长期以来在我国是“企业办社会”，由企业包揽政府事务，如企业办学校、医院等，按照市场经济的要求，这些事务正在从企业中分离出来，成为政府的事务，这就加大了政府的开支。

三、对财政支出规模增长的控制

财政支出规模的不断扩大，虽然是一个历史发展趋势，但是这种增长并不是毫无限制的，不能任其过快增长。如果财政支出增长过快，持续超过收入的增长速度，就会出现“超分配”，造成巨额赤字，形成沉重的债务负担，使国家财政运行陷入困境，影响整个国民经济的正常运转。所以，应该根据财政支出内容的不同性质及其对经济运行的不同影响，对财政支出的增长进行必要的控制。这种控制主要表现为以下几方面。

（一）指明基金的用途

这是西方国家政府控制支出时经常采用的方法，它指明了预算收入的具体支出目的。具体来讲，它又分为两种类型：一种是按税收的一定百分比进行配置；另一种是按特定基金的具体用途进行配置。指明基金用途是根据宪法条款和特种立法来进行的。

（二）精简机构和控制一般行政经费

财政部门的传统职能之一，就是控制政府的人员，以确保公共部门就业的经济效果及政府工资体系的公平和统一性。在我国，政府机构繁多，职能交叉，人浮于事，办事效率低，行政管理支出增长过快等等，已是长期存在的严重问题。国家为此已进行过多次政府机构改革，使一般行政性经费较大幅度地下降。

（三）从严控制非生产性基本建设投资

对这一点，特别要注意对一些"大而全""小而全"的非生产性基本建设项目的从严控制，比如，对楼、堂、馆、所以及行政事业单位的办公楼的建造等，一定要严格控制。

（四）对公共工程支出要讲求效益

这就要求要进行成本—效益分析，尽量做到投资少、见效快、效益大。对这方面内容，下一节将详细讨论。

第三节　财政支出的效益评价

财政分配过程，就是通过集中收入将资源集中到国家手中并由国家支配使用。由于资源是有限的，国家在集中资源时，首先应当考虑：将有限的资源集中由政府支配或交给微观经济主体支配，哪种方式更能促进经济的发展和社会财富的增加？这就产生了一个效益的评价问题。不言而喻，只有当资源集中在政府手中能够发挥更大的效益时，政府占有资源才是对社会有益的。所以，财政支出要讲求效益。通常财政支出规模应当适当、结构应该合理，根本目标就是提高财政支出的效益。从这个意义上说，提高财政支出的使用效益是财政支出的核心问题。

所谓效益，就是在人们有目的的实践活动中"所费"与"所得"的关系。所费，就是活劳动和物化劳动的消耗和占用；所得，就是有目的的实践活动取得的有用效果。所谓提高财政支出的经济效益,对生产性支出来说,就是要尽可能地降低成本,取得盈利,即少投入,多产出;对非生产性支出来说,就是要"少花钱,多办事,把事办好"。

一、财政支出效益的特殊性

财政支出的效益和微观主体的效益相比较,有许多特殊的地方,在评价财政支出效益时应格外注意。

(一)计算效益的范围不同

效益是通过对"所得"和"所费"的对比分析计算出来的。对微观经济主体来说,比如企业,它只计算发生在企业自身核算范围以内的直接的和有形的所费与所得;但政府除了要计算直接的和有形的所费和所得外,还要考虑长期的、间接的和无形的所费和所得。

(二)衡量效益的标准不同

微观经济主体的支出在于追求自身效益的最大化,只要能获得利润,即所得大于所费,都是可以选择的目标。但财政支出更重要的是追求社会效益最大化,即使某些项目从其自身看可能会出现亏损,但对整个社会能取得较大的社会效益,这项支出就是必要的。

(三)效益的表现形式不同

微观经济主体的效益,其表现形式是单一的,只采取以货币形式来表现就可以满足决策的需要了。而财政支出效益,其表现形式是多样的,除了可以用货币形式表现外,还可以用其他形式表现,如对社会管理、国家安全保卫、文教科卫的支出,其效益还要通过政治的、文化的、社会的等多种形式表现出来。只有这样,才能满足财政支出决策的需要。这个特殊性是由以上两个特殊性派生出来的。

二、评价财政支出效益的方法

由于财政支出的内容十分复杂,而且在支出性质上存在较大差别,因此采用的评价方法也不完全相同。当前,较为流行的几种方法是:成本—效益分析法、最低费用选择法和公共劳务收费法等。

(一)成本—效益分析法

成本—效益分析法是西方发达国家于20世纪40年代,把私人企业中进行投资决策的财务分析法运用到财政分配领域,成为政府进行财政支出决策从而有效地使用财政资金的重要方法。

成本—效益分析法的基本原理是,根据国家所确定的建设目标,提出实现该目标的各种方案,对这些可供选择的方案,用一定的方法计算出各方案的全部预期成本和全部预期收益,通过计算成本—效益的比率,来比较不同项目或方案的效益,确定优先采用的次序。这种方法,特别适用于对财政支出中有关投资性支出项目的分析。在备选方案的选择过程中,会遇到如下几个必须解决的问题。

1. 确定社会成本和收益的类型。如前所述,财政支出的效益具有特殊性,虽然政府的目标也是追求效益的最大化,但它追求的不是自身内部效益的最大化,而是社会效益的最大化,即除内在效益和内在成本外,还兼顾外在效益和成本,我们可以得到以下公式:

私人部门:内在效益 - 内在成本 = 内在净效益

公共部门:(内在效益 + 外在效益) - (内在成本 + 外在成本) =

社会效益 - 社会成本 = 社会净效益

任何一项财政支出所产生的社会成本和社会收益都是很复杂的,要比较成本和收益,必须对成本、效益进行全面深入的分析、鉴定和衡量。根据社会成本、收益的性质的不同,成本与收益可以划

分为如下几类:

(1) 实际的与金融的成本与收益。实际成本与收益指的是最终消费者经由支出计划所感受到的实际损失或收益,它反映的是社会福利绝对值的减少或增加。如某项工程的建设在财力、物力上的实际消耗以及对社会、经济和人民生活所造成的实际损失;由该工程的建设而生产出更多的社会财富,推进了社会的发展和人民生活水平的提高。而与之相对应的金融成本与收益,是指由于某一项支出计划的产生而导致相对价格变化之后所引起的金钱上的相对损失或收益。其结果是某方之所得即他方之损失,整个社会财富并未发生变动。例如,当雇用工人修筑道路时,因为建筑工人技术的相对短缺,故建筑工人的工资上升,其结果是建筑工人得益。但是它会因此引起对某些其他工人需求的减少,因而为其他工人的工资下降所抵消。又如,由于公路的建造,使沿路的土地价格上涨,则卖主贩卖土地溢价之得即买主支付地价之失。在进行成本—效益分析时,必须考虑所有的实际成本与收益,而把金融成本与收益排除在外。

(2) 直接的与间接的成本与收益。实际的成本与收益可能是直接的,也可能是间接的。直接成本与收益是指与项目支出直接相关的成本与收益。间接成本与收益又被称为次级成本与收益。间接成本,主要指由该建设工程附带产生的人力和物力的耗费,以及通过连锁反应引起的相关部门的人力和物力的耗费;间接收益,主要包括与该工程相关的部门的产量的增加以及得到的其他社会福利。例如,一项河流发展计划的直接目标是控制洪水,则与其相对应的成本与收益就是直接的,但是防洪工程的建造给毗邻的地区带来了动力的供给、灌溉或土地侵蚀等方面的成本或收益,则是间接的成本与收益。又如,教育计划的直接收益是提高学生的赚钱能力,但它也带来减少青少年犯罪的间接收益。

无论是直接的成本与收益,还是间接的成本与收益,在进行成本—效益分析时,都应予以考虑。

(3)有形的或无形的成本与收益。在直接与间接的成本与收益中,又分为有形和无形的成本与收益。有形的成本与收益,是指那些可以用市场价格计算的部分,并可以计入会计账簿的一切成本与收益;无形的成本与收益,则是指不能由市场估价的部分,因而也就是不能计入会计账簿的一切成本与收益。但只要是实际的成本与收益,在进行成本—效益分析时就应该考虑。例如,新建公路会比旧路发生的车祸减少,使输送的鱼虾、水果保持新鲜美味,使旅行更加舒适,行车时间较以前缩短等。在交通运输的收益中,这些项目虽为无形收益,但对社会的实际收益却是存在的,理应算在收益之中。

(4)最终的和中间的成本与收益。最终的成本是指支出项目使消费者直接负担的成本,最终收益是指支出项目为消费者直接提供的收益;中间成本是指生产者负担的成本,中间收益是指有利于生产其他产品的收益。如天气预报,对于航运业来说,属于中间收益;对于外出旅游的人来说,则属于最终收益。

(5)内在的和外在的成本与收益。内在的成本与收益是指在支出计划实施的管辖范围之内所产生的成本与收益,外在的成本与收益是指在支出计划的实施范围之外所产生的成本与收益。例如,一项庞大的防洪计划,可能涉及广大的邻近地区,因而造成所谓的外溢效果。这项防洪计划的内在和外在的成本与收益均应包括在成本—效益分析中。

2. 成本和收益的度量。运用成本—效益分析法,需要对备选方案的成本与收益进行比较分析,这就需要有一个统一的计量尺度。当然价值形式(货币)是最优的统一的计量尺度。这对于有形成本与收益的计量是较为容易的,因为它们一般都能找到相应的市场价格,但需要慎重考虑的是所使用的市场价格是否真实。如果这种市场价格受到非经济因素的影响,被人为地扭曲了,则对这种价格必须进行矫正，寻找较合理的替代价格，使之能够达到或接近商品或劳务的边际社会影子价格。最为困难的是对无形成本与收益的计量，因为它们难以直接用货币来计算。为此，人们经常用一些替代的办法进行间接估算。比如，当我们估算防洪工程的建立对美化环境和有利于人民健康所产生的效益时，就可以用当地卫生防疫费用和医疗费用的减少额来替代，当然这只能求得近似值。

3. 要考虑货币的时间价值。对任何政府投资支出项目来说，均将产生一个消费收益流，分布于一个持续相接的时期内。所以，在分析备选方案的成本与收益时，不能简单地把每个年度内发生的成本与收益相加、汇总，而必须考虑货币的时间价值。这就需要选择一个合适的贴现率，作为统一评价的标准，将若干年内发生的成本与收益折算成现值，然后再汇总加以比较。

4. 对选定的财政支出方案进行机会成本分析。公共投资的机会成本，是指公共投资的资金，假如不使用于公共投资而投入到其他生产项目上时，所能创造的社会价值。因为有限的资源被政府支出占用了一部分之后，就会减少私人占用的机会，从而牺牲了私人对该部分资源占用而可能获取的收益，这种牺牲就构成了政府占用这部分资源的机会成本。如果机会成本大于政府支出的收益，则政府支出是不可取的。这就需要重新调整财政支出的总量和结构了。

最后应该指出的是，成本—效益分析法一般适用于政府的经济建设支出。因为经济建设支出的效益是可以用货币计量的，而对于不能准确地计算成本与收益的一些支出，成本—效益分析法就难以发挥作用了。

（二）最低费用选择法

对于不能运用成本—效益分析法的财政支出项目，可以运用最低费用选择法分析。最低费用选择法，是指对每个备选财政支出方案进行经济分析时，只计算备选方案的有形成本，而不用货币计算备选方案的社会效益，并以成本最低为择优标准。换言之，就是选择那些使用最少的费用就能达到财政支出目的的方案。

最低费用选择法的操作步骤与成本—效益分析法大体相同，由于免去了计算支出效益与无形成本的麻烦，故运用起来比成本—效益分析法要简单得多。但是值得一提的是，许多财政支出项目都会与政治因素及社会因素等息息相关，如果仅是以费用高低，而不考虑其他因素来决定方案的取舍显然是不妥当的。这就需要在综合分析、全面比较的基础上，进行择优选择。

最低费用选择法适用于军事、政治、文化、卫生等支出项目。

（三）公共劳务收费法

所谓“公共劳务”，是指政府为行使其职能而进行的各种工作，包括国防建设、行政工作、道路的建设与维护、城市供水与排水工作、住宅供应和公园的建设与维护等。在一个经济社会中，国家向社会成员提供这些“公共劳务”，也同样要求最有效、最节约的使用，也就是要提高财政对这些方面支出的效益。为此，人们把商品经济中的价格机制延伸到对公共劳务的提供和使用中，以借助价格或收费的作用来提高财政支出的效益。公共劳务收费法就是通过制定和调整公共劳务的价格和收费标准，来改进公共劳务的使用状况，使之达到提高财政支出效益的目的。

公共劳务收费法和成本—效益分析法及最低费用选择法的区别在于，它是通过合理的价格与收费标准，来达到对公共劳务有效节约使用的目的，而不是对财政支出备选方案的选择。

对公共劳务的定价，一般有四种情况，即免费、低价、平价和高价。

免费和低价政策，可以促进社会成员最大限度地使用这些公共劳务，使之获取极大的社会效益。但是免费和过低的价格，又会使享用者降低对该种公共劳务的重视，从而产生浪费、不节约使用的现象。适用于免费和低价提供的劳务,必须是从全局和全社会利益出发,需要在全国普遍使用,但居民对此尚未完全觉悟的情况,如强制进行义务教育、强制注射疫苗等。

平价政策,可以用收取的费用弥补该项公共劳务的人力、物力消耗。从消费方面来说,可以促进社会成员节约使用该项公共劳务;从提供方面来说,政府有了进一步改进和提高公共劳务水平的费用。平价政策一般适用于从全社会的利益来看,无须特别鼓励使用,又无必要加以限制使用的公共劳务,如公路、公园、铁路、医疗等。

高价政策主要适用于从全社会利益来看,必须限制使用的公共劳务。实行高价政策,既可以达到有效限制使用的目的,又可以提供较多的财政收入。

在上述几种较为流行的方法中,成本—效益分析法在实践中更为广泛地被发达国家所采用。有的国家还把成本—效益分析法作为评价政府公共工程支出效果的基本方法,并通过法律把它确定下来。

思 考 题

1. 试分析购买性支出与转移性支出对宏观经济的影响。

2. 在财政支出中,如何正确处理积累和消费的比例关系。

3. 在财政支出中,如何贯彻公平与效率兼顾的原则。

4. 简述提高财政支出效益的意义,如何分析与评价财政支出的效益。

5. 怎样理解财政支出的增长趋势?

第四章　购买性支出

第一节　投资性支出

一、财政投资的一般分析

(一)财政投资的概念及特点

财政投资也可称为政府投资,是以国家为主体的一种集中性投资,它是财政支出中属于经济建设支出而有别于公共支出的支出,是国家积累基金运用的重要形式。由于各国社会经济制度和经济发展阶段不同,在社会总投资中,财政投资所占比重也存在相当大的差异。影响财政投资占社会总投资比重的因素主要有两个:一是社会经济制度的差异。一般地说,实行市场经济的国家,财政投资在社会总投资中所占比重较小;实行计划经济的国家,财政投资所占比重较大。二是经济发展程度的差异。一般地说,发达国家财政投资占社会总投资比重小;欠发达国家和中等发达国家的财政投资占社会总投资的比重较大。

社会总投资是由非政府投资(或称民间投资)和政府投资(或称为财政投资)两部分组成的,而这两部分投资各具独特性。

1. 非政府投资的特点

(1)追求微观上的营利性。作为商品生产者,他们要追求盈利,而且他们的盈利是根据自身所能感受到的微观效益和微观成本计算出来的。

(2)企业主要依靠自身积累和社会筹集来为投资提供资金,而自身积累不可能很大,社会筹集也受到种种限制,所以其无力承担规模较大的投资项目。

(3)由于追求盈利的目的,决定了它只能从事周转快、见效快的短期投资项目。

(4)企业投资囿于一行一业,所以不可能顾及非经济的社会效益。

2. 政府投资的特点

(1)由于政府居于宏观调控的主体地位,所以它可以从社会效益和社会成本的角度来评价和安排自己的投资。财政投资可以是不盈利或微利的,它主要是为市场竞争创造良好的外部环境。政府投资的项目,如社会基础设施等,尽管自身可能不盈利,但它可以极大地提高国民经济的整体利益。

(2)政府资金雄厚,而且资金来源多半是无偿的,它可以投资于大型项目和长期项目。

(3)政府可投资社会效益好而经济效益一般的项目。

总之,由于政府在国民经济中居于特殊地位,它可以而且应该将自己的投资集中于社会基础设施以及农业、能源、通信、交通等有关国计民生的领域内。换言之,在投资主体多元化的经济社会中,如果政府不承担社会基础设施投资的责任或在这方面投资不足,该社会的基础设施的供应就可能短缺,经济发展就会遇到瓶颈障碍。所以,财政投资最主要的特征是,以提供"公共产品"为主,为社会经济发展创造良好的外部环境。

(二)财政投资的必要性

1. 投资是经济增长或经济发展的动力。马克思在谈到货币资本的作用时,把货币资本的投入看作是经济增长的起点,因为任何一项投资或生产活动,都首先要从货币资本的投入开始。在现代货币经济条件下,没有货币投资,其他任何投入都是不可能的。凯恩斯不仅认为投资是经济增长的推动力,而且还论述了投资对经济增长具有乘数作用。所谓投资乘数作用,是指每增加一元投资所导致的收入增长的倍数，乘数与边际消费倾向同向变化，边际消费倾向越大，乘数越大；同时，乘数同边际储蓄倾向呈反方向变化。

投资之所以成为经济增长的推动力，是因为投资可以刺激需求的增长，同时又可以增加供给。投资过程首先是刺激需求，投资完成后才能增加供给。凯恩斯乘数理论就是从刺激需求出发的。比如，增加100亿元投资，这100亿元实际上是被用来购买制造投资品所需的生产资本，因此以工资、利息、利润、租金等形式流入生产要素所有者手中，即居民收入增加100亿元，这是投资刺激需求的第一次增加；假定边际消费倾向为4/5，居民又会将100亿元的4/5即80亿元用来购买消费品，实际上就是用80亿元购买生产这些消费品的生产要素，结果80亿元又以各种生产要素的收入形式转到生产要素的所有者手中，这是第二次增加；以此类推，循环往复，就会产生投资刺激需求的乘数效果。所以，投资也就成了调节供求总量平衡的重要手段。

但是，投资是一个过程，从最初的投入到最后的产出有一个间隔时间，少则一年，多的也可能达5～10年。在这个时期内，它的对象总是只投入不产出，要不断地投入货币，不断地吸取劳动力和生产资料。因此，投资既是经济增长的推动力，又要受当前生产和收入水平的制约，所以，凯恩斯主义者又提出加速原理。加速原理说的是收入变化如何引起投资变化。如果说乘数是表示投资增加会引起收入增加到什么程度的系数，那么，加速数正好与之相反，它表示的是收入或消费的增加会引起投资增加到什么程度的系数。因为增加投资要有资金来源，而当前的国民收入是储蓄加消费，所以投资来源受国民收入增长的限制，即受储蓄的限制。储蓄与投资恒等是总量平衡公式的重要内容，储蓄增长就会加速投资，而投资超过了储蓄则必然会导致通货膨胀。

在发展中国家，由于科学技术在经济发展中所起的作用还不大，所以，投资在经济增长中往往具有更大的作用。

2. 财政投资是政府配置社会资源、调节市场失灵的重要形式。不论是建立在何种社会制度下的财政，作为与国家有本质联系的一种分配关系，其财政投资的存在都有着客观必然性，只不过在数量上、投资重点上有所不同而已。纵观西方发达国家的历史，政府在不同程度上都拥有一定数量的投资额，平均约占全部投资额的30% ~40%。在社会主义市场经济条件下，由于市场机制本身所固有的缺陷，公共产品无法通过市场机制有效配置，即存在“市场失灵”，需要政府进行调节；另外，有些资源显然可以由市场机制来配置，但要求必须是较发达的市场机制，否则市场机制的配置也是低效的，这也使得财政投资成为必需。

(1)对于那些存在着“外部经济”，即具有社会效益而不能立即带来直接经济效益的社会基础设施、公共工程等非营利性的固定资产项目，由于其具有投资周期长、投资数额大且投资难以收回等特点，因而一般企业和个人是没有兴趣问津的。为此，需要政府投资介入。政府投资可改变其落后状态，在整个国民经济的持续稳定发展中起到中坚作用。

(2)对于一些投资资金巨大、建设周期长，并且有很大风险的项目(如长江三峡工程)，企业和个人是难以承受或不宜承担的，唯有政府凭借其强大的筹集资金能力、偿还投资债务能力及承担投资风险的能力，才能加速这些项目的建设，促进国民经济的迅速发展。

(3)对一些具有技术垄断和自然垄断性质的产业部门，通过政府投资介入，可以避免垄断企业以垄断价格阻碍“帕累托最优”的实现。

3. 财政投资是政府进行宏观调控、强化国家干预的需要。市场经济越发展，宏观调控越要加强。在我国实行社会主义市场经济的条件下，市场机制和价值规律发挥着它们的基础性作用，但政府必须干预和介入生产运行，通过把宏观调控这只“看得见的手”

和市场调节这只“看不见的手”结合起来,履行某些必不可少的经济职能,才能确保国有资产的保值增值,并确保经济的正常运行,纠正市场不完善所产生的缺陷。我们知道,投资量对于整个宏观经济的稳定来说,具有重要影响,控制投资可以调节经济的增长速度。在市场经济中,一般都是通过货币政策和财政政策的搭配实现对投资量的控制,从而达到调节经济的目的的,而财政投资作为财政政策操作的主要内容,无疑对国家的宏观经济调控具有不可替代的作用。

(三)财政投资的内容和形式

1.财政投资的内容。财政投资内容多、范围广,大体可作如下分类:

(1)按照财政投资支出与物质产品生产的关系分类。按照这一标准,财政投资可以分为生产性投资支出和非生产性投资支出两大类。

生产性投资支出是财政直接用于物质生产和直接为生产服务的各项投资支出,如基础产业投资等。这类支出可以增加生产要素的数量,加强生产经营的技术基础,直接推进社会再生产的发展。

非生产性投资支出是不参加生产过程和不直接为生产服务的、使用于物质生产领域之外的投资,主要包括非生产性的基本建设投资等。这类支出虽然不直接增加生产要素的数量,与物质生产过程没有直接关系,但是并非没有联系,它们可以改善生活投资环境,提高劳动者的素质,间接为社会再生产服务,因而是不可缺少的支出。

(2)按照财政投资支出的具体项目分类。按照这一标准,财政投资可以分为公共工程投资、基础设施投资、基础产业投资等。

公共工程投资主要是指政府用于满足社会公共需要的非生产

性固定资产投资。如对公园、学校、图书馆、博物馆、纪念馆、医院等建筑物和设施的投资、城市公共设施(如街道、广场、城市交通设施等)以及国防工程、灯塔等建筑物的投资。这些设施属于公共产品,需要由政府采取无偿或低价补贴的方式来供给。就其内容来说,它们都是建立现代文明社会的物质基础,与人民群众利益密切相关。

基础设施投资指的是铁路、公路、桥梁、码头、港口、机场、水利设施等方面的建设。基础设施是国民经济发展的"先行官",但有些基础设施如公路,虽然就其投资地来说总是限定在某一特定区域,但其受益面却往往超过这一范围。由于这类产业不盈利或盈利水平很低,因此要靠各级政府投资。

基础产业是支撑一国国民经济运行的基础,基础产业投资具体又可分为基础工业投资、农业投资和住宅投资等。

2. 财政投资的形式。财政投资的形式是指财政投资的方式和使用资金的渠道,即政府通过什么样的方式将集中起来的资金再投入到国民经济中去,以及通过什么渠道将资金分配出去,从而提高财政资金的使用效益。而一国的经济制度、经济体制以及人们对财政投资的认识,也会影响人们对投资形式的选择。在我国的社会主义市场经济条件下,可以采用的投资方式有以下几种:

(1)拨款方式投资。拨款方式投资是指政府直接无偿拨付财政资金给投资单位,而不要求投资单位归还的支出形式,即无偿拨款方式。这种投资方式的优点是,有利于所需资金的及时到位,保证建设顺利进行,并借助于政府投资,使政府获得所有者的产权地位,进入某些领域。其缺点是由于对投资资金的使用无须归还,因此,往往缺少对投资效果的相应责任,容易引起建设单位盲目争项目、争投资,而忽视对投资项目的可行性分析,造成财政资金使用上的低效或无效。在传统体制中,无偿拨款曾是我国政府投资的唯一方式。建国初期,我国工业底子薄,财力、物力有限,需要相对集中的资金保证国家重点项目建设,政府无偿拨款对此发挥了积极作用。然而,在投资项目越来越多的今天,政府若仅仅采用无偿拨款的形式,既很难满足社会各方面对投资资金的需要,也不利于使用单位管好、用好投资资金,提高财政资金的使用效益。但尽管如此,它仍旧是那些具有较大社会效益而无经济效益的投资项目(如公共工程建设投资)的主要投资方式。

(2)贷款方式投资。贷款方式投资是指政府以低息或无息的信贷方式供应财政资金,使用单位负有偿还责任的支出形式。它包括两种形式:一是由财政部门通过建设银行间接贷款给资金使用单位,如财政通过建设银行发放的基本建设投资贷款等;二是由财政部门直接贷款给资金使用部门。在现代社会,有偿贷款支出方式越来越成为各国政府投资支出的重要形式。其优点是受归还投资的压力,投资单位能比较慎重选择投资项目,因而促进了财政资金节约使用和财政支出效益的提高。使用单位取得财政资金是以到期还本付息为条件的,导致他们尽量少借款、快偿还。它的缺点主要有两个,一是虽然政府是出资人,但该项目的所有权并不属于政府。二是企业(投资人)对于那些风险较大的投资项目,往往不愿贷款而失去机会。而且,此方式不太适合那些具有较大社会效益而无经济效益的投资项目。

(3)合股方式投资。合股方式投资就是政府和企业或个人投资主体合资建设,共同经营。它可以由两家或三四家等少数投资者合伙投资建设,也可以在他们合资股份的基础上,向社会发行股票,将投资主体扩大到众多零散、数额不等的投资者。这种投资方式的优点在于筹集到的资金数额较大,投资者共同出资,共担风险,减轻政府财政负担,有利于政府引导社会资金投向,适用于那些能带来较大经济效益,但需要长期占用资金并共担风险的项目。

二、基础产业投资

（一）基础产业的特点及其在国民经济运行中的地位

基础产业是支撑一国经济运行的基础部门，它决定着工业、农业、商业等直接生产活动的发展水平。一国的基础产业越发达，该国的国民经济运行就越顺畅、越有效，人民生活也越便利，生活质量相对来说也就越高。基础产业的含义有广义和狭义之分。狭义的基础产业，是指经济社会活动的基础设施和基础工业。基础设施主要包括交通运输、机场、港口、桥梁、通信、水利和城市给排水、供气、供电等设施；基础工业主要指能源（包括电力）工业和基本原材料（包括建筑材料、钢材、石油化工材料等）工业。为概括起见，我们将基础设施和基础工业统称为基础产业。广义的基础产业，除了上述基础设施的基础工业以外，还包括一些提供无形产品或服务的部门，如科学、文化、教育、卫生等部门，提供这些服务所需的固定资产，通常归于广义的基础设施之列。

在社会经济活动中，基础产业同其他产业相比，具有不同的特征：

第一，从整个生产过程来看，基础设施为整个社会提供“共同的生产条件”，具有“公共产品”的一般特征。马克思曾把生产条件区分为共同生产条件和特殊生产条件，与此相对应，他把固定资本也区分为两类：一类是“以机器的形式直接进入生产过程的那种固定资本”，一类是“具有铁路、建筑物、农业改良、排水设备等形式的固定资本”。马克思指出后一类固定资本的特点：“作为生产资料来看，固定资本在这里与机器一类的东西不同，因为它同时被不同的资本当作它们共同的生产条件和流通条件来使用（我们在这里还没有涉及消费本身）。固定资本不是表现为被包含在特殊生产过程中的东西，而是表现为各特殊资本的大量这类生产过程的联络动脉，它就是被这些特殊资本一部分一部分地消耗掉的。

因此，在这种场合，对于所有这类特殊资本和特殊生产过程来说，固定资本是一种特殊的同它们相分离的生产部门的产品，但是，在这里不能像机器买卖那样，即一个生产者不能把它作为流动资本售出，另一个生产者也不能把它作为固定资本买进来，相反，它只能以固定资本自身的形式才能出售。”马克思的话隐含着下述含义：作为共同生产条件的固定资本，它不能被某单个生产者独家使用；它也不独占性地处在某个特殊的生产过程中；它本身不能被卖者当作商品一次性地将整体出售给使用者。换句话说，它具有公用性、非独占性和不可分性，这些特性决定了它具有“公共产品”的一般特征。

第二，基础工业是处在“上游”的生产部门。“上游”是指基础工业所提供的产品是其他生产部门（也包括本部门）生产和再生产时所必需的投入品，如能源和原材料。从价值构成上分析，基础工业所提供的产品的价格，构成了其他部门产品成本的组成部分。它们的价格变动具有很强的连锁效应，会引起整个产业成本的波动。

第三，无论是基础设施还是基础工业，大部分都属于资本密集型行业，离不开政府强有力的支持。

基础设施和基础工业需要大量的资本投入，而且建设周期比较长，形成生产能力和回收投资的时间往往要经过许多年。这些特点决定了基础设施和基础工业很难由个别企业的独立投资来完成，尤其在经济发展的初级阶段，没有政府的强有力的支持，很难有效地推动基础设施和基础工业的发展。

在经济发展过程中，各国政府均对基础设施和基础工业实行干预政策，但干预的程度在经济发展的不同时期有较大的差别。通常，经济发达的工业化国家的干预程度较之经济不发达的国家相对要弱一些。经济不发达国家在经济发展过程中，常常受到“基础瓶颈”问题的困扰，基础设施和基础工业发展的压力较大。

由于民间动员储蓄能力有限,因而,政府往往通过财政分配形式集中动员一部分资源,以加快“瓶颈”部门的发展。经济发达国家经历了漫长的工业化发展过程,基础设施和基础工业的发展有了相当的基础,如果存在像发展中国家那样的结构性矛盾,政府工业投资的主要作用在于弥补“市场缺陷”,而发展中国家的政府投资,除具有弥补一般“市场缺陷”的作用外,还部分地充当着资本原始积累的角色。

在我国经济发展过程中,结构性矛盾始终存在,基础部门供给的短缺一直是国民经济发展中的主要制约因素。如交通运输尤其是铁路运输能力严重不足,能源供应紧张,城市基础设施建设滞后,这些都在一定程度上制约着国民经济的健康发展。因此,加快基础产业发展就成为政府产业政策关注的重点。

(二)政府如何推动基础产业的发展

政府推动基础产业的发展,主要涉及基础产品和基础设施服务的政府定价和收费问题,换言之,也就是投资的回收问题。我们知道,基础设施具有某些“公共产品”的特征,因此,这里所涉及的基础设施与服务的政府定价与收费问题,可以归结为“准公共产品”的供给问题,或用我国的习惯术语来表达,就是政策性定价与收费问题。在市场经济条件下,政策性定价与收费与完全的市场定价和收费既有区别又有联系。其联系表现在,无论是政策性定价与收费还是完全的市场定价与收费,都要计算成本和耗费,都要进行成本与效益的比较分析。所不同的是,两者分析的出发点不同:前者主要从全社会的角度进行成本与效益的比较分析,这样,对某一项具体的产品或服务,其定价和收费可能低于社会平均利润率,有的甚至出现亏损,但综合各种社会的和政策性的因素考虑,其社会的效益仍可能大于其成本;后者主要是从个别企业的角度进行成本与效益的对比分析,它要求投资的回报率要大于成本开支,即它所追求的是自身利益的最大化,因此,完全的市场定价与收费要求边际成本等于边际收益。

基础产业具有明显的社会效益，这种社会效益通常是与它的外部效应联系在一起的。由于外部效应在自身的经济活动中无法体现出来，因此，外部性问题通常需要某种社会的机制来协调才便于解决。基础产业就属于这种外部经济效应十分明显的部门，因此，完全的市场定价与收费方式不完全适用基础设施部门。对于某些基础工业部门如原材料生产部门，对其外部效益的认识应与"短缺"联系在一起。似乎可以这样说，"短缺"对于宏观经济的运行、部门之间的均衡发展来说，是不利因素，"短缺"的出现也可以视为一种不经济现象，把"上游"生产部门严重"短缺"的生产行业，在一定时期内纳入重点扶持的范围，在政策上是可取的，其外部效应应该说也是经济的。

从价格政策上来说，为鼓励基础工业部门发展，应逐步实现单一的市场价格，通过价格刺激其发展。而对于公共基础设施来说，完全实行市场定价原则并不一定有利于社会经济效率的提高。如自来水厂、电力公司、公共运输系统、邮电等具有"自然垄断"特征的公共事业部门，其经营规模很大，且以较低的成本提供全部市场需要。这些部门随产量的增加，平均成本（AC）也呈递减趋势，以下我们讨论基础设施的政府定价与收费标准的确定，如图 4－1 所示。

其价格的确定，可以有三种选择：

第一，令价格为 P_{mc} = 边际成本（MC）。产出量为 OA，该部门将蒙受 $P_{mc}DEF$ 的亏损。显然，按边际成本定价，价格为 P_{mc}，满足社会需要，产量最大，虽然企业处于亏损状态，但却提供了较多的社会需要的基础性产品或服务。

第二，按利润最大化原则定价，即边际收益（MR）= 边际成本（MC）。此时价格为 P_m，产量为 OC，而利润为 $GHIP_m$。这说明，任由市场定价，满足社会需要的产量 OC 远较社会可能提供

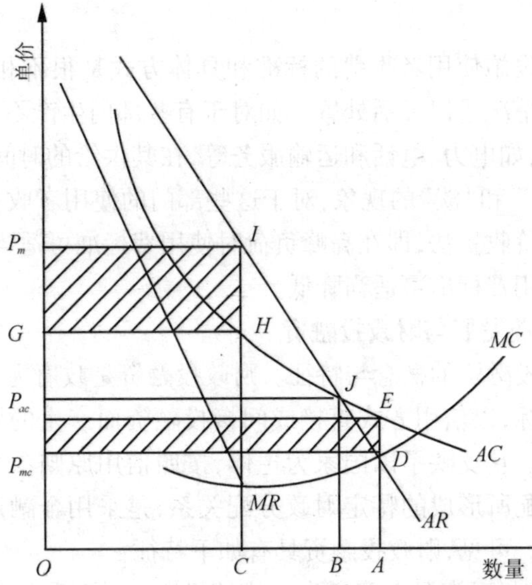

图 4－1　基础设施的政府定价与收费标准的确定

的公共事业部门的产量 OA 要低，这就意味着，资源并未得到充分的利用，社会对公共事业部门的产出的需要未能得到充分的满足。

第三，以平均成本定价，价格 P_{ac} = 平均收益（AR）= 平均成本（AC）。这时，产量为 OB，厂商损益持平，无额外利润可得。

比较三种情况，产量按边际成本定价时的 OA 大于按平均成本定价时的 OB 大于按利润最大化定价时的 OC。而价格的情况正好相反：按边际成本定价时的 P_{mc} 小于按平均成本定价时的 P_{ac} 小于按利润最大化定价时的 P_m。

为了最大限度地满足社会对公共事业部门产出的需要，采用边际成本定价法，企业亏损可以部分通过财政渠道以补贴形式来弥补，部分通过自身收费的形式来弥补，即对使用者收费并伴之以适当的财政补贴形式，就成为类似的对公共事业部门进行补偿的基本形式。

对基础设施使用者收费的标准和具体方式是很不相同的，需要依照具体情况予以灵活处置。如对于有些部门生产不可储存的物品和劳务，如电力、电话和运输服务等，在其供给的时间内，需求可能发生“旺”和“淡”的现象，对于这些部门的使用者收费可采用高峰负荷定价收费法，即在高峰负荷时使用费标准可适当提高，低谷负荷时使用费标准可适当降低。

（三）产业发展与财政投融资

1. 财政投融资的概念与特征。财政投融资是政府为了实现特定的政策目标，以信用方式直接或间接投融资而产生的资金筹集和使用活动。它反映了以国家为主体，按照信用原则参与一部分社会产品分配所形成的特定财政分配关系，是采用金融形式的特殊财政活动。可见，财政投融资具有如下特征：

（1）财政投融资是以国家为主体的投资、融资活动，是国家财政的重要组成部分，是在大力发展商业性投融资渠道的同时构建的新型融资渠道。虽然社会主义市场经济逐步建立和完善，但有许多项目，如公共服务领域，是市场不能提供的，这些领域的投资需要国家财政参与，通过扩大财政投资，弥补私人投资的不足，保证经济稳定发展。

（2）财政投融资的目的性很强，其范围有严格的限制。概括地说，它主要是为具有提供“公共产品”特征的基础产业部门融资。换句话说，它主要是为需要政府给予扶植或保护的产品或直接由政府控制价格的基础性产品融资，在资金运用上是政策性和有偿性的统一。政策性是指它不以盈利为主要目的，而主要是贯彻实施政府特定的经济和社会发展政策，这是它区别于一般金融活动的本质特点。有偿性是指财政投融资资金在运用上不同于财政的无偿拨款，它要求收回本金并收取一定的使用费。

(3)虽然政府投融资的政策性和计划性都很强,但它并不完全脱离市场,且投融资方式和资金来源可以是多样化的。它应以市场参数作为配置资金的重要依据,并对市场配置起补充调整作用。它既可以通过财政的投资预算取得资本金,也可以通过信用渠道融通资金;既可以通过金融机构获取资金,也可以通过资本市场筹措资金,部分资金还可以从国外获得。

(4)财政投融资是财政性金融活动,是商业金融的有益补充,它以政府信用为基础筹集资金,主要表现为发行各种公债和金融债券等。由于它是金融活动,应当接受中央银行的金融监督,中央银行与其是监管与被监管的关系。

2. 社会主义市场经济条件下发展财政投融资的客观必然性

(1)发展财政投融资是社会主义市场经济体制的内在要求。我们正在建立社会主义市场经济体制,市场在资源配置中起基础性作用。市场是现代社会活力与生机的主要源泉,但是市场也不是万能的,并不能解决所有社会经济生活中的问题,还必须借助外部力量——政府进行干预,才能够补充市场机制的不足,以实现资源的有效配置。同时,我国是一个发展中国家,经济基础和技术水平比较落后,由于历史原因,市场体系不完善,市场机制扭曲,各个地区经济发展极不平衡,结构矛盾十分突出,具有市场残缺的特征。因此,政府在弥补市场缺陷的同时,还必须缓解瓶颈,加大对高科技产业、基础产业、新兴产业等领域的投资,实施产业开发政策、区域开发政策,承担修正市场残缺的职责。

财政部门作为政府的职能部门,财政资金的运用及实施各项财政政策,其实都是政府实施宏观调控的基本手段之一。但是,近些年来,由于国家财政收入占国民收入比重的大幅度下滑,使得国家财政的投资能力减弱,在执行调控职能的过程中,有时显得力不从心。

特别是由于银行的商业化改革,使得商业银行受到利益驱使而转向营利性投资领域,在这种情况下,如果政府直接投入不足,就会出现投资缺位地带,需要政府的政策性信贷,这也是财政投融资的活动领域。

(2)社会主义市场经济体制下,政府和企业间的彻底的信用关系的建立,为发展财政投融资提供了信用基础。在市场经济条件下,企业是市场的主体,受价值规律的支配。为了适应经济体制的转变,国家对国有企业制度进行了诸如扩大企业自主权、政企分开、两权分离、转换企业经营机制及建立现代企业制度等一系列改革。其结果使企业的独立法人地位得以确立,"自主经营、自负盈亏、自我发展、自我约束"的机制得以形成,从而改变了政府与企业之间的预算软约束,使政府与企业之间有了比较彻底的信用关系基础。

(3)我国经济的快速发展,为财政投融资提供了广阔的资金来源。

(4)发展财政投融资也是国外成功经验给我们带来的启迪。例如,日本的财政投融资经历了100多年的发展,已经相当成熟,积累了一整套关于财政投融资筹资、使用、监督的规章制度,并以法律形式固定下来,其成功经验对我国发展完整意义上的财政投融资,具有十分重要的参考与借鉴意义。

3. 财政投融资制度的主要内容。国外建立财政投融资制度,比较成功的经验是发展政策性银行。实际上政策性银行既不是银行,也不是制定政策的机关,而是执行有关长期性投融资政策的机构,类似开发署的性质。对于投资优先部门的划分、政策性贷款总额、有息补助或本金偿还等政策选择问题,并非完全由其自身决定,而应该通过特定的计划安排和审批程序来进行。政策性银行在很大程度上充当了政府投资的代理人,把计划、财政、金融的政策性投融资业务结合起来,形成有效的政府投资运作。1994年,根据国务院《关于金融体制的决定》的要求,我国先后建立了国家开发银行、中国农业发展银行、中国进出口银行三家政策性银行，其中，国家开发银行主要办理基础产业、支柱产业及其他重点扶持产业的政策性贷款和贴息业务。一般来说，政策性银行的资金，主要来源于政府预算资金，还可以通过发行长期建设性国债、集中邮政储蓄和直接融资等渠道来筹措。就其资金来源的性质而言，预算投资是典型的财政资金，经过政策性银行使用后，具有经营性和政策性双重性质，是财政资金的“资本化”，用以满足基础产业建设的投资需要，弥补基础产业自身储蓄的不足。此外，政策性银行的资金也可以通过对商业银行和其他非银行金融机构发行金融债券等方式来筹集。

政府投融资的用途主要指那些有一定收益，但投资大、回收期长的项目，以及支持农业开发的项目。由于种种原因，上述项目很难得到商业性贷款，但又不宜采用财政拨款的方式。财政投融资不仅可以筹集大量建设资金，弥补财政预算安排的不足，还是政府实施宏观经济政策调控的重要手段，因此日益受到人们的关注。但是财政投融资实际上体现的是“谁得益，谁出资”的受益原则，其运行必须具备三个前提条件：①有明确的受益人；②可以从受益中获得偿还资金的能力；③不与现有的商业银行投资相冲突。若不符合上述三个条件，不宜采用，否则反受其累，影响经济的发展。

三、农业投资

(一)对农业部门的简要分析

1. 农业是国民经济的基础。“农业是国民经济的基础”，这句话听起来并不陌生，它也已经是经过充分论证，被大家所公认的观点。马克思曾经讲过，食物的生产是直接生产者的生存和一切生产的首要条件，超过劳动者的个人需要的农业劳动生产，是一切社会的基础。农业发展对国民经济发展的重要意义，主要体现在以下三个方面：

(1)农业生产为我们提供了基本的生存条件,为其他生产活动提供了基础。

(2)农业劳动生产率的提高是工业化的起点和基础。我国的经济正处于工业化的过程中。所谓工业化,就其一般的意义来说,指的是工业部门成为国民经济的主导部门、工业产值占社会总产值主要比重的过程。世界各国的历史发展告诉我们,实现工业化,有两条差异甚大的途径可供选择:一条是首先发展农业,在农业劳动生产率大大提高的基础上,再展开轰轰烈烈的工业化过程;另一条是在不顾及农业的发展的基础上开展工业化,再回过头来改造传统农业。历史告诉我们,走第一条路,工业化进程比较顺利;走第二条路,工业化过程总是困难重重。换言之,为了顺利实现工业化,在大规模进行工业革命之前,必须有一个大规模的农业革命过程。从历史上看,18 世纪末的工业革命,首先是从农业劳动生产率最高的英国开始的,以后相继发生工业革命的国家,农业生产率水平也都比较高,从 20 世纪的情况来看,凡是农业生产率水平较高的地区(拉丁美洲和中东),工业化都取得了成功;凡是农业劳动生产率水平比较低的地区(亚洲和非洲),工业化都遇到了这样或那样的问题。所以,发展中国家要想顺利实现工业化,必须首先提高农业劳动生产率水平,这一阶段是不能跨越的。

(3)稳定农业是使国民经济持续稳定发展的重要因素。"无粮不稳"已成为人们的共识。但是,仅从有粮无粮的角度认识农业的重要性,还只是立足于一个低水平发展阶段上的国民经济。发达国家一般情况下是农产品过剩,农业危机是过剩的危机。但是,就是在农产品过剩的背景下,农业发展问题仍得到政府的高度重视。在过剩的背景下推行促进农业发展政策的政府,主要是出于稳定经济的目的。

2. 农业是既有自然风险又有市场风险的弱质产业。农业是一个特殊的生产部门,从农产品供应来看,它受气候条件及其他许多因素的影响,不仅波动大且具有明显的周期性。另一方面,对农产品的需求和不规则波动的供给为特点的,农产品供求关系的不稳定,会使农业部门的生产常常处于不稳定状态。为了促进农业的发展,必须加强对农业支撑体系的建设,这是保障农业稳定发展的重要措施。农业支撑体系包括三大部分:一是农业基础设施。其中,重点是水利建设。二是支农工业体系。其重点是化肥、农药和农业机械的生产。三是农业社会化服务体系,包括农业气象预测、预报等。从市场风险角度看,在市场经济条件下,生产要素是通过市场机制来配置的,农业通常是比较利益低的产业,在市场竞争中往往处于不利地位。农业的重要性和农业比较利益低的矛盾,依靠市场是难以解决的。政府必须加强宏观调控,对农业予以保护和支持。

(二)农业投资的资金来源

资金投入对农业发展具有十分重要的作用。从农业发展的一般规律来看,当农业还处在粗放经营阶段时,其主要的生产要素是劳动力和土地,只需要较少的资金投入。但是随着技术的进步和农业集约化程度的提高,活劳动投入对农产品增长的贡献呈明显的下降趋势,而以资金为载体的物质投入对农产品增长的贡献,则呈明显的上升趋势。因此,增加资金投入,对农业发展愈来愈具有重要意义。从我国的现实情况看,我国农业当前正处在向集约化经营方向转化的过程中。我国农产品的增长,无疑会越来越依赖于资金的投入。同时,从农业发展的条件看,我国农业发展的资源约束矛盾日益尖锐,人口不断增加,耕地逐渐减少。而且,从一定意义上讲,人口、耕地制约因素是当前难以逾越的约束。因此,今后农业发展的关键就在于科技进步和资金的投入。

我国农业投资的资金来源主要有以下几个方面:

1.农业内部积累。发展农业的资金来源于农业内部积累的主要包括两个部分:首先,农民的投入。农民是农业生产活动的主体，但是在经济体制改革以前，我们长期把农民个人投入排斥在农业投入体系之外，而只承认集体的投入，这也是我国农业发展缓慢的主要原因。农村实行家庭联产承包责任制后，实际上就确认了农民个人投入在农业投入体系中的重要地位，农民个人对农业生产的投工、投料、投资，有力地促进了农业生产的发展。农民的投资主要是流动资金投资，即用于农药、化肥的购买和农机具等小型固定资产的投资。其次，农业集体单位和国有单位的投入。这主要指农村集体经济、国有农场等单位对农业的投入，既包括流动资金投入，又包括固定资产投资，但其投资的范围一般只限于集体与国有单位之内，是本单位进行农业经营活动的资金来源。

需要指出的是，自改革开放以来，乡镇企业得到了快速发展，已经成为农村经济的支柱产业。为了支持农业的发展，在一些乡镇建立了"以工补农"、"以工建农"资金。这是在农村集体经济内部，运用乡镇集体经济的财力，支持农业发展的重要财力来源。这对于增强农业发展后劲，合理协调农村产业结构，稳定和促进农业发展起着重要的作用。

2. 政府投入。政府投入主要表现为财政支援农业的投入，这又分为预算内资金投入与预算外资金投入两部分。前者指列入国家预算支出直接拨付的支农资金；后者指不列入国家预算之内，是地方财政部门和有关农业主管单位用于发展农业的投入。列入国家预算支出的支农资金，主要包括以下内容：农林、水利、气象等方面的基本建设投资支出。其中，对农垦部门的基本建设投资，主要包括对国有农场和生产建设的基本建设投资；对林业的基本建设投资，主要包括建筑厂房、购买设备、种花和栽树等费用；对水利的基本建设投资，主要包括根治大河、修筑水库、修建桥梁等基本建设费用；对气象方面的基本建设投资，主要包括建设气象台、站及购买设备等费用。此外，列入国家预算支出的支农资金还包括属于上述系统的事业单位的基本建设投资、农林企业改造资金支出

(国家财政用于农垦、农牧、农机、林业、水利、水产、气象等企业挖潜改造资金)、农林部门科技三项费用(国家财政用于农业、畜牧、农机、林业、水利、水产、气象等部门的新产品试制、中间实验和重要科学研究补助费等科学技术三项费用等)。

预算外资金也是国家增加农业投入的重要来源,自改革开放以来,预算外资金增长迅猛,用于发展农业的预算外资金包括国有农业企业专门提取的各种专项资金、财务包干节余和农业税附加等。由于预算外资金具有分散性特点,这就需要财政部门加强管理,积极引导,使之成为发展农业生产的重要投入。

3. 信贷支援。这是金融部门以贷款的形式对农业提供的资金支援。对支援农业发展的贷款,我国历来采取低息、微息政策,银行的农贷资金是我国农业现代化建设的重要资金来源。此外,财政也可以增拨专款给国家银行,由银行对农业发放长期贷款。1994 年 11 月,我国组建了农业发展银行,这是对农业进行信贷支援的主要渠道。农业发展银行属于政策性银行,它以国家信用为基础,筹集农业政策性信贷资金,承担国家规定的农业政策性金融服务,代理财政支农资金的拨付,为农业和农村经济的发展服务。事实上,利用政策性金融,支持和保护农业并促进农业的发展,是世界各国的普遍做法。

4. 吸引外资投入。积极而有效地利用国外资金,弥补我国农业发展资金的不足,是增加农业发展资金的主要渠道。利用外资,一方面可以引进一大批国外先进技术和设备,另一方面还可以启动地方、集体、农户等一些配套资金以增加对农业的投入。农业利用外资的途径主要有两个:一是争取国际金融组织对农业的无偿援助和优惠贷款,这是我们需要努力争取的资金来源,但是随着我国综合国力的增强,这种来源的资金将会明显减少;二是大力筹措国外民间资本和国际商业资本。在外资的投向上,对各种优惠贷款要投向于农业综合开发、改造中低产田、改善农业基础设施以及对老少边穷的治理方面;吸引外商的直接投资,要转向于发展农副产品加工业和农村出口产业,以带动相关产业的发展。

此外,国家还会通过税收支援和价格支援来增加农业内部的积累。所谓税收支援,是指国家利用税收政策,增加农民收入,从而增加发展农业生产的财力。例如,我国农业税一贯实行"稳定负担,增产不增税"的政策,把增产的好处留给农民;对农村工商税收采取优惠和减免政策,虽然减少了财政收入,但是却减轻了农民负担,增加了农业积累。所谓价格支援,是指国家通过调整价格,即提高农副产品收购价格,降低支农工业品的销售价格,使农民增加收入和减少支出。当然,价格支援和财政收支有着密切的关系,反映在财政上,前者会使财政支出增加,后者会使财政收入减少。

(三)政府对农业投资的必要性及投资重点

政府对农业投资的必要性取决于如下两个方面:一是各种发展农业的资金在营运上有其局限性,难以满足农业发展的各方面需要;二是在市场经济体制中,许多农业投资只适合于依靠政府来解决。

从发展农业的各种资金的营运情况来看,需要政府对农业投资。首先农业内部积累。它一般只用于流动资金的投资或只限于本单位内部的投资。只要是农产品价格提高速度放慢,或者农用生产资料价格不断提高,农业内部积累速度不会很快。在比较利益的驱使下,这种放慢的农业内部积累也会有一部分流到收益较高的产业上去。其次,信贷支援。信贷支援是一种有偿性的支援,贷款需要还本付息,而农业投资的盈利率较低,有些建设项目虽有很大的社会效益,但根本不能计算出微观的经济效益,所以,信贷资金也很难大量投入到农业部门。最后,吸引外资。当前我国吸引外资的水平是比较低的,国内农业引进外资的比重也大大低于其他行业,这种状况必须尽快改变。

从农业部门本身来看,许多投资项目靠市场调节是难以解决的,只有政府才能提供。如大江大河的治理、大型水库的建设等,都具有投资额大、周期长的特点,只有政府才能承担。农业科研及成果的推广也需要大量资金。农业科研具有典型的外部经济特征,即科研成果的推广将会使广大的农户得到好处,但科研单位本身是不可能获得全部收益的,同时进行科研的费用要由科研单位承担,而且还有失败的风险。因此,科研成本与科研成果产生的收益是不对称的,单靠农民以及农业单位自己投资,也是很困难的。只有政府才能提供重大农业科研、技术推广的资金需要。此外,发展农业的长期投资项目,是保证农业持续增长的主要条件,也必须纳入政府的投资范围。因为农业比较利益偏低,作为独立的商品生产者的农户,只能受市场机制的支配而着眼于短期收益的项目,只有政府才能摆脱市场的控制,着眼于具有社会效益的长期投资项目。

因此,在市场经济条件下,由于发展农业的其他资金在使用上的局限性,以及农业本身的特点,决定了政府对农业投资的范围应该是投资量大、建设周期长、具有外部经济特征的项目,以及农业长期投资项目。今后,我国财政对农业的投资应主要用于大江大河大湖的治理,国家级主要农业商品粮基地建设,大型重点防护林工程,气象预报、预测系统和农业社会化服务体系等重要的农业基础设施建设,其中水利建设将是农业基本建设的中心。国家对农业的投资除了要保证重点需要之外,还必须使投资有一个稳定增长的势头。

(四)正确处理各种农业发展资金之间的关系

国家对农业发展资金的不足,采取了多种形式、多种渠道的解决办法,这对于增加农业发展的财力,促进传统农业向现代化农业的转化有重大作用。但是,由于用于农业发展的各种资金,其来源有不同的特点,而且农业生产本身也具有许多特殊的情况,因此,为了合理使用各种资金,必须正确处理各种农业发展资金之间的关系。

1. 正确处理好财政资金支援与农业自身积累的关系。财政资金的投入和农业自身的积累,都是加快我国农业生产发展,实现农业现代化的重要资金来源。但是,目前我国农业生产力水平还比较低,实现农业现代化需要大量资金,而国家财政每年提供的支农资金又是有一定限度的,加之农业主要是集体所有制经济,因此,筹集发展的资金必须坚持"农民自力更生为主,国家支援为辅"的方针。也就是说,农业的发展,其资金来源必须主要依靠农业自身的积累。而国家财政资金的支援,一方面要积极扶植集体经济的发展,提高其积累能力;一方面要把资金投向农民力所不及的重大建设项目上,加强农业基础设施的建设。

2. 处理好财政支援和信贷支援的关系。财政支援和信贷支援是国家支援农业生产的两条资金渠道。正确处理财政支援与信贷支援的关系,应该坚持信贷支援为主、财政支援为辅的原则。这是因为,财政支援是无偿的,而且资金较为紧张;信贷支援是有偿的,与财政支援相比又具有明显的优越性。信贷支援的优越性包括:一是有借有还,不发生所有权的转移,适宜处理两种所有制之间的资金往来关系;二是到期偿还,并收取利息,可以促使借款人合理节约地使用资金;三是方式多样,支援范围广。由于两种资金在使用上具有不同的特点,同时发展农业所需要的资金又是多方面的,因此,财政资金一般适用于水利基本建设投资和对贫困农村的补助,而信贷资金则适用于促进农村开展多种经营、发展商品生产方面。

3. 处理好财政资金支援与价格支援的关系。国家通过价格政策对农业的支援与财政收支状况有着密切的关系,一般称之为财政对农业的间接支援。但是,价格支援的方式却有自己的特点:一是价格支援具有受益的普遍性的特点。所谓受益的普遍性,是指价格支援是通过商品买卖来实现的，凡是出售农副产品和购买农业生产资料的农民，都能从中得到好处；二是价格支援具有调整农业内部产业结构的作用。因为价格是一个极其重要的经济杠杆，农副产品收购价格的合理调整，会促使农业内部产业结构趋于合理，这是直接的财政支援难以做到的。

但是，单纯地使用价格支援这一方式，会遇到许多难以解决的问题。一是价格支援具有一定的局限性。所谓局限性，是指商品经济发达地区，农业参与产品交换的数量多、受益多；商品经济不发达的贫困地区，参与产品交换的数量少，受益少。对那些没有什么产品向国家出售，也没有能力购买农业生产资料的农民和地区，则根本不能受益，而正是这些贫困地区才是国家进行农业支援的重点。二是价格支援缺乏选择性。价格支援直接受到商品交换规律的支配，不发生商品交换的地区和个人就不能从中得到支援。国家难以选择支援的地区和确定被支援的对象。当然，这是和价格支援的局限性有直接关系的。三是价格支援涉及面广，对其产生的不利影响，难以进行有效的控制。价格支援是通过调整价格实现的，而每一种产品的价格的变动，都会影响到另一些产品的价格的升降，即影响到一系列的产品的比价问题，从而影响到人民生活的稳定。因此，国家对价格的调整一定要采取慎重的态度。此外，国家利用价格政策支援农业，又会影响到财政收支状况，因此，价格调整的范围和幅度又受到财政承受能力大小的限制。由此看来，价格支援只能是国家在一定时期、一定条件下所采取的一种措施，而不能经常和轻易进行，而财政支援具有选择对象的主动性，信贷方式具有高度的灵活性，后两种方式应该是国家支援农业经常采用的方式。

4. 处理好财政资金支援与税收支援的关系。税收支援是通过减免税的方式实现对农业的支援的，而减税和免税又是按照税法的规定执行的，凡是符合规定的应该减税和免税的应税收入，都可以少缴或不缴税款，农民从中都可以得到好处。因此，税收支援也具有受益普遍性的特点，同时也就难于有针对性地选择支援对象了。另外，为了维护国家税收的严肃性，一般不能轻易实行减税和免税。因为经常性的减免税会影响到国家财政收入的增长，而税收支援一方面要促进农业生产力的提高，一方面要起到培育税源的作用。

为了保证我国农业的快速发展，在经济体制改革中，必须加快建立稳定增长的农业投入机制，使其投入主体社会化，资金来源多渠道化，政府投资法制化。同时，要大力促进乡镇企业的发展和加快引进外资的步伐。在财政的投入方面，需要科学界定各级政府在投资方面的事权范围，从而进一步明确各级政府对农业投入的职责。此外，还要继续改革财政资金的使用方式，注意推广和总结实行支农周转金制度、农业发展基金制度的经验，改革和完善农业财政补贴制度，以提高财政资金的使用效果。

第二节　社会消费性支出

一、行政管理支出和国防支出

（一）行政管理支出和国防支出的性质及内容

行政管理支出是指财政用于国家各级权力机关、行政管理机关、外事机构等行使其职能所需要的经费的支出。国防支出是指财政用于国防建设、国防科研事业、军队正规化建设等方面的费用支出。行政管理支出和国防支出在性质上有共同之处。首先，二者都是国家机器运行所必需的，它们同属于国家政权建设支出。其次，这两类支出都属于社会消费性支出。社会消费性支出与投资性支出的最大区别，在于它的使用不形成任何资产。

行政管理支出和国防支出属于国家政权建设支出，表明这两类支出是国家财政最基本的支出。因为没有国家的产生,就不需要有国家财政,而如果没有行政管理支出和国防支出,国家也就无法存在下去。可见,从国家和财政本身存在的意义上说,行政管理支出和国防支出都是十分必要的。然而,行政管理支出和国防支出可以说是纯粹为了满足社会公共需要的支出,它所提供的服务由全体公民共同享受,具有纯公共产品的性质,因而具有以下三个特征:首先,效用的不可分割性。即公共产品的效用是向一个集体的人们共同提供的,而不只是向某一个人或某一个集团提供的。行政管理和国防保卫所提供的这个集体的人们,只能是全体人民,因而代表着全国家、全人民的利益。其次,消费具有非竞争性。即一个人对公共产品的享用并不影响其他人同时享用,也不减少其他人享用的数量和质量。最后,运行具有非排斥性,也就是说没有办法把拒绝付款的个人排除在公共产品的受益范围之外。事实上,行政管理和国防保卫作为一种"标准的"公共产品,其特征表明了它不是一种商品,因而难以通过市场以竞争机制来提供。行政管理和国防保卫必须由政府预算来提供,也就必然成为政府财政支出的一个重要部分。但同时,行政管理支出和国防支出又是消耗性的支出,国家公务员和军队不直接从事物质生产劳动,他们的劳动虽为社会所必需,但在他们为社会提供劳务服务,为人民生活提供和平、有序的环境的过程中,不仅不能创造物质财富,而且是对物质财富的一种耗费。所以,对行政管理和国防支出的经费需要,应遵循既保证基本需要的资金供给,又尽可能节约使用的原则。保障供给是指对预算安排的行政国防费用,财政应及时足额地予以拨款,以便保证行政机构的正常运行和军队生活的正常开展、军事训练的正常进行、军事装备的及时更新。节约使用是指预算安排行政和国防费用应以基本需要为基准,能减少的开支应尽量予以削减,以便腾出更多的资金用于经济建设投资和开发社会事业。

行政管理支出的内容取决于国家行政管理机关的结构及其职能。我国行政管理支出包括行政支出、公安支出、国家安全支出、司法检查支出和外交支出。其中,行政支出包括党政机关经费、行政业务费、干部培训费及其他行政费等。公安支出包括各级公安机关经费、公安业务费、警察学校和公安干部训练学校经费及其他公安经费等。国家安全支出包括安全机关经费、安全业务经费等。司法检查支出包括司法检察机关经费、司法检查业务费、司法学校与司法检查干部训练经费及其他司法检查费等。外交支出包括驻外机构经费、出国费、外宾招待费和国际组织会议费等。国防支出是财政用于国防建设和人民解放军军队方面的费用支出,包括国防费、民兵建设费、国防科研事业费和防空经费等。

(二)对行政管理费和国防费的控制

行政管理支出和国防支出的非生产性,决定了国家对行政管理和国防开支必须加以控制,尤其是控制行政管理开支,在我国更具有现实意义。

经济体制改革以来,在我国的各项财政支出中,行政管理支出增长过快,其原因主要是国家机构的编制不断膨胀,机构臃肿,人员过多。此外,行政管理费的支出管理不严,也是造成其支出增长过快的主要原因。例如,一些地方、部门对车辆、设备的购置放松管理,甚至存在铺张浪费的现象;有的则以种种名义和理由擅自增发津贴、奖金,造成人员经费增长过猛。所以,要彻底扭转我国行政管理费增长过快的趋势,关键是要大力推进机构改革,精简机构,控制和压缩人员编制;同时,还应当加强行政单位的财务管理,严肃财经纪律,切实贯彻“一要从紧,二要合理”的行政管理费开支原则。但要从根本上控制行政管理支出的过快增长,需要通过政治程序确定究竟需要哪些政府部门,各部门应有多大的规模等。如果政治程序能充分实施,公民也能得到充分信息,行政机构的规模以及行政费的规模应当能够被比较科学的确定。问题是上面提到的前提条件往往不能得到满足。考虑到各国的实际经验,可行的办法可能是,对行政费支出的规模或占其财政支出的比重规定有一个具有法律效力的指标,并由司法和民意机关对之实行严格监督。

对国防支出的控制,是一个要考虑多方面因素才能决定的问题。我国的国防开支从20世纪80年代开始基本呈下降趋势。这主要是由于经济改革以来,国家的工作重心转移到了经济建设上面来,加之国际局势趋于缓和,从而使我国可以适当削减国防开支。但也应看到,爆发局部战争的危险性依然存在,因而我国的国防建设也不应该松懈。尤其是我国军队人员较多,而用于武器装备现代化方面的开支相对不足,再加上近年来我国财政支出占国民生产总值的比重不断下降,因此,国防支出占财政支出的比重降得过低并不一定是明智之举。为了提高我国军队装备的现代化水平,国家已从1994年开始提高国防开支比重。当然,在当前国家财力十分紧张,经济和社会发展都需要财政资金大力支持的情况下,财政预算中并不可能安排过多的国防开支,所以要解决我国军队武器装备现代化问题,还需要进一步裁减军事人员,并且加强对现有国防支出的财务管理,提高国防支出的使用效益。

社会公众总希望能找到若干明确的指标来衡量国防和行政活动应该具有的合理规模,近年来,理论界发展起一门叫作“国防经济学”的学科,对这个问题有所研究。国防的目的是保卫国家不受侵犯。侵犯之敌或可能侵犯之敌位于何方,可能动员的侵犯力量有多大,有效地遏制这些侵犯所需的军事力量要有多大,都可能接近准确地估计出来,而且是可以量化为若干指标的。这就为确定国防费奠定了基础。一国可以首先确定所需的军事打击力量规模,然后为此制定军事措施计划,再为执行各个计划项目拟定各种可以替代的实施方案,对各个方案的成本效益进行比较分析,选定成本最小而效益最大的方案,最后,根据被选定方案所需的资金,编制国防支出的预算，这样一种制度，一般称为“计划——方案——预算”。这种制度最早由美英等国在第二次世界大战期间使用。

很多学者认为，上述制度可以广泛运用于军事预算上，具体来说：首先，它可用于重大军事行动的资源配置。例如，面对核战争或常规战争，面对全面战争和局部战争，如何安排支出最有效率。其次，在战役安排上，可用于进行军事配置，如选择作战武器、军事基地、作战人员、供应通道、通讯联络系统等。最后，用于安排各种武器和军事工程的研究和发展。比较这三种用途，前两种受不确定因素影响较大，因而只能预算出约数，后一种则可较精确地实行。尽管这一制度尚有缺陷，但它毕竟为制定国防预算提供了若干可以遵循的规则。

二、文教科卫支出

（一）文教科卫支出的性质

1. 文教科卫等事业单位的性质。文教科卫支出，是指国家财政用于文教科卫等事业单位的经费支出。

文教科卫等事业单位与企业单位有着本质的区别：首先，二者从事活动的目的不同，企业从事经济活动的直接目的是取得经济利益，而事业单位从事经济活动的根本目的是为了社会的共同利益和长远利益；其次，二者的资金运动形式不同，企业的支出是为了取得收入，而事业单位获取收入是为了支出。然而，在社会主义市场经济条件下，事业单位与企业也有许多相似之处，主要表现在：首先，事业单位与企业一样也要向社会公众提供一定的产品（主要是服务产品）。就一般情况而言，企业提供的产品主要是为了满足个人的需要，它们的消费具有明显的排他性，而事业单位提供的产品主要用于满足社会公共需要。事业单位提供的产品中也有一些并不是为了满足典型的社会公共需要，比如，像上大学和医疗保健等在性质上就介于社会公共需要和个人需要之间,这些半社会公共需要的产品在社会主义市场经济条件下也应通过市场获得一部分效益。其次,事业单位的财务制度与企业财务制度的基本目标是一致的,二者都是为了规范单位的财务行为,提高资金的使用效益。事业单位的性质决定了具有典型社会公共需要性质的国有事业单位所需资金主要应由国家财政来供应,而对于那些具有半社会公共需要性质的事业单位,国家应根据不同情况,采取部分经费供应或将其彻底推向市场。

2. 文教科卫支出的性质。就一个直接的生产过程来看,各项事业支出尽管最终为生产创造出强大的动力,但其事业的过程,或者说创造这种动力的过程,却是消耗物质资料、消耗财力的过程。特别是有一部分事业,如体育、文艺、电影、广播、电视等不直接创造生产力,它们只是为生产力(劳动者)提供精神食粮,从而激发劳动者的生产积极性。也有一部分事业,虽然可以直接创造生产力,如科学技术、教育、卫生保健等,但其具体内容却存在着很大差异,如基础研究与应用研究、基础教育与职业教育、大众保健与直接为劳动者保健之间,在为生产服务的性质上都存在着不同程度的差异。但无论如何,文教事业各项支出与行政管理和国防支出相比,其性质的不同仍是确定的。所以,在社会消费基金中,一般管理费用将随着社会的发展不断减少,特别是一般管理费占财政支出和国民生产总值的比例将不断下降。而用以满足教育、科技和保健等设施共同需要的部分,将随着新社会的发展而不断增加。

正是由于文教科卫支出的多重属性,所以对其到底是生产性的还是非生产性的,我国理论界曾有过热烈的争论。目前国内各种统计文件普遍采用的方法是将其归为非生产性的范畴。在进行这种归类的时候,必须强调三点:①将文教科卫支出归入非生产性范畴,只有某种静态的、相对的意义,它只是说,用于这些事业的支出不能对当年的物质财富的生产做出明显的贡献;②从动态的、绝对的意义上说，文教科卫事业的发展将不断提高劳动者、劳动工具和劳动对象的素质并不断改进三者的结合方式，它们对物质财富的生产的贡献越来越大；③将文教科卫支出计入非生产一类，其实际意义，只是要求社会在安排全部国民收入用途时，全面考虑生产的当前需要和未来发展的需要，让文教科卫支出占一个适当的比例，并且，随着劳动生产率的提高和国民收入的增长，要让这一类支出的比例不断提高，甚至超过国民收入的增长速度。

(二)文教科卫支出的内容

文教科卫支出的内容多、范围广。为了便于了解文教科卫支出的内容，可以对其作如下分类。

1. 按支出的部门划分。文教科卫支出按部门划分，主要包括以下内容：

(1)文化事业费：指文化部和地方文化部门的事业费，包括艺术表演团体经费、图书馆经费、群众文化经费等。

(2)教育事业费：主要指各级教育部门的事业费，包括教育部门举办的各类中小学及幼儿教育经费、国家批准设立的各类全日制普通高等院校经费、教育部门举办的成人高等教育及广播电视教育经费等。

科学事业费：指各级科委、科协和社会科学院及其归口管理部门的事业费，包括各类科研管理机构经费、科学研究经费、科普活动经费、国际学术交流经费等。

(4)卫生事业费：指卫生部及地方卫生部门的事业费，包括医院经费、防治防疫事业费、妇幼保健费、合作医疗补助金等。

(5)体育事业费：指国家体委及地方体委系统的事业费。

(6)通信事业费：指新华通讯社和专业通讯社的事业费。

(7)广播电视事业费：指广播电视部及地方广播电视部门的事业费，包括广播电台经费、电视台经费、县广播站经费等。

此外，文教科卫事业费还包括出版、文物、档案、地震、海洋、计划生育等项事业的事业费支出。

2. 按支出的用途划分。文教科卫支出按用途不同,可以分为人员经费支出和公用经费支出。它们分别用于文教科卫单位的人员经费开支和公用经费开支。

人员经费支出主要用于文教科卫等单位的工资、补助工资、职工福利费、离退人员费用、奖学金等开支项目。其中,工资是人员经费开支的最主要内容。公用经费支出用于解决文教科卫等单位为完成事业计划所需要的各项开支。这些公用经费开支主要包括以下内容:

(1)公务费:指文教科卫等单位进行日常业务工作所发生的费用,包括办公费、邮电费、水电费、工作人员差旅费、会议费、机动车辆用油和燃料费、公路养路费等。

(2)设备购置费:指文教科卫等单位购置不够基本建设投资额度、按固定资产管理的设备所发生的费用,包括办公用一般设备及车辆购置费、教学及科研等单位的专业设备购置费、图书购置费等。

(3)修缮费:指文教科卫等单位因维修房屋、设备等固定资产所开支的费用以及零星土建工程费用等。

(4)业务费:指文教科卫等单位为完成某项专门业务而开支的消耗性费用以及购置低值易耗品所支付的费用,包括为进行防治防疫而使用的消耗性医疗卫生材料费、科学考察研究费、学校的教学实验费及生产实习费等。

(三)文教科卫支出的资金来源

文教科卫支出应当在国民收入使用额中占有一定份额,但进一步的问题是:这一部分支出应当主要通过国民收入再分配即通过财政支出予以安排,还是主要在微观经济主体的初次分配中予以安排?抑或是两者并举?要寻找一个具有科学性的答案,我们显然需要回到“社会公共需要”理论上来。

财政支出是用来满足社会公共需要的。但是,这里所说的“公共需要”,并非仅仅指人人都需要,它的核心意义是:这样一种人人都需要的东西,不可能且不应该由微观主体予以满足,而只能或只应该由社会的代表——政府予以满足。例如,粮食、服装是人人都需要的,但这些物品可能且应该由一个生产粮食和服装的生产单位予以提供,广大消费者利用自己的收入去购买,就是说,消费者对粮食和服装的需要应通过市场交换予以满足。另外,在市场交换过程中,对粮食和服装的消费完全是私人性质的。一方面,一个人吃掉了粮食、穿上了衣服,就使另一个人丧失了吃这些粮食和穿这件衣服的机会;另一方面,吃粮和穿衣的利益完全由购粮和买衣者独占。与此不同的是,安全与秩序也是人人都需要的,但任何微观主体都不可能供养一支军队和维持一套行政机构来向人民提供安全与秩序,人们不需要也不可能在市场上花钱买到这种东西。另外,安全保障和良好的秩序可以为全体社会公众无差别的享受,不会发生一个人享受了此种利益而排斥其他人享受同种利益的情况。所以,安全与秩序的需要只能通过政府安排国防与行政管理支出来满足,为此所需要的资金也只能来自课税取得的再分配收入。总而言之,应由政府通过安排支出来满足的社会公共需要,在原则上只应限于那些社会公众不可能且不应该通过市场购买予以满足的那些需要。

让我们按照这一标准考察一下文教科卫事业的情况。

教育是可以由微观主体提供(兴办)的,需要接受教育的人也可以花钱“买”到这种服务。所以,人们对教育的需要,原则上可以不必由政府予以满足。实际上,教育这种需要,在历史上一向都是通过“交换”予以满足的。当年,“至圣先师”孔老夫子设馆教学,就规定每个学生必须交三条干肉,这就是一种正规的交换活动:学生用三条干肉换得了知识,孔老夫子则用学生们交的干肉维持生活。不过,在历史上,教育对国民经济发展的作用并不十分显著，而且，剥削制度的存在使得广大劳动人民处于饥寒交迫的境地，他们实际上被剥夺了受教育的权利，所以，义务教育的问题当然不需要也不可能被提出来。社会主义制度的建立，理应使广大劳动人民享受更广泛的权利，加之，教育对国民经济发展的促进作用日益显著，因而，义务教育问题，即由政府出资来满足广大劳动人民享受教育的需要，就作为社会公共需要产生了。然而，教育作为一种社会公共需要，毕竟与人们对安全和秩序的需要有所区别：对安全和秩序的需要只能由政府予以满足，而对教育的需要则可以由私人予以满足；更重要的是，安全与秩序所提供的利益是被全体社会公众无差别地享受到的或称外在化的，一个人得到安全和秩序的保护，并不排斥其他人得到同样的利益，而教育所提供的利益则是内在化和私人化的，一个人受到教育，就会减少另一个人受教育的机会，而教育所提供的利益——找到较好的职业及享受较高的收入则基本上由受教育者自己占有。所以，教育这种需要实质上具有准社会公共需要的性质。因此，在国家财力有限、广大社会公众的收入水平日益提高的情况下，全社会用于教育的经费，应该由政府和享受教育的人们共同分担。文化事业的情况也与此相仿。

科学研究是可以由个人或某一集体去完成的。一般地说，科学研究的成果也可以有偿转让。但是，由于一部分科学研究（主要是基础性研究）的成本与运用科研成果所获得的利益不易通过市场交换对称起来。所以，用于此类科学研究的经费应该由政府承担，而那些可以通过市场交换来充分弥补成本的科学研究（主要是应用性研究）则可由微观主体承担。

卫生事业实际上由医疗和卫生两个部分组成，它们的经济性质是有所区别的。医疗服务固然可由政府提供，但也可由私人提供。不管谁来提供医疗服务，这项服务都是可以进入市场交换的。另外，医疗服务的利益完全是私人化的。据此可以认为，医疗服务并不必然要求政府出资提供。卫生服务则与医疗服务不同:私人不可能也不愿意提供这项服务,这项服务也不可能进入市场交换,并且,卫生服务的利益也是由社会公众无差别地享受到的,所以,卫生服务应主要由政府出资提供。

由此看来,文教科卫虽然为社会公共需要,但它们并非完全意义的社会公共需要,因此,从总体上说,为了促进这些事业的发展,政府和社会公众应当共同出资。具体地说,在文教事业方面,政府应当为那些有助于提高全民文化素质的教育和文化事业出资;在科学研究方面,应主要为基础科学研究出资;在医疗卫生事业方面,应主要为卫生事业出资,而除此之外的文教科卫事业,原则上都是可以由社会共同出资的。当然,如果政府财力充裕,部分地出资办这些事业,也未尝不可。

(四)文教科卫事业费的管理

为了发展我国的文教科卫事业,除了运用商品经济的原则来动员社会资金以外,政府还应对自己兴办的文教科卫事业加强预算管理。根据各事业单位的性质和收支情况,可以分别采取全额预算管理、差额预算管理和经济核算三种管理办法。

全额预算管理,是指把事业单位的各项收支全部纳入国家预算,单位的收入全部上缴,支出则全部由财政拨付。这种办法适用于没有经常性业务收入的单位,如学校、某些科研单位和卫生部门等。目前,我国在采用这种管理办法时发展出两种形式:一种是全额预算包干,结余留用,即在国家核定单位年度支出预算的基础上,核定单位经费数额,由单位包干使用,若无特殊情况,不再追加或追减预算;另一种是部分预算包干,结余留用,即在国家核定单位年度预算的基础上,对其中一项或几项费用由单位包干使用,在完成计划的前提下,包干部分的年终结余留归单位继续使用。

差额预算管理,是指先以事业单位本身的收入抵补支出,不足部分由财政拨付。它一般适用于有经常性收入的单位,如医院、剧团、某些科研单位等。这种办法具体又可分为三种形式:一是全额管理,定额补助,即事业单位的全部收支由财政部门管理,收支差额按确定的定额由财政拨款补助,若无特殊情况,要求单位自求平衡;二是全额管理,定项补助,即事业单位的全部收支归财政部门管理,根据单位的性质和收支状况,确定一个或几个项目的开支由财政定额拨款补助,其余项目的开支由单位的收入抵补,结余留用;三是全额管理,差额补助,即单位的收支由财政管理,根据核定后的单位收支差额,由财政拨款补助,结余留用。

经济核算办法适用于有经常性收入且收入数额较大、比较稳定,可以弥补支出的单位。在性质上,政府将这些单位视同国有企业,因此,要求这些单位自求收支平衡,并在保证事业发展的前提下,向国家提供财政收入。这种办法一般适用于出版社、报社、书店、影剧院等。

三、政府采购

(一)政府采购的概念及特点

1. 政府采购,也称公共采购,是指各级政府及所属实体为了开展日常政务活动和为公众提供社会公共产品或公共服务的需要,在财政的监督下,以法定的方式、方法和程序(按国际规范一般应以竞争招标采购为主要方式),从国内、国际市场上为政府部门或所属公共部门购买所需商品和劳务的行为。政府采购制度是政府采购政策、采购程序、采购过程、采购管理的总称。

政府采购制度是市场经济国家公共支出管理中普遍采用的一种手段。根据现代财政理论,按照财政支出在经济上能否获得等价补偿的标准,政府采购支出可以划分为购买性支出和转移性支出。前者是指政府在付出货币的同时,从市场上获得等价商品和服务的过程;后者是指货币从政府向市场主体单方面转移的过程。政府采购制度主要适用政府购买性支出的管理。政府采购制度自

1782年在英国创立以来,已有200多年的历史。有关资料显示,发达国家政府采购规模一般占国内生产总值的5%~15%,其中,欧盟各国政府采购额约占成员国国内生产总值的15%,美国政府每年的采购规模约为2 000亿美元,大体占国内生产总值的3%。因此,政府采购行为的规范与否对一国国民经济有着极其深远的影响。政府采购制度虽然已在国际上普遍实行,但在我国还属于新生事物。自1995年深圳市率先拉开"政府采购"的序幕后,1998年以来,在国内许多省市开始试行。

2. 政府采购的特点

(1)采购行为法制化。大凡实行该制度的国家都通过制定严密的政府采购法律、法规,来提高政府采购的公平性和透明度。采购主体必须按法定程序、范围和采购方法,从合格的供应商处购买商品和服务,从而规范采购行为。

(2)采用集中或相对集中的政府采购管理体制。实行政府采购的国家通常会设立或指定专门的机构负责采购事务,以便更好地实现政府采购的经济性和有效性目标。

(3)采购过程遵循竞争、透明和公平的原则。

(4)采购方式灵活多样。政府采购常见的形式有:公开招标、邀请招标、询价采购、竞争性谈判采购、单一来源采购等等。

(5)具有国际性和开放性。随着贸易自由化和经济全球化格局的形成与发展,政府采购制度已延伸到国际贸易领域。经过1973~1979年关贸总协定东京回合和1986~1993年乌拉圭回合的谈判与协商,参加谈判的成员国最终达成了《政府采购协议》,规定成员国之间相互对等开放政府采购市场。目前,《政府采购协议》已成为各国加入世贸组织必须签署的文件之一。

(二)政府采购制度的主要内容及步骤

1. 政府采购制度的主要内容。凡是政府出资的支出行为,均应纳入政府采购范围。如基础设施和公共工程建设;办公设备、通信工具、交通工具、构成固定资产的设备和房产以及使用较多、规格一致的低值易耗品的采购等；在支出范围内为开展公务而发生的大额、大宗批发性消费行为，主要是机动车燃油、维修、保险、各类会议、外事接待及部分可以利用市场竞争开展的劳务。

(1)会议费管理。实行政府采购制度，通过公开招标，选择一些接待条件好、价格合理、服务良好的宾馆，作为会议、接待的指定单位，使举办会议单位获得服务周到、价格低廉的劳务，从而达到大幅度节约会议费、接待费支出的目的。

(2)车辆管理。车辆管理包括：①集中购置车辆、招标竞价、择优成交；②定点购油；③汽车修理定点。

(3)设备购置和房屋修缮。设备购置包括各单位新增的微机、复印机、打印设备和医疗单位新增的大型医疗器械及公检法系统新增的化验鉴定设备等，通常采取统一采购，招标购买的办法。至于房屋修缮，一般采取招标办法，这样可以增加工程透明度，便于各方监督管理，使工程质量得到保证。实践中，应当建立竞争性建设市场，所有城市基础设施工程项目都要面向社会公开招标来选择设计单位和施工队伍，实行工程造价和工程设计费用包干办法，并建立工程质量监督管理体系，按规范化标准实行工程质量监督，按国际规范标准和惯例进行工程监理。同时，建立专门从事城市基础设施工程项目的招标站、预算定额站、工程质量监督站和工程监理公司。

2. 政府采购的步骤

(1)选择政府采购方式。政府采购方式可分为两大类：招标性采购与非招标性采购。从我国推行政府采购制度的情况来看，应选择以竞争性招标采购方式为主，其他采购方式相结合的方式。

(2)“门槛价”的确定。所谓“门槛价”是指符合政府采购制度适用范围的支出单位，其采购规模达到规定规模时必须实行不高于政府统一招标采购的价格，这也是竞争性招标的最低限额。

由于各国国情不同,人均 GDP 水平差别较大,因此,在确定"门槛价"时,各国使用的标准也大相径庭,就是在同一国内,中央与地方政府之间、地方各级政府之间所使用的"门槛价",标准也是不一样的。因此,我们推行政府采购制时,"门槛价"也不宜"一刀切",而应随着经济的发展,在不同时期允许对其进行适当的调整。

(3)供应商资格的确认。凡是在中国境内外注册登记的企业、公司及其他提供货物、工程、服务的自然人和法人均有资格成为我国政府采购的供应商。为了保护民族工业、支持国有企业发展以及进行国内宏观经济调控和产业结构的优化,我国应在较长一段时间内将供应商限定在国内,待条件成熟后,再逐步向国外开放。

(4)政府采购合同的签订和履行。一项政府采购事宜应通过政府采购合同确定双方(或多方)当事人的责权利关系,该项政府采购合同以合同执行的方式终结双方(或多方)当事人的民事法律责任。

(5)政府采购信息的发布。有关达到竞争性采购标准需要由政府统一招标采购的详细采购信息,或是某项政府采购合同的履行详情,应在指定的全国性报纸杂志、专门的政府采购信息报刊或指定网站上通告公布,这是公开、公平、公正原则的重要体现。

(三)政府采购制度的运行机制和监督

1. 政府采购的运行机制

(1)政府采购管理机构的选择。应设立各级政府采购委员会,主要负责政府采购法规、政策的制定、修订和监督执行。该机构可不专门设置,只是形成一个由有关部门(包括财政部门、经贸委、行政部门、计委、外经贸、审计、工商、法院等)参与的协调性机构。借鉴国际经验,由于政府采购的业务性较强、资金拨付量大、需要体现政府意图等特点,可考虑将其常设机构设在财政部门(称为政府采购管理办公室),其主要职责是:制定政府采购支出政策、下达采购计划、审查采购预算、批准和拨付采购款、制定采购规章和各项制度、协调有关部门的关系。

(2)设置专司日常政府采购事务的“政府采购中心”。政府采购中心的性质属于非营利性事业法人,隶属于各级政府,接受财政部门的业务指导和监督。其主要职责是组织管理各级政府交办的大中型工程、货物和服务的采购事务;统一组织管理行政事业单位能够集中采购的货物、工程和服务,承担由政府采购委员会委托的被取消独立采购资格的采购机关的其他各项采购;对被授权进行分散采购的部门或单位的采购活动进行备案管理和监督。

政府采购中心与政府采购管理机构的关系是一级委托代理关系,同时,它也可以直接受理各个部门或单位的委托进行直接采购活动。由于受具体采购商品(劳务)和工程技术因素的限制,该中心还可以进行二级委托,比如,委托专业中介机构从事具体的采购事宜。不管这种委托链条有多长,委托方和受托方都必须遵循政府采购原则。

上面提到的中介机构是指具有独立行使政府采购权力资格的各种采购事务所,或有能力从事该项业务并经政府采购中心通过资格审查认可的其他机构,在接受政府采购中心委托的前提下,主要通过招标或其他有效竞争方式,选择合适的供应商推荐给用户,同时,接受政府采购中心所反馈的有关供应商提供商品(劳务)的质量或标书中规定的相关指标存在问题的投诉,并负责向仲裁机构对供应商提出质询乃至诉讼。其中,政府采购过程中涉及合同纠纷的,可由纠纷所在地工商管理部门进行仲裁,如仲裁不服的,可交由当地法院进行判决;其他争议可由各级司法部门进行协调与裁决。

2. 政府采购的监督。政府采购的监督包括两个方面:一方面是监督的手段与方法,主要应采用制度监督与法律监督并行,再辅之以行政监督的方法;另一方面是监督机制的构建。对于政府采购的事前、事中和事后监督,可考虑设置四重监督机制:第一层为各级财政部门的监督，侧重于对采购资金的使用进行监督，因为各级财政部门对政府采购的计划安排和执行最熟悉；第二层为各级监察、审计和社会中介机构的监督，侧重于事后监督；第三层为各级人大常委会的监督，侧重于制度和政策性监督；第四层为社会舆论监督，旨在发挥新闻媒体的传播作用。

思考题

1. 为什么基础产业发展需要政府推动？试分析政府投融资活动与基础产业发展的关系。

2. 联系农业部门的特殊性，分析政府对农业投资的必要性及投资重点。

3. 简析发展农业的资金来源。

4. 分析制约行政管理费和国防费的因素，并谈谈如何对行政管理费和国防费进行控制。

5. 怎样理解文教科卫支出对社会经济发展的作用？

6. 政府采购有哪些特点？

第五章　转移性支出

第一节　社会保障支出

一、社会保障支出与社会保障制度

(一)社会保障制度的概念与内容

所谓社会保障制度,是指政府为了保持经济的快速发展和社会的稳定,依据国家宪法的基本精神,对劳动者和社会成员因自然灾害、失业、年老、伤残、疾病而面临生活困难时提供现金帮助和社会服务,以确保维持其基本生活的措施与制度的总称。国家运用社会保障制度,通过筹集社会保障基金和财政手段来安排社会保障支出。

社会保障制度可以作为经济杠杆调控宏观经济的运行,在现代经济生活中发挥重大作用。我国在《国民经济和社会发展十年规划和八五计划纲要》中明确指出,要“努力推进社会保障制度的改革,要以改革和建立养老保险和行业保险为重点,带动其他社会保险事业和社会福利、社会救济与优抚事业的发展”。

社会保障制度最早产生于19世纪的欧洲,始创社会保障制度的是德国的俾斯麦政府。1883年,该政府通过了历史上第一个社会保险法,规定在对工人在受伤、病残和年老时支付一定数额的保险金。到20世纪30年代,经济危机已经威胁到资本主义制度,西方各国纷纷建立起社会保障制度。到目前为止,大多数国家都有自己的一套社会保障制度,但对社会保障的理解因各国具体国情的不同而有所不同。国际劳工局社会保障司在其编著的《社会保障导论》一书中对社会保障作了如下解释，认为社会保障“基本上可以解释为社会通过一系列的公共措施向其成员提供的用于抵御因疾病、生育、工伤、失业、伤残、年老和死亡而丧失收入或收入锐减引起的经济和社会灾难的保护、医疗保险的提供以及有子女家庭补助的提供”。国际劳工组织在1952～1982年间正式采用规范化的概念，指出社会保障体系大体上需由以下几个部分组成：社会保险、社会救助、国家财政的福利补贴、家庭补助、储蓄基金和雇主规定的各种补充条款以及环绕社会保障而发展的各种补充方案。

我国的社会保障体系应由四大部分组成：社会保险、社会救助、社会福利和社会优抚。在这一体系中，社会保险居核心地位，社会救助属于最低层次的社会保障，社会福利被认为是社会保障的最高纲领，社会优抚起着安定特定阶层生活的功能。

（二）社会保障与财政的关系

在我国，财政用于社会保障方面的支出，主要是在预算的“抚恤和社会福利救济类”这个科目下安排的，具体地说，我国财政的社会救济和社会优抚支出包括以下内容：①抚恤事业费，其中主要有军人牺牲、病故、残废等抚恤费，烈军属、复员退伍军人的生活补助费，退伍军人的安置费等等。②离休费。③退休退职费。④社会救济福利事业费，其中主要有农村社会救济费、城镇社会救济费、社会福利事业单位经费、社会残疾人福利事业经费等。⑤自然灾害救济事业费。⑥其他民政事业费等。总体来看，财政的优抚与社会救济支出可以概括为三部分：一是抚恤事业费；二是社会福利救济费；三是自然灾害救济费。

社会保障与国家财政有着密不可分的内在联系：

1. 社会保障分配是国家财政分配的一个重要组成部分。从某种意义上讲，我国的财政分配工作就是进行“社会必要扣除”，以实现国家职能，满足人们的需要，促进社会和经济的稳定与发展。而在社会必要扣除中的“用来应付不幸事故、自然灾害等的后备基金或保险基金”以及“为丧失劳动能力的人等而设立的基金”就是社会保障分配的内容。由此可见,社会保障分配是国家财政分配的一个重要组成部分。

2. 从收入上讲,社会保障税既是社会保障筹资的重要手段,也是一项财政收入。社会保障筹资方式有两种:一种是交费,另一种是交税。从保证社会保障资金的稳定增长的角度来看,当然是交税比交费好,因为税收具有强制性和固定性。所以说,社会保障税是社会保障筹资的重要手段。社会保障税既然是一种税,它理所当然的应是财政收入的一种形式。

3. 从支出上来看,社会保障支出应该是财政支出中最重要的支出。财政支出直接为社会保障活动提供着最主要的财政来源。西方国家将财政支出按经济性质划分为购买性支出和转移性支出两大类,其中,转移性支出中的社会保障支出已超出其他一切项目而独居榜首。我国财政也有直接面向全社会的保障支出,如社会福利救济费、自然灾害救济费和福利支出等,不过项目少,支出的金额也不多,大多数年份占财政支出比率不高,从1998～2008年,我国社会保障支出占财政支出的比例虽从5.2%提高到10.9%,但2010年仍为10.2%。可见,我国财政用于社会保障的支出,无论是从绝对量上还是从相对量上来说,都是不足的。

4. 从平衡上讲,财政预算中应建立社会保障预算。社会保障基金是通过国民收入(或GDP)的分配和再分配形成的,是以确保社会成员基本生活水平为特定目的的资金,因此,应对其进行独立的、专门的预算管理。

5. 从管理上讲,社会保障支出是国家宏观调控的一个重要手段。国家财政对社会经济发展宏观调控的基本目的是实现总供给与总需求的平衡,而实现这一目的关键就是要控制社会总需求。社会保障的收支特别是支出与财政收支以及整个国民经济的运行存在着一定的函数关系。基于这种联系,社会保障就能对国家财政的宏观调控起到自动配合的作用,因而成为具有"自动稳定器"作用的财政宏观调控的重要组成部分。从实践来看,社会保障支出随经济周期五个阶段的变化发生反方向变化,因而可以缓和经济波动,这已为西方发达国家经济建设发展的事实所证实。

二、社会保障体系

所谓社会保障体系是指构成社会保障制度的各个组成部分以及各组成部分在整体中所处的地位。尽管世界各国的社会保障体系有某些差异,但大体上都是围绕促进社会稳定这一目标形成的。比如,美国的社会保障体系由六个部分构成:社会保险、社会救助、退伍军人补助、老人医疗服务、教育和住房。英国的社会保障体系由五个部分组成:社会保险、社会补助、社会救助、保健服务和社会服务。瑞典的社会保障体系也是由五个部分组成:社会保障、社会救助、义务教育、家庭福利和职业培训。日本的社会保障体系由四个部分组成:社会保险、国家救济、社会福利和义务教育。而我国的社会保障体系由四大部分组成:社会保险、社会救助、社会福利和社会优抚。下面我们就按上述四个部分,简要介绍一下我国的社会保障制度。

(一)社会保险

社会保险是国家通过立法,由劳动者、劳动者单位或社区(集体)、国家三方面共同筹集资金,在劳动者及其直系亲属遇到年老、工伤、生育、残疾、失业、死亡等风险时,给予物质帮助,以保障其基本生活的一种制度。它是公民的基本权利,包括养老保险、失业保险、医疗保险、工伤保险、生育保险和遗属保险等。

1. 社会保险的特征

(1)社会保险是由国家通过立法形式强制实施的一种保障制度。即凡属法律规定范围的成员都必须无条件地参加社会保险并履行纳费义务。社会保险费的费用缴纳标准和待遇项目、保险金的给予标准等都由国家或地方政府的法律、法规统一确定，劳动者个人作为被保险一方对于是否参加社会保险及参加项目和待遇标准均无权自由选择和更改。

(2)社会保险是所有劳动者的一项基本权利。社会保险对所属成员具有普遍的保障责任，无论其年龄、收入水平、就业年限和健康状况如何，一旦丧失劳动能力或失业，政府和企业作为保险人即应依法提供收入损失补偿以保障其基本生活需要。

(3) 社会保险所提供的保障水平只能以一定时期劳动者的基本生活需要为基准，它不会是保证原有生活水平不变，更不会是满足遇险劳动者的全部生活需要。它的保障水平始终取决于一定时期社会经济发展水平的高低。

(4)社会保险与商业保险有本质的区别。社会保险与商业保险一样，也要求受保人或就业单位向社会保障机构交纳一定的费用，并且也具有风险分担、互助互济的保险功能。但社会保险毕竟不同于商业保险，二者的区别主要有以下几个方面：

第一，社会保险是国家和社会基本政策的直接体现。社会保险的社会效益重于经济效益，尽管社会保险基金运用也强调经济效益，但是不能以经济效益的好坏来决定社会保险项目的取舍和保险水平的高低。而商业保险是一种企业性的经营活动，追逐资金投入尽可能大的增值。

第二，社会保险的保险基金除了来自受保人或其就业单位交纳的保费以外，政府还可以给予一定的资助；而商业保险则完全依靠收取保费来筹集资金。

第三，社会保险费的受保人领取保险金的权利与交纳保险费的义务在数量上有一定的对应关系，但这种对应并不像商业保险那样要遵从对等的原则。

第四，社会保险是强制性保险，由国家立法采取强制行政手段加以实施；而商业保险一般为自愿保险。

2. 社会保险的项目设置。社会保险的项目，又称险种，是指该保险制度为哪一种特定的危险事故提供物质保障。世界各国根据自己的国情需要和财力可能，规定的保险项目的多少不同，但一般均包括以下几个主要险种：

(1)退休养老保险。它是为年老丧失劳动能力的社会劳动者提供基本生活保障和一系列社会性服务的项目。其主要目的是确保老年劳动者的生活权利。

(2)医疗社会保险。它是为社会保险成员提供医疗费用的医疗服务保障的项目。其主要目的是促使劳动者尽快恢复健康，并承担其因患病、负伤而增加的额外开支负担。

(3)疾病社会保险。它是为所有成员在因患病而丧失劳动能力时提供基本生活保障的项目。其主要目的是使患病劳动者个人及其家庭的正常生活不受过大的影响，以利于治疗和恢复。

(4)工伤社会保险。它是为所有成员因工负伤以及由伤而致残疾、丧失劳动能力时，提供必要的物质生活保障的项目。其主要目的是维持伤残劳动者的基本生活来源，对于因工伤致残者，社会保险还常有对超常劳动代价的补偿性质。

(5)失业社会保险。它是为所有成员因非本人自愿原因而失去工作，从而丧失正常工资收入来源时，提供必要的物质生活保障的项目。其主要目的是维持失业人员及家属的基本生活，保护劳动力的正常发育以及为其早日重新就业提供必要的条件和机会。

(6)生育社会保险。它是为妇女劳动者因生育子女而丧失劳动能力，失去正常工资来源时，提供基本生活保障的项目。其主要目的是保护妇女劳动者及其子女的身体健康，并适当补偿其因生育而造成的收入损失。

(7)死亡和遗属社会保险。它是为所有成员在死亡时提供的必要的丧葬费用补贴及为死亡劳动者供养的直系亲属提供抚恤金的项目。其主要目的是除对死亡劳动者尽最后的保障义务以外，更重要的是对其所供养的直系亲属提供生活保障,使其正常成长或安度余年。

3. 社会保险基金的筹集。社会保险基金是社会保险制度的物质基础。要想为丧失劳动能力和失业劳动者提供基本生活保障,就必须满足对此的实际开支需求。因此,社会保险基金的筹集原则,就是“以支定收,收付平衡”,即一定时期内社会保险基金的筹集总额,应以同期预计需要支付的社会保险费用总额为依据来确定,并使二者间始终保持大体的平衡关系,否则就会使社会保险失去物质保证而无法维持。对于“以支定收,收付平衡”原则,有以下两种基本解释:

(1)近期横向收付平衡。一般是指当年或近年内从所有参保单位按平均比例提缴的社会保险基金总额,应以同期所需支付的社会保险费用总额为依据,并在收付过程中保持平衡。这种平衡是着眼于当前需求,采用在所有参加社会保险的单位之间以平均比例横向分散劳动风险的做法。这是一种在短期内大量积聚基金并在同期内基本使用完毕的原则。

(2)远期纵向收付平衡。一般指社会保险范围内的劳动者在整个就业投保期间,或在一个相当长的计划期内提缴的社会保险基金和利息的总和,应以劳动者在整个享受保险待遇期间或计划期间,预计开支的社会保险费用总额为依据,并使二者在长期内始终保持平衡关系。这种平衡是着眼于将来的需求,采取在劳动者整个就业期间或投保期间,或是在较长的计划期内根据预计的总需求,逐期按相同比例均匀地提缴保险费,以事先积累储备来分担风险损失。这是一种在长期内逐渐积累基金并逐期使用,不断增减循环的纵向的劳动风险分散原则。

在西方国家,社会保险基金的筹集,大体有三种不同的方式:

第一,完全基金制或积累制。这是以远期纵向收付平衡原则为指导的社会保险基金的筹集方式,即首先对有关人口健康和社会经济发展的指标进行长期的宏观预测，然后在此基础上预计社会保险成员在享受保险待遇期间所需开支的保险基金总量，并将其按一定比例分摊到劳动者整个就业期间或投保期间内。其特点就是“先提后用”，从劳动者开始工作的第一天，就必须依法定期缴纳一定的社会保险费。与此同时，劳动者所在单位或雇主也必须依法为所属职工定期缴纳一定的社会保险费。二者合一，经过几十年以后，形成一笔可观的社会保险基金，待劳动者需要享用时，定期或一次性给付。这种方式的优点是：可以在较长时期内分散劳动风险损失；提取比例稳定，在支付期间每年仍留有相当数量的储备积累基金，使社会保险有稳定的经济来源和雄厚的物质基础。其缺点是在通货膨胀条件下难以保值。迄今为止，世界上尚无任何一个国家采取单一的完全积累制。

第二，现收现付制。这是以近期横向收付平衡的原则为指导的基金筹集方式。即先做出当年或近一两年内某项社会保险所需支付的费用测算，然后按相同的提取比例分摊到参加社会保险的所有单位和个人，当年提取当年支付。其中保险基金的预测，一般是根据上年度实际开支总额加上本年度预计增支的总额求得。提取比率则是根据预测需求总额占工资总额的比例确定。此种筹资方式一般要使提取总额略大于预测支付总额，使支付之后能略有结余。其优点是简便易行，可以依据需求增长及时调整缴费比例以保持收支平衡，也可以避免因物价上涨所造成的基金贬值的危险。其缺点是缺乏长远规划，没有必要的储备积累，随着社会保险成员结构的变化和需求水平的增长，提取比例亦会不断上升，使企业、个人和国家负担加重，甚至出现支付危机。

第三，部分基金制。即将上述两种方式相结合，在社会保险基金的形式上，一部分采取现收现付制，保证当前开支需求；另一部分采取积累制，满足将来不断增长的开支需要。因此，它又被称为“混合式”基金制。此种方式兼取现收现付制和完全积累制两者之长，现收现付制和积累制之间可以随时相应调整补充，在生产状况好、工资水平高的时期，可以多提一些积累；在生产不景气、工资水平不高的时期，可以少提一些积累，甚至可以将积累适当拨入现收现付部分，以满足当年需求。这样，社会保险的保障功能和维持社会安定的作用，就表现得更加充分了。目前，世界上许多国家都采用了部分积累制，其主要应用于养老保险基金的筹集。

（二）社会福利

由于世界各国的国情不同，对于社会福利这一术语，存在着不同的理解。第二次世界大战以后，英国建立了"从摇篮到坟墓"的庞大的社会福利体系。在这里，"福利"可以说是社会保障的代名词，包含全部公共文化、教育、卫生设施、社会救济以及社会保险在内，范围较广。我国的社会福利概念，既不同于西方一些"福利国家"从"摇篮到坟墓"由国家全部包揽的模式，也有别于美国、日本等国家把社会福利作为一项具体的政策措施的做法，而有着自己的含义和特征。我国的社会福利是国家、集体和社会为保障全体公民的基本生活，提高人们的物质文化生活水平而提供的福利性物质帮助、福利设施和社会服务。

1. 社会福利的特征。社会福利是个人消费品分配的一个特殊渠道，是一个特有的分配范畴。它与工资、社会保险等其他分配形式相比，有许多特殊性。

（1）社会福利资金来源是"单向性"的。也就是说，它不要求个人预先缴纳，而是由国家和社会来负担，所以，它是一种价值的单方向转移。尽管目前社会福利基金的来源渠道在不断拓宽，但是总体上仍是"单向"的，这与社会保险是有区别的。

（2）社会福利的标准具有不确定性。社会福利的高低没有硬性指标规定，也不具有法律强制性 。一般来说，社会经济发展水平越高，社会福利水平就越高，并且在地区之间有一定的差别。

(3)社会福利具有普遍性。社会福利是典型的“大锅饭”,人人有份,带有较大的机会均等、利益均沾的特征。尽管享受社会福利的权利是均等的,但这也不意味着绝对的平均,而是根据需要与可能来分享社会福利。

(4)我国的社会福利还有一个突出特点,就是“企业办社会”。社会福利本来应该由政府和社会来承办,但是由于许多历史原因,我国的社会福利很多是由企业和事业单位来承办的,这给企业带来了沉重的负担。

2. 社会福利项目的设置

(1)社会津贴(社会补贴)。这是国家在实施某项政策或制度时,为了使人民能够分享经济和社会发展的成果,提高物质文化生活水平,或为了保证不致因为某项政策措施的实施而使人们的生活水平下降,而采取的一种物质帮助方式,如副食补贴、物价补贴、交通费、洗理费、书报费、取暖费等。

(2)职工福利。这是以业缘关系为基础,给予本系统、本行业、本单位职工及其亲属的福利待遇。

(3)社会福利设施。这是指国家、集体与社会兴办和建设的各种社会福利事业单位和场所。这是一种较实际、具体的人们能够看得见的福利,如社会福利院、敬老院、托儿所、幼儿园等。这种有形的社会福利设施,在社会福利事业中占有重要地位,发挥着重要作用。国际上,也往往通过社会福利设施数量的多少、管理的好坏、服务水平的高低等指标,来衡量一个国家的社会福利水平,因此,它也是一个国家社会福利水平的重要标志之一。

(4)社会服务。它主要指的是社会、社区给人们提供的福利性服务。社会通过社区组织和福利机构把本社区的人们组织起来,向需要帮助的人们提供必要的服务,以帮助他们解除或缓解某种困难。

（三）社会救助

社会救助是社会保障的重要组成部分，它是对已经陷入贫困的社会成员提供最起码的生活保障的有效手段。社会救助在我国的社会保障制度中一直是一种最常用的保障方式。

社会救助是指社会成员因受自然灾害及其他经济、社会原因的影响，在无法维持最低基本生活水平时，由国家和社会给予某种形式的援助的一种社会保障制度，是公民的一项基本权利。

1. 社会救助的特征

(1)社会救助是有选择性的。即从对象上看，它不是人人有份的，而是在人们发生生活困难时，经过调查和认定后，由国家和社会给予的一种援助。

(2)社会救助是低层次的。它以维持最基本的物质生活水平为原则。这一点与社会福利不同。

(3)社会救助一般是短期性的。除一些长期性的救助对象以外，其大部分是应急性的。如救灾、扶贫、临时救济等，被救助者一旦解除了困难，其最基本的物质生活有了保障，社会救助则不再进行。

(4)社会救助还受到经济发展水平的制约。比如，对贫困线的确定，不同时期及不同地区，其标准有所不同。

2. 社会救助的对象。社会救助的标准是国家规定的法定最低生活水平，低于这一水平就可以称之为贫困。由于造成贫困的原因不同，所以社会救助的对象主要分为三类：

(1)无依无靠又无生活来源的公民。这类公民绝大部分属于长期救助对象，多指孤儿、无社会保险津贴的劳动者、长期患病者、未参加社会保险且又无子女和配偶的老人。

(2)突发性灾害造成的生活一时拮据的公民。这类公民有劳动能力，也有生活收入，只是由于意外的灾害降临，使其遭受沉重的经济损失甚至人身伤害，一时发生生活困难，也需要社会给予救助。

(3)有收入来源,但生活水平低于或仅相当于国家法定最低标准的公民。这类公民既包括工资收入过低,不能使家庭每个成员都达到国家规定的最低生活水平的公民,也包括有失业津贴的失业者,但在享受津贴期满仍未找到工作的公民,另外,残疾人也属于这类救助对象。

3. 社会救助的实施原则。社会救助的目标是要保证被救助者的基本生活需要。所以这里既要考虑到国家财政的承受能力,同时也要考虑人民生活水平不断提高的因素。因此,必须坚持以下几个原则:

(1)反贫困原则。通过社会救助的实施,应当力争在短期内消灭绝对贫困现象,与此同时,也力争尽可能地减少相对贫困。这是现代国家对实施社会保障制度的最低要求。

(2)生存权原则。我国的《中华人民共和国宪法》已明确规定,公民具有生存的权利。公民因维持不了最低生活而获得社会救助,是生存权的体现。如果公民维持不了最低生活水平,在经过申请、调查、确认后仍得不到社会救助,公民则有权利提出申诉。

(3)积极救助的原则。社会救助不是往昔的救助,不是建立在恩赐、施舍、怜悯基础上的单纯的赈济,而是通过“生产自救”“以工代赈”“科技扶贫”等积极救助方式,一方面,使被救助者感到自己获得的救助是一种劳动报酬,维持了他们的自尊心;另一方面,使被救助者经过扶贫走向共同富裕。

4. 社会救助的标准。社会救助的目的就是保证公民享有最低生活水平。从西方国家的经验来看,确定最低生活水平主要有三种方法:

(1)按成年劳动者人均收入水平来确定最低生活标准。如果公民最低生活标准相当于成年劳动者人均收入的半数,这时他及他所抚养的家庭即构成贫民或贫困户,属社会救助的对象。欧洲经济委员会成员国普遍采用这种方法。

(2)以恩格尔定律为依据确定最低生活水平。德国统计学家恩格尔经过大量统计调查研究发现,食物支出与家庭收支呈逆相关的关系,即收入水平越高,食物支出占总支出的比例越低。有学者认为,食物支出占到家庭支出59%以上的,这样的家庭属于生活贫困家庭;食物支出比例介于50%～59%之间的,则进入小康水平;食物支出比例进一步下降到20%～40%的家庭上升到富裕的行列;食物支出比例下降到20%以下的,属于极富之列。

(3)北欧国家普遍采取“基数”方法。一般用一个“基数”代表最低生活水平所需要的商品和服务的金额。如瑞典把独身退休者享有的普遍退休金,规定为一个基数的96%,由此表明一个“基数”所能保证的生活水平也就是最低生活水平。

(四)社会优抚

社会优抚,是指国家和社会按照规定,对法定的优抚对象提供确保其一定生活水平的资金和服务,它是带有褒扬和优待抚恤安置性质的特殊社会保障制度。

1. 社会优抚的特征

(1)综合性。社会优抚从其内容上看,既不单纯是社会保险,也不只是社会福利或社会救助,而是既有社会保险性质,也有社会福利和社会救助性质,可以说是以上社会保障制度的综合。社会优抚通常是通过多种渠道,采取多种形式,调动各方面的力量,利用各种手段,来确保优抚对象的生活达到一定的水平。

(2)褒扬性。社会优抚工作在很多方面是对优抚对象的一种褒扬,是对全民的一种教育,所以它具有很大的政治意义。

(3)法定性。社会优抚从其对象、范围、标准以及形式和手段来看,都有比较明确的法规作依据,有关的规章制度也比较健全。可以说,社会优抚在具体实施过程中,绝大部分属于依法办事,较社会福利、社会救助来说,有显著的法律规定性,与社会保险比较接近。

(4)优待性。社会优抚提供的保障水平应该比较高,待遇也比较优厚,这是与被保障对象为国家所付出的牺牲及所作出的贡献相联系的。社会优抚总的思想是保证优抚对象的生活稍高于(或不低于)当地群众的平均生活水平。

2. 社会优抚的对象及标准。社会优抚的对象是由法律、法令规定的,大体上分为三类:

(1)抚待对象。它是指对现役军人家属和在乡的老红军、老复退军人实行的优待。

(2)抚恤对象。它是指对牺牲、病故军人的家属和革命残废军人实行的抚恤,内容主要是发放抚恤金。

(3)安置对象。它是指对退出现役的军人的安置。

社会优抚包括五个项目:死亡抚恤、伤残抚恤、社会优待、退役军人就业、退休安置,实践中对这五个项目分别规定了相应的标准。

三、我国社会保障制度的改革

社会保障制度自19世纪创建以来,已经走过了一百多年的历史。在此期间,世界各国根据本国的具体特点逐步对这一制度加以完善,到目前为止已形成了比较系统化、体系化的制度。但就我国的实际情况来看,由于社会保障制度起步较晚,加之在发展过程中的很长时期内又受到破坏,所以相比之下,尚存在一定的差距和问题,这也是我国目前大力推进社会保障制度改革的原因所在。

我国的社会保障体系是在20世纪50年代初建立的。十分有限的社会保障资源被优先供给城市,主要是在国有单位就业的职工;面向全社会提供的保障也只有抚恤支出、社会福利救济费和自然灾害救济费三种,大多数年份只占财政支出的2%左右。随着经济体制改革的不断深入，原有的社会保障模式日益成为改革向前发展的制约因素。其中，主要问题有：社会保障体系高度非社会化问题；失业人员社会保障问题；社会保障管理体制的建立等。为了实现社会主义市场经济这一目标，必须为城乡居民提供适应我国国情的社会保障。

(一)社会保障制度改革的约束条件

在市场经济条件下，建立社会保障是必要的，但是，社会保障的总体水平和发展速度并不以人的意志为转移，要受很多因素的制约，主要包括：

1. 快速发展经济的要求。为了尽快提高经济发展水平，增强综合国力，今后几十年都将坚持效率优先的原则，社会保障水平的提高不得不服从于经济发展的大目标。

2. 劳动密集型为主的产业结构，决定了劳动力价格在经济竞争中占有重要地位。社会保障水平的提高意味着劳动力价格的提高，从而导致产品成本的提高，因此，全社会社会保障水平的提高，可能会部分损害我国的国际竞争力。特别是许多发展中国家在国际商品市场和资本市场上，已成为我国强劲的竞争对手，迫使我国不得不把经济竞争力放在首位，这也约束了我国的社会保障水平的提高。

3. 迅速的人口老龄化。我国人口老龄化的速度远远高于其他发展中国家。按照国际标准，60 岁以上的老年人占全部人口 7% 以上的国家，即被划分为老年人国家。根据第四次人口普查，我国 60 岁以上的老年人占总人口的比重已达到 8.59%。其中，65 岁以上的老年人占总人口的比重为 5.58%。到 2030～2040 年，我国将进入老龄化高峰期，需要享受社会保障的人数将急剧增加。

4. 经济体制转型。经济转型期的重要问题之一是失业问题。这一问题的最大受害群体是国有企业的富余人员。但是，在改革以前,我国城镇国有企业职工社会保障已达到了比较高的水平,因此国有企业劳动者对社会保障的期望值一直较高。如果因社会保障制度的改革使其损失超过一定限度,失去了其在社会保障中的特殊地位,就会给社会稳定带来危害。因此,政府不得不以较高的失业保障待遇来消化国有企业的富余人员,即政府不得不以较高的经济成本来彻底地转换国有企业经营机制,以顺利完成经济制度的转型。

5. 传统社会结构的变化。许多发展中国家之所以在工业化和经济起飞的早期阶段能约束社会保障的需求,主要原因在于较好地保留了传统社会结构的保障功能:即个人保障、家庭保障、个人存钱、"养儿防老"等。但是,有两个因素导致了我国的传统社会保障功能遭到了破坏:一是我国的独生子女政策,严重削弱了家庭保障功能。二是农村向城市不稳定的人口流动,一方面导致流动者家庭保障功能弱化,另一方面导致农村社区保障功能弱化。

(二)我国社会保障制度改革的主要内容

1. 建立多层次的社会保障体系。为了顺利建立社会主义市场经济体制,深化企事业单位改革,保持社会稳定,应建立适合我国国情的多层次社会保障体系,包括社会保险、社会救济、社会福利、优抚安置和社会互助、个人储蓄积累保障等方面。但是,社会保障政策要统一,管理要法制化,且保障范围和水平要与我国生产力发展水平相适应。同时,要提倡社会互助,发展社会慈善事业,并积极发展商业保险,以作为对社会保险的补充。

2. 开征社会保障税。在资金来源方面,单一的资金来源不能满足日益增长的社会保障需求。应建立国家、企业、个人三位一体的社会保障制度,所以应规范和强化社会保障资金来源。开征社会保障税是一个可行的选择,它是世界上大部分国家普遍采用的一种筹资方式。具体的税负设计,可以采取就不同税目设置比例税率的方法，由企业和个人负担社会保险基金的主要部分。

3. 建立统一的社会保障管理机构。为适应社会主义市场经济的需要，要努力提高社会保障事业的管理水平，政府财政及有关部门要形成一套社会保险基金筹集、运营的良性循环机制。社会保障行政管理和社会保险基金经营要分开。社会保障管理机构主要行使管理职能，建立由政府有关部门和社会公众代表参加的社会保险基金监督组织，监督社会保险基金的收支管理。社会保险基金经办机构，在保证基金正常支付和安全性、流动性的前提下，可依法把社会保险基金主要用于购买政府债券，以确保其保值增值。

4. 严格按《社会保险法》实施。在我国，20 世纪 50 年代就颁布了《中华人民共和国劳动保险条例》，以此为代表初步建立起了社会保险制度。1986 年由国务院制定并于 1993 年修订发布的《国有企业职工待业保险规定》，表明我国建立起了事业保险制度。但是，我国目前的社会保险立法还存在着许多不足之处，具体表现为如下几个方面：其一，覆盖面过窄，绝大多数法规仅适用于国有企业；其二，即使是针对国有企业的法规，由于法规内容不完备，也难以真正发挥作用。同时，为了巩固近年来社会保险制度改革成果，也为了深化社会保险制度改革，2010 年 10 月 28 日，十一届全国人大常委会第十七次会议通过《社会保险法》，该法于 2011 年 7 月 1 日实施。《社会保险法》的主要内容应包括：社会保险的强制参加及缴费、社会保险费用的负担、社会保险基金的运营管理和作用、社会保险待遇的确定和支付、社会保险机制的设立和管理、审计和监督、争议处理及有关各方的法律责任等。为便于《社会保险法》的具体操作，还应配套制定《养老保险条例》、《失业保险条例》、《工伤保险条例》、《医疗保险条例》和《生育保险条例》等。

第二节 财政补贴

一、财政补贴的性质和特点

（一）财政补贴的性质

财政补贴是国家为了执行某项政策而给予生产者、经营者和消费者的特定补助或津贴。财政补贴是对财政资金的运用。在财政实践中，财政补贴在预算账户的处理上，通常作为财政支出项目，直接在预算支出中列支，也有作为预算收入退库处理，在账户上以红字冲减收入的。不论采取何种方式，都是政府向微观主体无偿转移财政资金。因此，财政补贴实质上是一种财政无偿转移支出形式，也是一种国民收入再分配形式。它是政府将一部分纳税人的钱转移给另一部分人无偿使用，是对经济利益的一种再分配，因而对国民收入分配产生直接影响。

同时，财政补贴又有别于社会保障支出。作为一种转移性支出，这两类支出有许多相似性。从政府角度来看，无论是以补贴形式还是以社会保障形式拨付支出，都不能换回任何东西，其支付都是无偿的。从领取补贴者的角度看，无论以什么名目得到政府的补贴，都意味着实际收入的增加，因而经济状况都较前有所改善。

然而，这两类支出既然被冠以不同的名称，自然有一定差别。差别主要体现在同相对价格体系的关系上。财政补贴总与相对价格的变动联系在一起：或者是补贴引起价格变动，或者是价格变动导致财政补贴。因为有这种联系，很多人索性就把财政补贴称为价格补贴或财政价格补贴。社会保障支出则与产品和劳务的价格不发生直接联系，固然人们获得保障收入后用于购买，可能使商品价格发生变化，但这种影响既是不确定的，又是间接的。财政补贴因为与相对价格结构直接关联，便对资源配置结构、供给结构和需求结构有诸多影响,而社会保障支出则很少有这种影响。

(二)财政补贴的特点

财政补贴是财政分配支出的一种特殊形式。与其他财政支出形式的相同点表现为:都是以国家分配为主体、都具有无偿性。而与其他财政分配形式和经济杠杆的不同之处在于以下三方面:

1. 财政补贴具有鲜明的政策性。财政补贴是国家实现一定的政策目标的手段。财政补贴的对象、补贴的数额及补贴的期限,都是根据一定时期国家的经济、政治和社会政策需要做出的规定。因而,财政补贴具有鲜明的政策性,不仅是国家调节经济的一个重要杠杆,而且是协调各种社会关系、保障社会秩序和政治局面安定的一种手段。

2. 财政补贴具有很大的灵活性。与其他经济杠杆相比,财政补贴的对象具有可选择性和针对性,补贴的支付具有直接性。而且,国家还可以根据社会形势的发展与政策的变动,对财政补贴进行及时的修正和调整。因而,在世界各国,财政补贴往往是国家实现短期经济稳定的重要手段。

3. 财政补贴具有极强的时效性。任何财政补贴措施都是依据国家一定时期的政策需要制定的,是为实现国家的政策目标服务的。而一国的政治、经济和社会政策则是随着政治经济形势的相应变化而需不断修正、调整和更新的。因此,当国家的某项政策发生变化时,财政补贴措施也应作相应的调整;当国家的某项政策随着形势的变化而失去政策效力时,与之相应的补贴措施也应随之终止。

二、财政补贴的内容和形式

(一)财政补贴的内容

财政补贴的内容可以从不同的角度来考察。比如,从补贴同社会的运行关系来看,财政补贴可以区分为生产环节补贴、流通环节补贴和消费环节补贴；从政府是否明确地安排支出来划分，补贴可有明补和暗补之分；从补贴资金的接受主体来区分，财政补贴可有企业补贴和居民补贴两类；从补贴对经济活动的影响看，财政补贴可以分为对生产的补贴和对消费的补贴；从补贴是否和具体的购买活动相联系，财政补贴又有实物补贴和现金补贴，等等。根据国家预算对财政补贴的分类，目前我国的财政补贴有以下内容。

1. 价格补贴。价格补贴主要包括国家为安定城乡人民的生活，由财政向企业或居民支付的、与人民生活必需品和农业生产资料市场价格政策有关的补贴。按产品的类别划分，具体包括以下几个项目。

(1)农副产品价格补贴。这是价格补贴最主要的内容，目前占全部价格补贴支出的80%以上。根据补贴的对象不同，农副产品价格补贴可分为两类：一类是商业企业的差价补贴，即农副产品收购价格大幅度提高而销售价格没有相应提高，国家财政为了弥补农副产品购销价格倒挂给商业企业造成的价差损失，而向其支付的补贴。国家给予差价补贴的产品包括粮食、棉花、肉食品、蔬菜等。另一类是城镇居民(或职工)的副食品价格补贴，即副食品销售价格提高以后，国家为了保证城镇人口的生活水平不受过大影响，而向城镇居民或职工发放的补贴。

(2)农业生产资料价格补贴。这是国家为了能以低于产品本身价值的销售价格向农民出售农业生产资料，而向有关的生产企业拨付的差价补贴。国家给予差价补贴的农业生产资料主要有化肥、农药、农业用电、农用塑料薄膜等。

(3)日用工业品价格补贴。这是国家为了使日用工业品的批发价格或市场零售价格在成本和出厂价格上升的情况下保持不动，而向商业企业支付的亏损补贴。国家给予补贴的日用工业品主要包括民用煤、学生课本、报刊新闻纸等。

(4)工矿产品价格补贴。这是中央财政对地方调出省外的统配煤、国家收购的黄金及白银等工矿产品，因调出或收购价格较低而给予的财政补贴。

2. 企业亏损补贴。企业亏损补贴又称国有企业计划亏损补贴，主要是指国家为了使国有企业能够按照国家计划生产、经营一些社会需要但由于客观原因使生产经营出现亏损的产品，而向这些企业拨付的财政补贴。导致企业计划性亏损的主要原因，是指令性产品的计划价格水平偏低，不足以抵补产品的生产成本。此外，企业技术管理、供销条件不利等也是造成企业计划亏损的重要因素。

企业亏损补贴与价格补贴有所不同，二者的区别主要有以下几个方面：首先，价格补贴主要与市场零售商品有关，而企业亏损补贴主要与工业生产资料有关；其次，价格补贴的直接受益人主要为城乡居民，企业亏损补贴的直接受益人主要为相关的企业；最后，价格补贴多补贴在流通环节，一般向商业企业提供，而企业亏损补贴主要用于弥补购销价格倒挂给企业造成的价差损失，企业亏损补贴主要向经营价格倒挂产品的企业提供经营费用和合理留利。

企业亏损补贴按企业的经营性质划分，可以分为如下两类：

(1)国内经营企业亏损补贴。其内容包括对冶金、有色金属、煤炭、化工等计划价格水平偏低的原材料工业的亏损补贴，对商业、粮食企业经营购销倒挂商品所需的经营费用补贴，以及对农机、轻工、农垦、农牧等企业的政策性亏损补贴。

(2)外贸企业亏损补贴。其内容包括进口亏损补贴和出口亏损补贴。外贸企业按照国家的作价政策，以国际市场价格进口产品而按低于进口价格的国内同类产品价格投放市场，由此造成的亏损，国家财政通过进口补贴给予弥补。出口亏损补贴是指财政对外贸企业以低于收购价格的销价向国外出口产品所形成的亏损给予的补贴。由于近年来我国外贸企业的出口竞争能力有所增加,外贸企业的出口亏损补贴已基本取消,进口亏损补贴也减少到只针对化肥、农药等个别商品。

3. 财政贴息。财政贴息是指国家财政对使用某些规定用途的银行贷款的企业,就其支付的贷款利息提供的补贴。它实质上等于财政代替企业向银行支付利息。根据规定,财政贴息用于以下用途的贷款:①促进企业联合,发展优质名牌产品;②支持沿海城市和重点城市引进先进技术和设备;③发展节能机电产品等。在具体做法上,财政贴息有半补贴和全补贴两种。

除了以上三项国家明列的财政补贴以外,财政支出中还有一些补贴性质的支出。这些补贴支出隐含在其他预算科目中。例如,房租补贴就是一项很重要的财政补贴。住房商品化以前我国对职工住房普遍实行租金制,房租远不能抵补住房的维修管理费用,从而形成房租补贴。产权属于城市房管部门或行政事业单位的住房,其房租补贴由政府在行政事业费支出中拨付。另外,财政对煤气、自来水、公共交通等低收费的城市公用事业的补贴也属于这类性质。

(二)财政补贴的形式

财政补贴是一项转移性财政支出,但它对受补贴者不仅仅是采取直接支付津贴的做法,而且采取多种多样的补贴形式。归纳起来,它有如下几种:一是预算支出的形式,即将该补贴支出列入国家预算,按一般方式支付;二是抵补形式,如用价格补贴抵补企业给财政的上缴任务;三是减免税收的形式;四是退库的形式;五是代替付息的形式;六是其他承受和支出的形式,如住宅房租低收费,由国家承受补贴等。至于具体选用哪一种形式好,要根据具体情况和有效性而定。

财政补贴支出在国家预算账务处理上有两种做法:一是将财政补贴支出直接列入预算的支出方,价格补贴支出、财政贴息支出目前即采用这种列支办法;二是将财政补贴支出作预算收入的退库处理,冲减预算收入,目前企业亏损补贴支出即采取这种退库拨补办法(价格补贴支出1985年以前也作预算收入退库处理,1986年以后改为在预算中直接列支)。

三、财政补贴的必要性和作用

财政补贴是一种世界性的现象,即使是在市场经济发达的国家,政府也离不开财政补贴这只“看得见的手”。如20世纪30年代世界性经济危机之后,罗斯福总统实行“新政”时,对粮食实行“保护价格”政策。当粮食市场供给超过需求,市价跌至保护价格以下时,政府给生产者发放补贴,以保证其收入不低于保护价格的水平,美国对农产品的价格补贴已有约60年的历史。那么,在市场经济条件下,政府为什么要进行财政补贴呢?

我们知道,市场经济是由市场机制这只“看不见的手”配置资源并自发调节经济的运行方式。从总体上说,市场机制配置资源是有效的,但也并非尽善尽美。这方面最突出的例子是:一些经济活动存在着外部效益,即企业从事的某项经济活动能够给他人带来利益但这种利益并不反映在企业能够得到的市场价格中。这时,企业从经济活动中得到的个体微观效益就会小于经济活动中的宏观经济效益。在市场经济的自发作用下,企业不会不考虑自身利益而去追求社会效益,因而这些具有外部效益的经济活动将达不到社会需要的规模,在这方面的资源配置量也会低于应有的水平。从社会资源合理利用的角度看,这当然不是一种最佳的配置。对于这种具有外部效益的经济活动,政府应给予一定的财政补贴,使企业从中得到的自身效益接近于社会效益,这样就可以鼓励企业更多地从事这些经济活动,促进资源配置向优化的方向发展。可见,在市场经济条件下,财政补贴是对市场机制的一种补充和矫正,它不应干扰市场机制的正常运行,不能代替市场机制占据主导地位,但同时,它的作用也不应当忽视。

(一)财政补贴的积极作用

财政补贴在各国都是被当作一种调节经济的手段而使用的,调节经济是它的唯一职能,因为它可以改变相对结构。首先,财政补贴可以改变需求结构。人们的需求在客观上有一个结构,决定这个结构的因素主要有两个:一是人们所需的商品和劳务的种类;二是商品和劳务的价格。一般说来,商品和劳务的价格越低,需求越大;反之则需求越小。既然价格的高低能影响需求结构,那么,能够影响价格变动的财政补贴便有影响需求结构的作用。其次,财政补贴还可以改变供给结构。这是通过改变企业购进产品的价格(供给价格或销售价格加补贴),来改变企业的盈利水平的。比如,对于我国农产品的供给,当政府增加向农业部门的补贴,使从事农业的生产者有利可图时,农产品的供给自然就会增加。

财政补贴既然有调整供给和需求结构的作用,政府将其作为调节经济运行的政策手段来运用就是理所当然的了。就我国的具体情况来看,财政补贴的积极作用主要表现在以下几个方面:

1.有助于国家进行价格改革。理顺价格体制是我国经济体制改革的一项重要内容。由于价格问题涉及面广,一种或几种商品价格的调整会涉及多方面的经济利益,可谓牵一发而动全身。因此,国家在推进价格改革的同时,可以利用财政补贴手段对价格改革中的利益受损者给予一定的经济补偿。这种以财政补贴辅助价格改革的做法,可以避免价格改革带来的剧烈震动,从而有助于价格改革的顺利实施。例如,为了解决我国农副产品价格过低的问题,国家曾多次提高了农副产品的收购价格,但为了保证城镇居民的生活不至于因农副产品收购价格的提高而受到影响,国家分别采取了两项措施:一是实行农副产品购销价格倒挂并给予价差补贴的政策,即商业部门向农民收购农副产品的价格提高而向城镇居民销售农副产品的价格基本不变,由此造成的价差损失由财政补贴弥补;二是一方面提高农副产品销售价格,一方面直接向城镇居民或职工发放价格补贴。

2. 有助于国家贯彻产业政策。农业、基础产业和高新技术产业一直都是国家鼓励发展的重点产业。这些部门要么受自然条件的影响较大,要么盈利率较低或风险程度较高,所以都需要国家给予一定的政策扶持。在这方面,财政补贴不失为是一种有效的手段。例如,近年来我国实行的粮食风险基金制度,就是保护农民利益、稳定农业生产的好办法。又比如,我国给予煤炭、石油部门的企业亏损补贴,在煤炭、石油价格一时难以完全放开的情况下,对促进我国能源产业的发展具有十分重要的作用。

3. 有助于实现国家收入公平分配的目标,促进社会安定。财政补贴也可以发挥矫正收入分配不公、保障低收入阶层生活水平的作用。长期以来,国家对人民生活必需品以及一些社会公益事业给予一定的财政补贴,以限制其价格的上涨,这在一定程度上提高了低收入家庭的消费能力和生活水平,对实现收入公平分配和促进社会安定都是有益的。

(二)财政补贴的消极作用

财政补贴作为一种调节手段,其使用范围和规模应该有一个限度,超过这个限度,其有利的作用就可能趋减,甚至反而出现消极作用。

1. 维持长期的高额价格补贴违背了价值规律的要求,与价格改革的目标相悖。我国现行价格体系不合理,不少商品价格既不反映价值,也不反映供求关系,严重地阻碍了商品经济的发展。进行价格改革,就是要使商品价格以价值为基础,并反映供求关系的变化。如果一味地滥用价格补贴,使价格低于价值的商品越来越多,价格与价值的背离越来越大,而且,价格与供求关系完全脱节,就会歪曲市场价格信息和扭曲商品之间的比价关系,加剧价格体系不合理的矛盾,给以后的价格改革设下障碍。

2. 企业亏损补贴维护了不合理的价格体系，容易混淆盈亏真相，削弱企业经济核算、自负盈亏、自主经营的机制。对企业的政策性亏损由国家补贴弥补，虽然有合理积极的一面，但在实际执行过程中，政策性亏损和经营性亏损难以严格划清界限，容易造成经营性亏损挤进政策性亏损，政策性亏损掩盖经营性亏损，合理亏损掺杂不合理亏损的假象。而且，如果企业改善经营管理，提高经济效益，减少亏损，就要少拿补贴，而企业亏损多反而多得补贴。有些靠财政补贴维持的企业，职工的奖金和企业集体福利水平甚至比盈利企业还高，这就不利于企业面向市场正常发展和企业之间的平等竞争。

3. 盲目的攀比形成的个人消费性补贴的提高，有悖于"按劳分配"为主的分配原则。长期以来，我国实行低工资、低消费制，辅以价格补贴形式来维持适当的个人消费水平。如果人为地加大补贴在个人实际收入中的比重，就会加重平均主义分配和福利性支出的色彩，而按劳分配的主体地位就会被削弱。

4. 不利于控制消费。给予大量财政补贴的商品，其价格已丧失了反映其产品价值和调节供求的功能，补贴越多，价格越便宜，越容易鼓励和助长消费。且由于商品价格存在差异，国家的补贴也容易被投机倒把者非法截取。

5. 财政补贴增长过猛，使财政超负荷运行，进一步削弱了财政的宏观调控能力，影响了财政职能的正常发挥，由于价格补贴的80%～90%是用于稳定人民生活的消费性支出，企业亏损补贴中特别是政策性补贴，在很大程度上也是用于对人民生活必需品的补贴。所以，财政补贴增长就意味着财政消费性支出比重提高，整个财政支出向消费性倾斜，而用于生产建设的投资比重不断下降，这就削弱了财政的宏观调控能力，影响了产业结构的调整和国民经济的良性循环。

四、财政补贴制度的改革探索

我国的财政补贴，对促进经济发展、保证经济改革和社会安定，都有着积极的作用。然而，也不能无视财政补贴制度中存在的问题。我国财政补贴的现状是：规模大、范围广、渠道多、管理乱，已成为国家财政的沉重负担，严重束缚着支出结构的优化，并且越来越成为改革的拖累，因此，调整、整顿现行的财政补贴制度已势在必行。

（一）要转换政府职能，转变政府观念

要提高财政补贴的经济效益，转换政府职能和转变政府观念是关键。应明确政府的宏观经济管理职能和国有资产管理职能，理顺国有企业产权关系，真正实现政企分开，政府不再直接干预企业的经营活动。财政补贴应成为政府调节宏观经济的一个经济杠杆，而非干预企业具体经营活动的行政手段。因此，财政补贴的范围不宜过大，否则会丧失宏观调控的作用。从市场经济发展的客观要求出发，今后我国的财政补贴应限制在以下范围：①对农业的补贴；②对仍需要由国家直接控制其价格的少数重要产品和劳务的补贴；③对宏观经济效益和社会效益大但企业不受益或受益较少的项目和产品的补贴（如军工、航天等负有特殊使命的企业和节能、节水、环境治理等项目）。对于上述范围以外的其他补贴，应通过适当途径逐步缩小以至消除。

（二）彻底转换国有企业经营机制，落实企业经营自主权

只有彻底转换国有企业经营机制，理顺国有企业产权关系，实现政企分开，使企业真正自负盈亏，才能明确划分企业政策性亏损和经营性亏损。对于企业经营性亏损坚决不能给予补贴，而对于企业政策性补贴，其范围要从国有企业扩大到其他经济成分的企业，只要符合国家产业结构，因政策影响导致的亏损就应该给予补贴。这样做，一方面能适应企业改革的需要；另一方面，也能更好地发挥补贴的宏观调控作用。

（三）改进财政补贴的方式，将暗补改为明补

暗补是指国家以低价形式向社会提供商品，从而对商品生产经营者提供的财政补贴。明补是指国家以现金形式直接支付给消费者的财政补贴。采用暗补方式会诱导消费者最大限度的购买补贴品，从而容易造成对补贴的浪费。而采用明补方式则可以避免这一弊端。此外，采用暗补方式，商品的价格受到国家计划的控制，不利于价格体系的改革和市场的发育，不适应市场经济发展的需要。而采用明补方式，商品的价格受市场供求的影响，而不取决于国家计划，所以能较好地发挥市场机制对商品生产和经营的调节作用。

（四）适时调整补贴标准

补贴标准如何确定，直接关系着财政补贴的规模。补贴标准在一项补贴实施之初，往往需要定得较高，但随着经济和社会情况的变化，补贴标准一般要向下调整。如果补贴的环境变了，而补贴标准却一成不变，或认为补贴只能增不能减，那么补贴规模就难以得到合理压缩。

（五）加强财政补贴管理

目前，财政补贴在管理上存在一些问题。比如，补贴的决策权分散，致使地方财政部门盲目增加一些补贴项目，有的补贴项目甚至是为了保护本地区的落后产品。又比如，有的财政部门对补贴款的使用监督管理不严，因而造成一些单位冒领、挪用补贴款的问题。补贴管理方面的漏洞，不仅不利于有效控制财政补贴的规模，而且也不利于提高财政补贴支出的效益。

思 考 题

1．简析社会保险的筹资模式及特点。

2．试述我国社会保障制度改革的方向和途径。

3．如何理解财政补贴的社会经济意义？如何正确运用财政补贴政策？

第六章　财政收入概述

第一节　财政收入的分类

财政收入,既是一个过程,又是一定量的资金。作为一个过程,它是财政分配的第一个阶段,即组织收入、筹集资金的阶段。作为一定量的资金,它是国家通过一定形式集中起来的货币资金,也可称之为用货币表现的一定量的社会产品价值。

对财政收入的分析是财政理论的重要组成部分。该分析可以从多个角度进行,要使分析顺利展开,有必要对财政收入作科学的分类。由于看问题的角度不同,想得出的结论不同,因此,财政收入有多种分类方法,一般来说,常见的有两种。

一、按财政收入形式分类

财政收入的形式是指国家取得财政收入的具体方式,即来自各个方面、各个部门、单位和个人的财政收入以何种方式上交国家。

(一)税收收入

税收历来是国家财政收入的基本形式,是国家机器赖以存在的经济基础。这是因为政府的主要职能就是为人民提供所需的公共产品,但公共产品的受益和成本补偿均具有不确定性,无法把受益者和补偿对象一一对应,每个社会成员到底应该承担多大份额公共产品的费用或代价无法确定,因此,政府只能凭借政治权力强制征收。税收收入的征收面最广,来源最可靠。在发达国家,征税一般以所得税为主,在发展中国家,或以流转税为主,或所得税与流转税并重。

(二)国有资产收益

国有资产是国家投资形成和拥有的财产,是国家代表全体人民的意志行使公共财产权所形成的资产。国有资产按其是否参与经营可分为经营性国有资产、非经营性国有资产及资源性国有资产。经营性国有资产指参与生产和流通,从事经营活动,以保值、增值为目标的国有资产,如国家所有的邮电、通信、铁路、公路等。非经营性国有资产指不参与生产和流通、不从事经营活动的国有资产,如行政机关、事业单位和人民团体占有的国有资产。资源性国有资产指矿山、森林、土地等。当国有资产以税、利及少量的收费形式上缴国家财政时,就形成国有资产收益。国家作为全民所有制经济的资产所有者,根据产业政策和资金效应最大化的原则向企业投资,理应从企业取得投资效益,参与所得税后的利润分配。其具体内容除了包括国有企业上交的利润外,还包括利润的转化形式,即国家参股所获得的股息和红利收入等。

(三)债务收入

债务收入是国家直接以债务人身份按有偿原则筹集财政资金的一种形式。一般来说,债务收入是国家财政收不抵支时,用于弥补财政赤字的主要手段。它的产生和发展需要两个条件,一是正常财政收入不能满足支出的需要;二是社会上可供借贷的资金的存在。债务收入包括国内公债和国外借款两部分,它是国家筹集财政收入的辅助手段。

(四)公共收费

公共部门中的企事业单位通过销售自己所生产的产品或提供的服务,以有偿交换来取得收入的形式称之为公共收费。其特征是交费者通过履行缴费义务,取得政府所赋予的权利,享受相应的服务和利益。如政府介入一些具有垄断性质的行业并提供相应的产品或服务,进而所收取的费用,像电力费、养路费和学费等。

(五)其他收入

凡未含在上述财政收入形式范围的,通常列为其他收入。其他收入在整个财政收入中所占比重不大,但涉及项目多,政策性强,不可掉以轻心。比如,罚没收入,就是指国家机关和经济管理部门按规定依法处理的罚款和没收品收入,以及追回的赃款赃物收入等,对此也应进行妥善管理。

二、按经济部门分类

按照这种分类方法对财政收入进行分类,可以反映产业结构以及与之相关的价格变化对财政收入的影响,便于根据各部门的发展趋势和特点,合理组织财政收入。

(一)农业是财政收入的重要源泉

农业是国民经济的基础,农业对财政收入的影响包括直接和间接两方面。从直接方面看,农业直接为国家提供农业税和农村其他税收;从间接方面看,农业为国民经济许多部门提供盈利条件。在我国轻工产值中,以农产品为原料的产值约占2/3左右,由于工农业产品交换中存在着剪刀差,使农业部门创造的一部分价值转移到以农产品为原料的轻工业部门中加以实现。农业的丰收与歉收,在很大程度上会影响财政收入的增长,尤其是会影响下年度的财政收入,这是因为农业税主要部分是秋征,而秋征入库的农产品有一部分在下年度才能通过结算转为财政收入。为减轻农民负担,自2006年1月已停征农业税。但是,作为轻工业原料的农产品主要是秋后收购的,其中大部分作为生产储备到下年度才能投入生产。因此,加工这些农副产品所取得的纯收入,也要在下年度才能形成财政收入。

总之,没有农业的发展,就没有其他经济部门的发展,也就没有国家财政收入的增长。

(二)工业是财政收入的主要来源

工业是国民经济的主导,对财政收入的状况起决定作用。尤其是轻工业对财政收入的影响更为重大,因为轻工业具有投资少、见效快、生产周期短、盈利多等特点,相对于重工业而言,能为社会提供较多的积累。只有企业经济效益提高了,各行业之间比例关系合理协调,财政收入才能随着工业生产的发展相应增长。

(三)建筑业、交通运输业、商业部门都是财政收入来源的组成部分

建筑业是创造国民收入的一个重要物质部门。交通运输虽然不增加产品数量,也不改变产品的自然形态,但却会增加产品的价值。商业部门实现的纯收入中,既有本部门所增加的价值,也有生产部门生产的产品通过其购销活动来实现的价值。这些部门的发展,影响着财政收入的增长。

除上述几个主要部门外,还有一定量的财政收入来自于第三产业。第三产业部门在满足人们消费需要的同时,还通过国民收入再分配形式为国家提供财政收入。人民的消费水平越高,这些部门为国家提供的财政收入将会越多。随着知识经济时代的到来,第三产业将成为财政收入新的增长点。

应该指出,现代的产业结构分类与传统的部门结构分类是不同的,通常可将现代产业结构的分类理解为包括第一产业、第二产业和第三产业:第一产业为人们提供满足基本需要的食品,大体上相当于农业、林业、牧业和渔业;第二产业为人们提供其他的物质需要,大体上相当于工业和建筑业等;第三产业为人们提供物质需要以外的更高层次的需要,大体上相当于除第一、第二产业以外的其他部门。可以说,部门结构属于传统的核算方法的分类,已经不能完全适应市场经济体制的要求,而按现代产业结构核算方法的分类,更符合时代发展潮流。因为在发达国家,第三产业占 GDP 的比重已达到 60% 以上,提供的财政收入占全部财政收入的 50%

以上。目前,我国第三产业尚不够发达,占GDP的比重约30%左右,但随着经济的发展和体制改革的深化,第三产业所占比重的较快增长,将会是一个必然的结果。

第二节 筹集财政资金的原则

财政收入是物质生产领域各部门劳动者创造的物质财富的一部分。财政通过各种形式把分散在国民经济各部门、单位和个人手中的一部分收入集中起来,在这个分配过程中,必然涉及一系列的物质利益关系,要把这些关系协调好,就应该遵循一定的原则。

一、发展经济,广辟财源

社会再生产包括生产、分配、交换和消费四个环节。在这四个环节中,生产是起点,消费是终点,分配和交换都是中间环节,生产对其他要素起决定作用,这是因为只有进行生产,创造出社会产品,然后才能进行分配、交换和消费。生产越发展,创造出的社会产品越多,则为分配提供的对象也就越多。财政分配是整个社会产品分配的一个组成部分。因此,生产发展的规模、速度和水平必然决定财政收入的规模和增长速度。分配和交换尽管都是连接生产和消费的中间环节,但两者之间存在着相互联系、相互制约的关系。在市场经济条件下,分配并不是分配社会产品的实物,而是分配其价值。因此,产品生产出来之后和进行分配之前,必须有一个把产品变为货币的交换过程;分配之后,也有一个把实物再进行消费的过程。分配和交换交织在一起。物质生产部门所创造的社会产品价值只有通过交换才能实现,然后,财政才能参与分配,形成财政收入。可见,经济发展是源,财政收入是流,经济发展是根,财政收入是叶,"源远"才能"流长",根深才能叶茂。

财政收入的规模和增长速度取决于经济的发展水平,但合理地进行财政分配，又有利于经济的发展。因为社会生产都是在一定生产关系下进行的。分配关系是生产关系的一个方面，它历来对生产关系的变革进而对生产的发展起促进作用。随着经济的发展，新矛盾会不断产生，这就需要财政不断调整分配关系，以适应生产发展的需要。一般来说，要按照物质利益原则，诱导企业循国家预定的目标进行生产，不断降低生产成本，提高产品质量，使企业纯收入增加，从而进一步扩大财政收入的来源。

二、兼顾国家、生产单位和个人三者利益

经济发展规模的扩大、速度的加快和效益的提高，使社会财富这块蛋糕越做越大，社会收入总额也越来越多。面对日益增长的国民收入，国家通过财政集中一部分资金，用于满足人民长远利益的需要，而适当给生产单位留一部分，也是为了满足企业发展生产和改善职工物质文化生活的需要。应该说，财政分配对于国家、生产单位和个人三者，在根本利益上是一致的。但三者间的利益也有差别，甚至有矛盾。因为从一定时期来看，国民收入是有限的，在国民收入一定的条件下，国家集中的过多，则企业和个人占有的就少；反之，如果企业和个人占有的过多，国家集中的必然少。无论哪一方面过多或过少，都不符合人民的根本利益。为此，组织财政收入必须根据物质利益原则，正确处理经济建设和人民生活的关系，确定合理的财政收入数量，达到聚财有方，数量有度，方法多样，以聚财促生财。这种原则具体反映在以下三方面：

第一，国家是全体人民根本利益的代表，承担着增强国力和改善人民生活的重任。为加强国民经济的宏观调控，国家必须有足够的财力，这就要求国家要将生产单位创造的纯收入的一部分，集中掌握，做到统筹兼顾，全面安排。

第二，生产单位是独立的商品生产经营者，是市场主体，国家应保障其合法权益。生产单位是联结国家利益与生产者个人利益

的中间环节，对其新创造的收入，除应服从国家整体利益的需要和满足自身生产发展的积累需要之外，还应注意解决生产者的集体福利资金的需要。

第三，生产者是社会物质财富的创造者，是生产单位发展的活力所在，他们对经济利益的关心是生产的重要动力。财政分配要促进合理的个人分配，贯彻多种分配制度，完善社会保障制度。体现效率优先、兼顾公平的原则，使每个劳动者的物质利益同生产经营的好坏直接挂钩，实现国家、生产单位和个人利益的最佳结合。

三、效率与公平兼顾，合理分担

在市场经济体制下，经济运行机制从总体上说是“国家调节市场，市场引导企业”，企业是面向市场通过商品交换取得收入的，利用收入杠杆刺激效率的关键在于健全市场分配机制，使企业在初次分配中拉开合理的收入差距。同时，为了防止收入差距过大，妨碍社会公平，在再分配中也要强化政府分配机制的作用，根据公平税负、促进竞争和体现产业政策的原则运用税收杠杆。由于各经济部门在国民经济中的地位不同，对国计民生的影响也不同，另外，由于产品本身不同，各部门的收入水平会受到价格、自然资源、地理位置、运输条件、技术装备等条件的影响。因此，国家对不同的产品，可以规定不同的税率，如可调高长线产品的税率，以限制其生产；也可调低短线产品的税率，以促进其发展。通过收入多少，确定税收负担，多收则多征，少收则少征，可以体现国家政策，并充分发挥财政的调节职能。总之，国民收入初次分配的重点应是强化刺激效率，而政府进行国民收入再分配的重点则是强调社会公平，当然公平与效率的优化组合是现实中的最佳选择。

第三节　财政收入规模分析

财政在参与国民收入分配的过程中,涉及一系列的分配关系。这些分配关系既体现着它质的规定性,又体现着它量的规定性。财政收入是质和量的统一体,两者间相互制约。一定的财政收入的质决定财政收入的量,而质又要以财政收入的量作为存在的条件。财政收入的数量也可称之为财政收入的规模。财政收入规模通常用绝对数额如财政收入总额,或用相对数额如财政收入占国民生产总值或国民收入的比重来表示。财政收入规模是衡量国家财力和政府在社会经济生活中职能范围的重要指标,因此,世界各国都十分重视财政收入规模的研究,试图谋求财政收入规模最大,财政收入增长速度更快。但财政收入规模多大,财政收入增长速度多快,不是以政府的意志为转移的,而是要受各种政治、经济条件的制约和影响。

一、经济发展水平对财政收入的制约

经济发展水平反映一个国家社会产品的丰富程度和经济效益的高低。经济发展水平高,社会产品丰富,国民生产总值或国民收入多,则该国的财政收入总额就多,财政收入占国民生产总值或国民收入的比重也较高。尽管一个国家的财政收入规模还受其他各种主客观因素的影响,但经济发展水平对财政收入的影响是基础性的。应该说明的是,一个国家的经济发展水平,可以用该国一定时期的社会总产值、国民生产总值和国民收入几个指标来表示。目前,世界上存在着两种不同的核算体系,即国民经济核算体系(SNA)和国民经济平衡表体系(MPS),分别应用于市场经济国家和计划经济国家(包括少数发展中国家)。由于两种核算体系下的理论基础和核算方法不同,同一指标在两种核算体系下的口径范围也有差别，为了具有可比性，必须进行调整和折算。

生产技术水平也是影响财政收入规模的重要因素，但生产技术水平是内涵于经济发展水平之中的。因为一定的经济发展水平总是与一定的生产技术水平相适应，较高的经济发展水平往往以较高的生产技术水平为支柱。所以，对生产技术水平制约财政收入规模的分析，事实上是对经济发展水平制约财政收入规模的分析的深化。

生产技术水平是指生产中采用先进技术的程度，又可称为技术进步。技术进步对财政收入规模的制约主要表现在两方面：一是技术进步往往以生产速度加快、生产质量提高为结果，技术进步速度较快，社会产品和国民收入的增加也较快，财政收入的增长就有了充分的财源；二是技术进步必然带来物耗比例的降低、经济效益的提高及剩余产品价值所占比例的扩大。由于财政收入主要来自剩余产品价值，所以技术进步对财政收入的影响更为直接和明显。

二、政府职能范围对财政收入的制约

政府的职能范围是决定财政收入规模的直接因素，因为政府是财政活动的主体，是公共产品和社会公共需要的直接提供者。政府的职能范围越大，需要的财政支出和财政收入的规模也就越大，无论绝对额或相对额都是如此。在自由资本主义时期，以亚当·斯密为代表的西方经济学家，主张对经济实行自由放任，由“看不见的手”，通过市场进行自发调节，反对政府干预经济。因此，政府的活动被限制在像“守夜人”那样极小的范围内，能够防止外来侵略和维持国内治安就行了。在这种情况下，财政收支规模较小。到了垄断资本主义阶段，由于经济危机日益深化，特别是1929～1933年出现了全球性的经济危机，以凯恩斯为代表的经济学家应运而生，他们日益重视对宏观经济现象进行分析，主张国家干预经济。第二次世界大战后,国家对社会经济生活的干预大大加强,国家行政机构也越来越膨胀,社会保障和公共投资均纳入政府的职能范围,这样财政收支规模必然呈现出不断增长的趋势。

就社会主义国家而言,其国家的职能范围通常要比资本主义国家大得多。因为它不仅具有行政管理职能,而且还具有经济建设职能,财政支出用于经济建设的支出,在有的国家高达一半以上。这使得财政收入占国民收入的比重不得不提高。

三、分配政策和分配体制对财政收入的制约

经济决定财政。财政收入规模的大小,归根结底受到生产水平的制约。经济发展水平是分配的客观条件,而在客观条件既定的前提下,还存在通过分配进行调节的可能性。

分配政策对财政收入规模的制约主要表现为两个方面:一是国民收入分配政策决定剩余产品占整个社会产品价值的比例,进而决定财政分配对象的大小;二是财政分配政策决定财政集中资金的比例,从而决定财政收入规模的大小。

我们知道,社会产品价值是由 C,V,M 三部分构成的,其中 C 是物化劳动耗费或物质耗费的转移价值,$V+M$ 构成新创造的价值,即国民收入。财政收入主要来自国民收入中的 M 部分,而又不是 M 的全部,所以在国民收入既定的前提下,财政收入所占比重主要取决于两个比例关系或两个比重:V 与 M 的比例关系或 M 占国民收入的比重,即国民收入归生产者个人和归社会支配的比例;M 中财政集中部分与非集中部分的比例或财政收入占 M 的比重。如果设国民收入为 N,财政收入 F,则构成下列公式:

$$\frac{F}{N}=\frac{M}{N}\times\frac{F}{M}$$

M/N 这个指标,说明国民收入扣除归个人支配的部分之后,归社会支配的那部分剩余产品的价值所占的比重,可简称为剩余

产品率。一个国家的剩余产品率的高低,主要取决于生产技术水平和劳动生产率的高低。假定劳动日长度不变,提高劳动生产率就可缩短必要劳动时间,相对扩大剩余劳动时间,从而扩大剩余价值所占的比例。所以说,提高生产率对全社会的剩余产品率具有决定作用。在国民收入初次分配中,V 与 M 的比例关系是决定剩余产品率的关键。此外,剩余产品率还取决于分配政策。在国民收入分配中,V 的部分是保证劳动者个人消费的需要,一般地说,劳动者个人平均消费水平不能比过去降低,换言之,V 的最低限就是 M 的最高限。同时,在正常情况下,V 的部分总要随着生产的发展而有所提高,其中包括新就业人数和平均消费水平的提高。因此,从现实生活看,M 的增量,是国民收入的增量扣除 V 的增量。但 V 的增长率是有弹性的,可以等于、小于或大于国民收入的增长率。要分析 M 与 V 的比例关系,主要要看三者间的增长率的关系。

F/M 这个指标说明归社会支配的剩余产品价值由财政集中支配的程度,可简称为财政集中率,即随生产发展和人口增加而相应增加的共同事务的需要量和按市场经济体制必须由财政承担的生产性和非生产性积累的需要量。财政收入的数量界限,应是保障社会再生产按比例地发展和满足国家实现其职能的必需财力。无论财政集中率过高或过低,最终都会影响经济的发展。因为财政集中率过高,势必会挤占劳动者所得的 V 和生产单位必需的 M 部分,挫伤他们的生产经营积极性,结果影响国民收入和财政收入的增长。如果财政集中率过低,资金分散在企业、单位和个人手中,国家没有掌握必要的财力、物力,势必难以驾驭国民经济全局,一旦造成基本建设投资或消费基金失控,其结果同样是影响国民收入和财政收入的增长,也影响劳动者收入持续稳定的增加。因此,一个国家在经济体制改革过程中,为调整分配格局,整顿分配秩序,适当提高财政收入占国民收入的比重是必要的,但根本的出路仍在于提高劳动生产率，提高经济效益。只有国民收入和剩余产品价值都有了增量，才能为国家理顺各方面的财政分配关系奠定基础。

四、价格对财政收入规模的影响

财政收入是一定量的货币收入，它是在一定的价格体系下形成的，又是按一定时点现价计算的，所以，由于价格变动引起的国民收入再分配，必然影响财政收入的增减。

价格对财政收入的影响，一般表现在价格总水平的升降上。从一般规律看，价格总水平在市场经济条件下呈上升趋势，这是正常的，只有大幅度地、持续地上涨才是病态的经济现象，而持续下跌却是罕见的。在现实生活中，价格上升对财政收入的影响不外乎三种情况：一是财政收入增长率高于物价上升率，财政收入名义上增长，实际上也增长；二是财政收入增长率低于物价上升率，财政收入名义上增长，而实际上负增长，即通常所说的财政收入"虚增"；三是财政收入增长率与物价上升率大体一致，财政收入名义上增长，实际上不增不减。

价格再分配对财政收入的影响，主要取决于两个因素：一是引发价格总水平上升的原因；二是现行的财政收入制度。

从引发价格总水平上升的原因分析，物价总水平的上升主要是由财政赤字和信用膨胀两条渠道形成的。如果物价总水平上涨是由财政赤字引起的，由此引发的过量货币称为财政发行。国家财政会通过财政发行作有利于政府的再分配，政府可从中获得额外的收入，它同征税具有同样的效果，是取得财政收入的一种形式。换言之，在国民收入只有因物价上升形成名义增长而无实际增长的情况下，财政收入的增长就是通过价格再分配机制实现的。如果物价总水平上涨不是由财政赤字引起，而是由信用膨胀造成的，那么财政在再分配中可能是所失大于所得，即财政收入实际上是下降的。

决定价格再分配对财政收入影响的另一个因素是现行财政收入制度。在税收制度方面，如果实行以累进所得税为主体的税制，当出现通货膨胀时，纳税人会由于名义收入的增长而适用较高的税率，即出现所谓“档次爬升”效应，从而产生有利于增加财政收入的再分配；如果实行以比例税率的流转税为主体的税制，意味着税收收入的增长与物价上涨率是同步的，而不会有实际增长；如果实行定额税率或承包制，当出现通货膨胀时，则税收收入的增长必然低于物价上涨率，从而财政收入即使有名义增长，实际上也必然是下降的。

正因为价格变动对财政收入有重要影响，国家在进行价格改革时，不仅要考虑企业和居民的承受能力，还要考虑国家财政的承受能力，量力而行，循序渐进。

第四节 财政收入结构分析

财政收入结构主要指财政收入的来源结构，包括财政收入的价值构成、所有制构成和部门构成等三种形式。对财政收入结构分析的根本目的，就在于探索增加财政收入的合理途径。财政收入的部门构成，由于在筹集财政资金原则一节中做过分析，故本节不再赘述。

一、财政收入的价值构成

社会产品的价值是由 C,V,M 三部分组成的。社会产品的价值分配是由国家、生产单位、生产者按照生产要素共同参与分配的。通过分配，分别形成归生产单位支配使用的货币资金（包括 C,V 和部分 M），归生产者所得部分 V 和归国家所得部分（主要是 M，其次是 V 或 C）。其中，归国家所得部分形成集中的财政资金。

C 是生产资料消耗的转移价值，包括两个部分：一部分是补偿消耗掉的劳动对象。只要企业的再生产不间断地连续下去，这部分补偿价值就必须不断地用于购买劳动对象，投入再生产，因而这部分不能构成财政资金的来源。另一部分是补偿固定资产的耗费所形成的折旧基金，从理论上讲，看似不能构成财政收入的来源。换言之，作为固定资产价值损耗补偿的折旧基金是补偿基金，是用以维持企业简单再生产的资金需要，财政不能参与其分配。但是，折旧基金在一定条件下也可以一部分用作积累。这是由于固定资产消耗的补偿，存在价值补偿渐次性和实物更新一次性，形成固定资产价值形态再生产和实物形态再生产不一致，而每年提取的折旧基金累计数额和当年需要更新的固定资产数额之间，在数量上没有对应等量关系。这样，折旧基金实际上可以作为积累资金使用，其中的一部分有可能由政府统一安排，于是，C 的一部分便成为财政收入的一个来源。

V 是以劳动报酬的形式支付给生产者个人的部分，它的一部分构成财政收入。如高税率的消费品价格中实际上也包括一部分由 V 转移来的价值，这部分价值最后转化为上缴财政的消费税收入。也就是说，国家征收间接税，通过税负的转嫁而落到劳动者的收入 V 上。随着生产发展和劳动者个人收入的提高，特别是一些高收入者的逐渐增多，为缓解社会矛盾，防止分配的两极分化，贯彻公平税负原则，有必要强化个人所得税的征收。高收入者普遍自觉纳税，会成为财政收入的一个重要来源。

M 是财政收入的主要来源，除了扩大生产、增加社会产品总量，从而增加 M 外，还可以通过协调 M 与 C，V 的关系来进一步增加财政收入。

从 M 与 C 的关系看，如果 V 不变，C 部分缩小，则 M 部分增大。因此降低 C，即减少生产资料的消耗是增加 M 从而增加财政收入的途径。但对降低 C 的方法要作具体分析。属于补偿劳动对象的消耗部分,在保证产品质量的前提下,越节约越好。而属于补偿固定资产消耗的部分即折旧,却不能任意降低。一般来说,折旧费的多少,除了决定于固定资产的数量外,还取决于折旧率的高低。通过提高劳动生产率,使机器设备在单位时间里生产出的产品更多,每单位产品所分摊的折旧费更少,从而降低成本,增加 M,这是增加财政收入的正确途径。但对折旧率不能人为地任意降低,因为所提折旧费不能满足固定资产更新的需要,由此而形成的 C 并不代表固定资产真实的转移价值,成本低只是假象,实质上是把老本转化为收益,绝对不可取。要想使折旧率合适,国家财政在制定政策时,应考虑两点:一是使固定资产折旧与固定资产的实际消耗相符,保证企业正常的简单再生产;二是按产业政策的要求,对某些部门或产品实行加速折旧政策,促进这些部门的技术革新和产品的更新换代。

从 M 和 V 的关系看,如果社会产品价格不变,V 部分减少,M 就会相对增大;反之,V 增大,M 就会相对减少。但 V 部分是职工的劳动报酬,职工工资水平不仅不能降低,而且随着生产的发展还要不断提高。因此,要使单位产品中的 V 的比例减少,唯一的正确途径就是提高劳动生产率。只有劳动生产率的提高幅度大于工资水平的提高幅度,才能使分摊到单位产品或成本中的工资部分减少,M 部分才能相应增大。由于 M 和 V 的比例是积累和消费关系的基础,因而正确处理 M 和 V 的关系的原则,也就是正确处理积累和消费关系的原则。这个原则即是把国家发展的长远利益和个人利益结合起来,既要使生产发展,又要使生活改善。从长远看,应该是随着劳动生产率的提高,劳动者工资也有所增长,但增长的幅度应低于国民收入的增长幅度。只有这样,国民经济的发展才有后劲,财政收入才有可能持续增加。

从以上分析看出,财政收入可以来自 C,V 和 M,但这三者各自的性质不同,C 和 V 有明确的用途:C 必须用于补偿生产中生产资料价值的损耗；而 V 直接涉及劳动者的消费和生活改善，税负要适度。所以，从开辟财源、扩大财政收入来说，主要靠增加 M。M 既是社会积累的唯一源泉，又是财政收入的主要来源。

二、财政收入的所有制构成

财政收入的所有制构成指的是财政收入作为一个整体是由不同所有制的经营单位各自上交的利润、税金和费用等部分构成的。从所有制的角度研究财政收入结构有重要意义：一是说明财政与不同所有制的经济单位间具有不同的关系，应当实行有差别的财政收入政策；二是说明国民经济的所有制结构对财政收入的构成和规模有制约作用，从而应相应采用增加财政收入的有效措施。

我国实行的是社会主义市场经济，以公有制为主体多种经济成分并存。由于国家与不同所有制的经济实体之间的关系不同，必然使财政收入的集中量不同。对国有企业，国家不仅凭借政治权力和社会管理身份通过征税取得收入，而且凭借经济权力和生产资料所有者身份参与国有企业利润分配，因而国家财政集中程度较高。对集体经济、私营企业、中外合资企业、外商独资企业、城乡个体工商业户等非国有经济，国家只能通过政治权力以征税形式取得收入，因此相对而言，财政集中程度则较低。改革开放以来，我国非国有经济发展迅速，但它们提供的财政收入却增长缓慢，究其原因，主要是财政收入制度没有及时地随国民经济结构的变化作相应的调整，从而出现了国有企业税负重于集体企业，集体企业税负重于其他经济成分的不合理现象。这样，既不利于国有经济发挥主导作用，也不利于增加财政收入，导致我国财政收入占国内生产总值比重下降。

财政收入占国内生产总值下降的主要原因有两个：一是经济效益不高，财源基础不够雄厚。这就要求涵养财源，提高经济效益，而只有通过采用先进的科学技术，降低成本，增加盈利，国家财政才能充裕；二是财力分散，国家集中额偏小。在社会总产品价值构成中，国民收入部分下降，而物资消耗逐年上升，成本和流通费用增大。在国民收入构成中，劳动报酬部分上升，工资性收入呈刚性增长，可供财政分配的剩余产品价值部分相对地下降。在剩余产品价值中，由财政集中掌握分配的资金大幅度下降，通过减税让利、提高折旧率、税前还贷等，使国民收入分配向企业倾斜，预算内资金向预算外资金转化，不能保证国家财政有必要的财力进行宏观调控。因此，必须转换机制，使财政收入与国民生产总值大体同步增长。要调整国民收入分配格局，协调国家、企业和个人三者利益关系，尤其要完善企业内部的经济运行机制，靠练内功在竞争中取胜，而不能靠减税让利维持生存；要控制个人消费基金的增长，工资总额增长率要低于劳动生产率的增长率；要发挥税收杠杆的调节作用，使财政收入占国民生产总值的比重达到合理的水平；进一步建立健全财经法规，执法必严，违法必究，防止财政收入流失，以确保国家权益不受侵犯。

思 考 题

1. 如何理解筹集财政资金的原则？
2. 试分析影响财政收入规模的因素。
3. 说明财政收入的价值构成及其影响。
4. 简述通货膨胀对我国财政收入规模的作用机理。

第七章　税收原理

第一节　税收的概念及一般特征

一、什么是税收

税收是国家为了实现其职能，按照法定标准，无偿取得财政收入的一种手段，是国家凭借政治权力参与国民收入分配和再分配形成的一种特定分配关系。

这个定义包含了如下几方面内容。

（一）税收的目的是为实现国家的职能和任务服务

这是所有国家税收的共性。从历史上看，不论是奴隶制国家、封建制国家、资本主义国家，还是社会主义国家，为了维持自身的存在和发展，都必须耗用一定的物质和资金，因而必须采用适当的方式取得财政收入。税收就是在一定的客观经济条件下取得财政收入的一种方式。

（二）国家是征税的主体

国家取得任何一种财政收入，总是要凭借国家的某种权力。如国家的土地收入、国有企业利润收入，凭借的是国家对土地和其他生产资料的所有权，特产收入凭借的是国家对山林、水产、矿藏等资源的所有权；向被征服的民族或国家收取实物或战争赔款，凭借的是国家是胜利者和征服者……而国家的权力，归根结底不外乎两种：一是财产权力，二是政治权力。国家取得各种财政收入，所凭借的不是财产权力，就是政治权力。国家征税凭借的就是政治权力。当然，从根本上说，国家的任何财政收入，包括以财产权力为依据的各种财政收入，也都离不开政治权力，带有一定程度的政治强制，但是，相比较起来，税收是最典型的以政治权力为依据的财政收入。

（三）税收应按法定标准征收

凭借国家的政治权力，把劳动者创造的一部分产品用税收的形式集中到国家手中，是依靠法定的标准进行的。如果没有法定的标准，不论是集团还是居民都是无法纳税的。国家征税，一方面是以承认社会产品归不同所有者占有为前提；另一方面又否定不同所有者占有社会产品的不可侵犯性。如果社会产品本来就是国家直接占有的，就无所谓征税。如果不同所有者占有的社会产品是神圣不可侵犯的，当然也就不能征税。正因为税收具有不受所有制限制，并对不同所有者普遍适用的性质，所以，它才是国家用法定的标准取得财政收入的最稳定的形式。

（四）税收是一种特定的分配关系

社会再生产包括生产、分配、交换、消费四个环节，税收是一个分配范畴。分配是把社会产品和国民收入分为不同的份额，并规定各个份额归谁占有的环节。国家通过征税参与社会产品和国民收入的分配，把一部分社会产品或国民收入强制地转化为国家所有，然后根据国家的意志支配使用。这种分配必然引起社会成员之间占有社会产品和国民收入比例的变化，一部分社会成员占有的比例会增加，另一部分社会成员占有的比例会减少。所以，税收体现了一种特定的分配关系。

二、税收的基本特征

税收是一种凭借国家政治权力的特殊分配，是国家取得财政收入的一种特殊方式。因此，它具有显著的特征。这些特征是税收区别于其他财政收入方式的基本标志。

(一)强制性

强制性是指国家征税是通过颁布法律、法令,凭借政治权力强制征收,任何单位和个人都必须依法交纳,否则,就要受到法律的制裁。之所以如此,是因为在商品经济条件下,征税的结果必然引起有关当事人物质利益的损失。作为纳税人来讲,往往有着一种尽量保护自身收入的本能,所以离开强制性,税收这种分配活动就无法进行。

当然,国家为了征税,要制定一系列税收法律和法令,作为国家法律的组成部分。国家为了保证税法的贯彻与实施,在宪法和有关部门法律中,都有关于税收的条款,如在我国《宪法》中,就有"中华人民共和国公民有依照法律纳税的义务"的条款。《中华人民共和国刑法》第 121 条也规定"违反税收法规、偷税、抗税且情节严重的,除按照税收法规补税,并且予以罚款,对直接责任人员,处以三年以下有期徒刑或者拘役"。可见,税收是纳税人必须履行的义务,不以纳税人的意志为转移,具有明显的强制性。

(二)无偿性

无偿性是指国家作为统治阶级的代表,征税以后不再把税款直接还给纳税人。国家无须付出任何代价,也不必向纳税人提供某种相应的服务或某种特许权力。

纳税的无偿性,有利于把分散的资财集中起来归国家统一安排使用,因此,它是集中国家财力的最有效方式。同时,这种无偿分配方式,还能在一定范围和一定程度上,改变社会财富分配的不合理状况,以贯彻国家各项方针政策的要求。

税收的无偿性不仅是税收本身的一种属性,而且是税收"三性"的核心。因为只有无偿征收,才能体现财政的职能作用,而要无偿取得收入,就必须辅之以一定的法律保证。如果税款有借有还,纯属双方自愿,也就用不着任何强制手段了。

(三)固定性

固定性是指征税前国家以法律形式预先规定了征税对象及统一的比例或数额,并按照预定标准征收。

税收的固定性表现在两个方面:一是指国家和纳税人在分配关系上的固定,税收通过法律形式规定了纳税环节、征税范围、征税对象和征收比例,这样一来,经济组织和个人应不应该纳税、纳什么税、纳多少税、应在什么时间纳税等等,都是固定的,不可以随意变更。二是指纳税人只要取得了税法规定的应税收入,或发生了应税行为,拥有了应税财产等,都必须按规定的比例或定额如数纳税,一般不受客观因素的影响;同样,国家对纳税人也只能按照预定的标准征税,不能任意降低或提高征收标准。

税收的这一特征,也是同无偿征收分不开的。既然是无偿征收,就同纳税人的经济利益关系极大。如果没有一定的预定标准,任意征收,苛求不已,必然受到纳税人的反对,这就要求税收必须有固定的特征。这样,国家不能无限度地任意征收,纳税人也不能随意改变这个标准。这个标准一经确立,就有连续性的含义,除非税法有所改变。

税收的强制性、无偿性和固定性是缺一不可的统一整体。这是税收区别于其他财政收入的基本标志,也是鉴别一种财政收入是不是税收的基本尺度。

税收的上述特征只是税收在形式上与其他财政收入的区别,并不反映不同社会制度下税收体现的不同经济关系。因此,虽然在不同社会制度下,税收体现的经济关系不同,但其特征并没有区别,这些特征是一切社会形态下的税收无不共同具有的,所以鉴别一种财政收入是不是税收,不是看它的名称,也不能用其他标准,只能看其是否具备上述三个特征,如果具备,那么就是税收,否则就不是税收。

三、税收与其他财政收入形式的区别

(一)税收与国家财政发行的区别

国家通过财政发行来取得财政收入,也能够无偿地分配一部分国民收入,它也具有无偿性的特点,它的强制性表面上不明显,实际上是很强的,人们又叫它“隐蔽的税收”。

财政发行与税收的最大区别,就在于税收是以社会总产品作为基础,是国民收入的一部分,有物质保证,而增加纸币发行,则没有相应的社会产品作基础。在商品数量和货币流通速度不变的情况下,物价高低和货币多少成正比例。滥发纸币,造成虚假的购买力,会导致货币贬值,物价上涨,社会经济生活混乱。

虽然增发货币取得财政收入的办法最简单,收款也最快,但其后果很严重。所以,一般来说,大多数国家都不敢贸然采用此法。只有税收,才是筹集财政资金的正常渠道和基本手段。

(二)税收与国家信用的区别

发行公债和向国外借款,虽然也是一种聚财之道,但一般不能从根本上改善国家的财政收支状况。因为不管是募集公债还是利用外资,都属于信用关系,必须有借有还,并支付利息。因此,一般把其称之为“税收的预征”。而税收既不需要偿还,又不支付利息,它是当年实际的财政收入,反映一个国家的真实财力。税收与国家财政两者之间的区别,具体可以从“三性”方面进行比较:

1. 从强制性角度来看,公债作为一种信用关系,发行公债者与认购公债者双方,在法律上处于平等地位,因此只能坚持自愿认购的原则,不能强迫推销。而税收是强制征收,必须坚持依法办事、依率计征的原则,而不问是否出于纳税人的自愿。

2. 从无偿性角度来看,公债认购者与国家是一种债权债务关系,公债认购者作为债权人,自然以到期后能收回本息作为认购条件,这种有借有还的原则,与税收显然不同。

3. 从固定性角度来看，认购公债既然是出于自愿，债务人与债权人双方本着协商办事的原则，当然不可能具有向税收那种固定的特性。

(三)税收与国有企业上缴利润的区别

税收与利润上缴都是国家参与企业纯收入分配的形式，但二者具有明显的不同。

1. 从适用范围看，一般地说，税收分配是以国家的政治权力为依据的。这种形式以国家法律为后盾，所以不论对何种类型的所有制都适用。只要符合国家法律规定，既可对国有企业征税，也可对不同所有制的单位和个人征税。而利润上缴只适用于全民所有制内部，因为这是国家以生产资料所有者的身份参与的分配，故不适用于集体企业、中外合资企业、外资企业、个体户等。

2. 从强制性角度看，税收具有法律强制因素。纳税人必须按期、足额地交纳税款，否则，就要加收滞纳金或罚款。由于利润本属于同一所有制内部的分配，故无须具备强制性，因此，它在保证财政收入上，远不如税收那样及时、稳定和可靠。

3. 从固定性角度看，由于税收是按照预先规定的征收比例或征收数额进行征收，特别是对流转额征收的税，不论企业有无盈利和获利多少，都必须按照规定的统一比例如数交纳，这样有利于国家稳定可靠地取得收入。利润上交则是以企业实现的利润为依据，实现利润多的多缴，实现利润少的少缴，无利和亏损的不缴，而且上缴的比例和数额还可经常进行调整，因此，利润上缴的数额很不稳定，这样就使国家与企业的分配关系也难以稳定下来。

(四)税与费的区别

费的种类很多，大体上可分作两类：一类是经济活动中，由于相互交换劳务向企业和个人所收取的费用。如企业支付的运输费、保险费、专利费、手续费，医院收取的挂号费、门诊费、住院费等，这些费用纯属经济生活中的劳务报酬性质，有的直接属于业务经营费用，它完全不同于税收，故无须加以区别。另一类是政府机关为单位和居民个人提供某种特定服务，或批准使用国家的某些权利等，而收取的一种费用。它属于国家财政收入的一种形式，不仅名目繁多，而且有些税费之间还发生重叠，所以有加以区分的必要。

从各地区、各部门收费的内容来看，目前大体上可以分为以下三种：

第一种是事业收入。如公路部门收取的养路费、房管部门收取的房租、城建部门收取的地段租金、环保部门收取的排污费等。

第二种是规费收入。它包括由公安、民政、司法、卫生和工商管理等部门，向有关单位和个人收取的工本费、手续费、诉讼费、化验费、商标注册费和市场管理费等。

第三种是资源管理收入。如石油部门收取的矿区使用费，集体单位经批准开采国家矿藏等资源向国家有关部门交纳的矿山管理费、砂石管理费等。

那么，如何区分税与费呢？对这个问题，主要应辨明两点：一是看是否具有无偿性质。税是无偿的，费是向受益者收取的一种代价，是有偿的。二是看征收的主体是谁。凡是由各级税务机关、海关收取的，一般是税；由各经济部门和事业单位收取的，一般是费。

（五）税收与罚没收入的区别

罚款和没收同样可以取得财政收入。由于罚没比税收具有更加明显的强制性和无偿性。因此，在特定的历史条件下，它可以发挥其独特的政治经济作用。如井冈山时期，毛泽东提出“打土豪筹款”的财政方针，就是用罚款没收作为筹集红军供应的重要手段。

但是，罚款不同于税收，它缺乏固定性的特征。由于罚没是对被处罚人的一次性处分，不存在固定连续取得收入的特性，对取得财政收入缺乏稳定性和可靠性。因此，它只能作为行政管理和财政管理的辅助手段,而不宜作为取得财政收入的经常手段和主要手段。在保证财政收入的意义上,罚没比税收要相差很多,甚至是不能比拟的,但是,它在维护国家各项法律的严肃性、保证税法的顺利贯彻执行等方面,仍有其独特的作用。特别是在打击经济领域内严重经济犯罪活动方面,罚没手段具有一定的威慑力,具有极其重要的意义。

第二节 税收原则

一、税收原则的创立与发展

税收原则,是指在一定的社会政治经济条件下,建立与之相适应的税收法制所遵循的具体原则。税收是一个历史范畴。古代税收大多是自发地遵循一定的原则,建立相应的税制。而随着经济的发展和漫长的税收实践,人们逐渐认识并总结出税收原则,建立税制遵循原则变为自觉的行为。由于历史发展阶段的不同,产生的税制原则亦有不同。在诸多的税制原则理论中,既有共同点,又有不同点。

(一)威廉·配第的税收原则

税收原则的最早提出者是英国古典政治经济学创始人威廉·配第。威廉·配第在《赋税论》和《政治算术》两本代表作中,比较深入地研究了税收问题,第一次提出了税收原则(他当时称之为“税收标准”)理论。

配第的税收原则理论是围绕公平负担税收这一基本观点来论述的。他认为当时的英国税制存在严重的弊端:税制紊乱、复杂,税收负担过重且极不公平。由此,配第提出税收应当贯彻“公平”、“简便”、“节省”三条标准。在他看来,所谓“公平”,就是税收要对任何人、任何东西“无所偏袒”,税负也不能过重;所谓“简便”,就是征税手续不能过于烦琐,方法要简明,应尽量给纳税人以便利;所谓“节省”,就是征税费用不能过多,应尽量注意节约。

配第特别强调税收的经济效果,反对重税负。配第认为,过分征收赋税,会使国家资本的生产力相应地减少,因而是国家的损失。他主张,在国民经济的循环过程中把握住税收的经济效果,根据税收经济效果的优劣,相应地决定税制结构的取舍。

(二)攸士第的税收原则

继威廉·配第之后,德国新官房学派的代表人物攸士第亦对税收原则做出过相应阐述。

攸士第在其代表作《国家经济论》中就征收赋税的方法,提出了六大原则:

1. 促进自发纳税的征税方法,即赋税应当自愿缴纳。

2. 不得侵犯臣民的合理的自由和增加对产业的压迫,即赋税要不危害人民的生活和工商业的发展,也不要不正当地限制人民的自由。

3. 平等课税,即赋税的征收要做到公平合理。

4. 具有明确的法律依据,征收迅速,其间没有不正之处,即赋税要确实,必须对一定的目标征收,征收的方式也要做到不易避免。

5. 挑选征收费用最低的商品货物征税,即赋税的征收费用不能过度,必须和国家的政治原则相适应。

6. 纳税手续简便,税款分期缴纳,时间安排得当,即赋税应在比较方便的时候,并以为人民所接受的方式缴纳。

攸士第有关税收原则的许多思想,为后来英国的亚当·斯密所吸收,成为亚当·斯密著名的“税收四原则”的重要组成部分。

(三)亚当·斯密的税收原则

英国古典政治经济学家亚当·斯密第一次将税收原则提高到理论的高度,明确而系统地加以阐述。亚当·斯密所处的时代正是自由资本主义时期。作为新兴资产阶级的代表人物,亚当·斯密极力主张"自由放任和自由竞争",政府要少干预经济,特别不能去干涉生产自由,要让价值规律这只"看不见的手"自动调节经济的运行。政府的职能应仅限于维护社会秩序和国家安全,充当资本主义社会的守夜人。亚当·斯密在其经济学名著——《国民财富的性质和原因的研究》中提出了税收的四项原则:

1. 平等原则。国民应根据自己的纳税能力来承担政府的经费开支,按照其在国家保护之下所获得收入的多少来确定缴纳税收的额度。亚当·斯密主张:取消一切免税特权,即取消贵族僧侣的特权,让他们与普通国民一样依法纳税;税收"中立",即征税尽量不使财富分配的原有比例发生变化,尽量不使经济发展受影响;税收依负担能力而课征,即依每个国民在国家保护之下所获得的收入课征。

2. 确实原则。课税必须以法律为依据。人民据以纳税的税收条例,应当是确实的,纳税的时间、地点、手续、数额等都要事先规定清楚,使纳税人明白。

3. 便利原则。税收的征纳手续应尽量从简。在时间上,应在纳税人收入丰裕的时候征税,不使纳税人感到纳税困难;在方法上,应力求简便易行,不让纳税人感到手续繁杂;在地点上,应将税务机关设在交通方便的场所,使纳税人纳税方便;在形式上,应尽量采用货币形式,以免纳税人因运输实物而增加额外负担。

4. 最少征收费原则。即在征税过程中,应尽量减少不必要的费用开支,所征税收尽量归入国库,使国库收入同人民缴纳的差额最小,即征税费用最少。

亚当·斯密的税收四原则,不仅成为当时资本主义各国制定税收制度与规范的理论指导,也对后世税收原则理论的发展有重要的影响。

（四）萨伊的税收原则

让·巴蒂斯特·萨伊是法国庸俗经济学的创始人。他所处的时代是法国资产阶级革命后社会矛盾开始激化的时期。萨伊认为，国家征税就是向私人征收一部分财产，充作公共需要之用，课征后不再返还给纳税人。由于政府支出不具有生产性，所以最好的财政预算是尽量少花费，最好的税收是税负最轻的税收。他提出了税收的五项原则：

1. 税率最适度原则。即由于国家征税事实上是剥夺了纳税人对用于满足个人需要或用于再生产的产品的所有权，所以税率越低，税负越轻，对纳税人的剥夺越少，对再生产的破坏作用也就越小。

2. 节约征收费用原则。由于税收征收费用对人民是一种负担，对国家也没有益处，所以应节省征收费用。一方面，尽量减少纳税人的负担烦扰，另一方面，也不给国库增加困难。

3. 各阶层人民负担公平原则。当每个纳税人承受同样的（相对的）税收负担时，每个人的负担必然是最轻的。如果税负不公平，不但损害个人的利益，同时也有损于国家的收入。

4. 最低程度妨碍生产原则。所有的税都是有害于再生产的，因为它妨碍生产性资本的积累，最终危害生产的发展。所以，对资本的课税应当是最轻的。

5. 有利于国民道德提高原则。税收除具有取得财政收入的作用外，还可作为改善或败坏人民道德、促进勤劳、反对懒惰以及鼓励节约或反对奢侈的有力工具。因此，国家征税必须着眼于普及有益的社会习惯和增进国民道德。

（五）瓦格纳的税收原则

德国新历史学派的代表人物阿道夫·瓦格纳是前人税收原则理论的集大成者。瓦格纳所处的时代是自由资本主义向垄断资本主义转化和形成的阶段。当时资本日益集中，社会财富分配日益悬殊，社会矛盾甚为激烈。瓦格纳认为，税收不能理解为单纯地从国民经济产物中的扣除部分。除此之外，它还应包括有纠正分配不公平的积极目的。瓦格纳将税收原则归纳为四大项九小点。

1. 财政政策原则。财政政策原则又称为财政收入原则，即税收要以供给财政支出、满足国家实现其职能的经费需要为主要目的。财政政策原则下面又有两个主要的原则：

(1)收入充分原则，是指在其他非税收入来源不能取得充分的财政收入时，可依靠税收充分满足国家财政的需要，以避免产生赤字。同时，由于社会经济的发展，国家职能将不断地扩大，从而论证了国家财政支出持续、不断增长的规律，因此，要求税收制度能够充分满足国家财政支出不断增长的资金需要。

(2)收入弹性原则，是指税收要能随着财政需要的变动而相应增减。特别是在财政需要增加或税收以外的其他收入减少时，可以通过增税或自然增收，相应地增加财政收入。

实现收入充分和收入弹性的原则，关键在于税制结构的合理设计。由于间接税能够随着人口增加、国力增加以及课税商品的增多而使税收自动增加，故可作为主要税种。但是，间接税可能因社会经济情况的变化，使税收暂时下降，故还应以所得税或财产税作为辅助税种。

2. 国民经济原则。国民经济原则即国家征税不应阻碍国民经济的发展，更不能危及税源。在可能的范围内，还应尽可能有助于资本的形成，从而促进国民经济的发展。该原则下有两个具体原则：

(1)慎选税源原则，是指要选择有利于保护税本的税源，以发展国民经济。从发展经济的角度考虑，以国民所得为税源最好，若以资本或财产为税源，则可能伤害税本。但是，不能以所得作为唯一的税源，还应适当地选择某些资本或财产作为税源。

(2)慎选税种原则，是指税种的选择要考虑税收负担的转嫁问题,因为它关系到国民收入的分配和税收负担的公平。

3. 社会正义原则。税收可以影响社会财富的分配,从而影响个人相互间的社会地位和阶级间的相互地位。应通过国家征税,矫正社会财富分配不均、贫富两极分化的弊端,缓和阶级矛盾,达到用税收政策实行社会改革的目的。该原则下又分为两个具体原则:

(1)普遍原则,是指税收负担应普及到社会上的每个成员,每一国民都应有纳税义务,因身份或社会地位特殊而例行免税,要做到不偏不倚。

(2)平等原则,是指应根据纳税能力大小征税,使纳税人的税收负担与其纳税能力相称,为此,他主张采用累进税制,对高收入者税率从高,对低收入者税率从低,对贫困者免税,同时对财产和不劳而获所得加重课税,以符合社会政策的要求。

4. 税务行政原则。这一原则体现着对税务行政管理方面的要求,具体包括三方面内容:

(1)确实原则,即税收法令必须简明确实,税务机关和税务官员不得任意行事。纳税的时间、地点、方式、数量等必须预先规定清楚,使纳税人有所遵循。

(2)便利原则,即纳税手续要简便,纳税时间、地点、方式等要尽量给纳税人以便利。

(3)节省原则,即税收征收管理的费用应力求节省,尽量增加国库的实际收入。除此之外,也应减少纳税人因纳税而直接负担或间接负担的费用开支。

(六)凯恩斯学派的税收原则

当市场经济国家经历 1929 年的大危机之后,靠市场自发调节自动达到完全均衡的理论已经破产。在这种条件下,凯恩斯学派的经济理论代之而起。凯恩斯认为,经济危机和失业的原因是有效需求不足,完全靠微观的自由竞争是不能解决的。他主张国家必须积极干预经济,采取财政税收措施,刺激消费,刺激投资,提高社会总需求,只有这样,才能达到缓和周期性经济波动和充分就业的目的。凯恩斯学派的税收原则,所强调的主要是税收的调节经济职能的功能,即税收要成为国家实现调节经济的工具。特别值得一提的是,后凯恩斯主义者认为税收应是市场经济的"内在稳定器",可以实行机动税率的税收制度,繁荣时多征税,限制消费和投资;萧条时期少征税,刺激消费,鼓励投资。

(七)供给学派的税收原则

20世纪70年代以来,市场经济国家出现了滞胀的局面。凯恩斯主义的需求管理政策受到严重挑战。由于凯恩斯主义只注重国家干预管理需求而忽视劳动、储蓄、投资生产等供给的因素,从而导致经济增长率的降低,以供给学派为代表的新的经济理论应运而生。他们认为,要医治滞胀的经济顽症,就要重新肯定萨伊定律,着重于供给管理政策:减税以刺激经济增长;减少国家对经济的干预,以提高私人经济的效率。

要减少国家对经济的干预,表现在税收上,就是强调税收的中性原则,即征收结果不要影响纳税人在生产、投资、消费等方面的决策行为,否则,就会产生税收的"额外负担"。

(八)理查·马斯格雷夫的税收原则

美国哈佛大学教授理查·马斯格雷夫在《美国财政理论与实践》一书中提出税收六原则,对现代市场经济国家税收原则进行了概括。

1. 税负的分配应是公平的,应使每个人支付他"合理的份额"。

2. 应该对税收进行选择,以便尽量不影响有效市场上的经济决策,税收的"过度负担"应该减少到最低程度。

3. 如果税收政策被用于其他目标(如提供投资刺激),在这样做时,必须使对税制公平性的干扰达到最小。

4. 税收结构应有利于财政政策的运用,而这一政策是为了达到稳定与增长的目标。

5. 对税收制度应有有效而不是专断的管理，税制应为纳税人所理解。

6. 和其他目标相适应，管理及征纳费用应该尽可能地减少。

二、税收公平原则

（一）税收公平的意义

税收公平，是指不同纳税人之间税收负担程度的比较：纳税人条件相同的纳同样的税，条件不同的纳不同的税。公平是相对于纳税人的课税条件而言的，而不单是税收本身的绝对负担问题。或者说，税收公平问题不能孤立地看税负本身，而要联系纳税人的经济能力或纳税能力。税收负担要和纳税人经济能力或纳税能力相适应。

税收公平原则要求国家征税使各个纳税人承受的负担与其经济状况相适应，并使各个纳税人之间的负担水平保持均衡。这可从两个方面来把握：一是经济能力或纳税能力相同的人应当缴纳数额相同的税收，即以同等的方式对待条件相同的人。税收不应是专断的或有差别的，这称作"横向公平"（亦称做"横的公平"或"水平公平"）。二是经济能力或纳税能力不同的人应当缴纳数额不同的税收，即以不同的方式对待条件不同的人。这称作"纵向公平"（亦称做"纵的公平"或"垂直公平"）。

税收公平原则是设计和实施税收制度的最重要或首要的原则。税收公平的重要性在很大程度上取决于政府和纳税人对公平的自然愿望。一方面，税收的公平性对于维持税收制度的正常运转必不可少，必须使纳税人相信税收是公平征收的。另一方面，税收矫正收入分配不均或悬殊差距的作用，对于维护社会稳定，避免爆发革命或社会动乱也是不可或缺的。这也正是自威廉·配第、亚当·斯密以来，许多经济学家都将"公平""平等"原则置于税收诸原则之首的原因所在。

(二)衡量税收公平的标准

衡量税收是否公平,首先要符合这样一个最简单的公平准则:享有同等收入的,应缴纳同等数额的税;收入不同的,也应缴纳不同的税额。高收入者要承担高额的税。另外,等比例效用牺牲的观点也是一个重要观点,已经成为采用累进税制的有用的理由,在理论界很早就将这个观点作为实行累进制的依据。

一般来说,税收公平的标准大体上有两种:即受益原则和能力原则。

1. 受益原则。受益原则是指税收负担应该按纳税人从税收的使用中所得到的利益的大小来分摊。受益多者多纳税,受益少者少纳税,不受益者不纳税。这始于亚当·斯密和早期的作家们。这一理论主张公平税制。在这种税制下,每个纳税者根据他从公共劳务中得到的受益而相应纳税。按照这个原则,完全的公平税制依支出结构的不同而不同。因此,受益标准不仅用于衡量税收政策,也应用于衡量税收——支出政策。

受益原则方法能很理想地分配税收,以支付公共劳务的成本,但它不能处置财政移转支付所需要的那部分税收,也无法实现再分配的目的。因为,它从一开始就假定分配处在"合适"的状态上。这是一个严重的缺陷。因为实际上,用于向公共劳务提供资金的税收和用于收入再分配的税收是不可能分开的。纳税能力原则较好地解决了再分配问题,但无法确定对公共劳务的供应。

从实践上说,按受益原则来分摊所有税收是行不通的。因为,直观地看,在多数情况下,税收使用结果,具体受益人是谁,受益多少是无法测度的。如国防费用、行政管理费用,从使用结果就无法测度具体纳税人的受益额度。

但是从个别税种来看,按受益原则征税不仅可能,也是必要的。如我国车船使用税就属受益税。谁拥有并使用车船,享受公路、河道的设施，谁就负担税收。在这种场合，政府支出了特定的劳务，向受益者收取费用与税收，或者可使用某些税收来间接地代替费用。在这种情况下，由政府提供的商品或劳务具有私人货物的性质，也就是说，消费处在全面的竞争状态中。受益归于某个特定使用者，他就应就此纳税。执照的发放、市政运输以及机场设备等或多或少是属于这一范围的。在受益内在化的地方，政府就可以像私人公司一样发挥作用，相同的作价原则也一样适用。正如近几年来人们所指出的那样，公共劳务的很大部分可以建立在这个基础之上，因此，可以缓和对一般财政收入的压力。由于市场机制的应用，使更有效地确定适当的供给水平成为可能。受益原则只能解决税收公平的一部分问题，而不能解决有关税收公平的所有问题。

2. 负担能力原则。虽然受益原则能直接运用于某级政府的财政，但它却不能解决税收结构设计的一般问题。可运用特别受益税的支出范围相对来说是有限的，大部分税收收入不能依据某一受益基础而产生。虽然税收立法应与支出立法相联系，但从更广泛的意义上说，受益原则的运用并不排除设计税收所需的公式与原则。此外，我们已经指出过，受益税的最大作用，只能和向公共劳务提供资金相联系，而不可能和税收移转过程的再分配职能相联系。

因此，这就必须运用公平税收的另一个原则，也就是人们根据自己的“纳税能力”来负担政府费用的原则。在这一方法下，税收问题只从自身考虑，而与支出决定无关。这需要一个给定的税收总收入，每个人被要求据其纳税能力进行捐纳。这一方法的优点是，它可适用于税收——移转的所有再分配职能；其缺点是，它忽略了对公共劳务决定这一方面。

(1)横向公平与纵向公平。根据纳税能力原则的要求，拥有相同能力的人必须交纳相同的税收，而具有较高能力的人则必须交纳更多一些。前者即称之为横向公平，后者则称之为纵向公平。

在这一原则下,横向公平只适用于最基本的平等方面。从这个意义上说,这两种公平原则都源于相同的平等待遇原则,无法说哪一个更为基本。

此外,这两种原则的运用都要求有一种能对纳税能力进行衡量的数量标准。从理想的角度看,这一标准应能反映每个人从所有可供他选择的机会中得到的全部福利,包括消费(现在的和将来的)、财富占有和对闲暇的享受等。但遗憾的是,这种全面的衡量标准并不现实,闲暇的价值尤其难以衡量。因此,需去寻找一种次佳、但又是可用的标准。

用均等牺牲来说明纵向公平,如果纳税者的税收支付包括对福利的均等损失(即均等牺牲),就说纳税者得到了公平的对待。福利的损失又同收入损失联系在一起,如果作为收入函数的福利水平(即收入函数的边际效用)对全部纳税者都是一样的,均等牺牲原则就要求,具有同样收入(即具有同样纳税能力)的人必须交纳相同数目的税收,而不同收入的人则应交纳不同数量的税收。较为困难的问题是,这些数量究竟应该如何区分?由于人们对"公平"的不同理解会导致不同的答案,而最终答案取决于所得效用的表现形式和定义"均等牺牲"所依据的原则。

(2)税基的选择。税收公平的负担能力原则是指税收负担按纳税人实际负担能力的大小来分担。能力大的多负担,能力小的少负担。这是迄今为止公认的比较合理也易于实行的标准。进一步的问题是用什么来衡量纳税人的负担能力。一般来说,有三种尺度可以用来衡量纳税人负担能力:纳税人的收入、支出和财产。

收入通常被认为是测度纳税人的纳税能力的最好的尺度。因为收入最能决定一个人在特定时期内的消费或增添其财富的能力。收入多表示其纳税能力大,反之则小。但是,由于收入一般是以货币收入来计算的,而许多纳税人除取得货币收入外还可取得实物收入,所以对实物收入不征税不够公平;另外,纳税人的收入有多种来源,既包括勤劳收入,亦包括不劳而获的意外收入或其他收入。对不同来源的收入不加区分,统统视做一般收入来征税,也不公平。所以仅按收入征税,不完全是公平的。

财产是衡量纳税人的纳税能力的合适尺度。财产代表着纳税人一种独立的支付能力。一方面,纳税人可以利用财产赚取收入,仅仅拥有财产本身也可使其产生某种满足;另一方面,纳税人通过遗产继承或受赠等而增加的财产拥有量,的确会给其带来好处,增加其纳税能力。但按纳税人拥有的财产来衡量其纳税能力,有如下三个主要缺陷:一是数额相等的财产并不一定会给纳税人带来相等的收益;二是有财产的纳税人中,负债者与无债者情况不同,财产中的不动产与动产情况也不同;三是财产情形多样,实践上难以查核,估值颇难。

消费支出是测度纳税人的纳税能力的又一尺度。消费充分反映着一个人的支付能力。日常生活中消费多者,其纳税能力相对较大,消费少者,其纳税能力相对较小。而且,个人消费支出也可通过纳税人的总收入情况来估算,进而可根据消费支出数字设计税率。税基的选择不可能在纯理论中完成,它取决于税收存在的经济结构和该结构能提供的"征税手段"。在农业社会中,绝大多数收入既来自、又消费在农作物上,因此要应用所得税,方法极为困难。相似地,发展中国家会发现,在所得税制下要获取资本收入的资料是困难的。在这种情况下,对易于掌握的不动产进行征税,就成为一种有效的补救方法。这些困难也不仅仅发生在发展中国家。美国的个人所得税也远远没有达到全面性的要求,其他绝大多数国家甚至更差,某些形式的资本收入被排除在税基之外,还有些则享有优惠待遇。基于这些原因,如果在全面所得税制下,财产税作为一种次佳的税收方法,就需以此作为补充。

虽然恰当地选取经济能力的指标十分重要,但要设计一种公平税制,这仅是第一步。

第二步是要将这些指标(收入、消费或财富)运用于复杂的经济与立法制度中。在这一过程中,产生了大量技术要求极高而又相当困难的问题:应如何对公司进行征税?应如何看待资本收益?应如何计算折旧期限?财务制度中的某些特殊问题应如何处理?如此等等。由于经济状况是复杂的,税制须据此制定,所以没有任何一个税基的概念可以完美无缺地单独加以实行。此外,公平税制并非易事。另一方面,税制的过于复杂化也会导致某些合法的避税现象(某些纳税者将其活动限制在最低纳税义务的范围内)及非法的偷漏税,而这些反过来又损坏了公平的基础。因此,税收政策既是一门艺术,又是一门科学。对公平的寻求只是一个程度问题,而不是一种绝对的概念。

三、税收的效率原则

税收效率原则有多方面的含义:从资源配置的角度讲,要求税收要有利于资源的有效配置,使社会从可用资源的利用中获得最大利益;从经济机制的角度看,要求税收要有利于经济机制的有效运行,不仅可使微观经济效益提高,也要使宏观经济稳定增长;从税务行政的角度说,要求税务行政讲求效率,税收制度要简便,征纳双方的费用要节省,等等。也就是说,税收效率原则就是要求国家征税要有利于资源的有效配置和经济机制的有效运行,提高税务行政的管理效率。它可分为税收的经济效率原则和税收本身的效率原则两个方面。

(一)税收的经济效率原则

税收的经济效率原则,是指使税收对经济资源配置和经济机制运行的影响最优化。即使税收的额外负担最小化和额外收益最大化。

1. 税收的额外损失和额外收益。征税结果,除社会产品价值在征纳双方单方面转移所发生的得失外,对效率来说还可能产生正反两方面的效果,即由税收替代效应带来的额外损失和额外收益。税收的额外损失是指征税结果由于影响纳税人的决策行为而付出的经济代价或效率代价。税收的额外收益是指征税结果由于影响纳税人的决策行为而增加的利益。一种税收对纳税人的影响可能同时存在正反两方面的效应。例如,累进的奖金税的额外收益,从宏观角度看是限制滥发奖金,控制消费基金的膨胀,但同时也会带来额外损失。最明显的是,企业单位为了逃避税收往往以福利名义发实物来代替发货币奖金。其结果对职工来说,就要牺牲对货币的偏好,而接受他们并不一定感兴趣的实物。如果由于累进的奖金税而限制了职工的积极性,这种额外损失则更大。并且,这种额外损失不但发生在微观的纳税人方面,同时也可能存在于宏观方面。如上例,国家通过征收奖金税,额外收益是控制消费基金的膨胀,有利于经济稳定发展,但如上所述,由奖金税引起的发实物行为,实际上却会使一部分潜在的消费基金变成现实的消费,增加市场压力。因为货币形式的奖金,相当部分可能形成储蓄,而滥发实物则是现实的消费需求。又如累进的个人所得税,征收结果如果激励纳税人更加努力工作,增加收入,就是额外收益。反之,如果因边际税率过高,导致纳税人在工作潜力范围内宁愿部分休闲,这对效率来说,无疑是额外损失。可见,一种税收既可能带来额外收益,也可能带来额外损失。税收的效率原则就是要使税收的额外损失减少到最低限度,额外收益尽可能增加,或使额外收益大于额外损失。

2. 降低税收额外损失与取得额外收益的途径。降低税收额外损失的根本途径,在于尽可能保持税收对市场机制运行的“中性”。所谓税收中性,包括两方面的含义:其一,国家征税使社会所付出的代价应以征税数额为限,除此之外,不能让纳税人或社会承受其他的经济牺牲或额外负担;其二,国家征税应当避免对市场机制运行发生不良影响,特别是不能超越市场而成为影响资源配置和经济决策的力量,而应当依靠市场机制的那只“看不见的手”。税收中性实际上只是一种说法。在现实经济生活中,税收对经济的影响不可能限于征税数额本身而保持“中性”。也就是说,税收额外负担的发生通常不可避免。因此,倡导税收中性的实际意义在于:尽可能减少(非完全避免)税收对经济的干扰作用“度”,尽量压低(非完全取消)因征税而使纳税人或社会承受的额外负担“量”。

西方税收学界用税收的经济调节作用来解释税收的额外收益。他们认为,国家征税一方面可以取得财政收入,满足财政支出的需要。另一方面也可将政府的意图体现在税收制度和政策中,达到稳定经济的目的。他们同时强调,税收的经济调节作用只有在市场机制发生失灵,即单纯依靠市场机制那只“看不见的手”不能保证经济稳定增长的时候,才会产生税收的额外收益。否则,由此而产生的很可能是税收的额外负担。

在他们看来,增加税收额外收益的主要途径,在于重视税收的经济杠杆作用,区别各种不同情况,适时采用灵活、有效的调整措施,使经济保持在充分就业和物价稳定的水平。

(二)税收本身的效率原则

税收本身的效率原则,是指税务行政管理方面的效率,即指税收成本占税收收入的比重,也就是考查是否以最小的税收成本取得最大的税收收入。或者,税收的“名义收入”(含税收成本)与“实际收入”(扣除税收成本)的差距是否最小。

1. 税收成本。税收成本,是指在税收征纳过程中所发生的各类费用支出。它有狭义和广义之分。狭义的税收成本亦称“税收征收费用”,专指税务机关为征税而花费的行政管理费用。具体包括:税务机关工作人员的工资、薪金和奖金支出;税务机关办公用具和办公设备支出;税务机关在征税过程中因实施或采取各种方法、措施而支出的费用;税务机关为进行及适应税制改革而付出的费用,等等。广义的税收成本亦称“税收奉行费用”,除税务机关征税的行政管理费用外，还包括纳税人在按照税法规定纳税过程中所支出的费用。具体包括：纳税人因填写纳税申报表而雇用会计师、税务顾问或职业报税者所花费的费用；公司企业为个人代缴税款所花费的费用；纳税人花在申报税收方面的时间（机会成本）和交通费用；纳税人为逃税、避税所花费的时间、精力、金钱以及因逃、避税未成功而遭受的惩罚，等等。

税收征收费用相对来说容易计算，即使有些数字不明显，也可估价解决，故可用税收征收费用占全部税收收入的比重为衡量指标。税收奉行费用则相对不易计算，特别是纳税人所花费的时间、心理方面的支出，更无法用金钱来计算，故没有精确的指标加以衡量，亦有人将其称为"税收隐蔽费用"。所以，各国政府对其税收本身效率的考察，基本是以税收征收费用占全部税收收入的比重数字为主要依据的。比重越低，说明税收成本越小，以较小的税收成本换取了较多的税收收入；比重越高，说明税收成本越大，已取得的税收收入是以相当多的税收成本为代价的。

税收征收费用占税收收入的比重这一指标的作用也是多方面的。除了用于考察衡量政府税收本身是否具有效率之外，还可用于考察分析许多有关的理论和实际问题。例如，通过计算每一个税种所需花费的征收费用占该税种全部收入的百分比，可有助于比较分析哪个税种的效果最佳；通过计算不同时期税收的征收费用占税收收入的百分比，可有助于反映税收效率的发展变化状况；通过计算不同国家税收征收费用占税收收入的百分比，还可比较不同国家的税收征收费用及其税收本身的效率情况，等等。

2. 降低税收成本，提高税收本身效率的途径。在西方税收学界看来，降低税收成本占税收收入的比重，提高税收本身效率的途径大体上有三个：一是要运用先进科学的方法管理税务，防止税务人员贪污舞弊，以节约征收费用；二是要简化税制，使纳税人易于理解掌握，并尽量给纳税人以方便，压低奉行费用；三是尽可能将纳税人所花费的奉行费用转化为税务部门所支出的征收费用，以减少纳税人负担或费用分布的不公，增加税务支出的透明度，进而达到压缩税收成本的目的。

第三节　税制构成要素

税收制度是国家各种税收法令和征收办法的总称，包括税收法规、条例、实施细则、税收管理体制、征收管理办法等。

税收制度是国家法律的有机组成部分，是国家向纳税人征税的法律依据和工作规程，也是纳税人自觉履行纳税义务的行为规范。任何一个国家的税收制度，都与该国的社会制度、经济结构和经济政策有密切的联系，体现着统治阶级的意志，国家运用它为实现自己的职能和经济基础服务。税收制度不仅在不同社会制度的国家中有所区别，即使在同一社会制度的国家，甚至在一个国家的不同历史时期内，由于各个历史时期的政治、经济政策的不同，也会存在着很大的差别。因此，税收制度既是具体的，又是不断发展变化的。

税收制度的核心是税法的构成。收税必须做到有法可依、有法必依、执法必严、违法必究。现在我国的税收法规还不够完备，还有一些税收条例和细则仍未制定出来，使处理某些税务问题，还无“法”可循。即使已经制定了税收条例和规章制度，有时仍是有法不依、执法不严、违法不究，法律武器的威力和作用仍未能很好地发挥出来。为了增强法制观念，使人们知法懂法，对我国税收制度的基本内容，应加以全面了解。

我国税收制度是由若干要素组成的，一般包括纳税人、课税对象、税目、税率、纳税环节、纳税期限、减免税和违章处理等项。对税收制度各要素进行具体分析，有助于研究税收的性质，了解征税的广度和深度，对做好税收工作，意义相当重大。

一、纳税人

纳税人也称课税主体。是税法上规定的直接负有纳税义务的单位和个人。

纳税人可以是自然人,也可以是法人。所谓“自然人”,一般指的是公民或居民个人。所谓“法人”,是指依法成立的具有一定的组织机构和财产、能够以自己的名义进行经济活动、并能独立行使法定权力和承担法律义务的社会组织,如社会团体、企事业单位等。

法定纳税人负有直接缴纳税款的义务,一般地说,就是所纳税款的实际负担者,即负税人。此时纳税人与赋税人是一致的。而在某种情况下,纳税人可以通过一定的方式把缴纳的税款转嫁给他人负担,此时纳税人就不是所纳税款的实际负担者,与赋税人则不一致。税法通常只规定纳税人和扣缴义务人而不规定负税人。

所谓“扣缴义务人”就是国家为了保证财政收入,简化纳税环节和计征手续,加强税收的源泉控制,对某些税收规定由支付单位在支付款项时负责代扣代缴纳税人应缴纳的税款。例如,个人所得税规定由支付所得的单位代扣代缴。这种代扣代缴虽然也表现为纳税人和负税人的不一致,但与通过税负转嫁引起的纳税人与赋税人的分离,性质完全不同。因为前者只是税收征纳关系的改变,而后者则改变了分配关系。

所谓税负转嫁是指纳税人通过一定方式将税收负担通过各种途径部分或全部转嫁给别人负担的经济现象。商品经济的发展是税负转嫁产生的客观经济条件。税收是个分配范畴,又是个历史范畴。自从有了税收必然存在税收负担,但这并不意味着有了税收必然存在税负转嫁。在以自给自足的自然经济为基础的社会里,一般生产物不经过市场交换直接从生产领域进入消费领域,国家不可能对商品或商品流转额进行课税,国家征自土地生产物的税收只能由土地所有者或生产者自己负担,这也排除了税负转嫁存在的可能性。随着社会生产力的向前发展,商品交换突破时间和地域的限制而大规模地发展起来,一切商品的价值都要通过货币形式表现为价格,一切对商品流转额的征税,必然与商品价格形成紧密的联系,这就为税负转嫁提供了可能。因此,税负转嫁是商品货币关系发展到一定阶段的产物,只要存在商品经济,价值规律发挥作用,必然会伴随着商品的价格运动而发生税负转嫁问题。当然,在不同的社会制度下,税负转嫁的表现形式和作用范围有所不同。为了适应对内搞活、对外开放的要求,当前有必要对税负转嫁问题进行深入的研究。

(一)税负转嫁的一般形式

在资本主义制度下,资本家转嫁税负的目的在于力图摆脱自己的应纳税额,以追求最大限额的利润。从税负转嫁的基本形式看,大体有以下四种:

1. 前转。前转也称顺转,即通过提高商品销售价格达到转嫁税负的目的。具体影响过程是:交纳税额增加了单位产品的实际生产费用,从而使税收成为生产成本的一个组成部分。在这种情况下,厂家为了获得和以前一样的利润,它就必然比照税额,提高价格。在碰到价格无法提高时,由于生产费用提高,一部分厂家将退出该领域的生产过程,将资本转移到其他生产领域,这样引起该产品的生产量减少,价格上升。此时,这部分税款也就随着价格的提高而转嫁给消费者。

2. 后转。后转也称逆转,即通过压低原材料的收购价格或本企业的劳动力价格,或者是两者兼而有之,以达到转嫁税负的目的。这样,即使在出厂价不变,甚至有所降低的情况下,纳税人也能不负担或少负担税款。

3. 混合转。混合转即是将前转与后转结合起来进行。如果现实的经济状况不允许纳税人以上述一种方式转嫁全部税额,这时资本家往往采取混合转嫁方式。这种转嫁方式,当提价或压价的总额超过其应纳税款时,还可以得到额外利润。由于该方式较其他方式更具隐蔽性,因而在实际中被普遍运用。

4. 消转。消转即是对已缴纳的税额,纳税人既不前转也不后转,而是把它自己"消化掉"。当然消转要具有一定的条件,如生产成本下降、商品的销量尚有扩大的弹性等,由此以课税商品在生产和流通中增加的利益来抵消税负。

资本家转嫁税负的基本手段表明,税负转嫁必然伴随着价格背离价值的运动。不管资本家是提价还是压价,或以两者结合的方式实现税负转嫁,其共同点都是以价格背离价值的那部分差额来补偿其应纳税额的。

税负转嫁除了要具备自由定价的基本条件之外,还要根据经济的景气状况、商品的供求关系以及商品本身特点(如该商品是必需品还是非必需品,有无代用品以及与代用品的比价关系)等客观情况而定。

可见,一切税负转嫁都是有条件的,绝不是单凭某些人的主观愿望,想转嫁就转嫁,想转嫁多少就转嫁多少,而必须受一定的客观条件所制约。

(二)我国的税负转嫁

社会主义社会是否存在税负转嫁问题,在我国税收理论界有两种根本对立的观点。一种观点称为"绝对转嫁论",即税收决定价格,只要价格中含税,就是"转嫁税"。换言之,就是把税收完全看成是价格以外的附加,"有税即提价,加税即加价",一切对商品课征的税收,都不是来自企业创造的纯收入,而是来自对消费者的收入的再分配。另一种观点称为"绝对不转嫁论",即价格决定税收,因为一切重要商品的价格有相当一部分都是由国家统一制定的,企业无权变动,无论国家是加税还是减税,都不会随商品价格运动而发生税负转嫁。这两种观点都有些片面性和绝对化,都不能科学地阐明社会主义条件下的税负转嫁问题。

我们认为,要弄清社会主义条件下是否存在税负转嫁,应该从课税形式、税收同价值与价格形成的关系上进行剖析。

1. 流转税负转嫁,与课税形式有关。按流转额课税,就其形式差别而言,有价内税和价外税两种。流转税采用价内税形式,是指在设计税制时,把税金包括在价格之内,作为价格的组成部分。其计算公式为:价格=成本+税金+利润。流转税采取价外税形式,是指在设计税制时,使税金不包括在价格之内,而作为价格之外的附加。相应的计算公式为:购买商品的支付金额=商品价格+商品税金。流转税采取价内税形式,是商品经济条件下的普遍课征形式。这是因为,课征价内税具有以下几方面的优势:

第一,收入及时。随着商品销售或提供劳务收费的实现,包括在商品价格或服务收费标准中的税金就实现了,纳税人能够按时依法履行纳税义务,这样就能保证财政收入及时入库。

第二,收入稳定。采取价内税形式,税金随价格的涨落而增减,而与企业成本费用的高低无关。无论企业是盈利还是亏损,在价格相对稳定的情况下,税收数额也相对稳定。

第三,调节性强。通过课税的多少,影响企业的经济利益,进而调节企业的经济行为。

流转税采取价外税形式,过去多为西方发达国家所采用,在我国却备受歧视,形成我国流转税课征形式单调的格局。这主要是因为,一是受过去传统的计划经济模式的制约,计划经济、计划价格,因而税收也必然是计划价格条件下的价内税;二是由于在过去较长时间里,人们对价外税的认识存在偏见,常把价外税同资本主义税收的剥削本质简单地等同起来,因而对价外税冷眼相待。其实,价外税具有许多价内税所不具备的优点:①价外税多采用固定税额,税金明确,透明度强;②一般从量计征,计算简单;③税收不随价格的波动而变化;④纳税人负税感强烈,对调节消费作用突出。

2. 流转税负转嫁同价值与价格的形成有关。通过上述分析，可以得出以下几点结论：首先，流转税的价外税形式，使税收容易转嫁给消费者，由消费者承担。其次，流转税的价内税形式，在价格符合商品价值或价格低于价值的情况下，税收的实际负担者是企业。再次，流转税的价内税形式，在商品价格高于商品价值，且价格高于价值的部分，是由于税收的增加而等量推进价格的情况下，其增加的税收部分，等于或大于企业所纳流转税金的数额，则企业缴纳的流转税完全由企业负担。最后，企业缴纳的流转税，不能以其由谁负担而论之好坏。不能认为由企业负担就好，由消费者负担就不好；也不能认为由消费者负担就好，由企业负担就不好。企业缴纳的流转税，或由企业负担，或转为消费者负担，各有不同的效应。

随着社会主义市场经济体制的建立，除了少数关系国计民生的重要商品仍采用计划价格管理外，其他商品的价格将逐步放开，这对发展生产、活跃流通是非常有利的。但是，当价格放开以后，税负转嫁的数量和范围将会扩大，如有的行业凭借自己的垄断地位随意提高价格，有的租赁承包企业违反有关规定乱涨价，有的工商企业和个体商贩就地转手倒卖，层层加价，这样，不仅把企业原来应交的税金转嫁出去，而且远远超出这一范围获得了更多的额外利润，这些行为严重损害了消费者的利益。对此，政府应采取得力措施加以宏观调控，否则，对整个国民经济和人民生活都会造成严重影响。

（三）税负转嫁的条件

许多人都存在着税负转嫁的愿望，但要把这种愿望转化为现实，的确不容易。换言之，如果不具备税负转嫁的条件，转嫁的希望只能化为泡影。税负转嫁的基本条件是商品价格由供求关系决定的自由浮动，在价格自由浮动的前提下，税负转嫁的程度还要取决于供求弹性的大小、税种的性质、课税范围的宽窄和企业利润的增减等。

1. 供给弹性较大、需求弹性较小的商品的课税容易转嫁；供给弹性较小、需求弹性较大的商品的课税不容易转嫁。社会上大量的商品生产和销售都处于竞争状态，商品价格的确定最终取决于供求关系。一般说来，供给弹性较大的商品，生产者可灵活地调整生产数量，按期望的价格水平销售出去，所纳税款可以完全作为价格的一个组成部分被转嫁。供给弹性较小的商品，生产者调整生产数量的可能性小，从而难以控制价格水平，税负转嫁困难。同理，需求弹性较小的商品，其价格最终决定于卖方，也可以顺利实现转嫁；需求弹性较大的商品，买方可以通过调整购买数量影响价格，税负转嫁困难。如把供求二者综合考虑，则供给弹性大于需求弹性时，税负容易转嫁。供给弹性小于需求弹性时，税负转嫁困难。在特殊情况下，供给弹性等于需求弹性，则往往由供求双方共同负担税款，税负转嫁只能部分实现。

2. 商品课税较易转嫁，所得课税一般不能转嫁。前已述及，从征税对象性质看，流转税种容易转嫁，所得税种和财产税种不容易转嫁，因后者是对纳税人直接征税，一般不能通过价格形式实现转嫁。

3. 从课税范围来看，课税范围越大，商品或劳务的替代可能性就越小，税负转嫁也越难；反之，课税范围越小，转嫁的可能性越大。

4. 从纳税人目标来看，是谋求利润和效用最大化，进行税负转嫁与该目标一脉相承。然而，如果一味地追求税负转嫁的话，则容易影响其盈利水平。因为提高销价势必减少销售量，从而影响利润总额。在这种情况下，经过对降低销售量造成的损失与税负转嫁收益进行比较，如果前者大于后者，那么，纳税人往往会选择减少税负转嫁，以尽量维持商品的销售数量。

二、征税对象

征税对象也称课税客体，是课税的标的物，即规定对什么东西征税。

国家按照政治经济的需要和征收某种税的目的，打算对什么征税，原则上要确定征收范围。不同的课税对象和征收范围构成不同的税种，在税率等条件不变的情况下，征税数额的多少，直接取决于课税对象数量的变化，因此，它在税收制度中占有重要的地位。

确定课税对象，首先要选定税源。所谓税源，就是国民经济各部门在分配过程中形成的各种收入，一般表现为利润、利息、股息、工资等。税源可以是直接的课税对象，也可以不是直接的课税对象。比如，征收所得税，税源和课税对象是一致的，都是纳税人的利润所得；而对财产的征税，课税对象是财产的数量或价值，税源则是财产带来的收益或财产所有人的收入。由此可见，课税对象与税源是两个既有联系又有区别的不同概念。因此，设计税制时，必须依据客观经济形势，注意税源的发展变化选择适当的课税对象，设置适当的税种。如果课税对象选择不当，不仅发挥不了税收的作用，甚至可能会导致税源萎缩，税收枯竭。

课税对象往往决定了本税种的性质和作用，甚至决定了本税种的名称，所以它是税制中的基本要素。

由于当今各国的社会制度不同，在经济结构、自然条件等方面也互有差异，所以各国的税制结构也不是完全相同的，税种的设置有多有少，名称多种多样。为了要对这些不同的税制和复杂的税种进行各种有目的的研究，就有必要通过科学的分析，从各个不同角度研究税收的发展演变过程。税收的负担状况、税收来源的分布等，为制定正确的税收法规提供依据，从而充分发挥税收的职能作用。由于分析角度的不同，可以有不同的分类方法，一般有以下几种：

（一）按课税对象的性质分类

1. 对流转额课税。对流转额课税是指在流转环节，以商品流转额和非商品流转额为课税对象征收的税。

我国现行的对流转额的课税有：消费税、增值税、营业税和关税等。

对流转额课税的特点是：

（1）与商品经济有密切联系。对流转额征税的前提条件是商品生产和商品交换。在确定税制时，自然要受到客观商品经济的制约，如对什么商品征税，在商品流通的什么环节征税，采用什么样的税率及征收方法等，无不和客观商品经济相联系。同时，对流转额征税后，也要反作用于商品经济，影响商品生产和交换。

（2）税款直接受流转额影响，流转额越大，税收收入就越多，反之则少。

（3）在市场价格可以自由涨落的情况下，税款可以转嫁。

（4）有利于国家积累资金。以流转额作为计税依据，不受企业成本变化影响，可以保证财政收入的及时和稳定。

2. 对收益额征税。对收益额征税是指以各种收益额为课税对象征收的税。收益额是指纳税人的净收入。就企业来说，是利润所得额；就个人来说，是应税的各种收入额。

我国现行的对收益额的课税有：企业所得税和个人所得税等。

对收益额课税的特点是：

（1）税收收入受收益有无和多少制约。国家对收益额征税时，是按照国家财政需要和纳税人负担能力来制定税率的，一般贯彻“所得多的多征，所得少的少征，无所得的不征”的原则，因此它不像流转税类那样有保证和可靠。

（2）税收收入受收益时间的限制，所得税受工商企业利润结算期的限制。对收益额课税一般采用分期预缴和年终汇算清缴的办法,所以它不如流转税那样经常。

(3)税率最便于累进。因为这种税是以纯收益为课税对象,这是纳税人的真实收入,代表纳税人的实际负担能力,可以采取调节性强的累进税率,有利于贯彻合理负担政策。

(4)一般说来,这种税不能转嫁。因为收益税转嫁的途径只有降低工资或延长工时,在实践中很难做到。

3. 对财产征税。对财产征税是按财产的数量或价值为课税对象的税。

我国现行的对财产的课税有:房产税、土地使用税等,今后若开征遗产税、赠予税,它们也属于这种税。对财产征税的特点包括:

(1)对财产征税的税源较小,也比较分散。目前,我国居民个人仅占有一些生活所用的财产,对财产的征税涉及千家万户,税源零星。

(2)课税对象明显易查。

(3)税收收入较稳定。因为财产额的数量变动比较小,不像流转额、收益额那样变动较大。

(4)地方政府有较大管辖权。国家给予地方政府较多的税收管辖权,以便各地因地制宜,灵活安排,搞好征税管理。

4. 对行为征税。对行为征税是指以某些特定行为为课税对象征收的税。

我国现行的对行为的课税有:印花税、城建税、车船税和契税等。

对行为征税的特点是:税种选择十分灵活。它可以根据国家各个时期、各个阶段政策的特点需要,对某一行为或某一方面进行税收调节。

(二)按税收收入形态分类

按税收收入形态划分,税收可分为实物税和货币税。

所谓实物税，指国家以实物形式（粮食、棉花、牲畜等）征收的税。我国目前已停征的农业税，一直是以实物形式缴纳。自1985年起，在有的地区改为折征代金，向货币税过渡。

货币税是指纳税人以货币形式（现金、支票、银行划拨转账等）缴纳各种税金，这种方式是商品经济货币交换发展到一定阶段的必然结果，它不仅便于纳税人交纳税款，也便于国家财政的集中分配、管理和使用。

（三）按税收的课征方法分类

按税收的课征方法划分，税收可分为定率税和配赋税。

定率税是国家先在税法中明确规定每一课税对象单位应纳税款的比例，实行依率计征。由于税金相对稳定，征收简便，既可保证国家财政收入，又有利于促进生产发展，因此，世界各国大都实行定率税。

配赋税，亦称摊派税，即国家只预先规定某税应征的税收总额，然后按纳税人或课税对象，依一定的标准进行分摊，以确保每一纳税人或每一课税对象应负担的税额。这是我国历史上曾实行过的一种课税制度。

（四）按税收的计征依据分类

按税收的计征依据划分，税收可分为从价税和从量税。

从价税是以应税产品的价格来计算税额。如各种流转税，都属于从价税。其特点是商品价格的高低直接制约着税额的增减变化。

从量税是以应税产品的重量、件数、容积、面积等数量为依据来计算税额。如资源税等，就属于从量税。其特点是税额只与课税对象数量的增减有直接联系，而同价格的升降无关。

（五）按税收和价格的关系分类

按税收和价格的关系划分，税收可分为价内税和价外税。

凡税金包含在价格之内作为价格组成部分的，属于价内税，我国对流转税的课税绝大部分属于价内税。

凡税金附在商品价格上随商品销售实现,作为价格以外附加的,则属于价外税。我国仅有少数税种属于价外税。

(六)按税负是否容易转嫁分类

按税负是否容易转嫁,税收可分为直接税和间接税。

所谓直接税,是指由纳税人直接负担的各种税收,纳税人即负税人。如所得税、财产税和遗产税等。

所谓间接税,是指纳税人能将税负转嫁给他人负担的各种税收,纳税人不一定是负税人。如消费税、营业税等。

直接税一般不容易转嫁,间接税一般比较容易转嫁,这是相对而言的。税负的转嫁与否,必须结合一定的经济条件和价格运动的一般规律,如果仅以直接税与间接税的划分为标志,认为某些税绝对转嫁,而某些税绝对不转嫁,则是不符合客观实际情况的。

(七)按税收收入归属分类

按税收收入归属来划分,税收可分为中央税、地方税、中央地方共享税。

凡划归中央财政的税种属于中央税,如中央国有企业的所得税,铁道部、银行总行、保险总公司的营业税和关税等。

凡划归地方财政的税种属于地方税,如地方国有企业的所得税,集体企业、个体工商企业的所得税,农牧业税,城市房地产税,屠宰税、牲畜交易税等。

由中央和地方按一定比例分成的税种,属于中央和地方共享税,如石油部、电力部、有色金属总公司所属企业的增值税等。

以上各种分类方法,都是针对特定的要求划分的。其中最重要的是按课税对象的性质进行的分类。这是因为税法的核心要素是课税对象,课税对象不同,对经济的调节作用也不同。通过分类,可以针对不同的课税对象,制定体现国家政策的税收制度和具体的征管办法。

三、税率

税率是应纳税额占课税对象数额的比例，它决定单位课税对象所征收的税额。

纳税人的税收负担主要取决于税率的高低，国家财政收入的多寡也取决于税率，因此说它是税收制度的中心环节。也正因为如此，在税法中对税率的规定就显得特别重要。由于经济主体从事各种生产经营活动，在遵守国家法律和法令的前提下，他们所关心的主要是能够获取多少利润和收入，如果投入多，产出少，当然会大大减弱或停止此项经营活动。这样，税率的高低便成为经济主体推测未来经济活动是否合算的主要依据，因而成为影响企业和个人经济行为的一种极为重要的手段。

我国现行税率有以下几种形式：

（一）比例税率

比例税率是指对同一课税对象，不论数额大小，都按同一比例征税。实行这种税率，其税额随课税对象等比例增加，是应用最广泛的一种税率。比例税率的优点主要是，除计算比较简便外，还有利于企业在大体相同的条件下展开竞争，努力提高经济效益。同种产品承担相应的同等纳税义务，为了在竞争中不致失利，企业会尽力降低成本，提高产品质量。其主要缺点是，与纳税人的负担能力不完全相适应，在调节企业利润水平方面有一定的局限性。

在具体运用时，比例税率可以采取不同的表现形式：

1. 单一比例税率。单一比例税率即一个税种只规定一个比例税率，所有纳税人都按同一税率纳税。

2. 差别比例税率。差别比例税率即一个税种分别采用不同比率的比例税率。可差别比例税率按其作用范围又可分为：

（1）产品差别比例税率，即对同一产品采用同一税率，不同产品采用不同的税率。

(2)行业差别比例税率,即对同一行业采用同一税率,不同行业采用不同的税率。如对商品批发、商品零售、交通运输、服务性业务等行业采用各自不同的营业税行业税率。

(3)地区差别比例税率。为了照顾不同地区的生产水平和收益分配上的差别,区分富裕、贫穷、落后等不同情况制定高低不同的税率,如我国曾经开征过的农(牧)业税。

3. 幅度比例税率。幅度比例税率又称弹性比例税率。它是由中央规定一个税率的幅度,在此幅度内,由各地因地制宜地自行确定本地区适用的税率。如税法没规定"娱乐业"执行5%～20%的幅度税率,由各省、市自治区人民政府根据本地区的实际情况,在规定的幅度内自行确定适用的税率。

(二)累进税率

累进税率是将课税对象按照数额的大小划分为若干个等级,每一等级分别设计不同的税率。随着课税对象数额的递增,税率逐级提高,课税对象的数额越大,适用税率越高。它把税率的变动与课税对象数额的变动联系起来。这种税率制度对调节纳税人的收入或利润有明显的作用。一般适用于对所得额的课税。由于累进税率有一个累进最高点,超过最高点的部分,实际上又变成了比例税率。

累进税率按照累进依据的不同可分为两大类:

一类是按课税对象绝对数量(通常用数额表示,如利润额、所得额等)为依据的累进税率,简称为额累。按照累进方式,额累又可划分为对全部课税对象的累进和对超过部分课税对象的累进。前者称为全额累进,后者称为超额累进。

另一类是按课税对象的相对数量(通常用比率表示,如销售利润率、资金利润率等)为依据的累进税率,简称为累率。按照累进方式,累率又可划分为对全部课税对象比率的累进和对超过部分课税对象比率的累进。前者称为全率累进,后者称为超率累进。

1. 全额累进税率与超额累进税率

(1)全额累进税率是将课税对象的全部数额按照与之相适应的级次进行计税,计算简便。但累进程度急剧,特别是在两个级距临界点附近,会出现税额的增加超过课税对象数额的增加的不合理现象。

(2)超额累进税率则是按课税对象数额大小划分为若干等级,对每个等级分别规定相应的税率,分别计算税额,然后再加以汇总。这样,课税对象数额越大,则适用的等级就越多,甚至可能会适用于全部等级的税率。这种方法在计算上比较复杂,但累进的程度较为缓和,其实际负担率也低于名义税率。在实际工作中,为了解决超额累进税率计算税额的复杂性,常采用速算扣除数计税法解决。

2. 全率累进税率与超率累进税率

(1)全率累进税率是按课税对象的全部销售利润率(或产值利润率、资金利润率)找出适用税率,再直接用全部销售收入额(或产值、资金额)来乘适用税率,即等于应纳税额。全率累进税率,至今仍只是在理论上存在,还没有哪个国家采用过。

(2)超率累进税率是对纳税人的销售利润率(或其他比率)划分若干等级,每个等级规定一个税率,在课税对象比例增加,需要提高一级税率时,只对增加的部分按规定的等级税率计征。

超率累进税率的累进级距是按课税对象的某一相对量分段,而不是按绝对量分配。因此,确定某一方面课税对象适用于哪个等级的税率,不能直接判定,首先要计算出它的相对比率。这样,若某一课税对象的绝对额大,而相对比率小,则可能使课税对象处于免征额之内或适用较低的税率,反之,如果某一课税对象的绝对额较小,但相对量较大,则适用于较高税率的情况,超率累进税率的这一特点通常对大企业较为有利。

总之,额累能使利润额较大而利润率低的企业负担重,利润额小而利润率高的企业负担重;利润额大而利润率低的企业负担轻。

关于超倍累进税率,其原理和超额累进税率是一致的,所不同的是预先设计课税基数,然后就课税对象超过课税基数的倍数设计不同的级距和税率,超过的倍数越多,税率越高,原个人收入调节税,就是采用这种税率。

(三)定额税率

定额税率是按单位课税对象直接规定一定的税额,它是用绝对数表示的一种税率,是税率的一种特殊表现形式。

定额税率可以分为以下几种形式:

1. 地区差别税额。对不同的地区规定不同的税额。如资源税中对盐的征税,一般地说,对成本低、利润大的地区数额定得高些。

2. 幅度税额。中央只规定一个税额的幅度,由各地区根据本地实际情况在幅度内确定一个执行额。如已停征的烧油特别税,对原油规定每吨征收40~70元。

3. 分类分级税额。它是把课税对象划分为若干类别和等级,对各类别分别规定不同的税额,等级高的税额高。如车船税中机动船的税额,就是按净吨位的多少来规定税额的。

定额税率的优点是,从量计征,计算简便,其税额不受产品成本和价格变动的影响,有利于鼓励企业提高产品质量,改进包装。但因应纳税额与课税对象价值的增减脱钩,所以不能使国家财政收入随着国民收入的增长而同步增长。

四、税目

税目是根据征税对象确定的具体的征税项目和范围。它体现了征税的广度。有些税由于课税对象简单、明确,例如,房产税等,当然没有另行规定税目的必要。但是,从大多数税种来看,课税对象都比较复杂,在征税时,对这些税的课税对象还需作进一步划分,并作出具体的界限规定,而这个规定的界限范围,就是税目。

规定税目,是税收技术上的需要。通过规定税目,可以划分各种税的征免界限,凡属于税目之内的商品或经营项目,就要征税,而不属于这些税目之内的,就免于征税。规定税目,也是贯彻政策的需要。对有些税目要制定较高的税率,有些税目可能制定一般的税率,对另外一些税目,则可能制定很低的税率。通过制定不同的税率,便于贯彻一定时期的经济政策和税收政策。

制定税目通常有下面两种方法。

(一)列举法

列举法是指按照每一种商品或经营项目分别设计税目。列举法有正列举法和反列举法。正列举法就是列举的都征税,没有列举的不征税。反列举法就是列举的不征税,没有列举的都征税。列举法的优点是界限明确,便于掌握;缺点是税目过多,不便查找。

(二)概括法

概括法是指按照商品大类或行业设计税率的税目。概括法的优点是税目较少,便于记忆;缺点是税目设置过粗,不便于贯彻国家的经济政策。

列举法和概括法互有短长,在具体运用时,应进行有机地结合,单纯地强调某一方法而否定另一方法,都会给征税工作带来困难。

五、纳税环节

纳税环节是指在商品流转过程中应当缴纳税款的环节。

社会产品从生产到消费是一个复杂的过程,往往要经过很多环节,如工业品要经过工业生产、商品批发、商业零售等环节;农产品要经过农业生产、商业采购、商业批发和商业零售等环节。

纳税环节,也就是对上述各个环节确定具体在哪个环节交纳税款。一般来说,应当根据社会产品生产和流通的实际情况来确定:哪个环节创造和实现的盈利较多,就在哪个环节纳税。

在复杂的经济活动中,确定在什么环节纳税,关系到税制结构、整个税收体系的布局以及国家财政收入能否得到保证,关系到税款能否及时入库和加强经济核算,因而纳税环节是税制的构成要素。

按照纳税环节的多少,对商品流转额的课税,可分为以下几种课征形式:

第一,同一种税,只在一个环节课征的,称为"一次课征制"。

第二,同一种税,规定在两个流转环节课征的,称为"两次课征制"。比如,工业品在出厂销售时,征一次工业环节的税,经过商业零售时,再征一次零售环节的税。这样确定纳税环节,符合工业品纯收入分布情况。同时,在工业环节征税,还能适应有些工业品直接由企业出售给消费者的情况,便于控制税源,有利于国家及时取得财政收入和简化征收手续。在采购环节征税,可使分散的税源集中在一个环节交纳,既简化征收手续,又便于征收管理。

第三,同一种税,在每个流转环节都要课征的,称为"多次课征制",我国现行营业税就采用这种办法。

六、纳税期限

纳税期限是指税法规定纳税人应当缴纳税款的期限。

各种税收都要明确规定交纳税款的期限,这是由税收的固定性、强制性特征所决定的,是税收的固定性、强制性在时间上的体现。

确定纳税期限的方法,通常有以下三种:

第一,根据国民经济各部门生产经营的不同特点和不同课税对象确定。如原农业税由于农业生产的季节性,一般实行夏秋两季征收入库。

第二，根据纳税人应纳税收数额的多寡确定，对税收数额较大的，纳税期限规定短一些；对税收数额较小的，纳税期限规定长一些。

第三，根据应税行为发生的特殊情况，实行按次立即征收。如契税等，每次行为发生后，立即征收，以免发生偷漏税。

按期交纳税款时，无论数额大小，均应在纳税期限内缴入国家金库。超过了纳税期限规定的，则要收取滞纳金。

七、减税、免税

减税、免税是为了照顾某些纳税人的特殊情况，为解决在一般规定中所不能解决的实际问题而采取的一种特殊措施。它把税收的严肃性和必要的灵活性结合了起来。

之所以要作这种特殊规定，是因为税种、税率只能根据经济发展的一般情况和社会平均水平来确定，它可以适应广泛性、一般性的要求，而不能适应个别的、特殊的要求。在现实生活中，具体到不同纳税单位，往往因为各种客观因素的影响，使得它们的负担能力有很大差别。因此，为了照顾个别的、特殊的要求，以及支持和鼓励某些行业、产品和经营项目的发展，就需要在统一税制的基础上，有一种对特殊情况实行特殊调节的手段加以补充，因而减免税成为税制构成要素之一。

减免税主要包括如下三方面内容。

（一）减税和免税

减税是对应纳税款少征一部分税款；免税是对应纳税额全部免征。一般减免税都属于定期减免性质，规定有具体的减免期限，到期就恢复征税。

（二）起征点

起征点是税法规定的可以征税的界限，低于起征点的免征，达到或超过起征点的，就其全部数额征税。

(三)免征额

免征额指在课税对象总额中预先规定免于征税的数额,免征额部分不征税,超过免征额的,只就超过的部分征税。

起征点和免征额所包含的内容是不同的。起征点是对那些收入较少的纳税人的一种照顾,收入所得不足规定的起征点不交税,免征额则是在考虑纳税人的收入所得应扣除一定数额费用的条件下做出的规定。

减税和免税是直接通过减少国家财政收入,增加纳税人的经济利益发挥调节作用的,在一定时期内使用,必须要有一定的控制。在执行过程中,要依法进行减税,如果离开税法,各行其是,不但不能保证财政收入,而且还会脱离宏观经济政策的指导,影响国民经济的发展。因此,必须要加强税收立法宣传工作,强调税法的严肃性、统一性,从严控制减免税。

八、违章处理

违章处理又称罚则。它是对纳税人在发生违反税法行为时所做的处理规定,是维护国家税法严肃性的一种必要措施。

税法是国家法律的组成部分,对纳税人具有法律约束力,纳税人必须依法及时足额地交纳税款,履行应尽的义务。如果违反税法,就要受到一定的法律制裁。这是税收强制性的具体表现。

税收违章行为是指偷漏税、欠税、抗税以及违反其他有关税收管理规定的行为。

违章处理的方式主要有:

(一)欠税

纳税人欠缴应纳税款,除由税务机关追缴欠缴的税款、滞纳金外,并处欠缴税款50%以上5倍以下罚款。

(二)偷税

纳税人伪造、变造、隐匿、擅自销毁账簿、记账凭证,或者在账簿上多列支出或者不列、少列收入。或者经税务机关通知申报而拒不申报或进行虚假申报均为偷税。对纳税人偷税的,由税务机关追缴其不缴或少缴的税款、滞纳金,并处不缴或少缴的税款50%以上5倍以下罚款;构成犯罪的,依法追究刑事责任。如偷税数额占应纳税额的30%以上且偷税数额在10万元以上的,处3年以上7年以下徒刑,并处偷税数额1倍以上5倍以下罚金。

(三)骗税

以假报出口或其他欺骗手段,骗取国家出口退税款,由税务机关追缴其骗取的退税款,并处以骗取退税款1倍以上5倍以下罚款。骗取退税数额较大的,除了税务机关追缴其骗取的退税款外,视情节轻重,最高可处10年以上有期徒刑或无期徒刑,并处骗取款1倍以上5倍以下罚款或者没收财产。

(四)抗税

以暴力、威胁方法拒不缴纳税款的,视为抗税,除由税务机关追缴其拒缴的税款、滞纳金外,依法追究刑事责任。情节严重的,可处3年以上7年以下有期徒刑,并处1倍以上5倍以下罚款。

第四节　税收负担

一、税收负担的概念

税收负担简称“税负”,是指由于国家征税而给纳税人带来的经济利益损失。从绝对额考察,它是指纳税人应支付给国家的税款额;从相对额考察,它是指税收负担率,即纳税人的应纳税额与其计税依据价值的比率。这个比率通常被用来比较各类纳税人或各类课税对象的税收负担水平的高低,因而是国家研究、制定和调整税收政策的重要依据。

税收负担是税收政策的核心。任何一项税收政策都是通过税收负担的具体落实来贯彻实施的,因此,制定税收政策首先应该考虑税收负担定在什么水平上比较合理。如果定低了,会影响国家财政收入,而定高了,又会挫伤纳税人的积极性,妨碍社会生产力的提高。一般说来,税收负担水平的确定既要考虑政府的财政需要,又要考虑纳税人的实际负担能力,二者必须兼顾,不能偏废。税收负担的轻重是通过税收制度的某些构成要素如税率、计税依据、减免税等综合体现出来的,所以,政府在制定税收制度、选择各项构成要素时,就应该贯彻国家需要与实际可能相结合的原则。

从宏观经济学角度来考察,税收负担就不仅仅是指纳税人支付给国家的税款,它还包括由于政府征税而给社会经济造成的损害,即税收的超额负担,也包括政府征税发生的税务行政费用和纳税人缴税发生的奉行纳税费用。这种广义上的税收负担概念是现代税收理论研究的一个重要课题。

通常衡量纳税人的税收负担水平的高低有两个指标,一个是实际税收负担率,一个是名义税收负担率。

第一,实际税收负担率。它是指纳税人实际缴纳的税款与其所得或收益的比率,反映纳税人实际所负担的税负水平。由于税收政策中规定了许多减免税优惠,使纳税人实际缴纳的税款往往少于其应当缴纳的税款,因此,纳税人的实际税收负担率一般低于其名义税收负担率。

第二,名义税收负担率。它是指纳税人按照税法规定应该缴纳的税款额与其所得或收益的比率,是比较纳税人或课税对象所承担的税负水平的一个主要指标,也是国家研究制定和调整税收政策的重要依据。名义税收负担率可根据需要分为单个纳税人的负担率、同类型纳税人的负担率、某个税种的负担率,以及某个地区乃至全社会的平均负担率。

二、影响税收负担水平的因素

影响税收负担水平的因素主要有三类:一是经济因素,包括社会经济发展水平,如生产规模、增长速度、经济效益与人均国民收入等;国家对社会经济生活的调控政策与程度;国家与企业之间的分配体制;国家的财政政策与收支状况等。二是税制因素,包括税率的高低,计税依据的确定,减税、免税、加成与加倍征收等规定。三是非正常因素,包括征收管理水平,纳税人的守法程度等。税收负担最终取决于国家所需要的财政资金数量和经济发展水平所决定的承受能力。

三、税收负担水平对社会经济生活的影响

税收负担对社会经济生活具有重要影响,具体体现在:社会总税负会影响社会总需求与总供给的协调与平衡,影响全社会积累与消费的比例,影响国家财政收支规模,影响社会再生产的规模、速度与方式,影响国家、企业和职工三者利益分配格局,影响国民整体生活水平等;部门、行业税负影响产业、产品结构;不同经济成分的不同税负影响所有制结构;地区性差别税负影响区域经济发展;涉外税负影响对外经济技术合作;纳税人个别税负影响企业利润,从而影响他们的生产经营方向及投资能力,影响居民收入水平与消费水平;特定政策下的税收负担,影响劳动就业等。税收对社会经济生活的调节作用主要是通过税收负担实现的。

四、考核税收负担的经济指标

(一)反映国家税收总负担的指标

反映国家税收总负担的指标主要有3个:

$$\text{税收占国民收入的比率} = \frac{\text{税收总额}}{\text{同期国民收入}} \times 100\%$$

$$税收占国民生产总值的比率 = \frac{税收总额}{国民生产总值} \times 100\%$$

$$税收占个人收入总额的比率 = \frac{税收总额}{同期个人收入总额} \times 100\%$$

(二)反映企业税负水平的指标

反映企业税负水平的指标,通常包括4个:

$$企业税收总负担率 = \frac{纳税总额}{同期销售收入} \times 100\%$$

$$企业间接税负担率 = \frac{各种间接税合计}{同期销售收入} \times 100\%$$

$$企业所得税负担率 = \frac{实纳所得税额}{同期利润总额} \times 100\%$$

$$企业资金税收负担率 = \frac{纳税总额}{固定资产平均原值 + 流动资金平均原值} \times 100\%$$

根据上述指标,具体考核各层次的税收负担情况,对于量度税收负担实际水平,分析其与经济、财政的相互关系,调整、完善、改革税收制度,改进税收工作等,具有重要的意义。

五、宏观税负的衡量标准和影响因素

衡量一国总税负的国际公认指标是:税收总额(T)占国民生产总值(GNP)或国内生产总值(GDP)的比值,而后者(T/GDP)比前者(T/GNP)应用得更为广泛。

(一)影响一国税收规模的主要因素

影响一国税收规模的因素主要有两个方面:一是根据国家的经济实力,税收能够动员多少财政收入;二是国家为了实现其职能,要求税收给国家动员多少财政收入。前者是"可能"的问题,后者是"需要"的问题。从这两方面考虑,影响税收规模的主要因素有:生产力发展水平、经济制度、国家职能、国家的国际收支状况以及公共秩序、战争等政治因素。政治因素有时对税收规模的影响很大。但是,从长远看,影响税收规模的因素主要是生产力发展水平、经济制度和国家职能等。

1. 生产力发展水平。它是影响税收规模的决定性因素。所谓生产力发展水平是指一个国家已经达到的经济实力,也是指一个国家的劳动生产率的高低,特别是剩余劳动生产率的高低,因为正是这种剩余劳动生产率的高低,才决定了社会剩余产品和新增社会财富数量的多少,也决定了税收收入的多少。因此,一般来说,生产力发展水平较高、剩余劳动生产率高、经济发达的国家,其税收规模有可能大于生产力发展水平不高、剩余劳动生产率较低、经济不发达的国家。但是,有些生产力发展水平不相上下的国家,税收规模却可能很不相同,甚至有些生产力发展水平较高的国家和地区,其税收规模反而低于生产发展水平较低的国家和地区。这是因为生产力发展水平虽然是影响税收规模的决定性因素,但不是唯一的因素。

2. 经济制度。一般说,实行生产资料公有制,特别是实行生产资料国家所有制的国家,由于生产资料属于国家,就从制度上为集中更多的税收收入提供了可能,因此,在生产力发展水平不相上下的国家中,实行生产资料公有制的国家的税收规模有可能大于生产资料私有制的国家。甚至某些生产力发展水平较低的生产资料公有制的国家的税收规模,有时税收规模还大于生产力发展水平较高的私有制的国家。比如,长期以来,苏联等实行高度集中型计划经济的国家,其财政收入规模(包括税收和上缴利润)就比较大。但是,这种状况是否有利于调动企业和职工的积极性,是否有利于生产力的发展,是另外一个值得探讨的问题。

3. 国家职能。国家职能的大小,即政府活动范围及其规模,对税收规模的影响也很大。因为政府的活动范围及其规模,往往同政府财政支出的大小成正比例,而财政支出的大小又同税收收入的多少成正比例。因此,正确确定政府活动范围对确定税收规模是很重要的。确定政府的活动范围及其规模,是一个相当困难的问题。这不仅是政治家和社会活动家经常注意的问题,而且也是经济学家经常注意的问题。亚当·斯密认为,政府的活动范围,只应限于三项。第一项是国防,第二项是司法行政,第三项是建立并维持某些公共机关和公共工程。这些活动,都是为社会再生产提供外部条件的,而很少同社会再生产有直接的联系,亚当·斯密是反对政府直接干预经济的。而凯恩斯则认为,西方市场经济不会自发地实现社会的供求平衡,这种平衡只有通过国家的财政税收政策"刺激需求"和"扩大有效需求"才能实现。因此,他主张国家应对经济实行广泛的和直接的干预调节。货币学派和供给学派产生以后,又提出反对国家过多地干预经济的理论和政策主张,甚至认为,西方社会的经济"滞胀"和混乱,大都是由于政府采取了旨在干预市场经济的错误的财政金融政策造成的。从西方国家的历史经验看,在确定政府活动范围问题上,经济学家们对亚当·斯密提出的三个方面没有争议,争论在于政府应不应该干预经济以及干预的规模,上面确定的政府活动范围,对于社会主义国家来说是一个涉及有关国家学说的重要政治问题。只有把这个问题研究清楚,才能正确地进行政治体制改革和深化经济体制改革,也才能正确地确定税收的规模。过去的一些社会主义国家,对如何实现国家组织经济职能的问题,并没有从理论上和实践上加以解决,以致错误地认为,各级政府对具体的经济事务干预得越多,仿佛越能体现国家组织经济的职能。其实,政府对具体的经济事务抓得越多,有可能越不能体现国家组织经济的职能,从而越不能真正"从政",管好方针、政策、规划和服务监督。所以,正确确定政府活动范围,特别是正确实施对经济的管理,是政府转变职能、简政放权、政企分开和确定税收规模的前提条件。

(二)宏观税收负担的国际比较

如以 T/GDP 为衡量指标,世界各国税收负担总水平大体可划分以下三类:

第一类,重税负国。大多数经济发达国家属于此类。T/GDP

比值一般在35%以上，税负最重的几个国家，像瑞典、丹麦、比利时、法国、荷兰等，T/GDP比值甚至达到50%上下。发达国家之所以有条件实行重税，主要理由有三点：一是人均国民生产总值高，纳税人的承受能力强；二是国家职能范围宽，公共服务支出多，特别在统筹社会保障方面，享受的面大，标准高，形成了财政的多收多支；三是有历史的演变过程，高税政策通常是随着国力的增强而逐步演进的。北欧的瑞典便是一个突出的典型。其人口约840万，是当今世界最富国之一，人均国民生产总值约2万美元，税收占国内生产总值的50%以上。政府对社会保障几乎无所不包，美称为“福利国家”。而它一年大体可征收社会保障税1 000亿克朗（相当于160亿美元），占各税总额的1/3以上。多数重税国，T/GDP比值在35%～45%之间，如意大利、奥地利、英国、德国、爱尔兰等。在西方国家中，美国、澳大利亚、日本、瑞士等，税负不算太重，T/GDP比值只有30%左右。

第二类，中等税负国。多数国家属于此类。T/GDP比值一般在20%～30%之间，如肯尼亚、莱索托、南非、突尼斯、扎伊尔、斯里兰卡、马耳他、以色列、埃及、也门、巴西、哥伦比亚、多米尼加，等等。这一类国家中的大多数，财政收支并不宽裕。政府需要多收税，但限于国家的经济发展水平低，税源不丰厚，国民的负担能力低，税负比值难于提高。不少经济落后的国家，T/GDP比值虽然没有超过20%，但纳税人已感到负担沉重，苦不堪言。

第三类，轻税负国（或地区）。T/GDP比值不超过20%，大多在15%上下，有的还不及10%。这种类型的国家（地区）分三种情况：其中一部分属于避税港，实行低税模式。这些国家（或地区）税负虽轻，但小国寡民，人均国民生产总值高，财力富足，人民生活富裕。另一部分属于经济不发达国家。国民生产总值不高，税源小，财政收支紧张。比如玻利维亚，它是拉丁美洲各国中经济发展较慢的一个内陆国。第二次世界大战以后的40年，一直以采矿业，特别是锡的生产和出口为主。粮食长期不能自给，工业基础薄弱，制造业占国内生产总值的比重不及20%，人均收入长期在1 000美元上下徘徊。由于税源小，T/GDP比值低到只有5%左右。其中所得税占税收总额的10%左右，境内的商品及劳务税占20%左右，税收大头靠关税，占40%左右。再有一部分是财政靠非税收入为主的资源国，特别是石油输出国。由于这是国家的税收占财政收入的比重低，T/GDP比值自然也低。如阿联酋，其财政收入几乎百分之百来自非税收入，科威特的非税收入约占95%。伊朗约占60%。资源国中非税收入比重大的还有巴林、约旦、阿曼、叙利亚、博茨瓦纳等。

需要指出的是，以T/GDP比值衡量税负总水平，是从宏观角度考虑而言的。税负总水平高必然要分解落实到具体税种上，如果某个具体税种的负担畸重，对社会经济机制的运行和纳税人经济生活的影响可能是非常严重的。过重的商品税，势必影响供给；过重的所得税，势必影响投资；过重的财产税，势必影响储蓄。如此等等，不容忽视。著名的“拉弗曲线”原理的要点是，税率高低有一个最佳点。低于最佳点，固然会少收税，高于最佳点；由于苛重的税收负担扼杀了税源的正常增长，税收的实际收入也会减少。而因此说，国家如果不收税，则国家机器无法运转，政府的公共需求无法支付，经济将失去一个有力的调节手段，这显然是不行的，但税收的高低，有一个“适度”的问题。

六、最适课税理论

（一）最适课税理论的基本含义

最适课税理论是研究如何以最经济合理的方法征收某些大宗税款的理论。站在税制结构的角度而言，即以怎样的方式、方法对应税行为和结果的合理征税。从课税原则上说，尽管有各种主张，但在公平与效率的原则方面存在着共识。最适课税理论就是以资源配置的效率性和收入分配的公平性为准则,对构建经济合理的税制体系进行分析的学说。围绕着公平标准与效率标准,学术界对到底应该对哪些商品征税、所得税应当累进到何种程度、商品课税与所得课税应该如何组合等这些财政学中非常重要的问题进行了深刻的分析。特别是20世纪70年代以来,对这些问题的规范性研究取得了长足进步,从而形成了"最适课税理论"。英国剑桥大学经济学教授詹姆斯·米尔利斯和加拿大籍美国哥伦比亚大学名誉教授威廉·维克里,也因对此理论的形成所作出的重要贡献而共同分享了1996年诺贝尔经济学奖。

理想的最优课税理论是假定政府在建立税收制度和制定税收政策时,对纳税人的信息(包括纳税能力、偏好结构等)是无所不知的,而且政府具有无限的征管能力。可是,在现实中,政府对纳税人和课税对象等的了解并不完全,同时征管能力也有限。所以,在这种信息不对称的情况下,最适课税理论研究的是,政府如何征税才能既满足效率要求,又符合公平原则。

构成最适课税理论的基石包括三个方面:首先,个人偏好、技术(一般可获得连续规模效益)和市场结构(通常是完全竞争)要明确地表现出来。其次,政府必须通过一套管理费用低廉的、有限的税收工具体系来筹措既定的收入。其中,纳税义务与其经济决策无关的一次总付税一般不予考虑,而且,在对经济做出某些假定的情况下,税收工具的任何选择都将与个人的消费情况相关。最后,在多人模型中,以效用的社会福利函数(对个人的效用水平进行加总,用来测定社会福利)作为标准函数,计算出各种结果,据此在有限的税收工具体系中选择最适税制。

最适课税理论主要对如下三个问题进行了研究:一是直接税与间接税的合理搭配问题;二是寻找一组特定效率和公平基础上的最适商品税;三是假定收入体系是以所得课税而非商品课税为基础的,问题是确定最适累进(或累退)程度,以便既实现公平又兼顾效率。可见,从现实情况出发,最适课税理论研究的核心是如何实现税制的公平与效率兼顾:商品课税容易实现效率目标(没有扭曲效应或超额负担最小),而要解决的问题是如何使其具有公平收入分配功能;所得课税容易实现公平收入分配目标,而要解决的问题是如何使其促进经济效率的提高。

(二)最适课税理论的主要内容

1. 直接税与间接税应当是相互补充而非相互替代。许多经济学家从不同角度分析了直接税(所得税)和间接税(商品税)的优劣,虽然莫衷一是,但一般认为所得税是一种良税,而差别商品税在资源配置效率方面也是所得税所不能取代的。所以,最适课税理论首先承认无论是商品税还是所得税都有其存在的必然性。

2. 税制模式的选择取决于政府的政策目标。在所得税和商品税并存的复合税制情况下,是以所得税还是以商品税作为主体税种影响到税制的总体功能。一般而言,所得税适用于实现分配公平目标,商品税适用于实现经济效率目标。如果政府的政策目标以分配公平为主,就应选择以所得税为主体税种的税制模式;如果政府的政策目标以经济效率为主,就应选择以商品税为主体税种的税制模式。所以,一国的税收制度最终实行何种税制模式,要取决于公平与效率目标间的权衡。

3. 逆弹性命题。这是指在最适商品课税体系中,当各种商品的需求相互独立时,对各种商品课征的各自的税率必须与该商品自身的价格弹性呈反比例,这种逆弹性命题也称为拉姆斯法则。逆弹性命题的含义表明,一种商品的需求弹性越大,征税的潜在扭曲效应也就越大。因此,最适商品课税要求:对弹性相对小的商品课以相对高的税率;对弹性相对大的商品课以相对低的税率。如果对无弹性或低弹性商品(如食品)采用高税率征税,会使总体超额负担最小化,是一种最适税制。

4. 最适商品课税要求开征扭曲性税收。这是因为政府在大多数情况下不能获得完全的信息,而且征税能力受到限制,因此,按拉姆斯法则课征商品税不能保证生产高效率,还必须课征其他扭曲性税收。同时,要使商品税具有再分配功能,也必须征收扭曲性商品税。就现实的一般情况而言,要使商品税具有再分配功能,需要如下两个前提条件:一是要有一套差别税率;二是对必需品适用低税率或免税,对奢侈品适用高税率。

5. 所得税的边际税率不能过高。在政府目标是使社会福利函数最大化的前提下,社会完全可以采用较低累进程度的所得税来实现收入再分配,过高的边际税率不仅会导致效率损失,而且对公平分配目标的实现也无益。

6. 最适所得税率应当呈倒"U"型。从社会公平与效率的总体角度来看,中等收入者的边际税率可适当高些,而低收入者和高收入者应适用相对较低的税率,拥有最高所得的个人适用的边际税率甚至应当为零。这一结论是基于这样的判断:在同样的效率损失情况下,政府通过提高中等收入者的边际税率,从较为富裕者那里取得更多的收入,而通过降低最高和最低收入者的边际税率,增加这一群体的福利(效用),从而既能实现帕累托改进,又能促进收入分配公平。

前两项内容是最适课税理论关于直接税与间接税搭配的结论,第三、第四项内容是最适商品课税理论,最后两项内容是最适所得课税理论。总之,最适课税理论的基本内容可归结为以下三个方面:①直接税与间接税两者不能偏废,要同时依据一国的经济发展阶段和政府的经济政策目标确立税制模式;②对商品和劳务征税要实行差别征税制度,对必需品适用低税率,对奢侈品则适用高税率;③对所得征税最好采用低累进税率制度,而且实行倒"U"型所得课税,即对低收入者和高收入者适用相对较低的税率,而对中等收入者适用较高的税率。

第五节　税收的经济效应

税收作为国家对部分社会产品的强制性分配，在实现其资源配置、收入分配、经济稳定和经济发展的职能过程中，对所有经济行为主体和国民经济运行具有很大影响。因此，只有透彻理解税收的经济效应，才能制定出科学的税收政策，优化税制结构，选择合理有效的税收优惠措施。

一、税收的宏观经济效应

（一）税收的经济增长效应

1. 宏观税负水平与经济增长。宏观税负水平指一国税收收入总额占 GDP 的比率，它的高低反映出政府在国民经济总量中集中程度的大小，反映了政府社会经济职能和财政职能的强弱，故对社会经济发展具有很大影响。

第一，宏观税负水平与经济增长的理论解释——拉弗曲线。供给学派认为，从政府税收来看，决定税收收入总额的因素，不只是税率的高低，还要看税基（国民收入）的大小。提高税率不一定都会使税收收入增加，有时反而会减少税收收入。因为税率过高，税收负担加重，经济主体的活动受到限制，会削弱工作和投资的积极性，造成生产下降趋势。供给学派这一思想可用所谓的“拉弗曲线”来解释。

拉弗曲线说明了税率与税收收入和经济增长之间的函数关系。在图 7－1 中，横轴代表税率，纵轴代表税收收入。税率从原点开始为 O，然后逐级增加至 B 点时为 100%；税收收入从原点向上计算，随着税率的变化而变化。税收收入与税率的函数关系呈曲线 OAB 状态（抛物线形），当税率逐级提高时，税收收入也随之增加。税率提高至 OC 时，税收收入达到最大，即 OA；税率一旦超

过 OC,税收收入反而减少;当税率上升到 OB(100%)时,税收收入将因无人愿意从事工作和投资而降为零。供给学派把 CAB 部分,即图中的阴影部分称为“禁区”。税率进入禁区后,税率提高,税收收入减少;税率降低,税收收入反而会增加。供给学派认为,美国 20 世纪 80 年代初期的税率处于禁区,要恢复经济增长势头,就必须降低边际税率。此后,在美国的带动下,全世界掀起了以减税为核心的税制改革浪潮。

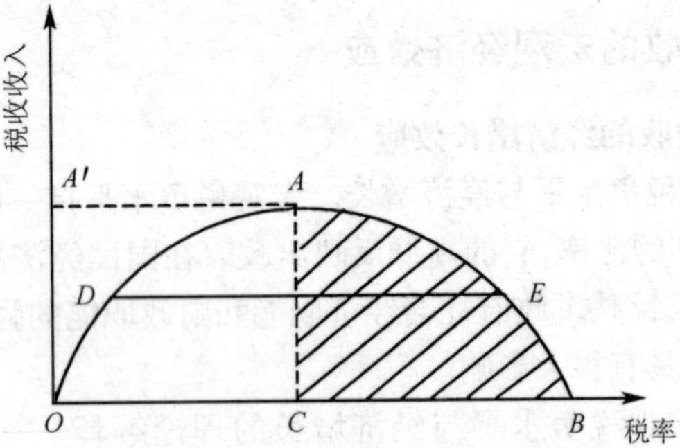

图 7-1　税率与税收收入的关系

拉弗曲线的经济含义至少有以下三个方面:①高税率不一定能取得高收入,而高收入也不一定要实行高税率。因为高税率会挫伤生产者和经营者的积极性,削弱经济行为主体的活力,导致生产停滞或下降。②取得同样多的税收收入,可以采取两种不同的税率,如图中的 D 点和 E 点,税收收入是相等的,但 D 点的税收负担很轻。低税负刺激了工作意愿、储蓄意愿和投资意愿,从而促进经济增长;随着经济的增长,税基扩大,税收收入自然增加。③税率、税收收入和经济增长之间存在着相互依存、相互制约的关系,从理论上说应当存在一种兼顾税收收入与经济增长的最优税率。因此,保持适度的宏观税负水平是促进经济增长的一个条件。

第二,宏观税负水平与经济增长的经验解释——马斯顿的经验分析。世界银行经济学家凯思·马斯顿选择了具有可比性的20个国家的经验数据,研究了税收比率的高低对经济增长率的影响,基本结论是:一国的低税收比率对提高本国的经济增长率具有积极的促进作用。

从选择的20个样本国家来看,低税负国家的国内生产总值的实际增长率,高于高税负国家。低税样本国家的国内生产总值非加权平均年增长率为7.3%,而高税样本国家仅为1.1%。低税样本国家中的每一个成员国,其经济增长也超过了高税样本国家中经济发展最快的国家。

税收比率作为一种政策变量,对经济增长率的影响可以利用回归分析来研究。马斯顿就20世纪70年代20个样本国家的平均税收比率进行了回归分析。分析结果表明:低收入国家的税收变量系数是-0.57,考虑到投资和劳动力增长后的税收变量系数是-0.30;而高收入国家的税收系数,分别为-0.34和-0.08。这表明,税收比率提高对经济增长的消极影响,在低收入国家比在高收入国家要严重得多。

从上述分析可以看出,低税收比率促进经济增长,主要是通过两个机制实现的:首先,较低的税收比率可以导致较高的要素收益率,而较高的收益率会刺激这些生产要素的总供给,从而提高总产出水平。其次,低税国家的各种税收刺激,将使资源从低生产率部门和活动转移到高生产率部门和活动,从而提高资源使用的整体效率。

2. 税制结构与经济增长。在过去的几十年里,经济发达国家基本上都是以直接税为主,并以所得税(包括社会保险税)为主体税种;而发展中国家则以间接税为主,并以销售税(包括增值税)为主体税种。发达国家与发展中国家的税制结构差异竟如此泾渭分明,这说明了什么?当然,这首先说明了一国的税制结构是由经济发展水平决定的,但这在某种程度上也表明了不同发展水平的国家,利用不同的税制结构解决不同的问题:间接税有利于发展中国家解决经济增长问题,直接税更有助于发达国家解决经济发展的某些问题。

间接税有助于促进经济增长,可以从以下三方面作出判断:

第一,间接税能够筹集较为充裕的税收收入,为政府增加有利于经济增长的支出提供必要的资金来源。首先,间接税的课税范围和税基较广。间接税即可以对全部商品和劳务征税,同时也可以对某些特定消费品征税。尤其在发展中国家,由于生产力极其低下,人均收入也很低,税收要满足政府的财政需要,以销售额和消费额作为课税对象是适当的。因为只要生产和消费行为增加,销售税和消费税收入就会增加。其次,征收管理较容易。一方面,间接税采用从价定率或从量定额征收,比所得税采用累进税率征收要简单得多;另一方面,间接税是对为数较少的厂商征收,与所得税和财产税相比较,纳税人要少得多,因此,既便于管理,而且征收费用又较少。

第二,间接税有利于储蓄和投资。首先,私人储蓄和投资的增减取决于收益率的高低,所得税由于降低了他们的收益率从而抑制了储蓄和投资行为,而间接税因对储蓄和投资的收益不征税,因而不影响私人的储蓄行为和投资行为。正如费尔德斯坦所言:"所得税使储蓄的收益率降低,因此使每个人在目前消费与为了未来有更高水平的消费而储蓄之间的选择上发生了扭曲……消费税会消除这种浪费的扭曲"。其次,间接税对应税商品和劳务征税之后,因税负在一定程度上会发生转嫁,课税商品和劳务的价格相对上涨,使消费者抑制消费,减少了消费支出,在某种程度上间接地鼓励了储蓄。

第三,从20世纪80年代初期掀起的税制改革浪潮也可以看出,同所得税相比,间接税更有利于经济增长这一观点已普遍得到接受并付诸行动。世界各国的税制改革趋势证明,不仅发展中国家重视间接税的建设和利用,就是发达国家,自20世纪70年代初的“石油危机”造成了经济“滞胀”后,特别是在供给学派的“供给管理”政策的影响下,也开始重新考虑间接税在促进经济增长中的作用,间接税提供的收入在税收总收入中所占的比重,大有回升趋势。特别值得一提的是,各国都在广泛使用增值税,尤其在工业化国家,增值税重要性的提高,改变了过去30年来间接税地位江河日下的局面。增值税只是对增值额(销售额减去购进价值)征税,从生产者和生产过程中的使用者面临的价格都相同这个意义上说,它符合所谓的“税收中性”,避免了其他一些间接税制所具有的低效率:在竞争的市场中,增值税不会改变商品间的相对价格,因此,无论两种商品何时进入企业的生产活动,这两种商品间的边际产品转换率都是相同的。换言之,企业不会因增值税而改变这两种产品的生产比例,即不影响企业的产量决策。这再一次说明,间接税是各国促进经济增长的有力手段。但是,由于我国目前的税制结构过分依赖商品劳务税,故有人提出,过高的商品劳务税比重扭曲了经济活动,不利于税收收入增长。具体表现在:①商品劳务税的税收收入弹性较低,不能保证税收收入和国民收入同步增长;②过高的商品劳务税比重增强了税收对市场—价格机制的干预能量,推动物价上涨;③政府对商品劳务税的严重依赖,扭曲了出口退税政策;④政府对商品劳务税的严重依赖,在一定程度上对产业政策产生了扭曲效应。因此,我国在今后一段时期内,应当逐步降低商品劳务税的比重,相应地提高所得税特别是个人所得税的比重,使我国税制由商品劳务税主导型逐步转换为商品劳务税和所得税并重的税制结构。

3.税收的自动稳定效应和相机抉择效应。税收作为调节手段,一是调节社会总供给与总需求的关系,一是调节收入分配关系。调节总供求关系是通过两个过程实现的:一是自动稳定机制过程,一是相机抉择机制过程。前者是在既定税收制度和政策下,受经济的内在发展规律支配;后者是政府根据经济形势的发展变化,有目的的调整税收制度和政策。这两种机制的作用过程如图7-2所示。

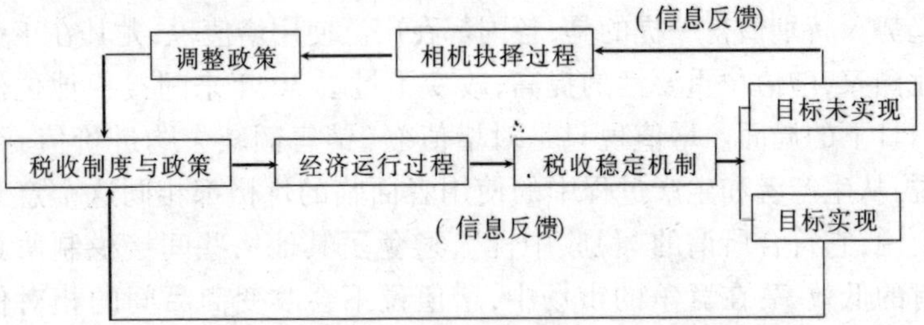

图7-2 税收的自动稳定机制与相机抉择机制

在经济繁荣时期,国民收入增加,以国民收入为源泉的税收收入会随之自动增加,相对地减少了个人的可支配收入,在一定程度上减轻了需求过旺的压力,此时,如果总需求与总供给的缺口仍然很大,政府则要采取相机抉择的税收政策,或扩大税基,或增加税种,或提高税率,或减少税收优惠,等等;在经济萧条时期,税收收入会自动减少,相对地增加了个人的可支配收入,在一定程度上缓解了有效需求不足的矛盾,有利于经济复苏,此时,如果经济依然不景气,政府可进一步采取税收措施,或缩小税基,或削减税种,或降低税率,或增加税收优惠措施,等等。

二、税收的微观经济效应

众所周知,税收的微观经济效应主要体现在两个方面:①税收将支出能力从纳税人手中转移到政府手中,发生了资源的转移;②税收会扭曲消费者对物品的选择或生产者对要素的选择,从而给纳税群体造成额外负担。进一步而言,税收微观经济效应的作用机制可以分为两个方面:一是收入效应,一是替代效应。这两个效应均可以用来分析税收对生产、消费、储蓄、投资、劳动供给等的影响。

(一)收入效应

税收的收入效应是指征税或增税使纳税人的支出能力下降。收入效应本身不会导致经济无效率,只是表明资源从纳税人手中转移到政府手中。

假定图7-3的横轴和纵轴分别代表*A*和*B*两种商品的数量;纳税人的收入是固定的,而且全部收入用于购买这两种商品,因而该纳税人的税前预算线是*CD*,也就是说,如果纳税人将其全部税前收入用于购买*A*(*B*)商品,可以购买的最大数量为*OC*(*OD*)。但是,在该纳税人收入既定的前提下,这两种商品购买量的最佳组合是由*G*点决定的。因为*G*点是该纳税人的预算线与最高的无差异曲线*U*的切点,表明购买这些数量的两种商品所得到的效用或满足程度最大。

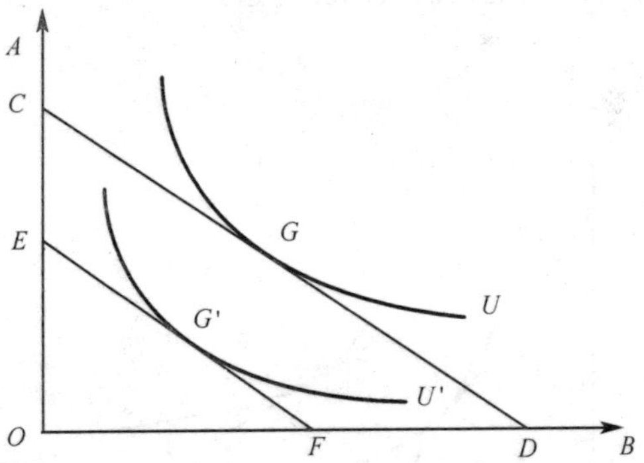

图7-3　税收的收入效应

倘若政府决定对纳税人课征一次总付税或人头税,这种税对这两种商品的相对价格没有影响,故使得该纳税人的预算线向下平行移动至 EF。税后预算约束线 *EF* 与无差异曲线 *U′*的切点 *G′*，决定了纳税人购买这两种商品的最佳数量组合，但没有改变纳税人的选择。

（二）替代效应

替代效应是指征税或增税影响相对价格，从而促使人们以某种消费或活动方式取代另一种消费或活动方式。正因为替代效应干预了消费者的选择，所以它会导致经济无效率。

假定图 7－4 中的 *CD* 是纳税人的税前预算线，购买 AB 两种商品的最佳数量组合为 *G*。倘若政府决定对 B 商品征税，而对 A 商品免税，这就改变了这两种商品的相对价格。由于对纳税人来说，B 商品相对于 A 商品变得昂贵了，因此该纳税人会减少 B 商品的购买量，从而使其预算线以 *C* 为原点向内转动，从原来的预算线 *CD* 变为 *CF*。新的预算线 *CF* 与无差异曲线 *U′*相切于 *G′*点，表明纳税人以税后收入购买现在的商品数量组合所获得的效用水平或满足程度最大。由此可见，由于政府对 B 商品征税而对 A 商品不征税，改变了纳税人购买商品的选择。

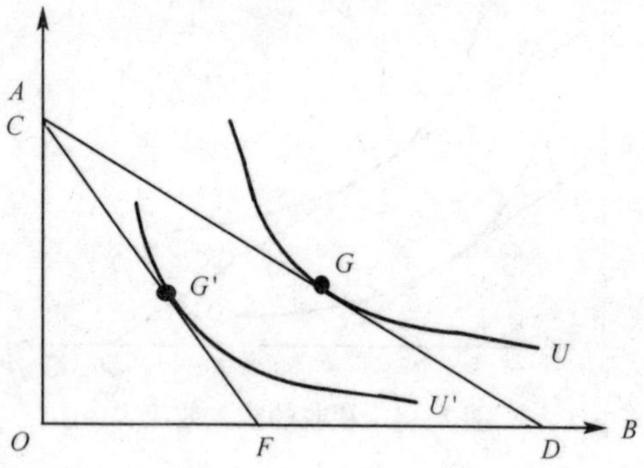

图 7－4　税收的替代效应

(三)鼓励家庭储蓄的税收效应

长期以来,经济学家们一直在税收对家庭储蓄行为的影响问题上寻找科学的答案。

在所得税制占主导地位的情况下,所得税对家庭储蓄的影响主要是通过对个人可支配收入和税后收益率(或税后利息率)的影响来实现的,从而产生了两种效应,即“收入效应”和“替代效应”。在对储蓄的利息所得不征税的情况下,对其他所有收入征税将直接减少个人可支配收入,但不影响利率水平,也就是说,不改变个人预算线的斜率。因此,由于征收所得税,个人的消费与储蓄水平同时下降了,这就是所得税对储蓄的收入效应。

在对储蓄的利息所得征税的情况下,现在的消费与将来的消费的相对价格发生了变化:将来的消费(储蓄)的价格变得昂贵了,而现在消费的价格相对下降了,个人现在将增加消费,于是产生了替代效应。税收对储蓄的替代效应,是指征税会减少纳税人的实际税后收益率,降低储蓄对纳税人的吸引力,从而引起纳税人以消费替代储蓄。

在现行所得税制下,可以通过设计和制定有利于储蓄的所得税制和税收政策来引导人们的储蓄行为。前者包括允许纳税人在其应税所得中排除一定数量(部分或全部)的储蓄,或允许纳税人在其应税所得中排除一定数量(部分或全部)的利息所得和股利所得;后者包括调整所得税政策,通过把可支配收入从低边际储蓄倾向的低收入纳税人再分配给高边际储蓄倾向的高收入纳税人,实现增加储蓄的目的,或者通过降低对利息和股利课征的有效税率,提高储蓄的净收益率,刺激个人的储蓄行为。

思 考 题

1. 简述税收的概念及特征。
2. 税收在市场经济中的作用有哪些？
3. 如何理解税负转嫁？
4. 简析税收原则。
5. 税收的宏观经济效应表现在哪些方面？
6. 税收的微观经济效应表现在哪些方面？
7. 宏观税负水平的衡量标准与最适水平是什么？

第八章　税收制度

第一节　我国税收制度的产生与发展

一、税制的产生

税制的产生,取决于两个前提条件:一是国家的产生和存在;二是私有制的存在和发展。这两个前提条件互相制约,互相影响。只有社会上同时存在这两个条件,税制才能产生。

国家的存在同税制的产生有着本质的联系。因为国家才使征税成为必要和可能。只有出现了国家,才有为了满足国家行政职能而征税的客观需要;只有产生了国家,才有国家政治权力征税的可能。因此,恩格斯讲"强有力的政府和繁重的赋税是同一个概念"。

私有制的出现同税制的产生也有着直接的联系。因为税收凭借的是国家的政治权力而不是财产权力,对于那些本来就属于国家所有或者国家可以直接支配使用的社会产品,国家无须通过税收方式征税。只有社会上存在着私有制,而国家需要对私有财产行使支配权,把原属于私有者的一部分社会产品转为国家所有的情况下,才有必要采取税收方式。

税制是国家政权和私有制经济相结合的产物。

二、税制的发展

(一)税制结构的变化

1. 以古老的直接税为主的税制。在奴隶社会和封建社会,由于商品货币经济不够发达，统治者只能主要采用直接对土地和人丁课征的直接税，一般包括以下几种。

(1)从田税。根据土地数量征收，由于土地是客观存在的，可资查证。但是，丈量土地、整理地籍的手续烦琐。

(2)从丁税。根据人口数量征收，可以避免因土地丈量不实，而常有欺瞒状况发生的现实。但是，人丁流动性大，也给征收带来不便。

(3)从户税。由于土地调查较难，人丁又极易流动，所以避难就易，从户而征。但是，这样也容易形成累世同居、不肯分账的避税现象。

2. 以间接税为主的税制。由于商品货币经济的发展，古老的直接税逐渐被取消或降到了次要的地位，而对商品课征的间接税，逐渐上升到主要地位。间接税是对商品课征，税款包含在商品销售价格中，并非由商品生产者负担，而是由购买商品的消费者负担。

3. 以现代的直接税为主的税制。18 世纪末，英国对拿破仑战争中，为应付战争急需，皮特政府首次开征所得税。所得税对所有社会成员，包括资产阶级在内都征收，所以，在当时自然也遭到了资产阶级的反对，于是政府只得把所得税作为一种临时性税种，时征时停，直到 1842 年才固定下来。目前，所得税已成为发达国家的主体税种。

(二)征收形式的演变

奴隶社会和封建社会初期，自然经济占主导地位，商品经济不够发达，国家主要采取征收实物的形式进行征税。到了封建社会末期和资本主义社会，商品经济逐渐发达，实物征收形式为主的税收方式逐步过渡到货币形式征收为主，但是，以实物形式进行征税并未彻底消失，有些国家在采取以货币形式征税的同时，采取了以实物形式征税。

三、我国税制的沿革

新中国的税收制度是1950年确定的。随着国家政治经济形势的发展变化，我国税制经历了从建立、发展到逐步走向完善的过程。大体分为以下几个阶段。

（一）新中国税制的建立与修订

1.1950年统一全国税收。1949年11月24日～12月9日，中央人民政府召开首届全国税务会议，制定了《关于统一全国税政的决议》、《全国税政实施要则》和《全国各级税务机关暂行组织规程》三个税收文件，并于1950年1月由政务院公布施行。《全国税政实施要则》规定了统一全国税政和平衡城乡负担问题；规定了除农业税外在全国开征14种税收，即货物税、工商业税、盐税、关税、薪给报酬所得税、存款利息所得税、印花税、遗产税、交易税、屠宰税、房产税、地产税、特种消费行为税、使用牌照税；规定了各级政府的税收立法权限以及税务机关的任务和职权等项内容。

2.1953年修订税制。到1952年底，由于我国完成了恢复国民经济的任务，政务院财经委员会颁布了《关于税制若干修正及实行日期的通告》，于1953年1月1日起实行。这次税制修订的主要内容有：试行商品流通税，把原货物税、营业税及附加、印花税合并为一种税，未试行商品流通税的商品依原办法征收；修订货物税和营业税；取消特种消费行为税。

（二）1958～1978年期间税制改革

1.1956年我国基本上完成了对农业、手工业和资本主义工商业的社会主义改造，生产关系发生了具有重大历史意义的改变。经济结构和征纳关系的变化，使原税制明显变得不适应。1958年9月，全国人大常委会讨论通过《工商统一税条例（草案）》，并由国务院公布试行。这次改革的主要内容是：实行工商统一税，取代原有的货物税、商品流通税、营业税和印花税；建立工商所得税。

经过此次改革,我国仅保留了11个税种:工商统一税、工商所得税、盐税、关税、农(牧)业税、屠宰税、城市房地产税、车船使用牌照税、牲畜交易税、集市交易税和契税。

2. 1973年根据“合并税种,简化征收方法”的原则,进行了税制改革。这次改革的主要内容是:合并税种,把工商统一税及其附加、城市房地产税、车船使用牌照税、盐税和屠宰税合并为工商税。合并后,对国营企业只征工商税,对集体企业只征工商税和工商所得税;简化税目税率,税目由原108个减为44个,税率由141个减为82个,大部分企业可以简化到只按一个税率缴税。

(三)1979~1993年期间的税制改革

1978年党中央召开了十一届三中全会,提出了对外开放、对内搞活的指导方针,要求税制必须与其相适应。从1979年开始的税制改革的主要内容是:陆续开征产品税、增值税、营业税、消费税;陆续开征国营企业所得税、集体企业所得税、城乡个体工商户所得税、私营企业所得税、个人收入调节税;陆续开征或恢复城市房产税、车船使用税、土地使用税、资源税和盐税;陆续开征中外合资经营企业所得税、外国企业所得税和个人所得税;新开征投资方向调节税、国营企业工资调节税、奖金税、筵席税、城市维护建设税等,形成了一个包含30多种税的较为完整的税收体系。

(四)1994年新税制的建立

邓小平同志的南方讲话和党的十四大确立了我国经济体制改革的目标是“建立社会主义市场经济体制,以利于进一步解放和发展生产力”。市场经济的规则要求税制作进一步调整,主要表现为:市场经济的统一性要求税制统一,不仅不同所有制企业的税制要统一,而且内外资企业的税制也要统一;市场经济的开放性要求税制同国际惯例接轨,促进国内外市场自由地对接和交流;市场经济的竞争性要求建立公平的税收环境,税制应通过对资源、商品和收益课税,为企业在市场中进行平等竞争创造条件;市场经济的有序性要求建立简明、高效的税制，以便于纳税人和税务机关征纳，从而节约双方的时间、精力，通过依法治税，保证双方权利和义务的实现。

新税制改革的指导思想是：统一税法、公平税负、简化税制、合理分权、理顺分配关系，保证财政收入，建立符合社会主义市场经济要求的税制体系。

新税制改革遵循的基本原则是：要有利于加强中央的调控能力。通过调整税制结构，合理划分税种和确定税率，理顺国家、企业和个人的分配关系，逐步提高财政收入占国民生产总值的比重，提高中央财政收入占整个财政收入的比重；要有利于实现公平税负，促进平等竞争，通过统一企业所得税，完善流转税，使各类企业之间税负大体公平，为企业在市场中实现平等竞争创造条件；要有利于发挥税收调节个人收入相差悬殊和地区间经济发展差距过大的作用，促进协调发展，实现共同富裕；要有利于实现国民经济持续、快速、健康地发展。

新税制改革的基本内容是：①流转税制改革的目标是按照公平、中性、透明和普遍征收的原则，建立以增值税为主体，并实行增值税与消费税、营业税相配套的税制格局，取消对外商投资企业征收的工商统一税，统一实行新的流转税制。②所得税制改革的目标是统一企业所得税制度，理顺国家与企业的分配关系，促进企业转换经营机制，调节个人收入差距，缓解社会分配不公的矛盾。③调整、撤并和开征其他一些税种，如调整资源税、城市维护建设税和城镇土地使用税；开征土地增值税、证券交易税、遗产税；保留屠宰税和筵席税，下放管理权限；取消集市交易税、牲畜交易税、国营企业奖金税、集体企业奖金税、行政事业单位奖金税、国营企业工资调节税和烧油特别税；盐税并入资源税，特别消费税并入消费税等。

以上改革全部到位后，我国原 30 多种税减少到 20 种左右，初步达到了简制与高效的统一。

截至2014年6月底,我国共有增值税、消费税、营业税、企业所得税、个人所得税、资源税、土地使用税、房产税、城市维护建设税、耕地占用税、土地增值税、车辆购置税、车船税、印花税、契税、烟叶税、关税、船舶吨税、固定资产投资方向调节税等19个税种,其中,16个税种由税务部门负责征收。国务院决定,从2000年起暂停征收固定资产投资方向调节税。关税和船舶吨税由海关部门征收,另外,进口货物的增值税、消费税由海关部门代征。

第二节 流转税制

一、流转税制概述

(一)流转课税的特点

对流转额的征收,指的是一种与商品生产和商品流通紧密联系的税收体系,也就是说,凡是以发生在流通领域内的商品流转额和非商品流转额为征税对象的税种,都属于对流转额的征税。所谓商品流转额,一般指的是在商品流转过程中,因销售或购进商品而发生的货币金额。所谓非商品流转额,一般指的是不从事商品生产和商品交换的流转额,通常都是以提供劳务发生的营业额为课税对象。

1. 与商品生产和商品流通具有密切的联系。商品生产与商品流通决定着对商品流转额征税的主要内容。因为流转额只能在商品交换和提供劳务过程中形成,对什么商品征税,对什么商品交易行为征税,无不同商品生产和商品流通密切相关。在自然经济为主的国家,流转税不可能成为国家的主要税种。

2. 对流转额征税,与商品价格有密切联系。流转税作为价格的组成部分,直接影响企业利润。流转税既是价格的组成部分,同时又是企业盈利的组成部分。因此,在企业成本、费用、价格不变的条件下,国家征收流转税的数额会直接影响企业利润水平。在社会主义市场经济条件下,为了正确利用价值规律,要求税收配合价格杠杆,来限制或鼓励某些产品的生产和消费,引导地方、行业、企业朝着国家所要求的方向发展。

(二)对流转额课税的作用

1. 及时、稳定地取得财政收入。由于对流转额征税是随商品交换过程所发生的购销额而征收的,随着我国社会主义市场经济的建立,它的征税范围将不断扩大,税源也日益增加。并且一般按销售收入和经营业务收入征税,不受产品成本和企业盈利水平的影响,基本上可以实现与产值等比例增长。当企业和个人发生纳税义务后,就必须及时地交纳税款,从而保证了国家财政收入的及时与稳定。

2. 促进企业加强经济核算。由于对流转额征税是商品价格的有机组成部分,同一产品在不同企业间的税率基本一致,税负大体相同,这就能使经营管理先进的企业在交税后得到较多的利润,经营管理落后的企业在征税后得到较少利润。企业获利多少,不仅关系到企业自身的发展,而且同职工的经济利益直接挂钩,这样按产品承担同等的税负,能对企业产生一定的压力和动力。因为各种流转税都是国家以法令的形式规定的,具有法律的强制性,企业是无法进行选择和变更的,要获得更多的经济效益,除设法提高产品质量、降低成本外,别无他路。因此,对流转额征税,对促进企业改善经营管理,加强经济核算等具有重要意义。

3. 配合价格调节生产与消费。流转税是在企业利润形成之前征收的,因而通过设计合理的税率,调整价格中所含的流转税税额,可直接控制和制约企业利润水平,从而达到影响生产、影响消费的目的。根据价格背离的程度,相应地调整流转税税额,使生产各种产品的企业都能保持大体相同的利润水平,即通过制定高低不同的税率，使纳税人在大体相同的条件下开展竞争，促进国民经济协调发展。在某些产品价格不宜变动，而成本降低或提高幅度较大的情况下，也可以通过提高或降低税率，保证企业获得合理利润，防止企业盲目降价或盲目扩大生产，以及不适当提价或缩小生产。因此说，流转税在筹集资金和调节经济方面发挥着不可忽视的作用。

二、增值税

(一)概念及特点

1. 概念。增值税是以商品流转额中的增值额为课税对象征收的一种税。

增值额在理论与实践中具有不同的含义。从理论上讲，增值额是企业在生产经营过程中新创造的那部分价值，即产品价值中 $V+M$ 部分。在现实经济生活中，实行增值税的国家在制定税法时，往往根据各自政治、经济状况和财政政策的要求，对增值额作了具体规定，这种法定的作为计税依据的增值额，也称"法定增值额"。法定增值额与理论增值额在量上常常不一致。从商品生产、销售的全过程来看，一项商品在所经各个生产、流通环节中产生的流转额之和，等于该商品进入最终消费环节的流转税全值，这也是将增值税归属于流转税的根本原因。

2. 特点。增值税与其他流转额课税的税种相比，具有以下特点：

(1)以增值额为课税对象。增值税仅就产品销售额中的一部分尚未征收的销售额征税，排除了重复课税。

(2)普遍征税、道道征税。从征收广度看，增值税不仅可以在生产领域，也可以延伸到商品流通、劳务服务等各个领域进行征收；从征收深度看，一个商品有一道生产、经营环节就征一道税，但只对未课税的增值部分征收。

(3)税负稳定合理。由于增值税实行的是“税款抵扣制”,上一环节已课税部分给予扣除,同一产品只要其售价相同,不论生产经营环节多少,税负始终保持一致,它为生产经营者在客观条件下提供了平等的竞争条件。

(二)纳税人

在中华人民共和国境内销售货物或者提供加工、修理修配劳务以及进口货物的单位和个人,都是增值税的纳税人。

1. 单位,包括企业性单位和非企业性单位,无论其所有制性质或隶属关系如何,只要发生生产或进口应税增值税产品的行为,都应缴纳增值税,具体说来,这些单位是国有企业、集体企业、私营企业、外商投资企业、外国企业、股份制企业、其他企业和行政单位、事业单位、军事单位、社会团体及其他单位。

2. 个人,指个体经营者和其他个人,包括中国公民和外国公民。

(三)征收范围

在中华人民共和国境内销售货物或加工、修理修配劳务及进口货物。

1. 货物是指除土地、房屋和其他建筑物等不动产之外的有形动产,包括水、电力、热力和气体。

2. 加工是指接受来料承做货物、加工后的货物所有权仍归属委托者的业务。

3. 修理修配是指对损伤和丧失功能的货物进行修复,使其恢复原状和功能的业务。

4. 进口货物是指报关进口的货物。

5. 单位或个体经营者,有下列行为之一者,视同销售货物:①委托他人代销货物;②销售代销货物;③代购货物交付委托人;④设有两个以上机构的纳税人,将货物从一个机构移送其他机构,但机构在同一县(市)内除外;⑤将自产货物用于不征增值税的项目或固定资产建设项目;⑥将自产货物用于集体福利或个人消费;⑦将自产、进口或购买的货物无偿转让给其他企业或个人,但纳税人为推销货物,将少量货物作为商业样品提供给其他纳税人作为展览、试用的除外;⑧将自产、进口或购买的货物作为投资,提供给其他单位或个体经营者;⑨因停产、破产、解散等原因,将余存货物抵偿债务,分配给股东或投资者。

(四)税率

改革后的增值税率,根据中性和简便原则,尽量做到简化,只设基本税率、低税率和零税率三档税率。由于通过消费税来承担特殊调节任务,所以无须设高税率。

基本税率和低税率的适用范围按货物品种划定。条例所列低税率货物,无论在生产环节还是在批发零售环节,均适用13%的低税率,适用于以下三个方面共五类货物。

第一,人民生活必需品。其中包括粮食(原粮和米、面等成品粮,不包括挂面、切面等粮食复制品)、食用植物油、自来水、暖气、冷气、热水、煤气、石油液化气、天然气和居民用煤炭制品。这些货物虽然是家庭和单位都在使用,有些还属于工业原料,但鉴于它们主要是生活所用,同时也为了避免划分上的麻烦,所以不分使用对象均适用低税率。

第二,图书、报纸和杂志。这三类货物适用低税率,是为了支持宣传、文化和教育事业。

第三,为了照顾农民和支持农业发展,饲料、化肥、农药、农机、农膜也实行低税率。

零税率是税收优惠,只限于出口货物。出口货物包括两类:一是报关出境货物,一是输往海关管理的保税工厂、保税仓库和保税区的货物。

除适用于低税率、零税率的货物之外,一律适用基本税率,即按17%征收。

纳税人兼营不同税率的货物或者应税劳务，应当分别核算不同税率货物或者应税劳务的销售额。未分别核算销售额的，从高适用税率。

2011年11月17日，财政部、国税总局公布《营业税改征增值税试点方案》及上海试点的相关政策，确定了增值税扩围的交通运输业和部分现代服务业增值税税率。根据方案，在现行增值税17%标准税率和13%低税率基础上，新增11%和6%两档低税率。其中，租赁有形动产等适用17%税率，交通运输业、建筑业等适用11%税率，其他技术研发、文化创意、物流等部分现代服务业适用6%税率。在计税方式上，交通运输业、建筑业、邮电通信业、现代服务业、文化体育业、销售不动产和转让无形资产等原则上适用增值税一般计税方法。而金融保险业和生活性服务业，原则上适用增值税简易计税方法，即金融保险业在按销售额计算增值税额时还是不得抵扣进项税额。

（五）增值税的起征点

根据财政部2011年10月31日关于修改《中华人民共和国增值税暂行条例实施细则》的决定，增值税起征点的幅度调整为：销售货物的，为月销售额5 000元至20 000元；销售应税劳务的，为月销售额5 000元至20 000元；按次纳税的，为每次（日）销售额300元至500元。

（六）增值税的计算

1. 一般纳税人销售货物或者提供应税劳务：

应纳税额 = 当期销项税额 - 当期进项税额

（1）销项税额。销项税额是按税率计算并向购买方收取的增值税税额，其计算公式为：

销项税额 = 销售额 × 税率

（2）销售额。销售额是纳税人销售货物和应税劳务从购买方收取的全部价款，但收取的增值税额不包括在内，这充分体现了增值税的价外税性质。销售额以人民币计算。纳税人以外汇结算销售额的,应当按外汇市场价格折合人民币计算。纳税人销售货物或者应税劳务的价格明显偏低并无正当理由的,税务机关按下列顺序确定销售额:首先按纳税人当月同类货物的平均销售价格确定;其次按纳税人最近时期同类货物的平均销售价格确定;最后按组成计税价格确定,计算公式为:

计税价格 = 成本 ×(1 + 成本利润率)

公式中的成本利润率一律为 10%。

对属于应同时征收消费税的货物,定额征收消费税的,销售额为上述组成计税价格加消费税税额;定率征收消费税的,销售额为消费税的计税价格。委托加工的应征收消费税的货物,销售额为加工费收入加代扣的消费税税额。纳税人按有关规定不开具增值税专用发票,而发生价款和增值税额混合收取的,按下列公式确定销售额:

不含税销售额 = 含税销售额 ÷(1 + 增值税税率)

(3)进项税额。进项税额是指当期购进货物或应税劳务缴纳的增值税额。这里有两层含义,一是增值税额的缴纳要通过销售方,因此实际上是支付给销售方的;二是进项税额是在发票上注明的,而不是计算得来的,但购进免税产品除外。准予从销项税额中抵扣的进项税额,除购进免税农产品按照买价和 10% 的扣除率计算外,限于从销售方取得的增值税专用发票上和从海关取得的完税凭证上注明的增值税额。纳税人购进货物或应税劳务,未按照规定取得并保存增值税扣税凭证,或者增值税扣税凭证上未按照规定注明增值税额及其他有关事项的,其进项税额不得从销项税额中抵扣。

2. 小规模纳税人应纳税额的计算

应纳税额 = 销售额 × 征收率

目前确定的征收率为 3%。

小规模纳税人会计核算健全,能够提供准确税务资料的,可以向主管税务机关申请资格认定,不作为小规模纳税人,依照有关规定计算应纳税额。

（七）增值税纳税义务发生时间、缴纳期限

1. 销售货物或者应税劳务，为收讫销售款项或者取得索取销售款项凭据的当天；先开具发票的，为开具发票的当天。

2. 进口货物，为报关进口的当天。

增值税扣缴义务发生时间为纳税人增值税纳税义务发生的当天。

增值税的纳税期限分别为 1 日、3 日、5 日、10 日、15 日、1 个月或者 1 个季度。纳税人的具体纳税期限，由主管税务机关根据纳税人应纳税额的大小分别核定；不能按照固定期限纳税的，可以按次纳税。

纳税人以 1 个月或者 1 个季度为 1 个纳税期的，自期满之日起 15 日内申报纳税；以 1 日、3 日、5 日、10 日或者 15 日为 1 个纳税期的，自期满之日起 5 日内预缴税款，于次月 1 日起 15 日内申报纳税并结清上月应纳税款。

（八）增值税纳税地点

1. 固定业户应当向其机构所在地的主管税务机关申报纳税。总机构和分支机构不在同一县（市）的，应当分别向各自所在地的主管税务机关申报纳税；经国务院财政、税务主管部门或者其授权的财政、税务机关批准，可以由总机构汇总向总机构所在地的主管税务机关申报纳税。

2. 固定业户到外县（市）销售货物或者应税劳务，应当向其机构所在地的主管税务机关申请开具外出经营活动税收管理证明，并向其机构所在地的主管税务机关申报纳税；未开具证明的，应当向销售地或者劳务发生地的主管税务机关申报纳税；未向销售地或者劳务发生地的主管税务机关申报纳税的，由其机构所在地的主管税务机关补征税款。

3. 非固定业户销售货物或者应税劳务，应当向销售地或者劳务发生地的主管税务机关申报纳税；未向销售地或者劳务发生地的主管税务机关申报纳税的，由其机构所在地或者居住地的主管税务机关补征税款。

4. 进口货物应当向报关地海关申报纳税。

扣缴义务人应当向其机构所在地或者居住地的主管税务机关申报缴纳其扣缴的税款。

（九）增值税计算示范

【例1】乙企业向甲企业购进商品，增值税专用发票上注明货款1 200万元，增值税额为204万元，货款已付。乙企业将商品出售给丙企业，销售收入为2 000万元（不含税款），该企业增值税率为17%，计算乙企业应纳增值税。

$$应纳税额 = 2\ 000 \times 17\% - 204 = 136（万元）$$

会计分录如下：

①购进商品时

借：商品采购	1 2 000 000
应交税金——应交增值税（进项税额）	2 040 000
贷：银行存款	14 040 000

②销售商品时

借：银行存款	23 400 000
贷：主营业务收入	20 000 000
应交税金——应交增值税（销项税额）	3 400 000

③缴纳当期应交税金时

借：应交税金	
——应交增值税	1 360 000
贷：银行存款	1 360 000

注意：因为增值税是价外税，纳税人的销售额中不含增值税，所以销货方向购买方取得的收入由两部分组成：一部分是转嫁给购买者的销项税额，一部分是不含税的销售额。

如果把销售方向购买方取得的收入称为含税销售额,则有:

含税销售额 = 销售额 + 销项税额
= 销售额 + 销售额 × 增值税率
= 销售额 ×(1 + 增值税率)

销售额 = 含税销售额 ÷(1 + 增值税率)

由于小规模纳税人不得使用增值税专用发票,其向购买者收取的销售额(发票上的金额是含税的,于是比照一般纳税人销售额确定),在计算其应纳税额时,也要将含税销售额换算成不含税销售额。

销售额 = 含税销售额 ÷(1 + 征收率)

【例2】某小规模纳税人,企业当期购入原材料,取得增值税发票上注明的原材料货款为20万元,增值税额为3.4万元。该企业当期销售产品,向购货方开出普通发票,注明产品销售收入35万元,货款尚未收到,计算该企业应纳增值税。

不含税销售额:35 ÷(1 +3%)=33.98(万元)

税额:33.98 ×3% =1.02(万元)

会计分录如下:

① 支付材料采购款时

借:材料采购　234 000

　贷:银行存款　234 000

② 计提税金时

借:应收账款　350 000

　贷:主营业务收入　339 800

　　应交税金——应交增值税　10 200

【例3】某商业零售企业当期购进商品的进货原价为6 500万元,按照增值税专用发票上注明的增值税额为1 105万元,商品已验收入库。该批购进商品的售价为10 000万元,当期销售商品取得的收入为8 000万元,该企业增值税率为17%,计算该企业当期应纳增值税。

销售额 = 8 000 ÷ (1 + 17%) = 6 838(万元)

销项税额 = 6 838 × 17% = 1 162(万元)

应纳税额 = 1 162 - 1105 = 57(万元)

会计分录如下：

① 购进商品时

借:商品采购　　65 000 000

　应交税金——应交增值税(进项税额)　　11 050 000

　贷:银行存款　　76 050 000

② 销售商品时

借:银行存款　　80 000 000

　贷:主营业务收入　　68 380 000

　　应交税金——应交增值税(销项税额)　　11 620 000

③ 缴纳当期税金时

借:应交税金——应交增值税　　570 000

　贷:银行存款　　570 000

当下期再销售另外 2 000 万元商品时，

销售额 = 2 000 ÷ (1 + 17%) = 1 709(万元)

应纳税额 = 1 709 × 17% = 291(万元)

本批商品共纳税 57 + 291 = 348(万元)

会计分录如下：

①销售商品时

借:银行存款　　20 000 000

　贷:商品销售收入　　17 090 000

　　应交税金——应交增值税(销项税额)　　2 910 000

②缴纳当期税金时

借:应交税金——应交增值税　　2 910 000

　贷:银行存款　　2 910 000

如果本批商品仍分两期销售,本期销售 6 000 万元,下期销售 4 000 万元,分别计算其应纳增值税?

当销售 6 000 万元时,

销售额 = 6 000 ÷ (1 + 17%) = 5 128(万元)

销项税额 = 5 128 × 17% = 872(万元)

应纳税额 = 872 − 1 105 = −233(万元)

计算结果若出现负数,表明税务局退库数,但实际上不退,允许在下期抵扣。

当销售 4 000 万元时,

销售额 = 4 000 ÷ (1 + 17%) = 3 419(万元)

销项税额 = 3 419 × 17% = 581(万元)

应纳税额 = 581 − 233 = 348(万元)

如果本批商品一次性销售 10 000 万元

销售额 = 10 000 ÷ (1 + 17%) = 8 547(万元)

销项税额 = 8 547 × 17% = 1 453(万元)

应纳税额 = 1 453 − 1 105 = 348(万元)

由此可见,该批商品不论分几期销售,也不管每批销量大小,最终税收负担均是 348 万元,说明增值税负担非常合理。

【例 4】(工业环节)。假设某工业企业 2014 年 1 月将生产出来的小设备及各种小配件销售给某批发企业,取得销售收入 8 000 元,其中农膜的销售额为 2 000 元,其他货物销售额为 6 000 元,在已取得的增值税专用发票中注明的进项税额为 800 元。

销项税额 = 6 000 × 17% + 2 000 × 13% = 1 280(元)

由于农膜的销售和其他货物的销售分别核算,因此可按各自适用的税率计算销项税,如果两者没有单独核算,则要从高适用税率,即用 17% 来计算销项税。

应纳税额 = 1 280 − 800 = 480(元)

含税销售额 = 8 000 + 480 = 8 480(元)

销售商品时的会计分录:

借:银行存款　　　　　　　　　　　　　　8 480(元)

　贷:主营业务收入　　　　　　　　　　　　8 000(元)

　　应交税金——应交增值税(销项税额)　　480(元)

缴纳当期应交税金时的会计分录:

借:应交税金

　——应交增值税　　　　　　　　　　　　480

　贷:银行存款　　　　　　　　　　　　　　480

【例5】(批发环节)。假设某批发企业2014年1月又将从上述工业企业购入的货物在当期全部卖给了零售企业,进价8 000元,进项税额1 280元(增值税专用发票中注明),农膜销售额3 000元,其他货物销售额8 000元。

销项税额 $=3\ 000\times13\%+8\ 000\times17\%=1\ 750$(元)

应纳税额 $=1\ 750-1\ 280=470$(元)

含税销售额 $=11\ 000+470=11\ 470$(元)

购进商品时的会计分录:

借:商品采购　　　　　　　　　　　　　　8 000

　应交税金

　——应交增值税(进项税额)　　　　　　1 280

　贷:银行存款　　　　　　　　　　　　　9 280

销售商品时的会计分录:

借:银行存款　　　　　　　　　　　　　12 750

　贷:主营业务收入　　　　　　　　　　　11 000

　　应交税金

　　——应交增值税(销项税额)　　　　　1 750

缴纳当期应交税金时的会计分录:

借:应交税金

　——应交增值税　　　　　　　　　　　　470

　贷:银行存款　　　　　　　　　　　　　　470

【例6】(零售环节)。假设零售企业又把从上述批发企业购入的货物在当期全部卖给了消费者。进价11 000元,进项税额1 750元(专用发票中注明),农膜在卖给消费者时一共收取4 520元,其他货物卖给消费者时一共收取11 700元。

农膜的销售额 = 4 520 ÷ (1 + 13%) = 4 000(元)

其他货物销售额 = 11 700 ÷ (1 + 17%) = 10 000(元)

销项税额 = 4 000 × 13% + 10 000 × 17% = 2 220(元)

应纳税额 = 2 220 − 1 750 = 470(元)

购进商品时的会计分录:

借:商品采购　　11 000

　应交税金

　——应交增值税(进项税额)　　1 750

　贷:银行存款　　12 750

销售商品时的会计分录:

借:银行存款　　16 220

　贷:主营业务收入　　14 000

　　应交税金

　　——应交增值税(销项税额)　　2 220

缴纳当期应交税金时的会计分录:

借:应交税金——应交增值税　　470

　贷:银行存款　　470

【例7】某企业当期发现部分原材料不符合规格,向客户退回原材料50 000元,原材料所含税金8 500元,根据对方开出的红字增值税专用发票,作如下会计分录:

借:银行存款　　58 500

　贷:材料采购　　50 000

　　应交税金

　　——应交增值税(进项税额)　　8 500

三、消费税

（一）立法宗旨和原则

消费税的立法宗旨是调节我国消费结构，正确引导消费方向，抑制超前消费需求，确保国家的财政收入。因此，消费税的立法主要集中体现了国家的产业政策和消费政策，以及消费税作为国家对经济进行宏观调控手段的特征，按照我国流转税改革以增值税作为普通调节税种对生产经营活动实行普遍征收，辅之以消费税作为特殊调节税种选择部分消费品实行交叉征收的双层调节构想，于1994年1月1日起开征。

（二）消费税的纳税人

在中华人民共和国境内生产、委托加工和进口应税消费品的单位和个人，为消费税的纳税人。它具体包括：从事生产和进口应税消费品的国有企业、集体企业、私有企业、股份制企业、合资企业、合作企业、合伙企业、外商投资企业，香港、澳门、台湾地区的企业和其他经济组织或者华侨、港澳台同胞投资兴办的企业，行政单位、事业单位、军事单位、社会团体、国际组织的机构、外国机构，香港、澳门、台湾地区的机构等一切单位以及个体经营者和其他个人。也就是说，按照"统一税法、公平税负、促进竞争"的税制改革目标，凡在我国境内从事生产和进口应税消费品的单位和个人，不分经济性质和所具有的国籍，也不分所处地区，均按照消费税条例的统一规定缴纳消费税。

（三）消费税的征收范围

消费税征税范围主要是根据我国目前的经济发展现状、消费政策、人民群众的消费水平和消费结构以及财政需要，并借鉴国外的成功经验和通行做法而确定的。考虑到目前我国工业领域中的流转税收入主要集中在卷烟、石化、冶金等几个工业部门（占50%），加之现行流转税税率设计极不规范，税率档次多，税负相差悬殊,实行规范化的增值税以后,必然有一些高税率的产品税负下降。为了确保改革以后财政收入不减少,需要通过消费税拿回一部分。

应税消费品的范围包括:

1. 纳税人生产销售的应税消费品,还包括用于换取生产资料和消费资料,支付代购手续费或者消费回扣,以及在销售数量之外另付给购货方或中间人作为奖励和报酬的应税消费品。

2. 纳税人自产自用的应税消费品,用于连续生产应税消费品的,是指直接用于连续生产产品,并构成产品生产成本的应税消费品不纳税;用于其他方面的,是指纳税人用于生活福利设施、专项工程、基本建设和其他非生产机构,用于销售产品或者提供劳务,以及用于馈赠、赞助、集资、职工福利、奖励等方面的应税消费品,于移送使用时纳税。

3. 委托加工的应税消费品,是指由委托方提供原料和主要材料,受托方只收取加工费和代垫部分辅助材料加工的应税消费品。对于受托方提供原材料生产的应税消费品,或者受托方先将原材料卖给委托方,然后再接受加工的应税消费品,以及受托方以委托方名义购进原材料的应税消费品,不论纳税人在财务上是否作销售处理,都不得作为委托加工应税消费品,而应当按照销售自制应税消费品缴纳消费税。

4. 进口的应税消费品,于报关进口时纳税。

(四)消费税额的计算

消费税实行从价定率或者从量定额的办法计算应纳税额。计算公式为:

1. 实行从价定率办法计算的

应纳税额 = 销售额 × 比例税率

销售额是指纳税人销售应税消费品向购买方收取的全部价款和价外费用,但不包括交纳的增值税税款。如果企业应税消费品的销售额中未扣除或不允许扣除增值税税款的，在计算消费税时，应当换算为不含增值税的计税销售额。其换算公式为：

应税消费品消费税的计税销售额 = 应税消费品销售额 ÷ (1 + 增值税税率或征收率)

纳税人自产自用的应税消费品，按照纳税人生产的同类消费品的销售价格计算纳税；没有同类消费品销售价格的，按照组成计税价格计算纳税，组成计税价格公式为：

组成计税价格 = (成本 + 利润) ÷ (1 - 比例税率)

委托加工的应税消费品，按照受托方的同类消费品的销售价格计算纳税；没有同类消费品销售价格的，按照组成计税价格计算纳税。组成计税价格计算公式为：

组成计税价格 = (材料成本 + 加工费) ÷ (1 - 比例税率)

进口的应税消费品，实行从价定率办法计算应纳税额的，按照组成计税价格计算纳税。组成计税价格计算公式为：

组成计税价格 = (关税完税价格 + 关税) ÷ (1 - 比例税率)

实行从价定率办法的应税消费品连同包装销售的，无论包装是否单独计价，在财务上如何核算，均应并入应税消费品的销售额中征收消费税。如果包装物不作价随同产品销售，而是收取押金，以便收回周转使用，此项押金则不应并入应税消费品的销售额中征税。但是纳税人应按规定的期限，对包装物押金及时进行清理，将不予退还的押金转作应税消费品的销售额，按照应税消费品的适用税率征收消费税。

所谓同类消费品的销售价格，是指纳税人或代收代缴义务人当月销售的同类消费品的销售价格，如果当月同类消费各期销售价格高低不同，应按销售数量加权平均计算。但销售的应税消费品有下列情况之一者，不得列入加权平均计算：销售价格明显偏低又无正当理由者和无销售价格者。如果当月无销售或当月未完结，应按照同类消费品上月或最近月份的销售价格计算纳税。

纳税人销售的应税消费品，以外汇结算销售价格的，应当按照当月第一天的外汇牌价折合成人民币计算应纳税额。

2. 实行从量定额办法计算的，公式为：

应纳税额 = 销售数量 × 定额税率

（五）消费税计算示范

【例1】某日用化工厂2014年1月销售化妆品一批，计税销售数量3 000套，每套单价50元，实现销售收入150 000元，在其实现的销售额中已扣除增值税款，货款已收，计算其应纳消费税款。

应纳消费税款 = 150 000 × 30% = 45 000（元）

会计分录如下：

借：银行存款　　150 000

　贷：主营业务收入　　150 000

借：应交税金——应交消费税　　45 000

　贷：银行存款　　45 000

【例2】假定例1中某日用化工厂2014年1月实现的销售额中未扣除增值税税款，计算其应纳消费税（该纳税人为一般纳税人）。

不含增值税的销售额为：

150 000 ÷ (1 + 17%) = 128 205.13（元）

应向购买方收取的增值税额：128 205.13 × 17% = 21 794.87（元）

应纳消费税额 = 128 205.13 × 30% = 38 461.54（元）

会计分录如下：

借：银行存款　　150 000

　贷：主营业务收入　　1 28 205.13

　　应交税金

　　——应交增值税（销项税额）　　21 794.87

借:应交税金

——应交消费税　　　　38 461.54

贷:银行存款　　　　38 461.54

【例3】某国有企业甲委托乙企业加工汽车轮胎20个,发出材料的实际总成本为4 000元,加工费为800元,乙企业同类轮胎的单位售价为400元,2月15日甲企业将轮胎提回厂后当即投入汽车生产,生产的5辆汽车于3月10日全部售出,售价为每辆40 000元,计算甲企业委托加工轮胎和销售汽车的消费税。

根据条例规定,委托加工的应税消费品,应按受托方同类消费品的销售价格计算纳税。

$$轮胎的消费税 = 400 \times 20 \times 10\% = 800(元)$$

$$汽车的消费税 = 40\ 000 \times 5 \times 8\% - 800 = 15\ 200(元)$$

①甲企业收回汽车轮胎时的会计分录:

委托方甲企业,借:委托加工材料　　　　800

贷:应付账款　　　　800

受托方乙企业,借:应收账款　　　　800

贷:应交税金

——应交消费税　　　　800

②甲、乙企业结清委托加工的轮胎应纳消费税时的会计分录:

甲企业,借:应付账款　　　　800

贷:银行存款　　　　800

乙企业,借:银行存款　　　　800

贷:应收账款　　　　800

③乙企业缴纳代交的税款时的会计分录:

借:应交税金

——应交消费税　　　　800

贷:银行存款　　　　800

④甲企业销售汽车时，扣除已税原材料缴纳的消费税 800 元后再交消费税。

借：应交税金

　　——应交消费税　　15 200

　贷：银行存款　　15 200

【例 4】2014 年 3 月 10 日某外贸企业 A 公司，购入某生产企业 1 000 瓶化妆品用于出口，购入价每瓶 10 元（含消费税），A 公司出口 800 瓶，每瓶售价 5 美元，按当月 1 日汇率 U S ＄1 = 8.246 折合人民币记账。3 月 30 日 A 公司报关后向税务局申请退税，并在 9 月 20 日收到税务机关的出口退税。另 200 瓶因质量原因退货给某生产企业，9 月 25 日向税务机关补交该批退货的消费税，计算其应纳（退）消费税。

$$应收出口退税(10 \times 800) \times 30\% = 2\,400(元)$$

外贸企业采购商品成本中含生产企业已交纳的消费税，退税时再冲减商品销售成本。

生产企业出口应税消费品，免征消费税或先交税后申请退税。

会计分录如下：

① 收购化妆品时

借：商品采购　　10 000

　贷：银行存款　　10 000

借：库存商品　　10 000

　贷：商品采购　　10 000

② 出口化妆品时

借：应收账款　　41 230

　贷：主营业务收入　　41 230

借：主营业务成本　　41 230

　贷：库存商品　　41 230

③ 计提出口退税款

借:应收出口退税　　3 000

　贷:主营业务成本　　3 000

④ 收到出口退税款时

借:银行存款　　3 000

　贷:应收出口退税　　3 000

⑤ 发生退货应补交消费税时

借:主营业务收入　　82 460

　贷:应收账款　　82 460

借:库存商品　　2 000

　贷:主营业务成本　　2000

借:主营业务成本　　600

　贷:应收出口退税　　600

借:应收出口退税　　600

　贷:银行存款　　600

消费税税目税率参见表 8－1。

表 8－1　消费税税目税率(税额)表

税　目	征收范围	计税单位	税率(额)
一、烟	包括各种进口烟		
1. 甲类卷烟	(每条调拨价 70 元		56%
2. 乙类卷烟	以下)		36%
3. 雪茄烟			36%
二、酒及酒精			
1. 粮食、薯类白酒			20%
2. 黄　酒		吨	240 元
4. 啤　酒		吨	220 元

续表

税　目	征收范围	计税单位	税率(额)
5. 其他酒			10%
6. 酒　精			5%
三、化妆品	包括成套化妆品		30%
四、贵重首饰	包括各种金银珠宝		10%
五、鞭炮、焰火			15%
六、汽　油	包括石脑油。溶剂油、润滑油	升	0.2 元
七、柴　油	包括航空煤油、燃料油	升	0.1 元
八、木制一次性筷子			5%
九、实木地板			5%
十、汽车轮胎			3%
十一、摩托车			
1. 排量 250 毫升以下			
排量 250 毫升以上			
十二、小汽车			
1. 小轿车			
排气量在 2.2 升以上的(含)			8%
排气量在 1.0 ~2.2 升(含 1.0 升)			5%
排气量在 1.0 升以下的			1%
2. 越野汽车(四轮驱动)			
排气量在 2.4 升以上的(含)			5%
排气量在 2.4 升以下的			3%
3. 小客车(22 座以下面包车)			

续表

税　目	征收范围	计税单位	税率(额)
排气量在2.0升以上的(含)			5%
排气量在2.0升以下的			3%
1.乘用车			
排气量在4.0升以上的(含)			40%
排气量在3.0升至4.0升			25%
排气量在2.5升至3.0升			12%
排气量在2.0升至2.5升			9%
排气量在1.5升至2.0升			5%
排气量在1.5升以下(含)			3%
十三、游艇			10%
十四、高尔夫球及球具			10%
十五、高档手表			20%

四、营业税

(一)营业税的概念及特点

1. 概念。营业税是对我国境内从事交通运输、建筑、服务业等的单位和个人,就其经营业务收入征收的一种税。

2. 特点。营业税与增值税、消费税等其他流转税相比,有其自身的特点:

(1)征收面广,税负低。它涉及整个第三产业,税率一般为3%和5%。

(2)按行业设计税目税率。营业税的调节对象主要是第三产业的各个行业,这就决定了营业税税目税率只能按行业设计,同一行业,不论经营方式和经营性质如何,不论在甲地还是在乙地,均按同一税率征税,这也便于同一行业的纳税人在平等的条件下开展竞争。

(二)营业税的纳税人

在中华人民共和国境内提供应税劳务、转让无形资产或者销售不动产的单位和个人,为营业税的纳税义务人。这里所称“应税劳务”,是指交通运输业、建筑业、金融保险业、邮电通讯业、文化体育业、娱乐业、服务业和转让无形资产。这里所称“单位”,是指国有企业、集体企业、私有企业、外商投资企业、外国企业、股份制企业、其他企业、行政单位、事业单位、军事单位、社会团体、其他单位;“个人”是指个体经营者及其他个人,包括中华人民共和国公民和外国公民。

(三)营业税的征收范围

根据流转税改革方案,除不动产外,所有销售货物行为均要征收增值税,加工和修理修配也要征收增值税。现行营业税征税范围剔除改征增值税的项目后,即为改革后的营业税征税范围。改革后的营业税的征收范围原则上可以概括为销售劳务和销售不动产两种经营行为。

(四)营业税的税率

根据基本保持原税负和中性、简便原则,改革后的营业税设置两档税率,大部分税目为5%,小部分税目为3%,对原营业税有关税目的税率所做的调整主要有:

1. 中央铁路运营税率由5%降为3%;管道运输税率由15%降为3%。

2. 娱乐业税目除保留舞厅、歌舞厅、台球、音乐茶座外,增列了游艺、保龄球、高尔夫球三项,税率为5%~20%的弹性税率。

3. 服务业中的代理业由10%的税率调减为5%,其他服务的税率由3%调为5%。

（五）营业税起征点

营业税起征点的幅度根据财政部2011年10月31日66号令规定如下：

1. 按期纳税的，为月营业额5 000～20 000元。

2. 按次纳税的，为每次（日）营业额300元至500元。

省、自治区、直辖市财政厅（局）、税务局应当在规定的幅度内，根据实际情况确定本地区适用的起征点，并报财政部、国家税务总局备案。

（六）营业税的计算

营业税的计算公式为：

$$应纳税额 = 营业收入 \times 税率$$

（七）营业税计算示范

【例1】某饭店是集住宿、饮食、商业、旅游为一体的服务行业。2014年1月的营业收入分别为客房收入578万元，饮食收入145万元，出售纪念品收入82万元，旅行社已确认收入285万元，预收的旅游费用66万元。组织出国旅游支付境外旅行社接团费用36万元。该饭店1月20日出售一处附属建筑物，原价500万元，已使用8年，已提折旧80万元。清理该建筑物费用2万元，出售价格为460万元。该饭店1月24日将某食品专利出售，该专利原是饭店以50万元购买，现以60万元出售给另一企业。计算该饭店1月份的营业税。

①住宿、饮食、商业、旅游营业税：

$$(578 + 145 + 82 + 285 + 66 - 36) \times 5\% = 560\ 000(元)$$

计提、缴纳营业税时的会计分录：

借：主营业务税金及附加　　560 000

　贷：应交税金——应交营业税　　560 000

借：应交税金——应交营业税　　560 000

　贷；银行存款　　560 000

②出售建筑物营业税：

460×5% =230 000(元)

清理减少固定资产时的会计分录：

借：固定资产清理　　4 200 000

　　累计折旧　　800 000

　贷：固定资产　　5 000 000

销售固定资产时的会计分录：

借：银行存款　　4 600 000

　贷：固定资产清理　　4 600 000

发生固定资产清理费用时的会计分录：

借：固定资产清理　　20 000

　贷：银行存款　　20 000

计提、缴纳营业税时的会计分录：

借：固定资产清理　　230 000

　贷：应交税金——应交营业税　　230 000

借：应交税金——应交营业税　　230 000

　贷：银行存款　　230 000

销售固定资产的净收益入账时的会计分录：

借：固定资产清理　　150 000

　贷：营业外收入——处理固定资产净收益　　150 000

（净收益 =460 −420 −2 −23 =150 000 元）

③销售专利营业税：

60×5% =30 000(元)

该饭店共计缴纳营业税 56 +23 +3 =820 000(元)

取得销售收入时的会计分录：

借：银行存款　　600 000

　贷：其他业务收入　　600 000

结转无形资产成本时的会计分录：

借：其他业务支出　　　　500 000

　贷：无形资产　　　　500 000

计提、缴纳营业税时的会计分录：

借：其他业务支出　　　　30 000

　贷：应交税金——应交营业税　　　　30 000

借：应交税金——应交营业税　　　　30 000

　贷：银行存款　　　　30 000

【例2】某建筑工程公司2014年1月承包某高速公路工程，其中两处加油站工程分别包给某外国公司。12月15日完工结算价款，总收入4亿元，两处加油站工程价款800万元。计算某建筑工程公司应交纳的营业税以及代扣代缴的税金。

应缴纳营业税：

$$(40\ 000-800)\times3\%=11\ 760\ 000(\text{元})$$

代扣代缴营业税：

$$800\times3\%=240\ 000(\text{元})$$

① 某建筑工程公司收到承包款项时的会计分录：

借：银行存款　　　　400 000 000

　贷：工程结算收入　　　　392 000 000

　　应付账款——应付分包款　　　　8 000 000

② 计算应交及代扣营业税时的会计分录：

借：工程结算税金及附加　　　　11 760 000

　应付分包款　　　　240 000

　贷：应交税金——应交营业税　　　　12 000 000

③ 缴纳营业税时的会计分录：

借：应交税金——应交营业税　　　　12 000 000

　贷：银行存款　　　　12 000 000

【例3】某金融机构以月利2.88%吸收储蓄存款100万元，以月利4.38%全部贷出，计算该金融机构应交纳的营业税。

应缴营业税额 = (100 × 4.38% − 100 × 2.88%) × 5% = 750(元)

缴纳时的会计分录：

借：应交税金——应交营业税　　750

贷：银行存款　　750

【例4】甲单位采用预收款方式转让土地使用权给乙单位，转让收入100万元，2013年7月12日，甲单位收到乙单位支付的预收款40万元，2013年10月18日，甲单位又收到乙单位的预收款20万元，2013年11月21日，甲单位与乙单位结算，甲单位开具销售发票，共计价款100万元，但乙单位由于特殊情况欠款20万元尚未支付给甲单位，问甲单位的纳税义务发生时间及各月应纳营业税额的计算。

第一笔收入的纳税义务发生时间为第一次收到预收款的当天，即2013年7月12日

7月份应纳营业税：40 × 5% = 20 000(元)

第二笔收入的纳税义务发生时间为2013年10月18日

10月份应纳营业税：20 × 5% = 10 000(元)

第三笔收入的纳税义务发生时间为2013年11月21日

11月份应纳营业税：(100 − 40 − 20) × 5% = 20 000(元)

甲乙双方结算后，尽管甲方尚有20万元价款未收到，但此项收入已结算，并取得了营业收入的凭证，纳税义务业已产生，计税时，不能将20万元从营业额中剔除。

【例5】甲乙企业双方协议，甲企业出租设备一台供乙企业租赁使用，租赁时间3年，租赁设备时一次交清3年的租赁费。计算其应纳营业税及账务处理。

①收到租赁费的账务处理：甲乙企业双方履行租赁协议，移交租赁设备时支付租赁费。甲企业收到租赁收入30 000元，按合同

约定时间使用3年,其中10 000元应是第一年的收入,记入“其他业务收入”科目。其余20 000元是第二年和第三年的收入,记入“其他应付款”科目暂存。

会计分录:

借:银行存款　　30 000

　贷:其他业务收入　　10 000

　　其他应付款　　20 000

②营业税金的提取:甲企业收到租赁费30 000元的当天,就应当全额计算营业税金,把第一年应负担的营业税金记入“其他业务支出”科目。把第二年、第三年应负担的营业税金记入“递延税款”科目,待以后年度摊销。

会计分录:

借:其他业务支出　　500

　递延税款　　1 000

　贷:银行存款　　500

　　应交税金　　1 000

③第二年的账务处理:年初,按合同约定第二年应实现租赁收入10 000元。这里要把挂在“其他应付款”科目的租赁收入转出10 000元,记入“其他业务收入”科目,还要把应支出的营业税金从“递延税款”科目转出,记入“其他业务支出”科目。

会计分录:

借:其他应付款　　10 000

　贷:其他业务收入　　10 000

借:其他业务支出　　500

　贷:递延税款　　500

④第三年的账务处理与第二年账务处理相同。

营业税税目税率参见表8-2。

表 8-2　营业税税目税率表

税　目	征收范围	税　率
一、交通运输业	陆路运输、水陆运输、航空运输、管道运输、装卸搬运	3%
二、建筑业	建筑、安装,修缮装饰及其他工程作业	3%
三、金融保险业		5%
四、邮电通信业		3%
五、文化体育业		3%
六、娱乐业	歌厅、舞厅、卡拉 OK 歌舞厅、音乐茶座、台球、高尔夫球、保龄球、游艺	5% ~ 20%
七、服务业	代理业、旅店业、饮食业、旅游业,仓库租赁、广告等	5%
八、转让无形资产	转让土地使用权、专利权、非专利技术、商标权、著作权	5%
九、销售不动产	销售建筑物及其他土地附着物	5%

五、关税

(一)关税的概念、特点与作用

1. 概念。关税是由设在边境、沿海口岸或国家指定的其他水、陆、空国际交往通道的海关机关,依法对进出关境的货物和物品征收的一种税。

国境是一个主权国家的领土范围,关境是执行统一的关税税则及法令的关税领域。在一般情况下,国境的范围同关境的领域大小是一致的,货物进出国境也就是进出关境,要征收关税。但是两者的大小也有不一致的情况,当国境内设有免征关税的自由港或自由贸易区时,关境就小于国境。当几个国家组成关税同盟,在成员国之间,对内取消关税,对外实行共同的关税税则,就各成员国来说,关境就大于国境。关税是在出入关境时征收,而不是在出入国境时征收。

关税同其他流转税相比,具有以下几个特点:一是统一在关境征税;二是对进出关境的物品和货物征税;三是由专设的海关机构负责征收。

2. 作用。设置关税,不仅可以维护国家主权,保护民族工商业的发展,而且也是增加国家财政收入,贯彻对外经济贸易政策的辅助手段。其作用主要表现在:

(1)维护了国家主权和经济利益。根据平等互利的对等原则,国家通过两种税率(优惠税率和普通税率)的运用等方式,取得国家间的关税互惠。优惠税率适用于与我国有贸易协定的国家和地区,普通税率适用于与我国没有贸易协定的国家和地区。同一种进口商品,由于税率高低不同,使用优惠税率国家的商人对我国出口同样的商品比使用普通税率国家的商人获利就多,促使使用普通税率国家的商人与本国政府做斗争,与我国迅速订立贸易协定,从而有利于我国的对外经济往来和合作。

(2)保护生产、调节经济。通过对进口的不同货物,规定差别较大的税率,可以贯彻国家的奖限政策。对某种进口产品征收高额关税,就会提高进口货物的成本,削弱其同我国同类产品的竞争能力,保护本国同类产品的发展;对某种出口货物征收关税,可以抑制某些商品的输出,防止我国资源廉价外流。当然,对一般产品为了加强其在国际市场上的竞争能力,也可以免征关税。

利用关税税率的高低和减免,调节进出口商品的结构和流量,有利于保持国内市场供求平衡;利用税率的高低,还可以影响市场物价,使奢侈品保持高价,必需品保持低价,引导人们合理消费。

当然,在发挥关税保护作用时,也要注意防止其消极作用。因为某些不适当的长期保护,往往会养成国内某些企业的依赖性,不努力改善经营管理和提高技术水平,使产品在国际市场上缺乏竞争能力。

(3)增加财政收入。关税作为国家税收体系的一个税种,组织财政收入同样是它的基本职能之一。不论是在我国还是在其他国家,关税产生初期,其基本目的都是取得财政收入。新中国成立以来,通过关税为国家积累了大量的资金。特别是近二十年来,随着改革开放和加强关税征管,关税积累资金大幅度增长,目前已占整个财政收入的5%以上。

(二)关税的纳税人与征税对象

《中华人民共和国进出口关税条例》和《中华人民共和国海关进出口税则》是我国关税制度的两个最基本法规。根据这两个税收法规的规定,关税的纳税人包括:凡从事进口货物的收货人、出口货物的发货人,不论其国籍,也不论其是企业、单位还是个人,都是关税的纳税人。关税纳税人具体是指:①进出口货物的收发人或代理人,由外贸企业代理进出口业务的,应以委托企业为纳税人,外贸企业为扣缴义务人;②进口行李物品和邮递物品的为物品的所有人、收件人或者他们的代理人。

关税的征税对象,是指进出关境的货物和应税的行李物品及邮递物品。

(三)关税的税目税率

关税税率是根据我国关税的基本原则制定的。关税税率分为进口税率和出口税率。进口税率又分为优惠税率和普通税率两种。对产自未与我国订有关税互惠协定的国家的进口货物,按照普通税率征税;对产自与我国订有关税互惠协定的国家的进口货物,按照优惠税率征税。

1951年5月16日,国家公布的进出口税则,将进出口货物分为17类939个税号。规定进口优惠税率为从价计征5%～150%,共分为20个税级。

1998年,国务院修订了《中华人民共和国海关进出口税则》。

修订后的税则规定:进口税率分为优惠税率和普通税率两类,最低为3%,最高270%;出口税率涉及36个货品,税率20%~50%,其中20%的有16种,25%的1种,30%的12种,40%的6种,50%的1种。

自2013年1月起我国对进出口商品关税进行调整。包括对780多种进口商品实施低于最惠国税率的暂定税率。其中,新增和进一步降低税率的产品主要分为五大类:一是调味品、特殊配方婴幼儿奶粉(供婴幼儿食用的零售包装食品进口税率由15%降至5%。乳蛋白部分水解配方、乳蛋白深度水解配方、氨基酸配方特殊婴幼儿奶粉由20%降至5%。)、心脏起搏器、血管支架等促进消费和改善民生,与人民群众密切相关的生活和医疗用品。二是汽车生产线机器人、宽幅喷墨打印机、有机发光二极管显示屏、电动汽车用逆变器模块、锂电子蓄电池和无级变速箱用钢带等促进装备制造业和战略性新兴产业发展的设备、零部件和原材料。三是高岭土、云母片、钨铁和锑等能源资源性产品,以及船舶压载水处理设备用过滤器、动车组用胶囊等有利于节能减排的环保产品。四是紫苜蓿、奶衬、自走式饲料搅拌投喂车等支农惠农产品。五是羽绒、亚麻短纤、全自动转杯纺纱机等支持纺织行业发展的产品。

2013年继续对小麦等7种农产品和尿素等3种化肥的进口实施关税配额管理,并对尿素等3种化肥实施1%的暂定配额税率。对关税配额外进口一定数量的棉花继续实施滑准税,并适当调整税率,主要是当棉花进口价格过低时,适用税率有所提高。对冻鸡等47种产品实施从量税或复合税,部分感光胶片进口关税的征收方式由从量计征改为从价计征。

2013年我国继续以暂定税率的形式对煤炭、原油、化肥和铁合金等产品征收出口关税。适当延长化肥淡季税率适用时间并降低淡季出口关税税率,部分化肥产品出口关税的征收方式由从价计征改为从量计征。

依据我国与有关国家或地区签署的自由贸易协定或关税优惠协定,2013 年我国继续对原产于东盟各国、智利、巴基斯坦、新西兰、秘鲁、哥斯达黎加、韩国、印度、斯里兰卡和孟加拉等国家的部分进口产品实施协定税率,部分税率水平进一步降低。在内地与香港、澳门更紧密经贸关系安排框架下,对原产于港澳地区且已制定优惠原产地标准的产品实施零关税。根据海峡两岸经济合作框架协议,对原产于台湾地区的部分产品实施零关税。继续对原产于老挝、苏丹、也门等 40 个最不发达国家的部分产品实施特惠税率。

对进出口税则中部分税目进行调整,增列硒化氢、垃圾焚烧炉、生物杀虫剂和混凝土泵车等税目。调整后,我国 2013 年进出口税目总数由 2012 年的 8 194 个增至 8 238 个。

(四)关税的计算

1. 进口货物应纳税额。计算公式为:

$$进口货物应纳税额 = 到岸价格 \times 进口关税率$$

到岸价格以进口货物经海关审定的正常成交价格为基础计算,包括货价、包装费、运输费、保险费和其他劳务费用。成交价格不能确定时,应以相同或相似的进口货物在国内市场的批发价为依据进行计算。

$$完税价格 = \frac{国内批发价格}{1 + 进口关税率 + 20\%}$$

2. 出口货物应纳税额。计算公式为:

$$出口货物应纳税额 = 完税价格 \times 出口品税率$$

出口货物应以海关审定的离岸价格扣除关税后作为完税价格。完税价格的计算公式为:

$$完税价格 = 离岸价格 \div (1 + 出口税率)$$

(五)关税计算示范

【例1】某进出口公司,2014 年4 月从某与中华人民共和国有关税互惠协定的国家进口某批货物,某采购地正常批发价格为356 200 元,国外已付出口税额为35 620 元,运抵我国输入地点的包装费5 000 元,运费25 180 元,保险费4 400 元,手续费2 100 元。该进口货物的关税适用最低税率为50%,计算该公司4 月份应纳关税。

完税价格 = 356 200 + 35 620 + 5 000 + 25 180 + 4 400 + 2 100 = 428 500(元)

应纳关税 = 428 500 × 50% = 214 250(元)

会计分录为:

借:应交税金——应交关税　　214 250

　贷:银行存款　　214 250

【例2】某外贸公司,2014 年4 月进口某国货物5 000 件,到岸价格未能确定。其国内市场同类产品的批发价格为每件1 800 元,该国与中华人民共和国未有贸易条约,其关税税率为60%,计算该公司5 月份进口货物应纳税额。

完税价格 = 1 800 ÷ (1 + 60% + 20%) = 1 000(元)

应纳关税 = 1 000 × 5 000 × 60%

= 3 000 000(元)

= 300(万元)

会计分录为:

借:应交税金——应交关税　　3 000 000

　贷:银行存款　　3 000 000

(六)关税的减免和退补

1. 关税的减免。

(1)下列货物,经海关检查无讹,可免税:

一张票据上应税货物的关税税额在人民币10 元以下的;

无商业价值的广告品及货样;

国际组织、外国政府无偿赠送的物资;

进出境运输工具装载的途中必需的燃料、物料和饮食用品。

(2)有下列情况之一的进口货物,海关可以酌情免税:

在境外运输途中或在起卸时,遭到损坏或损失的;

起卸后海关放行前,因不可抗力遭受损坏或损失的;

海关检查时已经破漏、损坏或者腐烂、经证明不属保管不慎造成的。

(3)中华人民共和国缔结或者参加的国际条约规定减征、免征关税的货物、物品,海关应当予以减、免关税。

(4)为境外厂商加工、装配成品和为制造外销产品而进口的原材料、辅料、零件、部件、配套件和包装材料,海关按照实际加工出口的数量免征进口税。

(5)经海关核准暂时进境或暂时出境并在6个月内复运出境或者复运进境的货样、展览品、施工机械、工程车辆、工程船舶、供安装设备时使用的仪器和工具、电视或者电影摄制器械、盛装货物的容器以及剧团服装道具,在货物收发货人向海关缴纳相当于税款的保证金或者提供担保后,准予暂时免纳关税。

2. 关税的退补。当纳税人发生多纳或者少纳税款时,可在规定的期限内由纳税人向海关申请退还多纳的税款,或者是海关向纳税人追回少缴的税款。发生以下情况时,可退还已纳的税款:因海关误征,多纳税款的;海关核准免验进口的货物,在纳关税后又发现有短卸货物情况,并经海关审定认可的;已征出口税的货物,因故未装运出口申报退关,经海关查验属实的。纳税人凡发生上述情况,均可自缴纳税款之日起一年内,书面申请理由,连同纳税收据向海关申请退税,逾期不予受理。海关应自接受退税申请之日起30日内做出书面答复并通知退税申请人。

(七)关税的征收管理

进出口货物的收发货人或者他们的代理人,应当向海关填报纳税缴纳证次日起7日(星期日和节假日除外),向指定银行缴纳税款。逾期不缴纳,除追缴税款外,由海关自到期日起至缴纳税款日止,按日征收欠缴税款1‰的滞纳金。

关税纳税义务人确有暂时经济困难而不能按期缴纳关税的,可以申请缓税。缓税是海关批准纳税人将其部分或全部应缴税款的缴纳期限延长的一种制度。这项制度是针对纳税人缺乏纳税资金或由于其他原因而造成的缴纳关税困难,不能在关税缴纳期限内履行纳税义务等情况下实施的。

申请缓税的纳税人应于有关货物申报进口前或于申报进口之日起7日内,向主管海关提出书面申请,并递交关税缴纳计划和由其开户银行或其上级主管机关出具纳税担保函件。经海关审核批准,关税缓缴的义务人应按海关批准的关税缴纳计划如期缴纳关税,并按月支付10‰的利息。逾期不缴纳关税即构成关税滞纳,除依法追缴外,由海关按关税滞纳的规定征收滞纳金。

关税滞纳金的计算,自缴纳期限期满之日的次日起,至缴清税款之日止,按日征收所欠税款的1‰,其计算公式为:

关税滞纳金 = 应纳税额 × 1‰ × 滞纳天数。

目前,我国关税的缴纳方式分为集中缴纳和分散缴纳两种。集中缴纳指由北京海关负责计征,通过中国银行营业部集中缴入中央总金库,作为中央财政收入。适用于对外经济贸易部所属各外贸进出口总公司向国外订购并负责对外承付货款的进口货物。分散缴纳指进出口货物在当地海关就地征收。适用于地方外贸公司自行订购或代其他单位订购的进口货物,以及其他各单位自行定购的进口货物等。对于出口货物,一律实行分散纳税方式,由出口货物申报人或代理人向出口地海关办理申报和纳税手续。

第三节　所得税制

一、所得课税的特点

所得课税的特点主要包括：

第一，以负担能力作为税收立法的一项重要原则。各种所得税在立法时适用的一项普遍原则是："所得多的多征，所得少的少征，无所得的不征"，也就是按照纳税人能力的大小和有无来确定税收负担。有所得，也就是有负担能力的才征税；无所得，也就是没有负担能力的，就不征税。而在有所得、有负担能力的纳税人中，所得多、负担能力大的，多征税；所得少、负担能力小的，少征税。农业税也是按农业收入的大小或农业产量的高低来计算征税的，但在执行中，则是按不同高低评定的常年产量计征。这同对流转额的各种征税，只要有商品或非商品流转，不问有无利润、有无负担能力都要一律按同等税率征税的情况是不同的。

第二，多采用累进税率，也有采用比例税率的。现在世界上大多数国家征收各种所得税，都或者采用超额累进税制，或者采用超倍累进税制，以适应纳税人的税收负担能力，也便于贯彻国家的某项税收政策。比如，我国原工商所得税的税率按照不同的经济性质，采用全额累进税率、超额累进税率、比例税率三种：个体经济采用全额累进税率，集体经济除农村社办、队办企业按比例税率征税外，其余都采用超额累进税率。这主要考虑当时要限制个体经济的发展，而全额累进税率对一个等级的课税金额都采用一个税率计算，但在所得额增加需要提高一级税率时，全部所得额都要提高一级税率征收，特别是课征金额接近级距分界时，有跳跃性，甚至增加的税可能超过增加的所得额，这就会对个体经济起到很大的限制作用。在党的十一届三中全会以后，国家为了促进集体经济和个体经济的更快发展，对个体经济取消了全额累进税率征收的办法，对集体经济也取消了加成征收，一律采用超额累进税率制。这同按流转额征税，普遍采用比例税率的情况也不一样。

第三，要按照法令细致计算和确定应纳税所得额。各种所得税虽都以所得额为征税对象，但并不是以所得额直接乘以税率计算征税，而是在各种所得税立法时，就规定了一个专门用以计算应纳税款的“应纳税所得额”，这个“应纳税所得额”是依财务制度规定计算出来的所得额，再加减某些项目得出。这加减的项目对各个不同的税种是不尽相同的。应纳税所得额的计算手续较为复杂，又有较强的政策性。而按流转额征税，一般只是直接依据销售收入金额或营业收入金额计算征税，没有那么复杂的计算程序。

第四，一般就全年的所得额征收，采取分期预征、年终汇算清缴的办法。一般说来，对各类企业都是就全年所得额计算征收，分期（月、季）预缴，年终再汇算清缴，多退少补。对个人所得税采用按月缴纳的办法。农业税分夏秋两季征收。这与按流转额征税，一般以几天为一个纳税期，就其流转收入总金额依率计征的情况，也是不同的。

二、企业所得税

2007年，全国人大审议通过了《中华人民共和国企业所得税法》，并于2008年实施，从而实现了内外资企业所得税的统一。

（一）征税范围

在中华人民共和国境内的企业，其生产经营所得和其他所得，都必须缴纳企业所得税。

依法在中国境内成立的企业，包括依照中国法律、行政法规在中国境内成立的企业、事业单位、社会团体以及其他取得收入的组织。

（二）纳税人

实行独立经济核算的企业为所得税的纳税义务人。个人独资企业、合伙企业不适用于企业所得税，而是征收个人所得税。

我国企业所得税以法人为纳税主体，非法人企业不作为独立纳税人，而由法人汇总纳税。

（三）计税依据

企业所得税的计税依据为应纳税所得额。纳税人在计算应纳税所得额时，其财务、会计处理方法同国家税收规定不一致的，税务机关可以进行调整。应纳所得税的计算公式为：

应纳税所得额 = 利润总额 ± 税收调整项目金额

利润总额 = 收入总额 - 成本、费用和损失

应纳税所得额分制造业、商业和服务业等不同情况分别计算。

1. 制造业

（1）应纳税所得额 = 产品销售利润 + 其他业务利润 ± 营业外收支

（2）产品销售利润 = 产品销售净额 - 产品销售成本 - 产品销售税金 -（销售费用 + 管理费用 + 财务费用）

（3）产品销售净额 = 产品销售总额 -（销售退回 + 销货折让）

（4）产品销售成本 = 本期产品成本 + 期初产品盘存 - 期末产品盘存

（5）本期产品成本 = 本期生产成本 + 期初半成品、在产品盘存 - 期末半成品、在产品盘存

（6）本期生产成本 = 本期生产耗用的直接材料 + 直接工资 + 制造费用

2. 商业

（1）应纳税所得额 = 销售利润 + 其他业务利润 ± 营业外收支

（2）销货利润 = 销货净额 - 销货成本 - 销货税金 -（销货费用 + 管理费用 + 财务费用）

（3）销货净额＝销售总额－（销货退回＋销货折让）

（4）销货成本＝期初商品盘存＋［本期进货－（进货退出＋进货折让）＋进货费用］－期末商品盘存

3．服务业

（1）应纳税所得额＝业务收入净额±营业外收支

（2）业务收入净额＝业务收入总额－（业务收入税金＋业务支出＋管理费用＋财务费用）

（四）税率

企业所得税率分为基本税率、小型微利企业税率和预提所得税税率。

基本税率指居民企业以及在中国设有机构场所，取得与该机构场所有实际联系的所得按25%比例征税。

为了照顾众多小型企业和微利企业的实际困难，对小型微利企业采用20%的比例税率。其基本条件为：制造业年度应纳税所得额不超过30万元，从业人数不超过100人，资产总额不超过3 000万元；非制造业年度应纳税所得额不超过30万元，从业人数不超过80人，资产总额不超过1 000万元。

预提所得税率为20%，但实际按10%操作。主要适用于非居民企业在我国境内未设立机构、场所而取得的来源于我国境内的所得，或者虽设有机构、场所，但取得的所得与该机构、场所没有实际联系的所得。

（五）企业所得税的计算

企业应纳税所得额的计算，以权责发生制为原则，属于当期的收入和费用，不论款项是否收付，均作为当期的收入和费用；不属于当期的收入和费用，即使款项已经在当期收付，均不作为当期的收入和费用。

企业所得税按年计算，按月或季预缴，年终汇算清缴，多退少补。本期应纳所得税额的计算公式为：

应纳税额 = 应纳税所得额 × 适用税率 − 减免税额 − 抵免税额

公式中的减免税额和抵免税额，是指依照企业所得税法和国务院的税收优惠规定减征、免征和抵免的应纳税额。已在境外缴纳的所得税税额，是指企业来源于中国境外的所得依照中国境外税收法律以及相关规定应当缴纳并已经实际缴纳的企业所得税性质的税款。抵免限额，是指企业来源于中国境外的所得，依照企业所得税法和本条例的规定计算的应纳税额。除国务院财政、税务主管部门另有规定外，该抵免限额应当分国（地区）不分项计算，计算公式如下：

抵免限额 = 中国境内、境外所得依照企业所得税法和本条例的规定计算的应纳税总额 × 来源于某国（地区）的应纳税所得额 ÷ 中国境内、境外应纳税所得总额

本期累计应纳所得税额 = 本期累计应纳税所得额 × 25%

本期应纳所得税额 = 本期累计应纳所得税额 − 至上期已纳所得税

企业在纳税年度内无论盈利或者亏损，都应当依照《企业所得税法》第五十四条规定的期限，向税务机关报送预缴企业所得税纳税申报表、年度企业所得税纳税申报表、财务会计报告和税务机关规定应当报送的其他有关资料。

外商投资者再投资退税的税额的计算

退税额 = [再投资额 ÷ (1 − 原实际适用的企业所得税税率与地方所得税税率之和)] × 原实际适用的企业所得税税率 × 退税率(40%)

外商投资企业来源于中国境外的所得。其境外所得税税款扣除限额，应当分国不分项计算，其计算公式为：

境外所得税税款扣除限额 = 境内、境外所得按税法计算的应纳税总额 × 来源于某外国的所得额 ÷ 境内、境外所得总额

或：= 来源于某外国的所得额 × 中国税法适用税率

外商投资企业和外国企业预提所得税应纳税额的计算公式：

应纳税额 = 每次支付的款额 × 税率(20%)

企业所得以人民币以外的货币计算的，预缴企业所得税时，应当按照月度或者季度最后一日的人民币汇率中间价，折合成人民币计算应纳税所得额。年度终了汇算清缴时，对已经按照月度或者季度预缴税款的，不再重新折合计算，只就该纳税年度内未缴纳企业所得税的部分，按照纳税年度最后一日的人民币汇率中间价，折合成人民币计算应纳税所得额。

经税务机关检查确认，企业少计或者多计前款规定的所得的，应当按照检查确认补税或者退税时的上一个月最后一日的人民币汇率中间价，将少计或者多计的所得折合成人民币计算应纳税所得额，再计算应补缴或者应退的税款。

（六）企业所得税的优惠

1. 企业从事下列项目的所得，免征企业所得税：①蔬菜、谷物、薯类、油料、豆类、棉花、麻类、糖料、水果、坚果的种植；②农作物新品种的选育；③中药材的种植；④林木的培育和种植；⑤牲畜、家禽的饲养；⑥林产品的采集；⑦灌溉、农产品初加工、兽医、农技推广、农机作业和维修等农、林、牧、渔服务业项目；⑧远洋捕捞。

2. 企业从事下列项目的所得，减半征收企业所得税：①花卉、茶以及其他饮料作物和香料作物的种植；②海水养殖、内陆养殖。

企业从事国家限制和禁止发展的项目，不得享受本条规定的企业所得税优惠。

（七）企业所得税计算示范

【例 1】某企业 2013 年度收入总额为 4 200 万元，其中营业性收入 3 960 万元，已销产品生产耗用原材料 2 800 万元，燃料及动力 158.882 万元，支付工资总额 600 万元（该地区规定年销售收入在 4 000 万元以下者，企业计税工资总额不得超过 520 万元），同期付银行借款利息为 1.2 万元，利率为 6%，向丙企业付息（因拖欠贷款）0.8 万元，利率为 8%，本年内向外投资 100 万元，因违反环保规定被罚 9 万元，税收滞纳金 0.88 万元，本年内付出招待费

16 万元，上交养老保险金和待业保险金 12 万元，支付财产保险和运输保险费 10 万元，本年为开发新产品支付设备购置费 8 万元，科研人员调研费 2.8 万元，从某金融租赁公司租入一台价值为 15 万元设备，承租期 15 年，该台设备年综合折旧率 10%，租金 1.2 万元，办理租入设备付手续费 0.02 万元，约定年底缴租金，利息以 6% 计算，企业向其主管部门上交 1 万元管理费（与生产经营无关）。经济上，本年度企业固定资产原值为 1 000 万元，采用平均年限法折旧，折旧期限 15 年，残值估价 50 万元，企业接受厂方以专利技术投入的无形资产 100 万元，协定摊销 20 年。计算该企业利润总额。

①折旧额（1 000 − 50）÷ 15 = 63.3（万元）

②无形资产摊销 100 ÷ 20 = 5（万元）

③融资租赁租金 1.2 万元不许扣除，但手续费和利息可扣除，0.02 + 1.2 × 6% = 0.092（万元）

④可扣除计税工资 520 万元

虽实际支付工资 600 万元，但超过地区计税工资标准部分 80 万元不得扣除。

⑤可扣除招待费限额 1 500 × 5‰ +（3 960 − 1 500）× 3‰ = 14.88（万元）

超过 14.88 万元部分不得扣除。

⑥合法利息包括：

银行利息 1.2 万元；

对丙企业付息 0.8 万元，因利息率 8% > 银行利息率 6%，所以合理付息为 0.8 万 ÷ 8% × 6% = 0.6（万元）；

两项相加为 1.8 万元。

⑦不允许扣除项目金额：

对外投资 100 万元，环保罚款 9 万元，税收滞纳金 0.88 万元，设备购置费为 8 万元，上交主管部门管理费 1 万元。

经计算全部成本、费用、损失额为：

$$2\ 800+158.882+520+1.8+63.3+5+14.88+12+10+2.8+0.092=3\ 588.754(\text{万元})$$

利润总额：

$$4\ 200-3\ 588.754=611.246(\text{万元})$$

【例2】例1中该企业本年度内固定资产盘亏、流动资产损毁计2万元，该年无保险赔款受到保险公司优待奖励，返还保险费3万元，上年亏损20万未抵补，今年是第二年。销售收入中有250万元以美元结算，结算期与付款期相差3个月，人民币官方汇率下调了0.1元/＄，美元汇价上升促使其销售收入变大，上年企业已作坏账列支的销货款80万元由于清理得力全部收回，计算该企业2002年度应纳税所得额。

$$611.246-2+3+250\times0.1+80-20=697.246(\text{万元})$$

【例3】上例中该企业在日本设有分支机构，实现总利润额中有100万元来自日本，应向日本政府纳税35万元（税率35%），中、日两国政府签有税收饶让协定，日本政府给予该企业减半征收的优惠，问该企业实际应向我国政府缴纳多少所得税？

名义应纳税总额：

$$697.246\times25\%=174.131\ 5(\text{万元})$$

境外所得税扣除限额：

$$174.131\ 5\times100\div697.246=25(\text{万元})$$

境外所得实纳税款：

$$35\times50\%=17.5(\text{万元})$$

由于我国与日本签有税收饶让协定，则应视为已纳国外所得税35万元，因35万元大于扣除限额25万元，所以超过限额的10万元不得扣除。

该企业应向我国政府缴纳所得税：

$$174.131\ 5-25=1\ 491\ 315$$

企业计算应纳所得税额的会计分录：

借:所得税　　1 491 315

　贷:应交税金——应交所得税　　1 491 315

实际上缴所得税时的会计分录:

借:应交税金——应交所得税　　1 491 315

　贷:银行存款　　1 491 315

【例4】某企业向法院申请破产,法院委派有关机构拍卖该企业剩余财产,得款190万元,该年度企业未分配利润为40万元,应提各项基金为18万元,全部清算费用为2万元。该企业尚未偿还的债务、费用以及实缴资本等为106万元。计算该企业应向当地税务机关申报的应纳所得税额。

清算后应纳税所得额为:190 - 40 - 18 - 2 - 106 = 24(万元)

应纳所得税额为:24 × 25% = 6(万元)

会计分录为:

借:所得税　　60 000

　贷:应交税金——应交所得税　　60 000

借:应交税金——应交所得税　　60 000

　贷:银行存款　　60 000

【例5】某企业2010年国家核定的年计税工资总额为20万元,实际发放的工资总额为25万元;固定资产折旧采用双倍余额递减法,本年折旧额为12万元,按税法规定应采用直线法计提折旧,年折旧额9万元。该企业2009年损益表上反映的税前会计利润为30万元,所得税税率为25%,采用应付税款法计算该企业本期应缴纳的所得税。

本期应纳税所得额 = 税前会计利润 + 永久性差异 + 时间性差异

= 30 + 5 + 3 = 38(万元)

本期应纳所得税额 = 38 × 25% = 9.5(万元)

借:所得税　　95 000

　贷:应交税金——应交所得税　　95 000

借:本年利润　　95 000
　贷:所得税　　95 000
实际缴纳所得税时
借:应交税金——应交所得税　　95 000
　贷:银行存款　　95 000

【例 6】有关资料同上,采用跨期所得分摊的递延法计算企业本期应缴纳的所得税和本期所得税费用.

本期应交所得税 =9.5(万元)

可抵减时间性差异的所得税影响余额 =3×25% =0.75(万元)

本期所得税费用 =9.5 -0.75 =8.75(万元)

借:所得税　　87 500
　递延税款　　7 500
　贷:应交税金——应交所得税　　95 000
实际缴纳所得税时
借:应交税金——应交所得税　　95 000
　贷:银行存款　　95 000

【例 7】某企业 2013 年度损益表中利润总额为 600 000 元,所得税额 178 000 元,调增利 180 000 元,其中年终多结转在产品成本 45 000 元,多提短期借款利息 66 000 元,固定资产清理净收益 25 000 元未转为营业外收入,职工福利支出在管理费用中列支 44 000 元。调减利润 90 000 元,其中少摊待摊费用 10 000 元,少提福利费 9 000 元,补交营业税 39 000 元,生产费用误计在建工程 30 000 元,少提折旧 2 000 元。其他还有业务招待费超支 50 000 元,工资超支 60 000 元,赞助费支出 20 000 元。对其进行账务处理。

① 少计损益、多计费用,调增利润的会计处理
借:生产成本　　45 000
　预提费用　　66 000

固定资产清理　25 000
应付福利费　44 000
贷:以前年度损益调整　180 000

② 多计收益、少计费用,调减利润的会计处理

借:以前年度损益调整　90 000
贷:待摊费用　10 000
应付福利费　9 000
应交税金——应交营业税　39 000
在建工程　30 000
累计折旧　2 000

对于本例中的业务招待费超支、工资超支和赞助费支出都属于永久性差异,一般是在所得税汇算清缴时,将调整的差异额与会计利润合并后计算应纳税所得额,只做纳税调整,而在账务上不做调整。

【例 8】某企业 2013 年末“利润分配——未分配利润”账户借方余额 120 万元,企业申报亏损 120 万元,经税务机关检查发现:第一,企业少计收入 40 万元存入小金库,税务机关要求其调减亏损,并处以视同所偷税款一倍的罚款 102 万元(40 ×25%);第二,超过计税工资标准部分的工资未做纳税调整 135 万元,扣除账面亏损额 120 万元,实际盈利 15 万元,税务机关除令其补交所得税外,并处以视同所偷税款一倍的罚款 33. 75 万元(135 ×25%)。企业应做如下账务处理:

① 调减亏损后仍为亏损

借:银行存款　400 000
贷:以前年度损益调整　400 000
借:营业外支出——税收罚款　100 000
贷:银行存款　100 000

② 调减亏损后为盈利。由于工资超支属于永久性差异,不需

做账务调整,但该盈利确属应纳税所得额,应补交所得税款 3.75 万元(15 ×25%);罚款 33.75 万元.

借:所得税　　37 500

　贷:应交税金——所得税　　37 500

借:应交税金——所得税　　37 500

　贷:银行存款　　37 500

借:营业外支出——税收罚款　　337 500

　贷:银行存款　　337 500

【例 9】某外商投资企业 2013 年度全年销货净额为 3 000 万元,年终结算账面利润 360 万元,经审计,发现在会计处理上与税收规定不符的有以下几项:

①缴纳滞纳金 400 元、列入营业外支出;

②销售商品价外收入 10 万元,直接转作职工奖励基金;

③购入固定资产货运汽车一辆,原价 8 万元,已投入使用,在减除残值 10% 后,按使用 3 年计提折旧,当年提取 2.4 万元;

④补缴房产税 1.6 万元,在未分配利润中支付;

⑤交际应酬费全年支出 17.5 万元,在管理费用中列支;

⑥企业在中国境内投资于某中外合资经营企业,从接受投资的企业取得的股息 6 万元,列入营业外收入;

⑦因火灾损失 20 万元,在营业外支出处理,得到保险公司赔偿 15 万元,作其他应付款处理。

中国税法规定、企业的财务会计处理办法同有关税收的法规相抵触的,应当按有关税收的法规定将账面利润调整为应纳税所得额。上述七项业务应做如下调整:

①各项滞纳金和罚款不得列支,应增加应纳税所得额 400 元;

②随同商品销售而取得的价外收入,应当并入商品销售收入计税,调增应纳税所得 10 万元;

③除火车、轮船以外的运输工具,计算折旧的最短年限为 5

年，当年只能提取折旧额 1.44 万元[(8 万 - 8 万 × 10%) ÷ 5]，调增应纳税所得额 0.96 万元；

④企业所纳房产税可作费用列支，应调减应纳税所得额 1.6 万元；

⑤交际应酬费列支限额为：

1 500 × 5‰ + 1 510 × 3‰ = 12.03(万元)，虽支 17.5 万元，但只能扣减 12.03 万元，调整应纳税所得 5.47 万元；

⑥从接受投资的企业取得的利润(股息)可以不计入本企业应纳税所得额，调减应纳税所得额 6 万元。

⑦自然灾害和意外事故有赔偿的部分，不得列为费用和损失，应冲减营业外支出，调增应纳税所得额 15 万元。

上述业务一共调增应纳税所得额 31.47 万元，调减应纳税所得额 7.6 万元，则差异调整额为增加应纳税所得额 23.87 万元，而原账面利润为 360 万元，经调整，实际应纳税所得额为 383.87 万元。

【例 10】A 企业是设在经济特区的一家外商投资企业，B 是 A 企业的外国投资者，B 从 A 企业取得利润 82 万元，直接再投资于 A 企业，增加注册资本。经营期不少于 5 年。如果 A 企业实际缴纳企业所得税适用税率 15%，地方所得税率 3%，计算 B 再投资的退税额。

退税额 = 82 ÷ [1 - (15% + 3%)] × 15% × 40% = 6(万元)

退回已缴所得税时的会计分录为：

借：银行存款　　　　　　　　　　　　60 000

　贷：应交税金——应交所得税　　　　　　60 000

如果 A 企业享受企业所得税减半缴纳并免纳地方所得税，

B 再投资的退税额为：

82 ÷ (1 - 7.5%) × 7.5% × 40% = 2.6596(万元)

会计分录同上。

【例11】某合资企业在2010年境内应纳税所得额为500万元，在A国的分公司获利100万元，已在A国缴纳所得税33万元（税率33%），计算该合资企业抵扣限额和应纳所得税额？

抵扣限额为：

$$(500+100)\times25\%\times[100\div(500+100)]=25\text{（万元）}$$

$$\text{应纳所得税额}=(500+100)\times25\%-25=125\text{（万元）}$$

当某企业在境外实际缴纳的税额大于抵扣限额时，其在境外实际缴纳的税款不可以全部扣除。

会计分录为：

借：所得税　　1 250 000

　贷：应交税金——应交所得税　　1 250 000

借：应交税金——应交所得税　　1 250 000

　贷：银行存款　　1 250 000

【例12】某合资企业2013年度境内应纳税所得额为200万元，并在A、B两国设有分支机构。A国分支机构所得120万元，其中生产经营所得100万元，税率为40%；利息所得额和特权使用费所得20万元，税率为20%。B国分支机构所得80万元，其中生产经营所得60万元，税率30%；租金所得和专利转让所得20万元，税率为10%，计算该企业在A、B两国的抵扣限额，实纳税额和应向我国政府缴纳的所得税。

在A国实纳税额：

$$100\times40\%+20\times20\%=44\text{（万元）}$$

在B国实纳税额：

$$60\times30\%+20\times10\%=20\text{（万元）}$$

A国分支机构抵扣限额：

$$120\times(120\div400)=36\text{（万元）}$$

B国分支机构抵扣限额：

$$80\times(80\div400)=16\text{（万元）}$$

该企业名义应纳所得税：

$$(200+120+80)\times 25\% = 100(\text{万元})$$

实际应纳所得税：

$$100-36-16=48(\text{万元})$$

缴纳所得税时的会计分录：

借:所得税　　480 000

　贷:应交税金——应交所得税　　480 000

借:应交税金——应交所得税　　480 000

　贷:银行存款　　480 000

(八)企业所得税会计科目的设置

企业进行所得税核算时,一般需要设置"所得税"科目或"递延税款"科目。

"所得税"科目,核算企业从本期损益中扣除的所得税费用。其借方发生额,反映本期企业计入损益的所得税费用;其贷方发生额,反映转入"本年利润"科目的所得税费用。期末结转本年利润后,该科目无余额。

"递延税款"科目,核算企业由于时间性差异产生的影响所得税的金额,以及以后各期转回的金额。其贷方发生额,反映企业本期时间性差异所产生的未来应交所得税金额;其借方发生额,反映企业本期时间性差异所产生的未来可抵减的所得税金额。期末借方(或贷方)余额,反映已确认但尚未转回的时间性差异对未来所得税的影响金额。

对于一个企业而言,只能选择一种方法进行核算。当选择应付税款法(将本期税前会计利润与应税所得之间的差异均在当期确认所得税费用,直接计入当期损益。在这种方法下,本期所得税费用等于本期应交的所得税。时间性差异产生的影响所得税的金额,在会计报表中不反映为一项负债或资产)进行所得税会计处理时,由于不核算时间性差异对所得税的影响,只需设置"所得税”科目,不需设置“递延税款”科目。期末按计算出的应交所得税,借记“所得税”科目,贷记“应交税金——应交所得税”科目。

当企业选择纳税影响会计法(也称跨期所得分摊,是将本期时间性差异的所得税影响金额,递延和分配到以后各期。采用该方法,所得税被认为是企业在获得收益时发生的一种费用,应随同有关的收入和费用计入同一期内,以达到收入和费用的配比。)需设置“所得税”和“递延资产”两个科目。按本期应计入损益的所得税费用,借记“所得税”科目,按本期计算应交所得税,贷记“应交税金——应交所得税”科目;按本期发生的时间性差异和现行所得税税率计算的所得税的影响金额,借记或贷记“递延税款”科目。本期发生的递延税款待以后时间转回时,如为借方余额,则借记“所得税”科目,贷记“递延税款”科目,如为贷方余额,则借记“递延税款”科目,贷记“所得税”科目。

这里需要特别指出的是:为了维护国家利益,防止税款无端的流失,国家制定了企业所得税法,对应纳税所得额的计算做了具体规定,但企业在实际财务处理过程中,由于计算口径不同,所计算的会计利润与纳税所得之间必然出现差异,即永久性差异和时间性差异,此类差异不需要进行会计调整,只需进行纳税调整。

所谓永久性差异,是指在某一会计期间,由于会计准则和税法在计算收益、费用和损失时的口径不同,所产生的税前会计利润与应税所得之间的差异。这种差异在本期发生,不会在以后各期转回。

所谓时间性差异,是指税法和会计准则在确认收益、费用或损失时因时间不同而产生的税前会计利润与应税所得之间的差异。时间性差异发生于某一会计期间,但在以后一期或若干期内能够转回。

至于会计人员在会计核算时,由于对财务制度、政策法规在理解上的偏差,或因确认、计量、记录等方面的错误造成的错计、漏计等，必须进行账目调整。所有差错按其所处时期可划分为本期差错和以前年度差错。对于本期差错，不影响全年应纳税所得额，可以在发现差错的当月进行补计、冲账和调整。对于发现以前年度差错，调账则较为复杂。但必须进行调账，否则会产生一系列不良后果：通过所得税汇算清缴，该年度的企业财务状况已得到税务机关的确认，如不进行调账，会使企业财务状况和反映的会计信息失真；企业以前年度若是将应计收入少计或漏计，将不应计入成本费用的支出多计或虚计，会增加下年度或以后年度利润，将会对已作纳税调整的已税利润在以后年度重复征收，从而增加企业税收负担。如多提短期借款利息，采用下年度冲减财务费用办法会增加利润，造成所得税重复征收；企业若是以前年度多计或虚计收入，少计或漏计成本费用或以其他方式有意虚报利润，会减少下年度或以后年度利润，使企业所得税流失。如把少摊的待摊费用转到下年度摊入成本费用，会减少下年度利润，造成国家税款流失。

三、个人所得税

（一）特点

1. 对工资所得和其他所得分类课征。

2. 税率较低。对工资、薪金所得实行3%～45%的超额累进税率，按月征收；其他各项所得，实行20%的比例税率，按次征收。

3. 扣除额宽。在个人收入中扣除本人和赡养家属的生计费用和其他必要的费用，仅就扣除费用后的余额征税。

4. 征收简便。征收方法基本上实行由支付单位扣缴税款的源泉控制，既方便纳税人，又便于征收管理。

（二）征税对象

个人所得税的征税对象包括：①工资、薪金所得；②个体工商户的生产、经营所得；③对企事业单位的承包、承租经营所得；④劳务报酬所得；⑤稿酬所得；⑥特许权使用费所得；⑦利息、股息、红利所得；⑧财产租赁所得；⑨财产转让所得；⑩偶然所得；⑪经国务院财政部门确定征税的其他所得。

（三）个人所得税的纳税人与征收范围

1. 纳税人。税法规定，凡在中国境内有住所，或者无住所而在境内居住满一年的个人，从中国境内和境外取得的所得，必须缴纳个人所得税；凡在中国境内无住所又不居住或者无住所而在境内居住不满一年的个人，只就从中国境内取得的所得，缴纳个人所得税。

2. 征税范围。根据国际惯例，个人所得税对居民（公民）和非居民（非公民）实行不同的征收范围。居民和非居民一般根据居住时间的长短来划分。我国参照多数国家按居住时间长短划分的先例，以是否居住满一年为划分标准。所谓居住满一年，是指一个纳税年度（公历每年1月1日起至12月31日）内，在我国境内居住满365日。在纳税年度内临时离境的，不扣除日数。临时离境是指来我国的外籍人员已取得我国公安部门发给的居留证，在批准日期内，离开我国而又返回的；或者虽未取得居留证，但在护照上签证的入出境有效期内，离开我国而又返回的。外籍人员签证期满离境，随后又另办签证入境的，原则上应重新计算在我国居住的日数。但出境与重新入境之间，间隔不超过30天的，应视为临时离境。

在我国境内居住满一年以上的个人，不论属于哪国国籍，就其来源于我国境内和境外的上述所得缴纳个人所得税。其中，在我国境内居住满一年，但未超过五年的个人，就其在我国境内取得的所得和从我国境外取得的所得汇入我国的部分缴纳个人所得税；在我国境内居住满五年的个人，从第六年起，就其在我国境内、境外取得的全部所得缴纳个人所得税。

不在我国境内居住或居住不满一年的个人，只就从我国境内取得的所得，缴纳个人所得税。从我国境内取得的所得，是指该项所得来源于我国境内，而不论其支付地点是否在我国境内。个人所得的来源地和支付地是不同的概念，两者有时一致，有时是不一致的。有些个人所得,虽然来源于我国,但不一定都在我国境内支付。例如在我国境内工作的外籍人员,其工资、薪金所得,可能由其雇主在本国支付。因此,税法实施细则规定,不在我国境内居住或居住不满一年的个人来源于我国的所得,不论是否在我国境内支付,都要征收个人所得税。但在纳税年度中连续或累计居住不超过90天的个人,因为他们在我国只是暂时停留,对其从中国境外雇主取得的工资、薪金所得,免于征税。

(四) 税率

1. 工资、薪金所得,适用超额累进税率,税率为3%~45%。

2. 个体工商户的生产、经营所得和对企事业单位的承包经营、承租经营所得,适用5%~35%的超额累进税率。

3. 稿酬所得,适用比例税率,税率为20%,并按应纳税减征30%。

4. 劳务报酬所得,适用比例税率,税率为20%。对劳务费报酬所得一次收入畸高的,可以实行加成征收,具体办法由国务院规定。

5. 特许权使用费所得,利息、股息、红利所得,财产租赁所得,财产转让所得,偶然所得和其他所得,适用比例税率,税率为20%。

(五) 个人所得税的计算。

1. 工资、薪金所得,以每月收入额减除费用3 500元的余额,为应纳税所得额。再按速算扣除法计算应纳所得税额,其计算公式为:

应纳所得税额=应纳税所得额×适用税率—速算扣除数

应纳所得税额=应纳税所得额×20%

每月收入额可减除:①法定费用3 500元;②不属于工资、薪金性质的津贴、补贴和福利费,如副食品补贴、独生子女补贴和托儿补助费等;③按规定缴纳的住房公积金、基本养老保险金和医疗保险金等。但对在中国境内的外商投资企业和外国企业工作的外籍人员、在中国境内工作的外籍专家、在中国境内有住所而在中国境外任职或者受雇取得工资、薪金所得的个人以及财政部确定的其他人员。

原税法实施条例规定的附加减除费用标准是每月 2 800 元，即涉外人员每月在减除 2 000 元费用的基础上，再减除 2 800 元的费用，减除费用的总额为 4 800 元。考虑到现行涉外人员工资、薪金所得总的减除费用标准高于境内中国公民，从税收公平的原则出发，应逐步统一内、外人员工薪所得减除费用标准。“这次在涉外人员的工资、薪金所得减除费用标准由 2 000 元/每月提高到 3 500 元每月的同时，将其附加减除费用标准由 2 800 元/每月调整为 1 300 元/每月，这样，涉外人员总的减除费用标准保持现行 4 800 元/每月不变。”

年终奖计税方式将延续既有办法，即 2005 年出台的《国家税务总局关于调整个人取得全年一次性奖金等计算征收个人所得税方法问题的通知》，但在税率和扣除数方面适用新个税法。

该通知规定，雇员取得全年一次性奖金，要单独作为一个月工资、薪金所得计算纳税：先将其当月内取得的全年一次性奖金，除以 12 个月，按其商数确定适用税率和速算扣除数。

如果在发放一次性年终奖金的当月，雇员当月工资薪金所得低于税法规定的费用扣除额，应将全年一次性奖金减除“雇员当月工资薪金所得与费用扣除额的差额”后的余额，按上述办法确定全年一次性奖金的适用税率和速算扣除数。在计算方法不变的情况下，按照新个税法规定的税率和扣除数进行计算。

该算法与过去年终奖的算法存在一定差别。按照过去算法，应先将年终奖除以 12，以得出的商确定税率和速算扣除数。新算法与过去算法最大区别在于，用年终奖乘以税率时，是否需要“补足差额”。

2. 个体工商户的生产、经营所得，以每一纳税年度的收入总额，减除成本、费用以及损失后的余额，为应纳税所得额；对企事业单位的承包经营、承租经营所得，以每一纳税年度的收入总额，减除必要费用的余额，为应纳税所得额，再按速算扣除法计算应纳所得额，其计算公式为：

应纳所得税额 = 应纳税所得额 × 适用税率 – 速算扣除数

应纳税所得额 = 收入总额 – 成本、费用及损失

个体工商户的收入总额是指个体户从事生产经营以及与生产经营有关的活动所取得的各项收入，包括商品销售收入、营运收入、劳务服务收入、工程价款收入、财产出租或转让收入、利息收入、其他业务收入和营业外收入。个体户的各项收入应当按权责发生制原则确定。

成本、费用是指个体户从事生产经营所发生的各项直接支出和分配计入成本的间接费用及销售费用、管理费用、财务费用；损失是指个体户在生产经营过程中发生的各项营业外支出。

直接支出和分配计入成本的间接费用是指个体户在生产经营过程中实际消耗的各种原材料、辅助材料、配件、外购半成品、燃料、动力、包装物等直接材料和发生的商品进价成本、运输费、装卸费、包装费、折旧费、修理费、水电费、差旅费、租赁费、低值易耗品等、支付给生产经营从业人员的工资。

销售费用是指个体户在销售产品、自制半成品和提供劳务过程中发生的各项费用，包括运输费、装卸费、广告费、展览费、销售服务费及其他销售费用。

管理费用是指个体户为管理和组织生产经营活动而发生的各项费用，包括劳动保险费、咨询费、诉讼费、审计费、土地使用费、低值易耗品摊销、无形资产摊销、开办费摊销、无法收回的账款、业务招待费、缴纳的税金及其他管理费用。

财务费用是指个体户为筹集生产资金而发生的各项费用，包括利息净支出、汇兑净损失、金融机构手续费及筹资中的其他财务费用。

个体户营业外支出包括固定资产盘亏、报废、毁损和出售的净损失、自然灾害损失、公益救济性捐赠、赔偿金、违约金等。

个体户的下列支出不得扣除:为建造和购置固定资产、无形资产以及其他资产的支出,对外投资的支出;被没收的财物和支付的罚款;缴纳的个人所得税及各种税收的滞纳金;各种赞助支出;自然灾害或意外事故有赔偿的部分;分配给投资者的股利;用于个人和家庭的支出;与生产经营无关的其他支出;国家税务总局规定不准扣除的其他支出。

个体户在生产经营过程中使用的期限超过一年且单位价值在1 000元以上的房屋、建筑物、机器、设备、运输工具及其他与生产经营有关的设备、工具等为固定资产。它的计价方式为:购入的,按实际支付的买价、包装费、运杂费和安装费等计价;自行建造的,按建造过程中实际发生的全部支出计价;实物投资的,按按评估价或合同价计算;在原有固定资产基础上进行改扩建的,按账面原值减去改扩建工程中发生的变价收入加上改扩建增加的支出计价;盘盈的,按同类固定资产的重估价值计价;融资租入的,按租赁协议或合同确定的租赁费加运输费、保险费和安装调试费等计价。

允许计提折旧的固定资产为:房屋和建筑物、在用机械设备、仪器仪表、各种工器具、季节性停用和修理停用的设备等。固定资产在计算折旧前,应当估计残值,从固定资产原价中扣除,残值按固定资产原价的5 %确定。

个体户按规定计提的固定资产折旧允许扣除。固定资产折旧年限在不短于以下规定年限内,可根据不同情况,经税务机关审核后执行。房屋、建筑物为20年;轮船、机器、机械和其他生产设备为10年;电子设备和轮船以外的运输工具及与生产经营有关的器具、工具、家具等为5年。由于特殊原因需要缩短折旧年限的,如受酸、碱等强烈腐蚀的机器设备或常年处于震撼、颤动状态的房屋和建筑物,以及技术更新变化快等,可由个体户提出申请,报省级税务机关审核批准后执行。

3. 劳务报酬所得、稿酬所得、特许权使用费所得、财产租赁所得适用比例税率、按次征收个人所得税，由于其费用扣除分别采用定额扣除和定率扣除两种方法，所以应纳所得税额也有两个不同的计算公式。

每次收入额在 4 000 元以上的，实行定率扣除费用，计算公式为：

应纳所得税额 = 每次收入额 ×（1 – 扣除率）×20%

每次收入不满 4 000 元的，实行定额扣除费用，计算公式为：

应纳所得税额 =（每次收入额 – 扣除额）×20%

劳务报酬所得，属于一次性收入的，以取得该项收入为一次；属于同一项目连续性收入的，以一个月内取得的收入为一次。

稿酬所得，以每次出版、发表取得的收入为一次。

特许权使用费所得，以一项特许权的一次许可使用所取得的收入为一次。

财产租赁所得，以一个月内取得的收入为一次。

对于劳务报酬所得一次收入畸高，（一次取得的劳务报酬超过 20 000 元的部分），采取加成征收，即超过 20 000 元至 50 000 元的部分，除依照税法规定计算应纳税额后再按照应纳税额加征五成；超过 50 000 元以上部分，加征十成。

4. 财产转让所得，以转让财产的收入额减除财产原值和合理费用后的余额，为应纳税所得额，再乘以税率即可求出应纳所得税额。计算公式为：

应纳所得税额 = 应纳税所得额 ×20%

这里的财产原值是指有价证券的买入价及买入时缴纳的有关费用；建筑物的建造费或者购进价格及其他有关费用；为取得土地使用权所支付的金额和开发土地的费用及其他费用；机器、设备、车船的购进价格、运输费、安装费及其他有关费用。

5. 利息、股息、红利所得、偶然所得和其他所得，以每次收入额为应纳税所得额，不扣除任何费用。其应纳所得税额的计算公式为：

$$应纳所得税额 = 应纳税所得额 \times 20\%$$

（六）个人所得税的减免规定

下列各项个人所得，免纳个人所得税：

省级人民政府、国务院部委和中国人民解放军军以上单位，以及外国组织、国际组织颁发的科学、教育、技术、文化、卫生、体育、环境保护等方面的奖金；

国债和国家发行的金融债券利息；

按照国家统一规定发给的补贴、津贴（包括特聘教授津贴）；

福利费、抚恤金、救济金；

保险赔款；

军人的转业费、复员费；医疗保险金；基本养老保险金；失业保险金。

按照国家统一规定发给干部、职工的安家费、退职费、退休工资、离休工资、离休生活补助费；住房公积金；

依照我国有关法律规定应予免税的各国驻华使馆、领事馆的外交代表、领事官员和其他人员的所得；

中国政府参加的国际公约，签订的协议中规定的免税所得；

经国务院财政部门批准免税的所得。

有下列情形之一的，经批准可以减征个人所得税：

残疾、孤老人员和烈属的所得；

因严重自然灾害造成重大损失的；

其他经国务院财政部门批准减税的。

（七）个人所得税的征收管理

个人所得税税源分散，为了便于征收管理，实行源泉控制的征收方法。纳税人取得的各项所得，凡有支付单位的，均以支付单位为扣缴义务人,由支付单位向纳税人支付款项时,依照税法代扣代缴税款。没有支付单位的,由纳税义务人申报缴纳税款。

个人所得税以人民币为计算单位,所得为外国货币的,按照国家外汇管理机关规定的外汇牌价折合成人民币缴纳税款。

个人所得税的扣缴义务人和自行申报纳税人,必须按税法规定的期限向税务机关进行纳税申报和缴纳税款。每月应纳的税款,都应当在次月 15 日内缴入国库,并向税务机关报送纳税申报表。

工资、薪金所得应纳的税款,按月计征,由扣缴义务人或者纳税义务人在次月 15 日内缴入国库,并向税务机关报送纳税申报表。特定行业的工资、薪金所得应纳的税款,可以实行按年计算,分月预缴的方式计征,具体办法由国务院规定。

个体工商户的生产、经营所得应纳的税款,按年计算,分月预缴,由纳税义务人在次月 15 日内预缴,年度终了后 3 个月内汇算清缴,多退少补。

对企事业单位的承包经营、承租经营所得应纳的税款,按年计算,由纳税义务人在年度终了后 30 日内缴入国库,并向税务机关报送纳税申报表。纳税义务人在一年内分次取得承包经营、承租经营所得的,应当在取得每次所得后的 15 日内预缴,年度终了后 3 个月内汇算清缴,多退少补。

从中国境外取得所得的纳税义务人,应当在年度终了后 30 日内,将应纳的税款缴入国库,并向税务机关报送纳税申报表。

税务机关对个人所得税的纳税情况有权进行检查。税务机关派人员对扣缴义务人和自行申报纳税人进行检查时,应当出示证件,并负责保密。扣缴义务人和自行申报人必须据实报告情况,提供有关资料,不得拒绝或者隐瞒。

对扣缴义务人按照所扣缴的税款,付给 2% 的手续费。

个人所得税的扣缴义务人和自行申报纳税人都负有按时扣缴

和缴纳税款的法定义务,如果违反税法规定,都要受到惩罚和制裁。

扣缴义务人和自行申报纳税人逾期不缴纳税款的,税务机关除限期缴纳税款外,从滞纳之日起,按日加收滞纳税款5%的滞纳金。

在税务机关派人员检查时,扣缴义务人和自行申报纳税人如不据实报告情况,拒绝提供或隐瞒有关资料,税务机关可以根据情节轻重,处以2 000元以上10 000元以下的罚金。

扣缴义务人不按规定代扣税款,扣缴义务人与自行申报纳税人不按规定期限送纳税申报表的,税务机关可处以2 000元以下的罚款。逾期不改正的,处以2 000元以上10 000元以下罚款。

扣缴义务人和自行申报纳税人匿报所得额、偷税、抗税,税务机关除追缴税款外,可根据情节轻重,处以应补税款5倍以下的罚款,情节严重的,由当地人民法院依法处理。

申报地点一般为收入来源地的主管税务机关。纳税人从两处或两处以上取得工资、薪金所得的,可选择并固定在其中一地税务机关申报纳税;从境外取得所得的,应向境内户籍所在地或经常居住地税务机关申报纳税。纳税人要求变更纳税地点的,须经原主管税务机关批准。

(八)个人所得税计算示范

【例1】某个体工商户2010年1~4月累计实现应纳税所得额为8 000元,1~3月已预缴所得税额为500元,问4月份应纳个人所得税多少?

由于税法中税率表是根据全年应纳税所得额设计的,这就需要在计算本期预缴所得税额时,先将本期应纳税所得额换算成全年应纳税所得额,乘以适用税率进行计算,再换算本期应纳所得税额。

全年应纳税所得额为：

$$8\ 000 \times 12/4 = 24\ 000(\text{元})$$

全年应纳所得税额为：

$$24\ 000 \times 20\% - 1\ 250 = 3\ 550(\text{元})$$

当月累计应纳所得税额为：

$$3\ 550 \times 4/12 = 1\ 143.33(\text{元})$$

本月应纳所得税额为：

$$1\ 143.33 - 500 = 743.33(\text{元})$$

【例2】某作家撰写一本著作，于2014年5月出版，2011年2月出版社预付稿酬3 000元，5月份出版时一次支付5 000元，后来由于作品加印6月份又支付稿酬2 000元，计算其应纳个人所得税。

$$2\text{月份应纳税款：}(3\ 000 - 800) \times 20\% \times (1 - 30\%) = 308(\text{元})$$

$$5\text{月份应纳税款：}[(3\ 000 + 5\ 000) - (3\ 000 + 5\ 000) \times 20\%] \times 20\% \times (1 - 30\%) - 308 = 588(\text{元})$$

$$6\text{月份应纳税款：}[(3\ 000 + 5\ 000 + 2\ 000) - (3\ 000 + 5\ 000 + 2\ 000) \times 20\%] \times 20\% \times (1 - 30\%) - 308 - 588 = 224(\text{元})$$

$$\text{共计应纳税款：}308 + 588 + 224 = 1120(\text{元})$$

如果各月均未纳税，则6月份一次缴纳税款：$[(3\ 000 + 5\ 000 + 2\ 000) - (3\ 000 + 5\ 000 + 2\ 000) \times 20\%] \times 20\% \times (1 - 30\%) = 1\ 120(\text{元})$

【例3】某工程师一次取得设计收入50 000元，计算其应纳所得税额。

根据个人所得税法规定，即一次取得劳务报酬在2万～5万的，依照税法规定计算应纳税额后，再按照应纳税额加征五成，适用税率为30%，超过5万元的部分，加征十成，适用税率为40%。

$$50\ 000 \times (1 - 20\%) \times 30\% - 2\ 000 = 10\ 000(\text{元})$$

【例4】A李女士在2014年12月得到36 400元的全年一次

性奖金,而李女士在12月的工资收入为3 100元,低于新个税法调整的3 500元的减除费用标准,应先将其奖金补足差额部分400元,剩余36 000元除以12个月,得到月均收入3 000元,其对应的税率和速算扣除数分别是10%和105。

李女士的应纳税额为:(36 400 + 3 100 − 3 500) 10% − 105 = 3 495元。

【例5】B韩先生在某公司工作,2014年12月3日取得工资收入3 500元,当月又一次取得年终奖金24 000元。可用其取得的奖金收入24 000元除以12个月,得出月均收入2 000元,其对应的税率和速算扣除数分别为10%和105元。

韩先生的应纳税额 = 24 000 × 10% − 105 = 2 295(元)。

【例6】某科研所3人取得专利转让收入1万元,甲分得6 000元,乙分得3 200元,丙分得800元,3人各应纳多少所得税?

甲应纳税额:6 000 × (1 − 20%) × 20% = 960(元)

乙应纳税额:(3 200 − 800) × 20% = 480(元)

丙免征。

【例7】某小型个体工商户2014年第一季度产品销售收入累计为20 000元,成本费用损失为8 500元,税务机关核定工资支出5 000元,已纳增值税500元,1 ~ 2月份已纳个人所得税270元,计算该个体户3月份应纳个人所得税?假设该个体工商户全年应纳税所得额为35 000元,至第三季度已纳个人所得税2 200元,计算其年底还应纳个人所得税多少?如果该个体工商户前述条件不变,至第三季度已纳个人所得税3 500元,计算其年底应交个人所得税额?

第一季度累计应纳税所得额:

20 000 − 8 500 − 5 000 − 500 = 6 000(元)

全年应纳税所得额:6 000 × 12/3 = 24 000(元)

全年应纳所得税额:24 000 × 10% − 750 = 1 650(元)

第一季度累计应纳所得税额:

1 650 × 3/12 = 412.5(元)

3 月份应纳所得税额:412.5 - 270 = 142.5(元)

12 月末应纳所得税额:35 000 × 20% - 3 750 - 2 200 = 1 050(元)

35 000 × 20% - 3 750 - 3 500 = -250(元)

预交所得税时的会计分录:

借:应交税金——应交所得税　　412.5

　贷:银行存款　　412.5

①年末结算全年应交所得税时的会计分录:

借:所得税　　1 650

　贷:应交税金——应交所得税　　1 650

②补交所得税时的会计分录:

借:应交税金——应交所得税　　1 050

　贷:银行存款　　10 50

③　退回多交所得税时的会计分录:

借:银行存款　　250

　贷:应交税金——应交所得税　　250

【例 8】某小型个体工商户 2010 年第一季度产品销售收入累计为 10 000 元,成本费用损失为 3 150 元,税务机关核定工资支出 4 750 元,已纳增值税 300 元,1 ~ 2 月份已纳个人所得税 60 元,计算该个体户 3 月份应纳个人所得税?假设该个体工商户全年应纳税所得额为 20 000 元,至第三季度已纳税 1 200 元,计算其年底还应纳所得税多少。如果该个体工商户前述条件不变,至第三季度已纳税 3 000 元,计算其年底应交所得税额。

第一季度累计应纳税所得额:

10 000 - 3 150 - 4 750 - 300 = 1 800(元)

全年应纳税所得额:1 800 × 12/3 = 7 200(元)

全年应纳所得税额:7 200 × 10% - 250 = 470(元)

第一季度累计应纳所得税额：

$$470 \times 3/12 = 109.17(\text{元})$$

3 月份应纳所得税额：$109.17 - 60 = 49.17$(元)

12 月末应纳所得税额：$20\ 000 \times 20\% - 1\ 250 - 1\ 200 = 1\ 550$(元)

$$20\ 000 \times 20\% - 1\ 250 - 3\ 000 = -250(\text{元})$$

预交所得税时的会计分录：

借：应交税金——应交所得税　　49.17(元)

　贷：银行存款　　49.17(元)

① 年末结算全年应交所得税时的会计分录：

借：所得税　　2 750(元)

　贷：应交税金——应交所得税　　2 750(元)

② 补交所得税时的会计分录：

借：应交税金——应交所得税　　1 550(元)

　贷：银行存款　　1 550(元)

③ 退回多交所得税时的会计分录：

借：银行存款　　250(元)

　贷：应交税金——应交所得税　　250(元)

【例 9】卡特是美国某公司的业务代理人，在中国居住期为 3 年，某月薪收入 7 200 元，另在美国出租房屋收入折算人民币1 000 元。假定：① 全部汇到中国；或者② 收入全部存入美国银行。分别计算卡特应纳个人所得税。

假定卡特将收入全部汇到中国

工资所得应纳税额为：

$$(7\ 200 - 800 - 3\ 200) \times 15\% - 125 = 355(\text{元})$$

房屋租金收入应纳税额为：

$$(1\ 000 - 800) \times 20\% = 40(\text{元})$$

假定卡特将收入全部存入美国银行，则应纳所得税额仅为

335 元。因为根据税法，卡特在中国境内未住满 5 年，只就其在中国境内取得的收入及汇入中国境内的收入征税。

【例 10】某纳税人在我国境内居住 6 年以上，某月取得境内劳务所得 8 000 元，境外特许权使用费税后所得 3 825 元，已在外国缴纳个人所得税，境外税率为 15%，计算其在我国境内应纳税额。

劳务所得应纳税额：

$$8\ 000 \times (1-20\%) \times 20\% = 1\ 280(\text{元})$$

境外特许权使用费税前所得额：

$$3\ 825/(1-15\%) = 4\ 500(\text{元})$$

境外特许权使用费所得应纳税额（抵免限额）：

$$4\ 500 \times (1-20\%) \times 20\% = 720(\text{元})$$

在我国境内应补交税额：$720 - 4\ 500 \times 15\% = 45$（元）

共计纳个人所得税：$1\ 280 + 45 = 1\ 325$（元）

如果境外个人所得税率为 25%，换算的境外税前所得为5 100 元[3 825/(1-25%)]，抵免限额为 816 元[5 100 ×(1-20%)× 20%]，而在境外实际缴纳 1 275 元(5 100 ×25%)，超过抵免限额部分 459 元不得抵免。

【例 11】某二人系合伙企业的业主，某年商品销售收入 50 万元，销售成本 35 万元，销售费用 5 万元，销售税金 4 000 元。按两种方法分别计算其应纳个人所得税？

(1)按查账征收方式计算征收

应纳税所得额 $= (500\ 000 - 350\ 000 - 50\ 000 - 4\ 000) = 96\ 000$

应纳所得税额 $= (96\ 000 \div 2 \times 30\% - 2\ 725) \times 2 = 23\ 350$（元）

(2)按税务局核定方式征收

应纳税所得额 $= 500\ 000 \times 20\% = 100\ 000$

应纳所得税额 $= (100\ 000 \div 2 \times 30\% - 2\ 725) \times 2 = 24\ 550$（元）

个人所得税税率参见表 8－3，表 8－4 和表 8－5。

表8-3　个人所得税税率表

（工资、薪金所得适用）

级数	全月应纳税所得额	税率(%)	速算扣除数(元)
1	不超过1 500元的	3	0
2	超过1 500~4 500元的	10	105
3	超过4 500~9 000元	20	555
4	超过9 000~35 000元	25	1 005
5	超过35 000~55 000元	30	2 755
6	超过55 000~80 000元	35	5 505
7	超过80 000元	45	13 505

注：本表所称全月应纳税所得额是指以每月收入额减除3 500元费用后的余额。

表8-4　个人所得税税率表

（个体工商户的生产、经营所得和对企事业单位的承包经营、承租经营所得适用）

级数	全月应纳税所得额	税率(%)	速算扣除数(元)
1	不超过15 000元的	5	0
2	超过15 000~30 000元的	10	750
3	超过30 000~60 000元的	20	3 750
4	超过60 000~100 000元的	30	9 750
5	超过100 000元的	35	14 750

表8-5　税改后各阶段收入人群税负变化（单位：元）

月收入(不含险金)	免征额2 000应税	免征额3 500应税	税改后缴税
3 500	125	0	-125
4 000	175	15	-160
5 000	325	45	-280
6 000	475	145	-330
7 000	625	245	-380

续表

月收入(不含险金)	免征额 2 000 应税	免征额 3 500 应税	税改后缴税
8 000	825	345	-480
9 000	1 025	545	-480
10 000	1 225	745	-480
20 000	3 225	3 120	-105
38 600	7 775	7 775	0
50 000	11 025	11 195	+170
100 000	28 825	29 920	+1 095

（九）我国个人所得税进一步改革趋势

由于我国居民收入差距越来越大，两极分化现象日趋严重，为避免引起新的社会震荡，必须当机立断对居民收入分配进行有效调节。征收个人所得税不失为最佳选择之一，但我国第一部《个人所得税法》于 1980 年颁布实施，当时的立法宗旨主要是为了适应对外开放的需要，所规定的费用扣除额相对较高，我国公民基本上达不到纳税标准。伴随居民收入的逐年提高，越来越多的公民跨入纳税人的行列，1993 年和 1999 年虽两经修正，但总体条文只有 15 条，抽象得难于操作。与此形成鲜明反差的是，除国务院经由立法授权发布的《个人所得税法实施条例》有 47 条具体规定外，财政部、国家税务总局经年累月地发布的各种《通知》、《暂行办法》、《批复》等已不计其数，地方政府、税收征管部门发布的各种变通性规定更是难于统计。这些规定、办法不仅立法层次低、主观随意性大、透明度差，而且其中有些规定已明显超越了授权立法的范围，如此法律环境已使我国个人所得税丧失了公平的基础，如不从根本上加以改变，我国个人所得税的完善就无从谈起。

1. 继续提高免征额。1993 年我国修订《个人所得税法》的立法精神是在确保财政收入稳定增长的前提下，加大对高收入的调节，为国民经济发展创造一个良好的社会环境。当时职工工资收入年平均不足3 000元，月均工资不足250元，绝大部分中低收入者都与个人所得税无缘。因此，当时把免征额确定在800元，确实能起到调节过高收入的作用。但时至今日，很难与当前居民收入相匹配。虽然经全国人大批准，从2006年1月1日起将免征额调至1 600元，2008年3月1日又上调至2 000元。2011年9月1日再上调至3 500元。然而事实上，在城市生活的两个职工带一个孩子的三口之家，如全部收入在1 600、2 000、3 500元以下，勉强维持日常生活支出尚可，遇到子女上学、购房、医疗等特定开支，难免会捉襟见肘。从征收数额看，来自中低收入者的个人所得税在全部税额中所占比例较低，这从居民储蓄的统计资料可以间接证明。目前我国20%的高收入者储蓄额占全部居民储蓄的80%以上，仍然按照3 500元的免征额，对减轻工薪阶层的税收负担意义不大，从长远看不利于社会的稳定。鉴于此，若参照1994年免征额与职工工资收入之比(大约1∶3)，至少应把免征额调高为5 000元以上。

2. 改变费用扣除方法。目前生计费定额扣除方法，除造成我国个人所得税免征额偏低外，还存在着扣除内容笼统、扣除标准缺乏弹性等缺陷，既不考虑家庭因素，也不考虑通货膨胀因素，难以体现公平税负原则。公平原则要求国家在征税时，应使每个人的税收负担水平保持均衡，即所谓“横向公平”和“纵向公平”。横向公平的核心是经济能力处于同一水平的纳税人，应缴纳数额相等的税款；而纵向公平则要求经济能力不同的人应缴纳不同的税款，纳税能力强的多纳，纳税能力差的少纳。我国现行税法把所有应扣除的费用都包含在3 000元的基数中，表面上达到了横向公平，实际上，由于每一个纳税人所负担的赡养人口不一样，纳税能力不同却实行同样的扣除生计费用后缴纳同等的税款。这样操作的结果虽然简便易行,但很容易造成税收负担不平衡。特别是在我国大力倡导赡养老人传统美德的条件下,由于种种原因导致子女在城市工作,而父母却生活在农村,当他们已丧失劳动能力时,居住在市区的子女理所当然地要承担赡养老人的义务。因此应根据家庭结构重新设计生计费用扣除标准,并允许夫妻合并申报纳税。

人力资本的积累和投入,是现代科技进步和科技成果转化的重要因素。发达国家在个人所得税的设计中,都普遍考虑了促进人力资本投入问题,把劳动者接受教育、培训费用作为个人所得税抵扣因素,以鼓励对个人人力资本的投入。我国当前基于财政收入的压力,在个人所得税税基中根本未涉及个人的人力资本投资问题,对科技人员的有关税收优惠也仅限于省级以上政府发放的"科技奖金"和"政府特殊津贴"。我们应该按照国际惯例,把人力资本投入尽快纳入议事日程,并体现在税制改革方案中。

现行费用扣除方法以固定数额为依据,不与物价指数挂钩,使税制缺乏应有的弹性。一旦通货膨胀出现,纳税人的名义货币收入虽然有所增加,但实际收入并非相应增长甚至会有所减少,如果费用扣除未作及时调整,使个人所得税产生"档次爬升",必然会加重纳税人的税收负担。我认为,只要货币流通量超过货币需要量,过多的货币必然追逐过少的商品,如果不采取得力的措施,未来的通货膨胀势不可免。回顾我国 30 多年改革的历程,通货膨胀始终是困扰我国经济生活的主要因素。因此,为规范我国个人所得税制度,消除物价指数变动对税负的影响,应该实行费用扣除标准"指数化",所谓"指数化"就是将个人所得税的扣除费用与物价指数挂钩,根据物价变动状况,定期调整扣除数额,从而消除物价指数变动对纳税人税收负担的影响,保证税收负担水平相对稳定。

3. 调整税率和级距。税率设计是个人所得税发挥调节功能的核心，累进税率最能体现量力负担原则。目前我国对"工资薪金所得"、"个体工商户经营所得"和"企事业单位承包经营、承租经营所得"三个税目都实行超额累进税率。前者采用七档，最高税率为45%，后两者采用五档，最高税率为35%。相比较而言，前者的级距过多，一些边际税率形同虚设。这种做法与国际上流行的"宽税基、低税率、少级距"的个人所得税改革方向背道而驰。

为使我国个人所得税与国际惯例相衔接，应把工资薪金所得适用的七级超额累进税率和个体工商户的生产经营所得、对企事业单位承包经营、承租经营所得适用的五级超额累进税率合并，各项综合所得按统一的超额累进税率纳税。废除工资薪金所得按月计征办法，一律改为按年计征、按月预缴、年终汇算清缴办法。具体设想见表8－6

表8－6　未来个人所得税税率表

级数	全月应纳税所得额	税率(%)	速算扣除数(元)
1	不超过10 000元的	5	0
2	超过10 000~20 000元的	10	500
3	超过20 000~40 000元的	20	2 500
4	超过40 000~60 000元的	30	6 500
5	超过60 000元的	35	9500

表8－6所称全月应纳税所得额是指以每月收入额扣除免征额或有关费用后的余额。

这样计算出的最高档应纳所得税额为60 000×35%－9 500＝11 500(元)；个人所得税税收负担率为11 500/60 000×100%＝19.67%。它与特许权使用费所得、劳务报酬所得适用20%的税率基本一致，也与个体工商户的税收负担接近，体现了对劳动所得征税的平等性。至于对过高收入者还有较多剩余,一般都作为个人财产沉淀下来,如拥有汽车、房屋等,我们可以通过征收遗产税再做第二次调节,也可以实行加成征收,以缩小贫富差距,促进公平分配。

4. 探索新的征管措施。我国现行个人所得税实行个人申报和代扣代缴相结合,并以代扣代缴为主的征收办法。由于没有明确规定对不按规定履行扣缴义务的单位和个人应负哪些法律责任,致使其制约机制软化。扣缴义务人普遍缺乏自觉履行扣缴义务,有的甚至帮助纳税人逃税,导致税款流失。特别是我国现阶段现金管理制度松弛,原制定的现金管理办法名存实亡,对现金的提取几乎起不到任何限制作用。在经济生活中,大量存在着现金交易,有的单位干脆将部分现金不记现金账,给税款的追缴带来极大困难。

因此,首先要抓紧源泉扣缴制度的落实。在税法中明确规定代扣代缴义务人应负的法律责任,税务机关可采取多种形式进行抽查,如发现其未履行应负的法律责任,必须给予从重处罚。当然,为了调动代扣代缴单位的积极性,可适当提高代扣代缴手续费标准,以资鼓励。其次是借鉴发达国家成功经验,建立个人所得税税号制度。每个纳税人的税号编码像身份证一样将伴随其终生。通过税号,健全个人税务档案,所有的纳税情况均列入其中,有关税款的资料一目了然。其三是积极创造条件实行金融资产实名制、个人支票制、官员任职期间个人财产变动公示制。个人与金融机构进行业务往来时,必须出示有效身份件,使用真实姓名。个人的一切收入都要经过银行账户,减少现金在金融机构的体外循环,使银行账户真正成为税务部门了解个人当期收入的主渠道,进而判断其收入是否完整。其四是加大对偷逃个人所得税的打击力度,不断优化纳税环境。要使纳税人自觉纳税,必须有相应的利益约束机制,严管重罚是促使纳税人自觉纳税的重要保证。所以要求税务部门"有法必依,执法必严,违法必究",必要时,税务机关有权依法冻结纳税人的账户，封存、拍卖纳税人的财产等，以提高纳税人偷逃税款的风险成本。

通过改革完善个人所得税制，既能有效地防止财产过多地向高收入者集聚，又能减轻工薪阶层的税收负担，大大地缩小贫富差距，有利于社会安定。更重要的是能刺激一部分中高收入者的消费需求，启动我国的消费品市场，使国民经济步入良性循环的轨道。

四、遗产税

（一）遗产税的产生

遗产税是以财产所有人去世后遗留的财产为课税对象征收的财产税。

遗产税最早产生于4000多年前的古埃及，当时出于筹措军费的需要，开征了遗产税。近代意义上的遗产税始于1598年的荷兰，继荷兰之后，英国于1694年，法国于1703年，意大利于1862年，日本于1905年，德国于1906年，美国于1916年，都相继开征了遗产税。目前，世界上已有100多个国家和地区征收遗产税。

我国早在北洋政府时期就开征过遗产税。1938年10月，当时的国民政府颁布了《遗产税暂行条例》，并于1940年7月1日正式开征。新中国成立后，政务院于1950年通过的《全国税政实施要则》规定要开征的14个税种，其中就包括遗产税。但限于当时的条件，后来此税种并没有正式开征，始终“沉”在水底。

改革开放后，我国国民经济保持持续快速稳定增长，居民收入不断提高。社会成员之间贫富差距加大，两极分化日趋严重，遗产税的征收因此又“浮”上了水面。1994年的新税制改革将遗产税列为国家可能开征的税种之一，遗产税的何时开征成为国人关注的焦点。

随着近几年中国亿万富翁“成批”的出现，遗产税问题再次引起大家的关注。据权威资料显示，2013 年年底我国现在的富裕阶层（达到 1 000 万元金融资产）超过 200 万人。而在许多发达地区，那些作为父母的富豪们已经开始为回避遗产税而将房产提前过户给未成年的子女。长期分配不公的积累带来的“存量不公”成为财富差距扩大的新因素，并在未来加快城镇收入差距扩大的速度。有专家指出，2004 年，中国最高收入 10% 的富裕家庭财产总额占全部居民财产的 45%。而最底层的 10% 的家庭收入只占 1.4%，相差 32 倍。到 2009 年，这个差距已经扩大到 40 倍。财产存量分布不均，将会通过遗传成为破坏机会平等和代际平等的最大因素，带来严重的动态不公。

研究遗产税不能不涉及赠予税，赠予税是对财产所有人生前的财产赠予行为课征的税。两个税种相辅相成。大多数征收遗产税的国家同时征收赠予税，相当一部分国家将遗产税和赠予税合并使用同一税率征收，其目的就在于防止纳税人通过赠予方式逃避税收。

（二）我国开征遗产税的必要性

我国改革开放 30 多年来，国民经济迅速发展，人民生活水平逐步提高，私人财产拥有量明显增加。特别是一部分先富起来的人，积累了大量财产，已经涌现出一批百万富翁、千万富翁，甚至亿万富翁。在个人财富急剧增长的同时，贫富差距也逐步加大，据不完全统计，到 2013 年年末，在全国居民储蓄超过 40 万亿元的总额中，20% 的人占有其中的 80% 以上，这足以证明开征遗产税的时机业已成熟。

1. 有利于收入分配体系的完善。我国虽进入社会主义市场经济时期，但仍处于社会主义初级阶段，为了充分发展生产力，本着“效率优先、兼顾公平”的原则，国家允许并鼓励一部分人通过诚实劳动先富起来，进而实现共同富裕。由于高收入阶层的存在，像影视歌体坛明星、私营业主、外企中的白领人员，从事股票、期货投机人员等，他们的收入水平已远远高于社会平均收入水平，引发了低收入者心态的不平衡，巨大的贫富差距如果仅靠个人所得税来调节，由于纳税人自身素质及现行征管手段等原因，调节力度有限，尤其对于经济转轨过程中大量存在的灰色收入，个人所得税更难有所作为。

从理论上讲，遗产税是对一个人一生纳税情况作了最后的总结，换言之，如果生前少纳了个人所得税而沉淀形成个人的遗产，都可以通过遗产税征收回来。因此，通过征收遗产税，不仅可以弥补个人所得税的局限性，而且还可以把财产所有人生前的不透明收入形成的财产部分，也纳入征税范围，形成较为完善的收入分配体系。

2. 有利于缓解分配不公的矛盾。在市场经济条件下，公平竞争是市场运行的核心要求，但由于财富差异往往会造成竞争的起点不同，从而导致分配结果不公平。政府开征遗产税的意义主要不在于财政的收益，而在于社会意义。在经济已有长足发展、人民生活水平日益提高的今天，中国各阶层人士收入分配不公、贫富差距拉大的现象越来越突出。如果长期不调节，任由差距拉大，将成为社会不安定的一个因素。在收入分配定局后，政府不能通过暴力“劫富济贫”，却能够通过适当的税收手段来达到等富贵和均贫富的目的。开征遗产税就是政府调节社会财富的分配、缩小过大的个人收入差距的最佳选择之一。遗产税不但限制了财富的过分积聚，防止形成财富长期集中在个人和家族手中，而且缩小了贫富差距，保持住社会的和谐。

3. 有利于净化社会风气。继承遗产、接受赠予财产是一种不劳而获的行为，如果不对其征税，则可能出现依赖遗产和所赠财产过活的寄生现象。坐享其成，不思进取，一部分人丧失生活的动力，生产就无活力，整个社会就不会健康发展。征收遗产税对继承人的积极意义在于：一方面，遗产对继承人而言是不劳而获，征收力度相对较大，因此财富拥有人要想其死后家财仍达到其生前标准，就必须注意对继承人的良好教育，培养他的真才实学，使巨额家产不致在后人手中败落；另一方面，这种教育子女的倾向会自然而然对社会其他阶层起到示范作用，影响到他们教育孩子的原则，即从小培养子女个人艰苦奋斗的品质。这种良性影响在社会上长期发展，无疑会促进整个国民素质的提高。它还在客观上鼓励高收入者生前更热心和关注公益事业，如建立公益性基金，设立奖学金等，而这本来是需要政府拿钱去做的事，从而形成一种社会分配上的良性循环，推动社会进步。

4. 有利于同国际惯例接轨。遗产税是对外交往中符合国际惯例的一种做法。很多国家有遗产税，而我国没有，那么我国在税收协定谈判时，就失去或自动放弃了一个有利的条件。

在世界上大多数国家都已开征遗产税的情况下，一些国家对中国公民在其境内的遗产和赠予财产以及本国公民在中国境内的遗产和赠予财产均征收遗产税。而我国尚未开征该税，这在国际惯例上是讲不通的，等于我们自动放弃了这个权利。使我国在税收上处于不平等地位，国家的主权因此受到损害。开征遗产税，可以在税收分配关系中，贯彻国与国之间的对等原则，维护国家主权，按照国际惯例处理涉外遗产和赠予财产问题。

（三）我国遗产税的制度设计

我国遗产赠予税制的设计，既要吸收国际经验，又要充分考虑我国国情。总的原则要求是税制简化，征收面窄，起征点高，级距适中。

1. 采用总遗产税制。当今世界各国的遗产税制大体划分为三种模式：一是总遗产税制，即对财产所有人死亡后遗留的全部财产进行课税，以执行遗嘱人或遗产管理人为纳税人的制度；二是分遗产税制，即在遗产所有人死亡后，将遗产分给各个继承人时，以各继承人分得的财产总额为课税对象，以遗产继承人、接受赠予人为纳税人的制度;三是混合遗产税制,即在财产所有人死亡后,先对其遗留的财产征收总遗产税,尔后再对继承人所继承的遗产征收分遗产税的制度。这三种税制模式各有利弊,其中总遗产税制征收最为方便易行,利于控制税源和征收管理。分遗产税由于税源难以控制,纳税人偷漏税意识较强,征管难度大。至于混合遗产税制,其优缺点介于二者之间,但采用该税制的国家较少。

根据我国实际情况,应采用总遗产税制为宜。首先,这是由税收征管水平决定的。我国现阶段税收征管手段落后,征管效率低下,偷漏税现象较普遍,遗嘱公证尚未普及,若采用分遗产税制,难以有效控制税源。其次,总遗产税制可较多地节约征税成本。尽管我国税制改革步伐较快,但发展趋势仍是以流转税和所得税为主体,其他税种为辅助的税收体系,这就决定了遗产税收入的有限性,因而采用成本较低的总遗产税制能体现税收的效率原则。

2. 合理确定纳税人和征税对象。遗产税的纳税人,可以根据属人与属地相结合的原则,采用居民标准来确定。凡在我国境内有住所或无住所而在境内居住满一年的个人即为我国居民,当其死亡时,应对其中国境内外的全部应税遗产征税;凡在我国境内无住所又不居住,或无住所且居住不满一年的个人即为非居民,当其死亡时,只对其在中国境内的应税遗产征税。这样规定既符合国际通行做法,又与我国个人所得税的有关规定一致,便于税制的衔接。

至于征税对象,从理论上讲应为继承人和接受赠予人的全部财产,包括动产、不动产及其他一切具有财产价值的权利。但从征收角度看难度相当大,尤其是对动产和无形资产,若规定个人申报,受个人素质制约,很可能申报不实,或者少报,甚至不报,税务机关决不能挨门逐户地搜查,往往导致该税种形同虚设。因此,目前该税的征收对象可暂列为不动产及有形动产,如私人居住用房、营业用房、机器设备、交通工具、银行存款等。

税基要适中,因为税基的扩大常常会遇到几方面的阻力:一是个人收入水平和财产占有量,当多数人处于中低收入与较少财产状态时,扩大税基无疑会遭到普遍的抵制;二是征收力量和征收成本,如果征收力量不能适应因扩大税基而增加的工作量,或征收成本过高,那么扩大税基的效果就会很差,甚至得不偿失。一句话,在我国拓宽税基不能一蹴而就,应分阶段有步骤地进行,待条件具备时,再把税基扩至无形资产。

根据国际上通常的做法,信托财产也视为课税对象。所谓信托是指财产所有人将其财产托付给某一特定的人或机构,由其负责财产的管理和运营。财产所有人之所以要办理信托,主要是因为财产所有人想把财产传给其继承人,但又考虑到继承人或年龄太小,或缺乏知识,或不善经营管理,也可能是财产所有人不愿意将所有权立即交给继承人,需要委托信托人或信托公司负责其财产的管理与运营,信托人或信托公司只收取一定的费用,并不享受财产的收益。

信托主要有两种方式,一种是指定受益人的信托,即确定由某人享有信托财产的收益。另一种是全权信托,即财产所有人将财产交给信托人或信托公司后,并不指定财产的受益人,而是将财产的收益给指定的一群人,由信托人决定信托财产的收益给谁。这样做的好处是,既可以变更受益人,又可以当财产所有人死亡后能根据继承人的情况对收益分配进行相应调整。随着我国社会主义市场经济体制的逐步完善,信托财产的出现必不可免,对该项目征收遗产税是提上议事日程的时候了。

3. 计税依据及减免税。遗产税的计税依据为应税遗产额,即被继承人死亡时的遗产扣除一些项目后的余额。国际上通行的扣除项目为:被继承人所欠的各种债务、丧葬费、遗产管理费、对公益事业的捐赠、配偶之间遗产的必要扣除等。

我国扣除项目可以适当宽一点。因为现阶段要鼓励各种经济成分健康发展,开征遗产税难免对个体和私营经济的成长造成一定的阻碍。所以,在税制设计时可通过减免税规定来抵消征税对生产的消极影响。如对生产经营性遗产可给予适当减免税,如其在规定年限内改变用途,转化为消费性财产,则应由税务部门追缴遗产税;对农村承包荒山、荒地等经营权作为遗产,由后人继续执行合同的,可给予免税,以稳定农民负担,促进农村经济发展。对历史文物、文化艺术品可适当减免税,主要是为了防止继承人无法承担税负被迫出卖,从而导致国家文化财富流失到国外。

4. 采用累进税率。我国遗产税的开征主要是调节社会财富的分配,特别是限制少数巨额财产在家族中代代相传,其主要目的并非为取得财政收入。因此免征额应定得高一些,可考虑把免征额定在100万元,并采用超额累进税率计算。根据大多数国家的做法,如美国为18%～55%,德国为3%～35%,法国为5%～40%,英国为40%。我国遗产税的税率级次应进一步简化,以降低征税成本。税率不要过高,避免纳税人铤而走险,偷逃税款。可以考虑把最高税率定在40%,既有国际上一些国家税率作参照,大体上居于平均税率水平,便于与国际经济对接;又不高于我国现行个人所得税最高边际税率,利于纳税人接受。具体税率设计参见表8－7。

表8－7　遗产税税率

级次	应纳税遗产额（万元）	税率（%）	速算扣除数（万元）
1	500～1 500	10	50
2	1 500～3 000	20	200
3	3 000～5 000	30	500
4	5 000以上	40	1 000

这样计算出来的结果，第一级税收负担率为0～6.6%，第二级税收负担率为6.6%～13.3%，第三级税收负担率为13.3%～20%，第四级税收负担率为20%以上，不超过40%，即使是较高收入者，也完全有负担能力。

（四）强化征管、堵塞漏洞

1.建立个人财产登记制，全面推广个人自行申报制。只有对个人存量财产实行登记制度，纳税人的财产必须到指定的登记机关进行登记，产权易人必须办理变更登记，否则不承认或不保护其产权，税务机关才能了解纳税人各项财产分布情况，为建立全国统一的纳税登记号做好准备。实施初期，税务部门要着重抓好关键人员的自行申报工作，首先为他们提供方便的申报条件，得到他们的理解与配合，然后再根据可能性逐步推广。要推广个人申报制的前提是建立个人收入、纳税等有关情况的资料档案，具有了充分的资料信息，个人所得税与遗产税才有可能紧密衔接，互相配合。

2.真正实行个人金融资产实名制，并推行个人支票制。个人与金融机构往来时，必须出示身份证件，使用真实姓名，每一个有收入的纳税人必须在银行开设一个实名存款账户。个人的各种收入（股票变卖收入、债券利息收入、财产转让收入等）都要通过银行账户进行。能采用支票结算方式的，决不能用现金结算方式，以减少现金在银行系统的体外循环，使银行账户真正成为税务部门了解个人收支及财富占有的主渠道，税务部门据此可以判断个人收入和财产占有是否真实、完整。

3.建立有权威性的财产评估机构。征收遗产税，对财产进行评估是一项技术性很强的工作，尤其是在目前我国市场机制尚未完善的情况下，对不动产、非上市股票及无形资产的评估是极为困难的。从长远看，要搞好遗产税的征管，必须建立一个有权威的评估机构，聘请专家与专业技术人员参加对财产价值的评估。估价的原则通常是以市场价为依据。土地由专门的土地评估部门评估。无形资产、金银珠宝、古玩文物等聘请专家进行评估。股票应分上市与不上市两种，上市股票按死亡当日股票价格确定，非上市股票主要靠搜集信息进行评估，一般包括对公司经营范围、财务状况、死者持股比例、企业资产估价、企业利润、类似行业的情况等进行分析后，确定非上市股票的价格。这种评估往往还需要税务机关与纳税人协商，最终确定一个双方均可接受的值，如果双方无法统一，应该先按税务机关确定的估价交税，多退少补。

4.不断优化纳税环境。要使纳税人自觉缴纳税款，必须有相应的利益约束机制，否则就会弱化诚实纳税人的纳税意识。因此，严管重罚是从利益角度促使纳税人自觉申报纳税的重要保证，除了建立科学严密的遗产税制，完善对个人纳税的征管规定之外，税务部门还要依法治税，严厉打击偷逃税行为。凡有偷逃税行为的人，都应该记录在案，这种记录类似于犯罪记录，在一定范围内通过媒体曝光，造成今后谋求工作的压力，就会促使纳税人依法缴纳。当然，政府也应该赋予税务部门足够的独立执法权力，税务部门有权要求相关部门提供纳税人的收支和财产情况，必要时可依法冻结纳税人的账户，封存、拍卖纳税人的财产等，从而确保纳税人主动履行纳税义务，使国家应得的收入及时足额入库。

第四节　财产税制

一、财产课税概述

当前，世界上绝大多数国家除对商品流转额和各类所得额实行普遍征税的外，还就财产和其他特定行为征税。在社会主义市场经济条件下，为了进一步贯彻社会经济政策，组织财政收入，选择合适的财产、行为税种征税，很有必要。

(一)财产税划分

财产税,是以纳税人所有或属其支配的财产为征收对象的一种税收。

财产按其在社会再生产中的地位和作用划分,可分为生产性财产和消费性财产。生产性财产能够为财产所有人带来收益,属所得课税范围;消费性财产能够给财产所有人提供使用价值,虽不能带来收益,但可以减少财产所有人的经济支出,属财产课税范围。

财产按其相对运动形态划分,分为不动产和动产。不动产如房屋、土地等,这些财产不易于隐瞒、转移或藏匿,便于征收管理;动产如金银、货币、股票、债券、存款、珍宝、古玩、家庭生活用具等,这些财产易于隐瞒、转移或藏匿,不便于控制税源,征管非常困难。

财产按存在的物质形态划分,可分为有形财产和无形财产。有形财产包括不动产和有形动产;无形财产包括各种专利权、特许权等。无形财产一般都属于能带来收益的财产,纳入所得税的征收范围较为合理。

(二)财产税的作用

1. 有利于促进生产和限制奢侈性消费。财产税对同样的财产,价值相等则税额相同。因此,取得收益高的财产,税负相对轻;取得收益低的财产,税负相对重;仅供消费没有收益的财产,税负会以财产本身的价值或以其他来源的收益垫付。这就促使纳税人为了税收负担减轻,把财产更多地用于生产,并努力经营,增加收益,而尽量减少将财产用于自身的奢侈性消费。

2. 有利于弥补所得税和流转税的不足。所得税以所得额为课税对象,不同纳税人以同等价值的财产投入生产经营活动,努力经营和善于经营的人,有所得就纳税;不努力经营和不善于经营的人,无所得就不纳税。这就等于前者的财产负担了税收,后者的财产没有负担税收,客观上起到了奖懒罚勤的作用。财产税则不同,它不问纳税人有无所得或所得多少，均就财产价值课税，有所得或所得多的并不多纳，无所得或所得少的也不少纳，具有奖勤罚懒的作用。流转税仅对商品交换过程中的流转额课税，它既不涉及有无收益和收益大小，也不涉及财产的占有和分配情况，所以实行流转税时，更有必要课征财产税作为辅助税种。

（三）财产课税征管上的特点

1. 课税范围难以普及到全部财产。要使财产税的负担合理，适应纳税人的负担能力，必须把纳税人的全部财产纳入课税范围。如果仅对部分财产课税，往往形成不合理现象：纳税人财产总额少，但其中应税财产多，则税负重；纳税人财产总额多，但其中应税财产少，则税负轻。但是，对全部财产都课税，是很难做到的。因为财产的种类极其繁多，有些财产价值很高而体积很小，如证券、金银、珠宝、文物等，容易隐瞒或藏匿。由纳税人自己申报，有可能隐瞒不报或少报；若由税务官员入室搜查，必然引起人民群众不满，影响安定团结。

2. 财产税的计税价格（价值）核定，比较复杂。一般说来，财产的价格有原价（即购入价或重置价）和时价（即当时的市场价）的区别。以原价为计税依据，不仅必须核实原价，而且要考虑财产价值的有形损耗和无形损耗，在计税时给予扣除，否则将会造成税负的不合理。核实原价往往因年代久远和缺少凭证而无法核定，并且，房屋、设备等财产的有形损耗情况各不相同，每年征收时核算手续比较麻烦，特别是机器设备的价值，往往随着时间的推移和科技的进步，形成无形损耗而使价值降低，但这种无形损耗的程度却难以定得合理。有些财产，不仅没有有形或无形损耗，反而有很大的增值，如土地、珍宝、古董、文物等，但其增值额在转让销售前，往往无法估定。

以财产的时价为计税价格，同样也很难估定。有些财产可能当时既没有成交价，也没有同类财产的市场价格。如土地的价格，往往因位置相差咫尺而价格相差悬殊;房屋不仅因建筑结构、建筑标准、建筑材料的千差万别有多种不同的价格,而且建筑情况相同的房屋又因地理位置、新旧程度等的不同而价格迥异;至于珠宝古玩的价格,更是一物一价,有的甚至是无价之宝,无法估定。

当原价和时价均不好确定时,一般采用估价。一是由纳税人自己申报,税务机关检查核实;二是按纳税人的账面价格或投保价格;三是评定价格,由评委会按不同种类、不同地段、不同构造的财产制定评价标准,作为计税依据。

3. 财产税的税率一般不宜过高。财产税的税额如使财产所有人纳税后的收益达不到社会平均利润水平,或者使财产所有人感到占有财产纳税不如租入财产核算,就会促使财产所有人由出售财产转为租入财产。这使租金收益超过税额并保持社会平均利润水平,对经济发展有消极影响。同时,财产税税率过高,也不利于财产税的征管,使隐瞒、转移、低报财产的现象趋于严重。

二、资源税

(一)开征目的

1. 调节企业因自然资源条件的差异而造成的级差收入,使其盈利水平较为合理。

2. 正确处理国家、企业与个人的关系。

3. 促进自然资源合理开发与利用。

(二)纳税人与征收范围

在中华人民共和国境内从事开采矿产品及生产盐的单位和个人,为资源税的纳税人。

征收范围应当包括一切开发和利用的国有资源。但考虑到我国开征资源税还缺乏经验,目前规定征税的范围只包括矿产品、盐等。国务院新修订的《中华人民共和国资源税暂行条例》,从 2011 年 11 月 1 日起施行。

(三)计税依据

对外直接销售的,以实际销量为计税依据;自产自用或连续加工的,以实际产量为计税依据。

(四)应纳税额的计算

应纳税额的计算公式为:

应纳税额＝计税依据×单位税额

(五)资源税计算示范

【例1】某矿2014年5月份开采原煤450 000吨,其中对外销售320 000吨,80 000吨用于连续加工洗煤,30 000吨用于该矿发电,20 000吨用于矿工生活。该矿开采的原煤使用0.70元/吨的定额税率。

应纳税额＝0.70×(320 000＋80 000＋30 000＋20 000)＝315 000(元)

会计分录如下:

借:管理费用　　315 000
　贷:应交税金——应交资源税　　315 000
借:应交税金——应交资源税　　315 000
　贷:银行存款　　315 000

【例2】某盐厂在2014年1月外购已税液体盐10 000吨,每吨购进价格100元(不含资源税),加工成固体盐4 000吨出售,按规定固体盐适用的资源税定额为每吨25元,液体盐定额为每吨6元。计算该盐厂的年应纳税额。

应纳税额＝4 000吨×25元/吨－10 000吨×6元/吨＝4(万元)

外购液体盐时的会计分录:

借:应交税金——应交资源税　　60 000
　　材料采购　　1 000 000
　贷:银行存款　　1 060 000

销售固体盐时的会计分录:

借:主营业务税金及附加　　100 000

　贷:应交税金——应交资源税　　100 000

上缴资源税时的会计分录:

借:应交税金——应交资源税　　40 000

　贷:银行存款　　40 000

资源税税目表参见表8-8。

表8-8　资源税税目税率表

税　　目		税额幅度
一、原油		销售额的5%~10%
二、天然气		销售额的5%~10%
三、煤炭	焦煤	每吨8~20元
	其他煤炭	每吨0.3~5元
四、其他非金属原矿	普通非金属原矿	每吨或每立方米0.5~20元
	贵重非金属原矿	每千克或每克拉0.5~20元
五、黑色金属原矿		每吨2~30元
六、有色金属原矿	稀土矿	每吨0.4~60元
	其他有色金属矿	每吨0.4~30元
七、盐	固体盐	每吨10~60元
	液体盐	每吨2~10元

三、房产税

(一)房产税的立法精神

新中国成立以来,我国一直对房产征税。解放初期,有些城市为了适应当时当地的财政需要,暂时沿用国民党时期的税法,稍加改造,对房地产进行征税。由于当时各地都是因地制宜开征的,在税名和征收办法上存在很大差别。1950 年 1 月，前政务院公布的《全国税政实施要则》中规定房产税和地产税为两个独立税种。1951 年 8 月，前政务院颁布《城市房地产税暂行条例》，将房产税和地产税合并成一个税种，并规定只在核准征收的城市征收，定名为城市房地产税。1973 年，试行工商税以后，将企业缴纳的城市房地产税并入工商税，不再单独征收。从那时起，城市房地产税只对房地产的个人和外侨征收。之所以分设，是因为宪法明确规定房屋是一种财产，私人房屋也在宪法承认和保护的范围。而城市土地属于国家所有，任何单位和个人都只能按照规定用途有使用权，而没有所有权，这样，房屋可称房产，土地却不能称地产。所以有必要把原城市房地产税分为房产税和土地使用税。1986 年 9 月 5 日，国务院发布了《中华人民共和国房产税暂行条例》，并从 1986 年 10 月 1 日起开征。为适应社会主义市场经济发展的要求，更好地发挥房产税对经济的调节作用，国务院对《暂时条例》进行了修改，制定了《中华人民共和国房产税条例》，从 1994 年 1 月 1 日起实施。

房产税的立法精神是，既可以增加财政收入，又有利于结合城市房屋政策，加强对房屋的管理，促进城市房屋的合理使用，建立正常的租赁关系，并适当调节纳税人的收入。

（二）房产税的纳税人

凡在中华人民共和国境内拥有房屋产权的单位和个人为房产税的纳税义务人。产权属于全民所有的，经营管理的单位和个人为纳税人。产权出典的，承典人为纳税人。产权所有人、承典人不在房产所在地，或者产权未确定或租典纠纷未解决的，房产代管人或者使用人为纳税人。

（三）房产税的征收范围

原《暂行条例》规定的征收范围是城市、县城、建制镇和工矿区的房屋。现《条例》将房产税征税范围扩展到农村。主要是考虑农村工业和副业近年来有了较大发展,并且具有一定的实力;有些地区与城镇相差无几。对这部分房屋产权所有者征税,纳税人是有负担能力的、同时有利于企业之间平等竞争。

(四)房产税的计税依据

现房产税以房产计税价值或房产的租金收入为计税依据。

如纳税人未按会计制度规定记载原值的,在计征房产税时,应按规定调整房产原值,房产原值明显不合理的,应重新予以评估;若无原值,可参考同类房屋市值核定。

(五)房产税的税率和税额的计算

房产税采用比例税率。由于房产税的计税依据有从价计征和从租计征两种形式,所以房产税的税率也有两种。一是按房产原值一次扣除10%～30%的余值课征的,税率为1.2%;二是按房产出租的租金收入计征的,税率为12%。

房产税的计算公式:

从价计征的应纳税额=应税房产原值×(1-扣除比率)×1.2%

其中,房产原值按"固定资产"科目中记载的房屋原价;扣除比率指各省、自治区、直辖市人民政府规定的减除10%～30%的比例。

从租计征的应纳税额=租金收入×12%

由于房产税属于地方税种,各省、自治区、直辖市政府可根据具体情况制订适用税率,如天津市政府为支持住房租赁市场的健康发展,减轻个人出租房屋的税收负担,从2001年1月1日起,对个人按市场价格出租居民住房取得的房租收入,房产税率由原来的12%降为4%。

(六)房产税的免税和征收

为了贯彻国家某方面的政策,照顾某些单位和个人的实际情况,下列房产免征房产税:①国家机关、人民团体、军人的自由房产;②由国家财政部门拨付事业费的单位的自由房产;③宗教寺庙、公园、名胜古迹的房产;④个人所有非营业用的房产。⑤经财政部批准免税的房产,如停产、大修半年以上、利用地下人防设施、损坏不使用的危房等。上述单位和个人用于生产经营的房产除外。

房产税按年征收,分期缴纳,纳税期限由省、自治区、直辖市人民政府规定。

房产税由房产所在地的税务机关负责征收。《条例》把纳税地点定为房产所在地,是根据税收管辖权中的属地主义原则,避免纳税人与房产所在地不在同一地点引起纠纷,有利于地方税务部门的征收管理。

纳税人将原有房产用于经营,从生产经营之日起,缴纳房产税;纳税人自行新建房屋用于生产经营,从建成之次日起,缴房产税;纳税人委托施工企业建设的房屋,从办理验收手续之次日起,缴纳房产税。

现行房产税,中央只对纳税人、征税范围等进行了规定,而把实施细则的判定权和解释权下放给地方,体现了税制改革指导思想中的合理分权、理顺分配关系的原则,这样做的好处是使税收制度更能符合各地实际情况,便于调动地方组织财政收入的积极性。

(七)房产税进一步改革的思考

1. 现行房产税的主要弊端

(1)税制设计不够合理。房产税的计税依据是房产余值或租金收入。同一税种却有两种不同的计税依据,缺乏规范;对于房屋出租者来说,除了按租金收入征收12%的房产税外,还要征收5%的营业税、教育费附加、基础设施附加费,有重复征税之嫌,显得税收负担过重,导致一些纳税人千方百计逃避纳税义务。税率不统一,有失公平。

(2)缺乏合理增长机制。由于房产账面价值相对稳定,使房产税收入多少与经济发展的相关程度低,但由地方政府提供的公共产品如道路、卫生、教育等方面的支出上升幅度大,使纳税人缴纳的税款与其享受的公共产品越来越不成比例,房产税增长幅度低,难以适应市政建设正常发展的需要。

(3)缺乏健全的法规和严密的财产登记制度。尤其是私有财产登记制度,至今还没有明确的法律规定,也缺乏一个权威性的申报和登记档案,房产管理部门与税务部门配合协调不够,造成房产税源大量流失。

2. 改革设想

(1)统一计税依据和税率。将现行按房产余值征税和按租金征税改为统一按房产的评估价值征税,并把两个税率改为统一的比例税率。具体税率可采用国家定幅度(根据目前我国实际,定为1%～3%较宜),各省、自治区、直辖市确定本地区具体税率的办法。

(2)迅速出台有关财产课税的税收法规,并建立严密的财产管理登记制度和权威性的财产评估机构,设置与评估相关的信息数据库和档案,制定全国统一的房地产估价制度,强化税收征管,提高房产税的收入规模,以适应经济发展和市政建设的需要。

(八)房产税计算示范

【例1】某单位拥有厂房1 200平方米,价值360万元,该地区规定减除率为15%,计算其应交房产税。

$$应纳税额=360\times(1-15\%)\times1.2\%=3.672(万元)$$

会计分录如下:

借:管理费用	36 720	
贷:应交税金——应交房产税		36 720
借:应交税金——应交房产税	36 720	
贷:银行存款		36 720

【例2】天津市某居民2001年私有住房租金收入为12 000元,计算其应纳营业税、房产税、城乡维护建设税、教育费附加、防

洪工程维护费附加。

$$应纳营业税额 = 12\,000 \times 3\% = 360(元)$$

$$应纳房产税额 = 12\,000 \times 4\% = 480(元)$$

$$应纳城建税额 = 360 \times 7\% = 25.2(元)$$

$$应纳教育费附加 = 360 \times 3\% = 10.8(元)$$

$$应纳防洪工程维护费 = 360 \times 1\% = 3.6(元)$$

四、土地使用税

（一）土地使用税的立法精神

我国对土地课税，始于1819年，德国首先在我国的山东胶州湾租借地内，开征地价税和土地增值税。这是由于城市的发展，土地价格飞涨，土地投机日趋严重而产生的。

新中国成立初期，地产税被列入《全国税政实施要则》后与房产税合并，改称城市房地产税。

1984年，实施第二步利改税改革时，决定保留该税种，并从房地产税中独立出来，于1988年11月1日起在全国范围内开征。

随着我国社会主义市场经济的发展，原来的《城镇土地使用税暂行条例》在有些方面已不能适应社会主义市场经济的要求，故作了一些修订，于1994年起实施。2007年实施新的土地使用税暂行条例，将外商投资企业纳入征税范围，并调整了税率结构。

土地是国家最宝贵的自然资源，城镇土地使用税是一种级差资源税。对土地征税，除可以适当地增加财政收入外，旨在保护土地资源、调节土地级差收入，促进土地的合理开发和利用，提高土地利用效益。

（二）土地使用税的纳税人和征收范围

凡在中华人民共和国境内拥有土地使用权的单位和个人，为土地使用税的纳税义务人。

依照原《城镇土地使用税条例》的规定，只有在城市、县城、建制镇、工矿区范围内的土地(包括全民所有和集体所有)才是土地使用税的征税对象。农业用地转为非农业用地时,除一次性的缴纳耕地占用税后,位于城镇的还得按年计征土地使用税,而位于农村的非农业用地,比如,乡办的乡镇企业,则不须缴纳土地使用税,明显存在税负不平均的问题。随着经济的发展,城乡界线已难以划分,改革后的土地使用税的征收范围,除农业用地外,凡在中华人民共和国境内的土地,都是土地使用税的征收对象。

(三)土地使用税的计税依据

土地使用税以纳税人实际占用的土地面积为计税依据,依照规定税额计算征收。占用土地面积的测量工作,由省、自治区、直辖市人民政府确定。

(四)土地使用税的税率与税额的计算

土地使用税采用定额税率。由于各地的具体情况不同,土地等级不同,其税收负担应有所区别。不仅大、中、小城市不能规定一个税率,就是同一城市也应根据企业坐落位置、市政建设情况、经济繁荣程度等条件而有所区别。所以,土地使用税实行有幅度兼交叉的定额税率。具体规定每平方米年税额如下:①大城市1.5~30元;②中等城市1.2~24元;③小城市0.9~18元;④县城、建制镇、工矿区0.6~12元。

根据上述单位税额,各省、自治区、直辖市人民政府对所辖地区因地制宜地确定适用税额幅度。市、县人民政府根据本地区实际情况,将土地划分为若干等级,在省、自治区、直辖市人民政府确定的税额幅度内,制定相应的适用税额标准,经省、自治区、直辖市人民政府批准后执行。

城镇土地使用税的计算公式为:

全年应纳税额=应税土地的实际占用面积×适用单位税额

(五)土地使用税的免税与征收

为了满足某些特殊用地需要,照顾某些特殊情况,新税制严格规定了政策性减免范围，即除国家机关、人民团体、军队用地、由国家财政部门拨付事业经费的单位用地、宗教寺庙、公园、名胜古迹用地外，其余一律不许减免。但由于扩大征税范围而引起的农民自用住宅用地，从不增加农民负担角度出发，应该免税。

城镇土地使用税一般规定按月、季或半年征收一次，缴纳期限由省、自治区、直辖市人民政府确定。

城镇土地使用税开征后，为了避免对同一块土地同时征收耕地占用税和土地使用税，对新征用的耕地，自批准之日起满1年时开始征收城镇土地使用税；对征用的非耕地，由于不缴纳耕地占用税，自批准征用次日起征收城镇土地使用税。

（六）土地使用税计算示范

【例1】某市某工业公司，坐落在该市的二等地级内（每平方米年税额为4元），企业土地使用证记载的占地面积为250万平方米。其中，办职工子弟学校占地10万平方米，办医院占地2万平方米，办托儿所占地0.5万平方米，市政公路占地7.5万平方米。计算该企业年应纳土地税额。

①计税土地面积为：

$$250-(10+2+0.5+7.5)=230\text{（万平方米）}$$

根据规定，企业自办的学校、医院、托儿所占地和市政公路占地，免征城镇土地使用税。

②年应纳税额为：

$$230\text{万平方米}\times 4\text{元/平方米}=920\text{（万元）}$$

会计分录为：

借：管理费用　　9 200 000

　贷：应交税金——应交土地使用税　　9 200 000

借：应交税金——应交土地使用税　　9 200 000

　贷：银行存款　　9 200 000

【例2】某市一商贸集团公司共有土地31 700平方米。其中营业大厦处在城市的繁华地区，属一等地级，占地4 200平方米；两个分店均坐落在市区三等地段，占地9 500平方米；一个仓库坐落在五级地段，占地12 000平方米；职工宿舍地处四级地段，占地6 000平方米。计算该商贸公司的应纳土地使用税额。（按城市一、三、四、五级地段的年税额分别为4元/平方米，2元/平方米，1元/平方米，0.6元/平方米计算）

①营业大厦占地年应纳税额为：

4 200平方米×4元/平方米=16 800(元)

②两个分店占地年应纳税额为：

9 500平方米×2元/平方米=19 000(元)

③仓库占地年应纳税额为：

12 000平方米×0.6元/平方米=7 200(元)

④职工宿舍占地年应纳税额为：

6 000平方米×1元/平方米=6 000(元)

该公司年应纳城镇土地使用税额为：

16 800+19 000+7 200+6 000=49 000(元)

会计分录为：

借：管理费用	49 000	
贷：应交税金——应交土地使用税		49 000
借：应交税金——应交土地使用税	49 000	
贷：银行存款		49 000

五、物业税

所谓物业税又称财产税或地产税，主要是针对土地、房屋等不动产，要求其承租人或所有者每年都要缴纳一定税款，而应缴纳的税值会随着不动产市场价值的升高而提高。比如，公路、地铁等开通后，沿线的房产价格会随之提高，相应地，物业税也要提高。

从理论上说，物业税是一种财产税，是针对国民的财产所征收的一种税收。因此,首先政府必须尊重国民的财产,并为之提供保护;然后,作为一种对应,国民必须缴纳一定的税收,以保证政府相应的支出。物业税是政府以政权强制力,对使用或者占有不动产的业主征收的补偿政府提供公共品的费用。

目前,世界上大多数成熟的市场经济国家都对房地产征收物业税,并以财产的持有作为课税前提、以财产的价值为计税依据。依据国际惯例,物业税多属于地方税,是国家财政稳定而重要的来源。

各国房地产保有税的名称不尽相同,有的称“不动产税”,如奥地利、波兰、荷属安的列斯;有的称“财产税”,如德国、美国、智利等;有的称“地方税”或“差饷”,如新西兰、英国、马来西亚等;中国香港则直接称“物业税”。

物业税改革的基本框架是,将现行的房产税、城市房地产税、土地增值税以及土地出让金等税费合并,转化为房产保有阶段统一收取的物业税,并使物业税的总体规模与之保持基本相当。这样一来,物业税一旦开征,将对地方政府、消费者、投机者的经济行为产生不小的冲击。

征收物业税是否能终结房地产大战,取决于征收的以下三个前提条件是否具备:第一个前提是厘清物业税与现有税费之间的关系;第二是建立满足征收物业税的技术条件;第三是以物业税改变现有的土地财政收入大部分未纳入公共财政的现状。简单地说,物业税是不动产保有环节的税收,我国现行法规采取一次性收取 70 年土地使用费用,这就导致了购买与交易环节成本高、持有环节成本低的现状,一些地方政府因此在短期内大量卖地,一次性收取未来几十年的土地红利,这是许多地方土地财政盛行的根本原因。物业税将土地收益分摊于未来 70 年内收取,可以改变这一逆向激励制度。同时,政府与开发商为了征收物业税,也有动力创造良好的社会环境,提供充足的公共产品,吸引消费者到本地安家,提升本地的物业价值。但征收物业税的合法性前提是取消土地增值税、土地出让金、城市房地产税等与物业税存在重合的一次性税费,否则旧的税费未除,新的税费又来,对于消费者而言,属于双重收税,于理不合,于法抵牾。要认识到,物业税绝不是对于购房投资者的惩罚税,更不是单纯为了增加政府财政收入。还有些在操作中绕不过的技术门槛,只要个人房产信息、房地产估值等有一项难以满足条件,就会掀起利益纠葛异常复杂的房地产市场的轩然大波。最重要的是,物业税作为地方税种,其本意是弥补地方公共财政的不足,然后依此缺额来确定物业税年度收入以及物业税的税率。物业税的缴纳者当然希望政府提供优质的公共产品,政府只有提供优质的公共产品才能保证物业税的收益,这样才能在物业升值、政府税收之间取得良性循环。因此,要使得各方普遍支持物业税,最重要的就是使地方公共财政透明高效,使民众知道税收的用途。与其说物业税是对物业持有人的挑战,不如说是对地方政府财政公共性和透明度的挑战。

第五节　行为税制

一、行为课税概述

行为课税即以行为为课税对象。行为的概念可以作极其广泛的解释,也就是说,许多事情都可以解释为行为。对流转额课税中的营业税,可以解释为对营业行为课税;对所得额课税的税种,可以解释为对盈利行为的课税;对财产课税的税种,可以解释为对财产占有行为的课税。行为税实际上是指对某些特定行为的课税,特定行为即依照国家法律应当课税的行为,具体来说就是指除了从事商品的流转行为、取得收益行为、占有财产行为等以外的应依法纳税的行为。

(一)行为课税的特点

在当今世界各国的税收体系中,一般都以对流转额的课税或对收益额的课税作为主体税种。因为这两个税种都是与社会再生产过程中的国民生产总值的创造和国民收入分配直接相关的税种,其收入具有永久性和增长性。对财产的课税,一般不是当年创造的价值,而是以往年度创造价值的积累形式,所以多作为辅助性税种。行为税像财产税一样,一般也不能成为主体税种,只能成为具有特殊意义的、非永续性的税种。这是由它本身的特点决定的。

1. 具有特殊的目的性。一般说来,任何税种都具有其本身的课税目的,要么财政目的,要么经济目的等。而特定行为的课税目的,有时主要不是为了取得财政收入,更不是为了通过课税使这种财政收入不断增长,而是为了限制某种行为,导致从某种行为中取得的收入不断减少。

2. 具有收入的不稳定性。特定行为税选作课税对象的某种行为,往往具有临时性和偶然性。一些税种的设置和废止,往往时间性很强,不像流转税和所得税那样,具有较长时期的稳定性。当然,也有一些课税对象的税源是稳定的,如印花税等。

3. 具有较大的灵活性。特定行为税一般说来税源零星,收入不多,征收范围有限,征收管理困难,具有较大的灵活性。从课税对象的选择上看,它的存在就在于弥补主体税种在财政作用和经济作用上的不足,需要对某种行为进行调节时,就开征一种特定行为税,当这种调节任务完成后,就要停征或废止。如工资调节税、集市交易税等。从征收管理的方法看,除了一些在全国普遍开征而需要由中央政府统一管理的税收以外,特定行为多数作为地方政府的收入,由地方政府管理,在计税标准、税率和征管办法上,因地制宜地制定相应的规定。

（二）行为课税的作用

1. 取得财政收入。特定行为税虽然不能成为国家的主体税种，但它同样能够给国家提供一定的财政收入。特别是对地方政府来说，某种特定行为税可能成为某地的重要财政收入，比如，在某一县、市，可能有相当数量的纳税人和课税对象，这时就能够成为当地的主要财政收入。

2. 完善税制。特定行为税是国家税制体系中不可少的必要税种。在整个税收体系中，没有所谓次也就无所谓主，特定行为税具有"拾遗补阙"作用，是配合主体税种完善总体税制结构、发挥税收总体作用的配套税种。

3. 寓禁于征。人们在经济活动和社会活动中，既有先进的、应该鼓励的行为，也有消极的、应该限制的行为，还有违法的、应该给予法律制裁的行为。对这些行为，可以分别采用经济手段、行政手段、法律手段给予应得的鼓励、限制或打击。特定行为税具有限制消极行为"寓禁于征"的作用，对于那些消极的，但还没有构成违法的行为，运用征税的办法加以限制。

4. 适应形势。随着社会主义市场经济的发展，多种经济形式、多种经济结构、多种分配方式、多种流通渠道、多种消费构成，需要多税种、多层次、多环节的税收制度与之相适应。特定行为税比较适应这种变化，可以及时而有效地配合国家经济和社会政策，采取必要的税收措施。

二、土地增值税

（一）纳税人

凡有偿转让中华人民共和国国有土地使用权及地上建筑物和其他附着物产权并取得收入的单位和个人，为土地增值税的纳税人。

(二)计税依据

土地增值税以纳税人转让房地产所取得的土地增值额为计税依据。土地增值额为纳税人转让房地产所取得的收入减除按规定扣除项目金额后的余额。扣除项目金额一般包括:取得土地使用权时支付的价款、开发成本费用、销售税金。

(1)转让土地使用权的(指土地使用权人将未附有建筑物和其他附着物的土地使用权出售给买受人):

——取得土地使用权时所支付的价款;

——对土地进行开发的成本、费用;

——销售税金。

(2)建造商品房出售的(指纳税人取得土地使用权后,建造商品房,并将建造的商品房连同其使用范围内的土地使用权出售给买受人):

——取得土地使用权时所支付的价款;

——建造商品房及配套设施的成本、费用;

——销售税金。

(3)转让其他房产的(指纳税人出售除上述两种情况之外的其他房地产,如出售存量房地产等):

——取得土地使用权时所支付的价款;

——房屋及建筑物的评估价格;

——销售税金。

取得土地使用权时所支付的价款。凡通过有偿出让方式取得土地使用权的,是指纳税人在受让国有土地使用权时所支付的出让金,凡通过行政划拨方式无偿取得土地使用权的,是指在转让土地使用权时按规定补交的出让金或征地时已支付的土地征用及拆迁补偿费用。对取得土地使用权时未支付地价款或不能提供已支付地价款的凭据时,不允许扣除取得土地使用权所支付的金额。

建造商品房及配套设施的成本、费用,是指建造商品房本身的成本费用,以及室内外配套设施的成本与费用。包括前期工程费、建筑安装工程费、基础设施费、公共配套设施费、开发间接费用及建设期间所发生的利息支出。凡建造小区出售的,其扣除项目金额应包括不单独出售而将其成本及费用摊入商品房售价中的配套设施的成本与费用,如道路、供水、供热设施以及小区内的中小学校、托幼园、派出所、粮店、副食店等。但按规定不应计入商品房成本而是单独收取的一些配套设施费除外。

销售税金包括出售房地产时所支付的营业税、城乡维护建设税、教育费附加。

房屋建筑物的评估价格,是指房屋建筑物的重置价乘以成新折扣率后的价格。即按计征土地增值税时建造同样的房屋及建筑物所需花费的成本和费用再扣除折旧因素。例如,一栋50年代建造的房屋,当时造价100万元,如果按现在的建材、人工费计算,修建同样的房子需300万元,则300万元为重置价。该房子为六成新,则该房子的评估价格应为300万元×60% =180万元。房屋及建筑物的评估价格,由当地税务机关根据房产管理部门或有关评估机构提供的价格情况确定。

由于土地增值税是按出售房地产的收入减除规定的扣除项目后计算征税,对一些收入和扣除项目申报不实或无法掌握准确的资料,就难以计税,因此必须参照土地的评估价格来计算增值税。《条例》规定,对转让土地的成交价格低于评估价的,未提供扣除项目金额或提供不实的,用评估价来计算征税。这里的土地评估价格,是指由土地管理部门或房地产中介机构根据相同的地段,同类土地售价综合评定的,并经当地税务机关确认的价格。这有两层意思:一是成交价格低于评估价的,按评估价的市场交易价计算收入;二是未提供扣除项目金额或提供不实的,是指纳税人在纳税申报时因客观原因无法提供扣除项目金额或不据实提供,及税务部门认为提供的扣除项目金额与同类房地产相比明显不合理的,按评估的土地基准价确定扣除金额。这样做有利于征管,而且比较科学合理。

(三)税率

土地增值税实行四级超率累进税率。土地增值额未超过扣除项目金额50%的部分,税率为30%;土地增值额超过扣除项目金额50%,未超过100%的部分,税率为40%;土地增值额超过扣除项目金额100%,未超过200%的部分,税率为50%;土地增值额超过扣除项目金额200%以上的部分,税率为60%。

(四)应纳税额的计算

应纳税额的计算公式为:

土地增值额=出售房地产的总收入-扣除项目金额

应纳税额=土地增值额×适用税率

(五)土地增值税的征管

土地增值税由土地所在地的税务机关负责征收。这里的土地所在地,是指土地的坐落地。跨两个或两个以上地区的房地产,凡独立核算单位在房地产所在地的,在独立核算单位所在地缴纳;独立核算单位不在房地产所在地的,由上级税务机关根据情况具体确定。

纳税人应按照下列规定程序办理纳税手续:

(1)纳税人应在签订转让房地产合同7日内,到房地产所在地税务部门办理纳税申报。同时,向税务机关提交房屋建筑物产权、土地使用权证书、土地转让、房产买卖契约、交易标的物以及会计报表和其他有关资料。

(2)纳税人按照税务机关核定的税额,在规定的期限内到指定银行缴纳土地增值税。

(3)纳税人按规定办理纳税手续后,持纳税凭证到房产、土地管理部门办理产权变更手续。

为了加强对土地增值税的征管工作,堵塞漏洞,保证税收及时足额入库,土地增值税对纳税人成片受让土地使用权后,分期分批开发,分块转让和纳税人采取预售方式出售商品房这两种情况,采取先按比例征收后清算的办法。

纳税人成片受让土地使用权后,分期分批开发,分块转让,对允许扣除项目的金额,原则上按转让土地使用权的面积占总面积的比例计算分摊。若按此办法难以计算或明显不合理的,也可按建筑面积分摊允许扣除项目的金额。对项目完全竣工前无法按实际成本计算的,可先按建筑面积预算成本计算,待该项目完工后再按实际发生数进行清算,多退少补。

纳税人采取预售方式出售商品房的,在计算缴纳土地增值税时,可按买卖双方签订预售合同所载金额计算出应纳土地增值税数额,再根据每笔预收款占总售价款的比例计算分摊每次所需缴纳的土地增值税税额,在每次预收款时计征土地增值税。

总之,土地增值税是在土地使用权变更的流转环节课征的,土地使用权每变更一次,根据增值额的多少征收一次土地增值税。这与所得税不同,因为所得税是根据企业或个人在一个纳税年度内取得的净所得综合计征的。一般来说,土地增值税的课税环节应在所得税之前,所得税应对已计征的土地增值税税额给予扣除。

(六)土地增值税计算示范

【例1】某房地产开发公司销售居民住宅楼一幢,取得收入1 000万元,而其中购买建楼的土地使用权、建筑成本和其他税费合计为400万元。计算该房地产开发公司应纳的土地增值税额。

①计算增值额:

$$1\ 000-400=600(\text{万元})$$

②计算增值额超过扣除项目的百分比:

$$600\div400\times100\%=150\%$$

③计算应纳税额:

$$600\times50\%-400\times15\%=240(\text{万元})$$

会计分录如下：

借：主营业务税金及附加　　2 400 000

　贷：应交税金——应交土地增值税　　2 400 000

借：应交税金——应交土地增值税　　2 400 000

　贷：银行存款　　2 400 000

【例2】某房地产开发公司出售一批写字楼和居民住宅楼。两幢写字楼建筑面积2万平方米，售价10 000元/平方米，其两幢楼的购买土地使用权的金额为500万元。开发土地成本为150万元，经有关部门核定两幢楼及配套设施的成本为每平方米3 000元，这两幢楼的土地使用税10万元。计算该公司应缴纳的土地增值税额。

①转让这两幢楼的增值额为：

20 000×10 000－(5 000 000＋1 500 000＋20 000×3 000＋100 000)

＝20 000万元－(650万元＋6 000万元＋10万元)

＝13 340(万元)

②计算增值额与扣除项目的百分比：

13 340万元÷(500万元＋150万元＋2万元×0.3万元＋10万元)×100%

＝13 340万元÷6 660万元×100%

≈200.3%

③计算应纳土地增值税：

13 340万元×60%－(500万元＋150万元＋2万元×0.3万元＋10万元)×35%

＝8 004万元－2 331万元

＝5 673(万元)

会计分录如下：

借：主营业务税金及附加　　56 730 000

　贷：应交税金——应交土地增值税　　56 730 000

借：应交税金——应交土地增值税　　56 730 000

　贷：银行存款　　56 730 000

例2中纳税人建筑普通标准住宅出售，因增值额未超过扣除项目金额20%的，可免征土地增值税。

【例3】某房地产开发公司建造商品房一幢，预计销售收入1 200万元，于工程竣工前已预售出商品房若干套，并收取了预售款，按规定预缴土地增值税额160万元。待工程全部竣工结算后，实际售房总收入960万元，核定的扣除项目金额为600万元，计算该公司缴纳的土地增值税。

①在工程未全部竣工前，预收售房款后，预缴土地增值税额160万元。

借：应交税金——应交土地增值税　　1 600 000

　贷：银行存款　　1 600 000

②计算实际缴纳的土地增值税

$$土地增值额 = 960 - 600 = 360(万元)$$

$$土地增值额与扣除项目金额之比 = 360/600 \times 100\% = 60\%$$

$$应纳土地增值税额 = 360 \times 40\% - 600 \times 5\% = 114(万元)$$

借：主营业务税金及附加　　1 140 000

　贷：应交税金——应交土地增值税　　1 140 000

③与税务机关清算退回土地增值税款

借：银行存款　　460 000

　贷：应交税金——应交土地增值税　　460 000

三、印花税

（一）纳税人

凡在中华人民共和国境内书立、领受应纳税凭证和在境外书立、境内生效的应纳税凭证的单位和个人，都是印花税的纳税人。根据书立、领受应纳税凭证不同，印花税的纳税人可分为立合同人、立账人、立据人和领受人。

（二）征收范围

征收范围包括：①购销、加工承揽、建设工程承包、财产租赁、货物运输、仓储保管、借款、财产保险、技术合同或具有合同性质的凭证。②产权转移书据;③营业账簿;④权利许可证照;⑤经财政部确定征税的其他凭证。

(三)税率与应纳税额的计算

我国采用比例税率和固定税额两种税率征收印花税。比例税率分为五个档次,即1‰,5‰,3‰,0.5‰,0.3‰,依合同性质不同适用不同税率。权利许可证照等实行定额征收,每件征收5元。按照比例税率计缴印花税的,其计算公式为:

应纳税额=计税金额×适用税率

(四)纳税贴花手续

印花税实行"三自"纳税的办法:①纳税人自行计算应纳税额;②纳税人自行购买相应金额的印花税票;③纳税人自行粘贴税票并按规定注销。

为了保证印花税及时、足额缴纳,印花税条例规定了纳税人贴花的具体要求:

第一,纳税时间为应纳税凭证书立、领受的同时。即印花税应在合同签订时,产权转移书据书立时,生产经营账簿启用时,权利许可证照领取时以及境外凭证带回国时,一次足额缴纳。按期汇总纳税的,纳税人应按当地税务机关核准的时间缴纳。

第二,印花税票应粘贴在纳税凭证上,营业账簿的税票粘贴在账簿封面上。在每枚税票骑缝处要盖戳或画横线注销,注销后即完成全部纳税手续。

第三,已经贴花的各类应纳税凭证,纳税人须按规定期限妥善保管,不得私自销毁,以备税务机关检查。

第四,已粘贴并注销的税票不得揭下重用。已经贴花的凭证,凡修改后所载金额增加的,应就其增加额补贴印花。

第五,为了简化印花税纳税手续,同一种类应纳税凭证,需频繁贴花的,纳税人可向当地税务机关申请汇总缴纳,但期限最长不得超过一个月。在办理汇总缴纳印花税时，必须按照合同号顺序填写“印花税汇总缴纳申请表”，完税后，在该申请表上加盖“印花税收讫专用章”。凡已汇总交纳印花税的合同，应在每份合同上加盖“印花税已汇总交纳”专用章，按印花税汇总交纳申请表所列的合同顺序装订成册，并将汇总交纳申请表附在册前。对暂不能装订成册的，在合同履行完毕后，再装订成册，妥善保管，以备检查。

第六，一份凭证应纳税额超过500元的，应向当地税务机关申请填开交款书或者完税凭证，将其中一联粘贴在凭证上或者由税务机关在凭证上加注完税标记代替贴花。

第七，以交款书代替贴花的凭证或汇总交纳印花税的单位，其多交纳的印花税可办理退税。多交纳的印花税，退税手续已办妥，纳税人要持原已纳税并盖有“印花税收讫专用章”的凭证，到税务机关重新加盖“印花税收讫专用章”(用红笔填写退税税款和税务专管员章)。

(五)印花税的计算示范

1. 尽量选择单独核算。现印花税实施细则规定，同一凭证，因载有两个或两个以上经济事项而适用不同税率税目，如分别记载金额，可以单独计算应纳税额，按合计税额贴花；如未分别记载金额，则按税率高的计税贴花。

例如，某钢厂与铁路局签订运输合同，运输费及保管费共200万元，该合同中涉及货物运输和仓储保管两个税目，前者适用税率0.5‰，后者适用税率1‰。如果未分别记载金额，按1‰计算应贴印花。应纳税额为：2 000 000 × 1‰ = 2 000(元)

如果把货物运输与仓储保管单独核算，假定货物运输费160万元，仓储保管费40万元，则应纳税额为：1 600 000 × 0.5‰ + 400 000 × 1‰ = 1 200(元)

减少税款800元(2 000 − 1 200)

2. 尽量减少转包环节。根据印花税的规定,施工单位将自己承包的建设项目分包或转包给其他施工单位所签订的分包合同或转包合同,应按照新的分包合同或转包合同上所记载的金额再次计算应纳税额。

例如,某建筑总公司与某工厂签订了建筑合同,总计金额1亿元,该建筑总公司分别又与甲、乙建筑公司签订分包合同,记载金额分别为4 000万元,甲建筑公司又将3 000万元转包给丙公司。应纳税额的计算如下:

总公司与工厂签订合同时,双方各应纳税额为:10 000 × 0.3‰ = 3(万元)

总公司与甲乙签订合同时,总公司应纳税额:(4 000 + 4 000) × 0.3‰ = 2.4(万元)

甲、乙各应纳税额:4 000 × 0.3‰ = 1.2(万元)

甲与丙签订合同时,双方应纳税额:3 000 × 0.3‰ = 0.9(万元)

这4家建筑公司共纳税:3 + 2.4 + 1.2 × 2 + 0.9 × 2 = 9.6(万元)

如果这4家建筑公司分别与工厂签订2 500万元的承包合同,则应纳税额为:2 500 × 0.3‰ × 4 = 3(万元)

可见,通过合理筹划,能够减少纳税6.6万元。

印花税税目税率参见表8-9。

表8-9 印花税税目税率表

	税目	范围	税率	纳税人	说明
1	购销合同	包括供应、预购、采购、购销、结合及协作、调剂、补偿、易货等合同	按购销金额0.3‰贴花	立合同人	

续表

	税目	范围	税率	纳税人	说明
2	加工承揽合同	包括加工、定作、修缮、修理、印刷广告、测绘、测试等合同	按加工或承揽收入0.5‰贴花	立合同人	
3	建设工程勘察设计合同	包括勘察、设计合同	按收取费用0.5‰贴花	立合同人	
4	建筑安装工程承包合同	包括建筑、安装工程承包合同	按承包金额0.3‰贴花	立合同人	
5	财产租赁合同	包括租赁房屋、船舶、飞机、机动车辆、机械、器具、设备等合同	按租赁金额1‰贴花。税额不足1元，按1元贴花	立合同人	
6	货物运输合同	包括民用航空运输、铁路运输、海上运输、内河运输、公路运输和联运合同	按运输费用0.5‰贴花	立合同人	单据作为合同使用的，按合同贴花
7	仓储保管合同	包括仓储、保管合同	按仓储保管费用1‰贴花	立合同人	仓单或栈单作为合同使用的，按合同贴花
8	借款合同	银行及其他金融组织和借款人（不包括银行同业拆借）所签订的借款合同	按借款金额0.05‰贴花	立合同人	单据作为合同使用的，按合同贴花

续表

	税目	范围	税率	纳税人	说明
9	财产保险合同	包括财产、责任、保证、信用等保险合同	按保险费收入1‰贴花	立合同人	单据作为合同使用的，按合同贴花
10	技术合同	包括技术开发、转让、咨询、服务等合同	按所载金额0.3‰贴花	立合同人	
11	产权转移书据	包括财产所有权和版权、商标专用权、专利权、专有技术使用权等转移书据、土地使用权出让合同、土地使用权转让合同、商品房销售合同	按所载金额0.5‰贴花	立据人	
12	营业账簿	生产、经营用账册	记载资金的账簿，按实收资本和资本公积的合计金额0.5‰贴花。其他账簿按件贴花5元	立账簿人	
13	权利、许可证照	包括政府部门发给的房屋产权证、工商营业执照、商标注册证、专利证、土地使用证	按件贴花5元	领受人	

印花税纳税义务发生时间：账簿起用时；合同（协议）签订时；证照领受时；资本注册时或增加时。

注：经国务院批准，财政部决定从2008年9月19日起，对证券交易印花税政策进行调整，由双边征收改为单边征收，即只对卖出方（或继承、赠予A股、B股股权的出让方）征收证券（股票）交易印花税，对买入方（受让方）不再征税，税率仍保持1‰。

四、车船税

(一)车船使用税的纳税人

凡在中华人民共和国境内拥有并使用车船的单位和个人为车船税的纳税义务人。

这里所称的单位,指国有企业、集体企业、私有企业、股份制企业、其他企业等,所称个人,指个体经营者及其他个人。一般而言,拥有人和使用人是同一的。但如有租赁关系,使拥有人和使用人不一致时,则应由租赁双方协商确定纳税人。

(二)车船税的征税范围和计税标准

车船税的征税范围包括在我国境内拥有的车辆和船舶。具体有:在车辆方面,分为机动车和非机动车。机动车包括乘人汽车、载重汽车、二轮摩托车、三轮摩托车;船舶包括机动船和非机动船。

车船税的计税标准有:①按辆计税,包括乘人汽车、二轮摩托车、三轮摩托车;②按净吨位计税,包括载货汽车、各种机动船;③按载重吨位计税,包括各种非机动船。

(三)车船使用税的税率和税额的计算

车船税采用幅度税率,使地方政府能根据本地实际情况灵活规定,参见表8-10。

表8-10　车船税税额表

类别	计税单位:每辆	年税额单位:元	备　注
载客车	1.0升(含)以下的乘用车年基准税额;	60~360	包括电车
	1.0升以上至1.6升(含)的年基准税额;	300~540	
	1.6升以上至2.0升(含)的年基准税额;	360~660	
	2.0升以上至2.5升(含)的年基准税额;	660~1200	
	2.8升以上至3.0升(含)的年基准税额;	1200~2400	
	3.0升以上至4.0升(含)的年基准税额;	2400~3600	
	4.0升以上的年基准税额	3600~5400	

续表

类别	计税单位:每辆	年税额单位:元	备　注
载货车	按自重每吨	10～120	包括半挂牵引车、挂车
船舶	按净吨位每吨	3～6元	拖船和非机动驳船分别按船舶税额的50%计算
游艇	以艇身长度作为计税依据,年基准税额	600～2 000/每米	

车船税的应纳税额的计算公式是:

车辆的应纳税额＝应税车数辆×适用单位税额

或:　应纳税额＝应税车自重吨位数×适用单位税额

船舶的应纳税额＝应税船的净吨位×适用单位税额

(四)车船税的免税

免税包括:①国家机关、人民团体、军队的车船;②由国家财政部门拨付事业费的单位的车船;③载重量不超过一吨的渔船;④专供上下客轮及存货用的趸船、浮桥用船;⑤各地消防车船、洒水车、囚车、警用车船、防疫车船、救护车船、垃圾车船、港作车船、工程船;⑥按有关规定缴纳船舶吨税的船;如用于农业生产的拖拉机、幼儿园自用的车辆、在单位内部行驶,不上公路的车辆。

上述一、二项用于生产经营的除外。

个人自有自用的自行车和其他非营业用的非机动车船,征收或免征车船税,由省、自治区、直辖市人民政府确定。

(五)车船税的征收

车船税按年征收,分期缴纳,纳税期限由省、自治区、直辖市人民政府确定。

车船税由纳税人所在地的税务机关征收。

纳税人应将现有车船的数量、种类、吨位等情况据实向所在地税务机关办理纳税申报登记，并根据规定纳税。纳税单位和个人的各种机动车船产权转移、报废或新购、须持公安交通管理部门有关凭证于1个月内向当地税务机关申报办理纳税手续。

（六）车船税计算示范

【例】某汽车运输公司拥有乘人汽车80辆，每辆年税额60元，计算其全年应纳车船使用税额。

$$应纳税额=60\times80=4\ 800(元)$$

会计分录为：

借：管理费用 4 800

贷：应交税金——应交车船税 4 800

借：应交税金——应交车船税 4 800

贷：银行存款 4 800

五、车辆购置税

车辆购置税是对购置车辆征收的一种税。我国车辆购税于2001年1月1日起征收。

（一）纳税人

包括在我国购置规定的车辆，也称应税车辆的国有企业、集体企业。私营企业、股份制企业、外商投资企业、外国企业、其他企业、事业单位、国家机关、部队、个体工商户和其他个人。

（二）征税范围

包括汽车、摩托车、电车、挂车、农用运输车。上述车辆的购置，包括纳税人购买、进口、自产、受赠、获奖或者以其他方式取得并自用应税车辆的行为。

（三）计税价格

纳税人购买自用的应税车辆的计税价格，为纳税人购买应税车辆时支付给销售者的全部价款和价外费用（包括销售方在车价

以外向购买方收取的手续费、违约金、包装费、运输费、保管费、代收款项等,但不包括增值税税款)

计税价格=关税完税价格+关税+消费税

纳税人自产、受赠、获奖或者以其他方式取得并自用的应税车辆的计税价格,由主管税务机关参照国家税务总局规定的最低计税价格确定。

(四)税率

车辆购置税的税率为10%。

(五)应纳税额

应纳税额=计税价格×适用税率

【例】某企业购买一辆价格为20万元的轿车和一辆价格为40万的货车(上述价格为不含增值税的价格),计算该企业应纳车辆购置税税额?

应纳税额=(20+40)×10%=6(万元)

会计分录为:

借:管理费用 60 000

贷:应交税金——应交车船税 60 000

借:应交税金——应交车船税 60 000

贷:银行存款 60 000

(六)车辆购置税的征收

1. 纳税地点。纳税人购置应税车辆,应向车辆登记注册地的税务机关申报车辆购置税。购置不需要办理车辆登记注册手续应税车辆,应向纳税人所在地的税务机关申报纳税。

2. 纳税时间。纳税人购买自用应税车辆、进口自用应税车辆、自产、受赠、获奖或者以其他方式取得应税车辆的,一律由购买、进口、取得之日起60日内申报纳税。税款一次交清。

六、契税

契税是在房屋所有权转移登记时,向不动产取得人所征收的一种税。换言之,它是在房屋买卖、赠予或交换订立契约时,由承受人缴纳的一种税。属于对财产的课税。

(一)契税的主要内容

1. 纳税人。契税的纳税人为境内转移土地、房屋权属,承受的单位和个人。包括内、外资企业和本、外国公民。

2. 课税对象。契税的课税对象是境内转移土地、房屋权属。

3. 契税税率。采用幅度税率。

税率为3%～5%;由各省、市、自治区政府在幅度范围内,按本地区实际确定。

4. 计税依据。契税的计税依据为不动产价格。由于土地、房屋权属转移方式不同,定价方法不同,因而具体计税依据视不同情况而定。

(二)契税的计算

契税按规定的比例税率计征,其计算公式为:

应纳契税额=计税金额×适用税率

(三)契税的征收

契税的缴纳,应按规定于产权变动成立契约后3个月内办理纳税手续,并按当地规定缴款期限缴纳契税。已纳契税,是由当地政府加盖印章的契约,俗称红契,具有法律效力。

纳税人在签订土地、房屋权属转移合同的当天,或者取得其他具有土地、房屋权属转移合同性质凭证的当天,为纳税义务发生时间。纳税人应当自纳税义务发生之日起10日内,向土地、房屋所在地的契税征收机关办理纳税申报,并在契税征收机关核定的期限内缴纳税款,索取完税凭证。纳税人出具完税凭证,土地管理部门、房产管理部门才能给予办理变更登记手续。

(四)契税的计算示范

【例1】甲接受乙赠予房屋一栋,赠予契约未标明价格。经主

管税务机关核定房屋评估价值500万元,设契税税率为4%。甲应纳契税=500×4%=20(万元)

借:固定资产 5 200 000
　贷:资本公积 5 000 000
　　应交税金——应交契税 200 000

上交契税时:

借:应交税金——应交契税 200 000
　贷:银行存款 200 000

【例2】甲以一栋房屋换取乙一栋房屋,房屋契约中注明:甲房屋价值为5 000万元,乙房屋价值为4 000万元。经税务机关核定此项房屋交换,乙应是房屋产权的承受人,属于房屋多得的一方,为契税的纳税人,设乙所在地契税税率为5%。乙应交契税=(5 000-4 000)×5%=50(万元)

借:固定资产 10 500 000
　贷:应付账款——甲 10 000 000
　　应交税金——应交契税 500 000

上交契税时:

借:应交税金——应交契税 500 000
贷:银行存款 500 000

思考题

1. 简述新税制改革的指导思想与基本原则。
2. 流转税的特点有哪些?
3. 所得税的特点有哪些?
4. 财产行为税的特点有哪些?

第九章　国际税收

第一节　国际税收的形成与研究对象

税收是国家凭借政治权力进行的一种特殊分配,它的实质是国家与纳税人之间发生的分配关系。一个国家的政治权力所管辖的范围是有限的,一般只限于本国的疆域,通常称为国家税收。国际税收是以国家税收为基础发展起来的,形成了税收的一个分支。

一、国际税收与国家税收的区别

第一,国家税收只与某一国的政治权力有关,而国际税收则涉及多国的政治权力。任何一个拥有主权的独立国家,都有自己的税收管辖权,决不会屈从于其他国家的政治权力,接受别国的税收管辖。而且,世界上也不存在一个在各国之上的超国家的政治权力,能在国际范围内征税。国际税收只能在各国政治权力机构的协调下进行课征。

第二,国家税收是国家与其管辖下的国内纳税人发生征纳关系,而国际税收涉及的纳税人是跨国的纳税人。纳税人的活动跨出国界,向有关国家政府纳税的行为,才使相关国家发生税收分配方面的国际关系。

第三,国家税收靠制定法律来确定国家与纳税人之间的征纳关系,国际税收中国家之间的税收关系只能通过国家之间的协议来解决。在当今世界上,不存在一个能制定出凌驾于各国政府之上的法律机构,即使是联合国,也仅仅是一个国际组织,并不具有超国家的政治权力。各国政府只能在平等互利的原则下,通过谈判协商,来制定有关国际税收的协定和条约,处理国际税收关系。

二、国际税收的定义

通过国家税收与国际税收的区别,可以看出国际税收涉及的纳税人是跨国纳税人国际税收中各国政府同跨国纳税人的关系及有关国家之间的税收利益关系如图 9-1 所示。

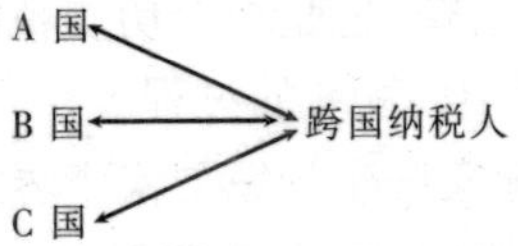

图 9-1 国际税收各方关系示意图

纳税人由于其活动跨出国界,就成为跨国纳税人,A,B,C 等相关国家根据各自的征税权力,都可以对跨国纳税人征税。这样就会出现两组关系:

第一,各国政府同跨国纳税人的关系。各国政府有权在自己政权管辖的范围内对纳税人征税,但由于纳税人成为跨国纳税人,政府与纳税人的关系就比较复杂了。是否征税,征多少税,关系到有关国家的财政收入和纳税人的负担。

第二,有关国家之间的税收利益关系。如果 A 国向跨国纳税人多征了税,就可能影响 B 国、C 国的税收收入;如果 B 国向跨国纳税人多征了税,A 国和 C 国的税收就可能少。

在上述两组关系中,国家与纳税人之间的关系,基本上是国家税收的内容,但由于纳税人不是普通的纳税人,而是跨国纳税人,因而,有关国家同跨国纳税人的征纳关系,成为国际税收关系中的基础。而有关国家之间的税收利益关系,反映了有关国家之间的税收权益的分配,它超出了国家税收的范围,不是任何一个国家能独立解决的，这是国际税收研究的重点内容。

根据以上分析，我们可以把国际税收的定义表述如下：

国际税收是指两个或两个以上国家的政府，依据各自的税收管辖权对跨国纳税人的课税，以及由此形成的各国政府与跨国纳税人之间的税收征纳关系和国家与国家之间的税收分配关系。

三、国际税收的产生

税收是一个经济范畴，也是一个历史范畴，作为税收分支的国际税收，它也有一个产生、发展的过程。

从历史上看，从国家产生到第二次世界大战之前，大体上来看只有国内税收。在这个时期内，还不具备或者说基本上还不具备产生国际税收的历史条件。为了弄清这一点，下面将这一时期分成三个历史阶段加以分析。

第一，自然经济阶段。在这个阶段内，各国甚至各国国内的各个地区都是自给自足的自然经济。由于国家之间在经济上几乎毫无来往，各国人民基本只能在本国境内取得收入，因而各国政府一般也就只能对本国人民在本国国内的收入征税，而不会使征税关系超越国境，自然也就不可能出现国际税收。

第二，商品经济出现至资本主义自由竞争时代，或者说至19世纪末20世纪初。这个阶段的特点是，随着商品经济的发展，出现了国与国之间的商品交流。外国商品入境后，不可避免地要成为征税的对象，外国商人也必然被划入征税的范围。乍看起来，税收似乎已经带有国际性，其实不然。因为只有在甲国的商人将货物运入乙国时，乙国才能对之征税，反之亦然，这说明各国只能在各自的国境内对外商征税。税收管辖权既然没有超出国境，也就不可能出现国家与国家之间分享税收的问题，从而也就不能认为此时的税收已经带有国际性。并且，在这个历史阶段里，在本国境内对外国商人所征收的只是关税和流转税等间接税。归根结底，税收负担仍然落在本国人民身上，只不过假外商之手缴纳而已。因此，这种税收也很难说是国际性的税收。当然，就甲国商人在乙国所赚的钱来说，这种收入可以看成国际性收入。如果对这种国际性的收入征税，这种税自然应当属于国际税收。但是在19世纪末之前，除了极个别的国家外，世界上绝大多数的国家还没有建立所得税制度，对外国商人所赚的钱一般也就没有征税，因此，在当时条件下，税收一般还不可能带有国际性。并且，从这个阶段的史实来看，也无人提到国际税收的问题。

第三，从19世纪末至第二次世界大战前后。这个阶段的特点是资本输出盛行，按理应当出现资本输出国与资本输入国对同一投资收益同时征税的现象，即产生国与国之间分享税收的问题，从而使税收具有国际性。但是，事实上这种国际性的税收基本上并不存在，或者确切地说，虽然国际税收问题已经开始存在，但尚未达到必须立即由各国一起来协商解决的程度。这是因为，二战前，资本输入国主要是殖民地或半殖民地国家，当时，在许多殖民地和半殖民地国家里，既然没有独立的国家政权，自然也就不可能有独立的征税权，因而，在帝国主义各国和殖民地之间，一般就不可能提出分享国际税收的问题。至于资本主义各国之间的相互投资，在第二次世界大战前虽然已经存在，但为数甚少。由于资本主义各国间相互投资额不大，所以，虽有分享国际税收的问题，但不尖锐。另一原因是，多数资本主义国家都是在二十世纪后才建立所得税制度，且税率大多不高。如美国1913年、法国1917年、德国1920年、意大利1925年才实行所得税。美国的所得税仅为1%～6%。正是由于这些原因，国与国之间在对资本收益征税方面的矛盾就不那么严重。在国际商品交流方面，随着各国所得税制度的建立，国际税收方面的矛盾已比上一历史阶段明显。由于国与国之间在投资收益方面分享税收的问题开始出现，因而税收国际化问题日益突出，逐渐为人们所重视，有些人开始试图着手解决这一问题。但是由于问题本身还不具有迫切性，也由于20世纪30年代后国际形势日益紧张，所以在这个历史阶段内，国际税收问题没能引起人们普遍重视。

二次世界大战后，国际政治经济形势发生了重要变化。广大殖民地纷纷建立了独立的国家，有了独立的征税权，过去那种对外来投资无权征税的现象一去不复返了。国际资本的流向发生了极大的变化。战前，资本输出主要流入殖民地和半殖民地，战后，发达的资本主义国家之间的相互投资大大增加，其投资额已大大超过了对发展中国家的投资额，不能不使它们在投资收益的征税关系上产生尖锐的矛盾。跨国公司得到空前的发展，所属的分支机构和子公司遍布世界各地。同一纳税人从许多国家获得收入，这些国家可能要对同一纳税人的同一收入征税，收入国际化带来了税收国际化，各国之间的税收关系遂因跨国公司的到处经营而出现了极其复杂的局面。由于跨国公司的下属机构遍布全世界，它们能够利用各国税制的不同，钻空子、找漏洞，对于这种现象，单纯依靠各国自己的税法力量已无法杜绝，需要在国际税收方面制定适当的准则来加以节制和管理。二战后，不仅发达资本主义国家都确立了以所得税为中心的征税制度，而且各发展中国家也都引进了所得税，并且，几乎所有的国家都大幅度地提高了所得税率，一般在50%左右。税率如此之高，如不解决国家间重复课税问题，国际贸易往来势必要遇到严重的障碍。

正是在上述种种情况的推动下，国际税收作为一个新的范畴，终于正式出现在税收这个领域内了，并与国内税收并立，成为一个新兴学科。

四、国际税收的研究对象

简单地说，国际税收就是对国家之间的税收分配关系进行研究，从而制定调整这种关系的规范和准则。

严格地说,国际税收的研究对象是由其定义规定的,即国际税收是两个或两个以上国家对跨国纳税人的课征,以及由此形成的国家与纳税人和国家与国家之间的分配关系。

(一)国家与纳税人之间的分配关系

1. 纳税人的确定。国际税收涉及的纳税人都是跨国的,比如,他可能是A国的公民,居住在B国,但却从C国获取经济收益,那么他到底是哪国的纳税人?

2. 征税对象的确定。跨国纳税人的所得来源于两个或两个以上的国家,由于各国财务制度、税收制度存在一定差异,所得额的计算可能不一致,如何确定?

3. 计税方法。包括税率的选择、税收抵免以及对逃税和避税的处理等。

(二)国家与国家之间的关系

哪个国家对纳税人有征税权,谁先征谁后征?双重征税如何避免和解决?国家间应如何协同防范纳税人的国际逃税与避税?

根据以上两个方面的具体内容,概括起来说,国际税收的研究对象是各国政府为协调对跨国纳税人的稽征管理和解决有关国家间的税收权益而采取的措施,以及这些措施所依据的准则和规范。

国际重复课税所涉及的问题虽然很广,但是,调整国际税收关系的规范和准则,也并不只限于国际重复课税,除它之外,还有许多问题需要研究。例如,税收管辖权、收入和费用在各国间的分配,防止国际逃税、漏税,国际税收优惠政策等。

为了研究和制定调整国际税收关系的规范和准则,在研究范围上,还必须包括各国之间的双边税收条约,各国国内税法中有关涉外税收的规定,以及各国法院与国际法院在国际税收方面的司法判例。因为按国际法的原则,如果许多双边税收条约对某一个问题都做了同样的规定,这种规定就能形成国际税收中共同的原则或准则。虽然国内法院的判决不能直接成为国际税收的规范和准则，但如果许多国家通过国际税收方面的司法判例表达了同样的观点，对于国际税收规范和准则的形成就会有重大意义。

第二节　税收管辖权

一、税收管辖权的概念

税收管辖权是指一国政府有权自行决定对哪些人课税，课征哪些税和课征多少税。

税收管辖权并不是在国际税收形成后才出现的，而是在税收产生的同时就存在了，只不过在国际税收形成之前，税收只对国内课征。税收管辖权是一个国家对本国内的人和物来行使的，由于局限在本国领土之内，比较简单，没有在国际上引起广泛注意。在国际税收形成之后，出现了两个或两个以上的国家对同一征税对象征税，税收管辖权交叉重叠的现象。这样，税收管辖权问题在国际上变得日益突出和复杂了。

到目前为止，世界上还没有一个国际公约对各个主权国家的税收管辖权施加任何的限制，甚至所有国家的宪法也没有对政府的税收管辖权加以任何约束。税收管辖权是一个主权国家所拥有的不受任何约束的权力。

当然，所谓“不受任何限制”和“不受任何约束”并不是绝对的，因为，在确定纳税人方面，任何国家都无权对那些同本国毫无关系的人征税；在征税对象方面，也不可能漫无边际地巧立名目，任意设置税种；同时，在税率的高低方面，也不能不考虑纳税人的负担能力。

“不受任何限制”和“不受任何约束”的真正含义在于：任何主权国家的税收管辖权都是独立自主的，纳税人、税种和税率都是由各国政府自行规定，任何外力都不得干预。

正是由于世界各国都拥有不受任何限制的税收管辖权，各国都可按本国的需要制定本国的税法，因此，有关涉外税收的部分就难免会发生冲突，并在国际税收关系上引起不协调，这就是必须研究税收管辖权的原因。

二、主体和客体

国际税收中税收管辖权的主体，是拥有征税权的国家，客体则是负有纳税义务的跨国纳税人及其国际所得。

（一）税收管辖权的主体——国家

税收是以国家为主体的分配方式，它随着国家的产生而产生，为满足国家的需要而出现，与国家存在着本质的联系。在国家税收里，作为税收管辖权主体的国家只有一个，税收的征纳关系比较单纯。在国际税收中，税收管辖权主体则是两个或两个以上的国家，而且这些国家在政治、经济、文化等方面，可能都有所不同，在税收制度、政策上也会存在诸多差异。

1. 发达国家与发展中国家的国际税收关系。由于发达国家与发展中国家的经济发展水平不同，因此在国际税收关系中很可能处于不平等的地位。

在国际经济关系中，发达国家经济水平高，资本和生产的国际化是发达国家经济方面的一个特点。发达国家对国外投资，建立跨国公司，实施全球经济战略，对世界经济的发展起着支配作用。由于发达国家积极参与国际经济的时间比发展中国家早，参与的规模与范围也大，所以，发达国家较早地出现了跨国征税问题，并较早地投入了对国际税收问题的研究，现在有关国际税收的原则、条约等，大多是发达国家在国际税收方面理论与实践的产物。发达国家一般处于资本输出国的地位，其处理国际税收关系的立场、原则和政策，很多是有利于发达国家利益的。

发展中国家经济水平较低，在国际经济关系中往往处于不利的地位,在国际税收关系中很难维护自己的利益。从20世纪60年代中期起,发展中国家才开始较积极地参与国际间的经济合作,并开始注意国际税收关系。发展中国家认为,《经济合作与发展组织关于对所得和财产避免双重征税的协定范本》只考虑了发达国家的利益,对发展中国家来说是不公平的。因此,联合国于1979年12月通过了一个发达国家与发展中国家之间的税收协定范本,以协调发达国家与发展中国家之间在国际税收方面的关系。

2. 不同国家在税收管辖权方面奉行的原则不同。假如世界各国在行使税收管辖权时,全都统一奉行某一种原则,各国的税收管辖权就不会发生重叠和交叉,也不会存在国家间的重复征收。但由于各国政治、经济、历史、文化等方面情况的不同,其各自的观念、习惯也不同,因而在行使税收管辖权时奉行的原则很可能不同。例如,B国的某居民在A国取得了一定数量的收入,A国奉行属地主义原则,对该纳税人来源于本国的所得征税。若B国也奉行属地主义原则,对该纳税人来源于A国的所得不征税,就不会发生重复征税。但B国奉行的很可能是属人原则,它是对本国居民的纳税人征税,而不论其收入来自何国,这样就势必形成对该纳税人的所得重复征税。

3. 不同国家实行的经济政策不同。世界各国一般都根据自己的国情制定自己的经济政策,而不同的经济政策对国际税收关系的处理是不同的。例如,我国实行对外开放政策,为了吸引外资,对外资在中国所得实行了全面的税收优惠;而沙特阿拉伯为了保护本国的经济权利,则对外国纳税人采取了最大负担原则,对外商的所得多征税。资本输出国经济政策的不同,也会给国际税收关系带来影响,如日本奉行鼓励本国资本和技术输出的经济政策,所以对本国居民从资本输入国得到减免的税收,实行饶让抵免的做法;而美国则对资本的流动采取了中性政策,不对资本的流向施加人为的干预,所以美国不同意实行税收饶让抵免。

4. 有的国家或地区成为国际避税地。一般的国家为了维护本国的权益，是不会放弃对纳税人所得的征税权或者对纳税人实行少征税的。但有的国家和地区，由于历史、政治、经济等方面的原因，不开征所得税或者将所得税的税率规定的比一般国家低。这样，许多跨国纳税人未来纳税或不纳税，就用各种方法将其所得移到这些国家和地区。这些国家和地区因此成为人们所说的国际避税地。国际税收主要研究国际双重征税问题，但从另一侧面来看，跨国纳税人利用国际避税地进行避税，也是不合理的。

总之，在国际税收中，各个征税主体的存在，伴随着不同的征税主体所奉行的不同原则、政策的出现，使得国际税收关系复杂化了。

（二）税收管辖权的客体——纳税人、国际所得

1. 世界各国税法中规定的纳税人。世界各国税法中规定的纳税人，包括自然人和法人，本身具有两个显著的特点：

（1）国际税收中的纳税人是跨国纳税人。若一国规定的纳税人，只是在本国管辖范围内从事经济活动，那他只与本国政府发生单一的征税关系，不是国际税收涉及的纳税人。只有当纳税人的活动跨出国界，同时成为两个或两个以上国家的纳税义务人时，他才成为国际税收中的纳税人。例如，某自然人，他居住在 A 国，到 B 国从事劳务服务并取得收入，他同时对 A，B 两国负有纳税义务，就成为国际税收涉及的纳税人了。再如，A 国的某公司，到 B 国去投资建厂，同时对 A，B 两国都负有纳税义务，那么这个公司就是国际税收涉及的纳税人。

（2）国际税收涉及的纳税人不单纯以国籍为判断依据。国籍是分析判断纳税人的一个因素，但它不是唯一的一个因素。一个具有 A 国国籍的纳税人，如果仅仅在他居住的 B 国取得工资等收入，他很可能只对 B 国有纳税义务，从而是 B 国国家税收的纳税人，而不是国际税收涉及的纳税人，除非 A 国是行使公民税收管辖权的国家，世界上行使公民税收管辖权的国家很少，目前只有美国和罗马尼亚。相反,一个具有本国国籍的纳税人,如果他不仅在自己的国家内取得收入,而且他还有来源于其他国家的收入,他同时对这两个国家负有纳税义务,那他就是国际税收涉及的纳税人。

由此可见,一个具有外国国籍的纳税人,并不一定就是国际税收涉及的纳税人,而一个具有本国国籍的纳税人,也不一定就不是国际税收涉及的纳税人。

一个纳税人是否是国际税收涉及的纳税人,不是由某个国家单方面根据某种因素来简单判定的,而往往是由有关国家各自奉行的原则以及采取的税收管辖权等多种因素共同决定的。

经过以上分析,可对国际税收涉及的纳税人定义如下:凡有来源于两个或两个以上国家的收入,或者虽然只有来源于一个国家的收入,但是同时对两个或两个以上国家负有纳税义务的跨国自然人或法人,都是国际税收涉及的纳税人。

2. 国际所得。世界各国开征的税收,有的是以物为征收对象,有的是对人进行课征的。以物为课征对象的税种,由于物在某个时点上存在于某国是确定的,一般不会发生国家双重征税问题。而所得税的征税对象,即应税所得额,并不是与某个具体的物相联系,而是与所得的获取人相联系,当所得的获取人跨国从事活动时,他们的所得很可能是跨国的,并有可能被他们跨越的有关国家重叠征税。因此,国际税收涉及的征收对象主要是所得税的征税对象——所得额,即跨国纳税人的跨国所得。

由于国际经济交往、社会经济活动以及人们从事的业务是多方面的,因此,不论是自然人还是法人,所得范围都很广,种类也很多。一般说来,国际所得大致分为以下四类:

(1)跨国经营所得。它是指跨国纳税人从事跨国的工业、商业、服务业等生产经营活动取得的所得。对应纳税所得额的计算,各国税法的规定是不完全一致的。一般说来,应纳税所得额的计算,要从总收入中减去为生产这一所得而支出的一切费用,而这些费用必须是生产经营上认为是正常的、必要的费用，如工资、固定资产折旧、原材料成本、利息支出、广告费、管理费等。

(2)跨国劳务所得。它是指跨国纳税人跨越国界从事设计、讲学、咨询、演出等项劳务的所得。根据税收征管的需要，跨国劳务所得可分为独立的劳务所得(自由职业者如从事科学、文学、艺术、教育的人员，医师、工程师、会计师从事独立活动取得的所得)和非独立劳务所得(指雇员或职员取得的工资、其他报酬等)。

(3)跨国投资所得。它是指跨国纳税人通过跨国投资入股、放贷、转让特许权等活动取得的所得，如股息、利息、特许权使用费等。

(4)其他跨国所得。它是指上述三种跨国所得以外的跨国所得，如财产所得、遗产继承所得等。

对国际税收涉及的征收对象的概括和分类，各国不是完全一致的。有的国家会不将某项列入征税对象，而有的国家对不同的征税对象会有自己的征税方法。因此，在研究与处理国际税收关系时，必须注意到在征税对象上出现的差别，防止由于对征税对象范围规定的不同而出现歧义。

三、税收管辖权的内容

税收管辖权是任何一个国家所拥有的管辖权的一个组成部分，如何行使税收管辖权是一个国家的主权。但具体到一个国家，到底行使哪种税收管辖权，并不是随意的，而是由这个国家的传统观念、历史文化、政治制度、经济政策所形成的某种原因来决定的。一般说来，奉行“属地原则”的国家在行使税收管辖权时采用“地域税收管辖权”，奉行“属人原则”的国家则采用“居民税收管辖权”或“公民税收管辖权”。

(一)属地原则与地域税收管辖权

属地原则认为，一个主权国家政治权力所能达到的范围，是指这个国家所属领土的全部空间，包括领土、领水与领空。而超出这个范围,这个国家就不能行使自己的政治权力了。奉行这个原则的国家可以据此处理问题,例如,可以给予出生在本国的人以本国国籍,而不问其父母属于哪国国籍。

按属地原则确立起来的税收管辖权,称为"地域税收管辖权"(也可称"所得来源管辖权"、"收入来源地管辖权")。行使地域管辖权的国家有权对发生在本国疆界范围内的所得征税,而不管纳税人是何国公民或居民。相反,它对纳税人来自国外的收益、所得不征税,即使纳税人是本国的公民或居民。

按地域税收管辖权征税,收入来源发生在哪个国家,就在哪个国家征税,体现了国际经济利益分配的合理性,又方便了税收的征管工作,为世界各国所普遍接受。但单一行使地域税收管辖权的国家和地区不多,有文莱、香港、沙特阿拉伯、马耳他、危地马拉、厄瓜多尔、巴西、玻利维亚、委内瑞拉、巴拿马、乌拉圭、尼加拉瓜、多米尼亚、海地、哥斯达黎加、埃塞俄比亚、加纳、塞舌尔等18个国家和地区。

(二)属人原则与居民(公民)税收管辖权

属人原则认为,一个主权国家,可以对它的公民和居民充分行使其政治权力,而对属于其他国家的公民或居民就不能行使政治权力了。

仍以国籍为例,奉行属人原则的国家,可以给以本国人所生的子女以本国国籍,而不论其出生于何国。

同样道理,奉行属人原则的国家在确立税收管辖权时,可以对本国的公民或居民取得的收益征税,即使这个居民或公民的收益有一部分甚至全部都是来源于其他国家,也不例外。而对非本国的居民或公民的收益,不论其来源于国外还是国内,均不征税。

按属人原则确立的税收管辖权有两种:

一种是公民税收管辖权,它是国家对有本国国籍的公民来自世界范围的全部所得行使的征税权。二战前,按属人原则建立起来的税收管辖权大多是公民税收管辖权，以国籍来判断其纳税义务，不论其居住于国内或国外，对于住在外国者，也不论其居住期限的长短，都按其世界范围内的收入纳税。按公民身份行使税收管辖权给国际税收带来了更多的困难。因为，甲国公民如在另一国居住，而在第三国取得收入，则甲国要按公民身份对其征税，居住国要按居民身份对其征税，而收入来源国则要从源征税，这就使国际税收关系更加复杂化。特别是对一个很少甚至从来也不在所属国籍国居住，而经常在别国居住和从事经营活动的跨国人员行使该权力，对其来源于世界范围内的所得征税，往往是不现实的。所以除了美国和罗马尼亚等少数国家外绝大多数国家放弃了公民税收管辖权，转而采用了居民税收管辖权。

另一种是居民税收管辖权，指国家对居住在本国境内的全体居民（包括自然人和法人）取得的来自世界各国的全部所得行使的征税权力。这里，居民的观念比公民的观念要复杂得多。居民指居住在一国境内并受该国法律管辖的一切人，该国国民、外国国民、双重国籍和无国籍人等都包括在内。

在自然人方面，各国都按居住地确立纳税人的居民身份，并对之行使税收管辖权，多数国家，居住期限都规定为连续半年，但也有规定为连续一年的，如我国、日本和巴西。在法人方面，各国对居民身份的确立也不一致，但一般都依照下列两条原则：首先，按公司的组成地，即公司按何国法律在何国注册成立，便视为何国居民的公司；其次，按公司的实际管理机构所在地，即实际管理机构设在何国，便视为何国居民的公司，公司董事会的所在地或经常开会的地点，是判断实际管理机构所在地的标志。凡按上述原则之一，确立为是有某国居民身份的公司，该国就可以对其行使居民税收管辖权，按其世界范围内的收入征收所得税。

目前世界各国较普遍地行使居民税收管辖权。

(三)不同税收管辖权同时并用

在国际税收实践中,单一行使某种税收管辖权的国家很少,绝大多数国家都在同时行使地域税收管辖权和居民税收管辖权。之所以出现这种情况,是各国行使其主权来维护本国利益的结果。

一个国家如果只是单一地行使地域税收管辖权,对来源于本国领土范围内的收益和所得征税,而对本国居民或公民来源于其他国家的收益和所得不征税,便会丧失本国的一部分财权利益,而原因就是这个国家没有行使居民(公民)征收管辖权。

一个国家如果只是单一地行使居民(或公民)征收管辖权,它可以对本国的居民或公民来自全世界范围的收益和所得征税,但对于其他国家的居民或公民来源于本国领土范围内的收入和所得,就不征税了。对来源于本国领土范围内的收入和所得征税,本来是国际公认的国家权力,而单一行使居民(或公民)征收管辖权,却因未行使地域征收管辖权而丧失了本国应得的一部分财权利益。

因此,世界上绝大多数国家为了维护自己国家的财权利益,避免不应有的损失,在行使某种征收管辖权的同时,也行使另一种征收管辖权,出现了"两权并用"或"三权并用"现象。

目前,大多数国家同时行使居民征收管辖权和地域征收管辖权,这些国家有:阿富汗、澳大利亚、日本、韩国、马来西亚、新加坡、德国、意大利、英国、法国等50余国。罗马尼亚同时行使公民征收管辖权和地域征收管辖权。美国同时行使公民税收管辖权、居民税收管辖权和地域税收管辖权,"三权并用"。

既然单一地行使某种征收管辖权,会给国家带来财权利益上的损失,那么为什么还有少数国家单一地行使地域税收管辖权呢?这些国家这样做的目的,是为了给外国投资者提供一种对境外收益不征税的诱人条件,以吸引国际资本和先进技术流入本国,实际上是用本国的一部分财权利益去换取吸引外资的经济利益。有的国家和地区，运用这种做法获得了一定的成功。

第三节　国际双重征税

世界上各个国家由于政治、文化、经济和传统习惯等方面的差异，行使的税收管辖权是不同的，当不同的税收管辖权，相互交错，对同一跨国纳税人的同一所得征税时，这个纳税人的所得就可能被两个或两个以上的国家同时进行两次或两次以上的课征，出现重复征税的现象。由于国家间的重复征税，大多是两个国家对同一纳税所得的重复课征，故习惯上将国际重复课税称为国际双重征税。

一、国际双重征税的概念

重复征税按其不同的性质，可划分为税制性重复征税、法律性重复征税和经济性重复征税。

税制性重复征税，是指由于实行复税制而形成的重复征税。

实行复税制的国家，同时开征两个或两个以上的税种，就不可避免地会出现重复征税。例如，对同一纳税人的同一税源，既征收流转税，又征收所得税，实际上就形了成该税源的重复征税。目前，世界各国基本上都在实行复税制，因此税制性重复征税是普遍存在的。

法律性重复征税，是指由于法律上对同一纳税源和征税对象行使不同的税收管辖权所造成的重复征税。例如，我们前面所列举的情况，即不同税收管辖权相互交错地对某纳税人征税出现的重复征税。

经济性重复征税，是指由于经济制度形成的对同一税源的重复征税。例如，股份公司是比较普遍的经济组织形式，在对股份公司和股东个人的征税中，一方面，对公司的所得征收公司所得税；

另一方面,又对股东从公司分得的股息征收公司所得税,而这部分股息是从公司已纳税的利润中分配来的,于是出现了双重征税。

上述三种性质不同的重复征税,是普遍存在于各国税收实践中的,但并非都是国际双重征税的内容。

税制性的重复征税是由复税制引起的,而复税制是由某一国家自己制定的,这样,税制性的重复征税是一个征税权主体行使征税权时产生的,一般不涉及其他国家,不属于国际双重课税的范围。

法律性重复征税是由不同征税权主体行使不同税收管辖权,对同一纳税人的同一征税对象征税所引起的,由于征税权主体的范围不同,有两种情况,一种是由同属于一个国家的两个征税权主体引起的,如中央政府与地方政府对同一纳税所得的征收,这不属于国际双重课税的范围;另一种情况是,征税权主体是两个或两个以上的国家,对同一纳税人所得进行征税产生的,由于会涉及国家与国家之间的关系,是属于国际双重征税范围的。

经济性的重复征税,由于同一税源的不同纳税人所处的地域不同,与国际双重征税的关系也是不同的。如果同一税源的不同纳税人(如公司与股东)同处于一个国家,这种情况下产生的经济性重复征税也只是属于一个国家的范围。如果同一税源的不同纳税人是分处在两个或两个以上的不同国家,由此引起的经济性重复征税就成为国际双重征税的内容。

可见,具有国际性质的双重征税只是重复征税的一部分,并不是所有的重复征税都是国际重复征税。

成为国际双重征税的重复征税一般具有三个特征:一是征税权主体是多元的,即是两个或两个以上的国家;二是纳税人是跨越国界的,同时对两个或两个以上的国家负有纳税义务;三是征税对象或税源是单一的。同时具备这三个特征的重复征税,才是国际双重征税。

根据其特点，我们可以将国际双重征税定义如下：它是指两个或多个国家，在同一时期对同一跨国纳税人的同一征税对象或对不同跨国纳税人的同一税源征收同类税收所造成的重复征税。

二、国际双重征税的产生

（一）不同税收管辖权产生的国际双重征税

目前，世界各国行使的税收管辖权有地域税收管辖权、居民税收管辖权和公民征收管辖权三种，这三种税收管辖权中的任何两种，若同时对同一跨国纳税人的同一所得征税，都会发生国际双重课税。由于两种税收管辖权相互重叠而产生国际双重征税的情形有以下三种：

第一种是地域税收管辖权与居民税收管辖权的重叠。某人作为A国的居民到B国从事经营活动，在B国获得了所得。B国行使地域税收管辖权，对来源于本国的所得课征所得税；A国则行使居民税收管辖权，对本国的居民征税。这样，这个跨国纳税人在B国的所得受到两个国家的双重课征。

第二种是地域管辖权与公民税收管辖权的相互重叠。由于现在行使公民税收管辖权的国家很少，所以出现地域税收管辖权与公民税收管辖权重叠的现象很少。如果出现，也同地域税收管辖权与居民税收管辖权一样，会出现国际双重征税。

第三种是居民税收管辖权与公民税收管辖权的重叠。公民与居民的概念是不同的，公民一般是指具有本国国籍，并享有法定权利和承担义务的个人；居民则指居住在本国境内并受本国法律管辖的一切人，包括本国公民和外国人。由于公民与居民的概念不同，当在行使居民税收管辖权的国家与行使公民税收管辖权的国家同时对同一跨国纳税人征税时，就可能出现国际双重征税。比如，某人是A国的公民，但因其长期居住在B国而被B国认定为B国的居民。A国行使公民税收管辖权，对该人来自全世界范围的所得课征所得税;B 国则行使居民税收管辖权,也对该纳税人来源于全世界的所得征所得税。A 国的公民税收管辖权与 B 国的居民税收管辖权在这个跨国纳税人身上重叠,出现双重征税。

(二)同种税收管辖权重叠产生的国际双重征税

从理论上讲,两个或多个国家都实行同一种税收管辖权征税,是不会产生双重征税的。假如 A 国和 B 国均行使地域税收管辖权,各自对本国领土内的所得征税,则不会造成国际双重征税。再如,C 国和 D 国同样行使居民税收管辖权,各自对本国居民征税,也不会造成国际双重征税。

但在国际税收实践中,由于许多国家对一些概念的理解和判定标准不同,因而在行使同一种税收管辖权时,也会发生国际双重征税。

1. 双重居民税收管辖权产生的国际双重征税。所谓居民,从税收角度而言,指在行使居民税收管辖权的国家中,具有纳税义务的一切人员(包括自然人、法人)。但这是一个十分笼统的概念,对于确定某个人是不是某国的居民是不够的,还需要根据这个国家税法中规定的居民判定标准来判定。

各个行使居民税收管辖权的国家,在其税法中规定的居民判定标准是不尽相同的。有的国家按是否拥有永久性住所来判定是否是居民;有的国家则以纳税人在该国停留时间的长短作为判定标准。于是,虽然有关国家都是行使居民税收管辖权,但由于对居民的判定标准有差异,还是有可能出现两种居民税收管辖权相互重叠的现象。

2. 双重地域税收管辖权产生的国际双重征税。一般说来,一个国家所管辖的地域界线是清楚的,不大可能出现两个或多个国家同时行使地域税收管辖权征税而产生国际双重课税问题。但是,实际中也的确存在着由于各国对纳税人的来源地的确定标准的不同,而产生国际双重课征。

三、国际双重征税的影响

(一)加重了跨国纳税人的税收负担

作为纳税人,依法向国家交税是应尽的义务,这是无可非议的。但由于有关国家税收管辖权的重叠交叉,跨国纳税人要依法向两个甚至两个以上的国家纳税,税收负担会大大加重,有时甚至是成倍的加重。

(二)违反税收的公平原则

众所周知,等量资本要求获得等量利润,这是一个经济规律。同样数量的资本投在国内和国外,都要求获取相当的利润,尤其是资本投到国外,所冒的风险比国内大,要求获取更多的利润。但国际双重征税加重了跨国所得的税收负担,破坏了税收的公平原则。

(三)阻碍国际经济的发展

国家间经济、技术、文化的相互交流、合作,是世界经济发展的一大趋势,这个趋势是社会生产力发展的必然要求,它能使各种资源要素在全世界范围内得到更合理的利用,促进国际专业化分工,加速各国经济的发展。但国际双重征税却加重了跨国所得的税收负担,打击了跨国投资、经营、技术合作的积极性,从而阻碍了国际经济的发展。

(四)影响了有关国家之间的财权利益关系

国际双重征税是两个或两个以上国家对同一纳税所得进行征税造成的,而面对同一征税对象,一国多征了税,就有可能使其他国家少征税,国际双重征税已成为国际经济关系中的一个重要问题。

四、国际双重征税的免除方法

(一)免税法

免税法又称豁免法,是居住国(国籍国)对本国居民(公民)来源于外国的跨国所得,在一定的条件下,免于征税的一种消除国际双重征税的方法。

这种方法实质上是居住国(国籍国)政府,对收入来源国政府行使地域税收管辖权征税的那部分所得,放弃行使居民(公民)税收管辖权,来避免两种税收管辖权的重叠交叉,防止国际双重征税的发生。在所得税普遍采用累进税率的条件下,由于免税法采用的税率不同,免税法分为全额免税法和累进免税法。

1. 全额免税法。全额免税法是指居住国(国籍国)放弃居民(公民)税收管辖权,在对居民(公民)来源于国内的所得征税时,完全不考虑其在国外的所得,仅按国内所得额确定适用税率征税的方法。其计算公式为:

居住国应征所得税额 = 居民的国内所得 × 适用税率

2. 累进免税法。累进免税法是指居住国(国籍国)政府在对本国居民(公民)行使居民(公民)税收管辖权时,对居民(公民)源于国外的所得不予征税,但在对居民(公民)源于国内的所得进行征税时,其适用的税率,是把其国内外的所得汇总起来,以总所得为依据来确定的方法。其计算公式为:

居住国应征所得税额 = 居民的总所得 × 适用税率 × (国内所得/总所得)

累进免税法和全额免税法相比较,不同之处在于对居民国内所得征税所选择的税率不同。全额免税法在选择税率时,完全不考虑居民在国外的所得,只按居民的国内所得确定税率。累进免税法在确定税率时,按包括国外所得在内的总所得来确定。这意味着按累进免税法确定的税率,会高于全额免税法确定的税率。

累进免税法虽然比全额免税法多征了一些所得税,但国际双重征税还是被免除掉了,因为居住国并未对某公司在来源国已纳税所得征税。

无论是全额免税法还是累进免税法,由于放弃了对纳税人国外所得的征税权,免除了国际双重征税,方便简单。但它实质上是居住国单方面放弃了居民税收管辖权,使来源国的税收管辖权处于独占的地位,这样并没有体现出对跨国所得的分享原则。在居住国税率高于来源国税率的条件下,采用免税后,使实际免除的税额会大于应免除的国外纳税额。只有在居住国的税率与收入来源国的税率相等或低于后者的条件下,采取免税法才不会发生实际免除额大于应免除额的问题,也就是说才不会发生居住国少征税问题。

由此可见,免税法存在着一些缺陷,并不是较完善的国际双重征税的免除方法。因此,世界上采用免税法的国家不多。有波兰、丹麦、法国、瑞士、罗马尼亚、澳大利亚、新西兰、委内瑞拉等。

(二)扣除法

扣除法是指居住国(国籍国)政府在实行居民(公民)税收管辖权时,允许跨国纳税人将其向外国政府缴纳的所得税额,作为扣除项目从应税所得中扣除,就扣除后的余额计征所得税,以免除国际双重征税的一种方法。其计算公式为:

居住国应征所得税额 =(居民的总所得 - 国外已纳所得税)× 适用税率

居住国(国籍国)实行扣除法,不能完全免除由于税收管辖权重叠交叉造成的国际重复征税,其给予跨国纳税人扣除的一部分税额,只能对国际双重征税起一定的缓解作用。而究其原因,是居住国(国籍国)没有完全承认收入来源国行使地域税收管辖权的优先地位,而只是承认了一部分,致使跨国纳税人的重复征税问题不可能得到完全的解决,所以采用该方法的国家也很少。

(三)抵免法

抵免法是指居住国(国籍国)政府在本国税法规定的限度内,允许本国居民(公民)用已缴纳收入来源国政府的所得税税额,来冲抵应缴纳本国政府所得税税额的一种免除国际双重征税的方法。其基本计算公式为:

居住国应征所得税额 = 居民总所得 × 适用税率 - 允许抵免的已缴来源国税额

抵免法承认了收入来源国行使地域税收管辖权的优先地位，也充分行使了居民税收管辖权，并不是无限制、无条件地对收入来源国征收的所得税款，一律予以承认和抵免，而是在居住国规定的一定限度内才能“允许”抵免，超过限度的部分不予抵免。

我们把抵免法同免税法和扣除法加以比较，有如下不同：

首先，抵免法不像免税法那样，对本国居民来源于国外的所得免于征税，完全放弃居民税收管辖权，而是充分行使居民税收管辖权，对居民来源于国内外的所得一并征税。就承认收入来源国行使地域税收管辖权的优先地位，以及免除国际双重征税来说，这两种方法的效果是基本相同的。

其次，抵免法也不像扣除法那样，对收入来源国已征收本国居民的所得税，只给予扣除一部分的照顾，不完全承认地域税收管辖权的优先地位，也没有完全免除跨国纳税人的双重国际税负，而是在本国税法规定的限度内，对收入来源国已征收本国居民的所得税予以抵免，基本上免除了跨国纳税人的双重国际税负。在充分行使居民税收管辖权方面来说，这两种方法是比较一致的。

因为免税法和抵扣法都有一些缺陷，只有抵免法既承认了地域税收管辖权的优先地位，又行使了居民税收管辖权，起到了免除国际双重征税的作用。它不仅较好地处理了国际税收关系，还维护了居住国的正当权益，所以被世界上绝大多数国家所采用。

由于抵免法涉及各有关方面的利益关系，所以在具体计算上比较复杂。而且实行抵免法的国家又根据各自国家的需要，采用的具体方法不同，丰富了抵免法的内容。

1. 直接抵免法。直接抵免法是指居住国（国籍国）允许本国居民（公民）用已向来源国直接缴纳的所得税，来充抵其应缴纳本国政府所得税一部分税额的做法。

不是任何情况下都可以使用直接抵免法的，它有着特定的使用范围。一般说来，直接抵免法适用于同一经济实体的纳税人向来源国已纳所得税的抵免，具体来看，包括以下两类：

第一，跨国自然人。一个跨国自然人，既要向收入来源国纳税，又要承担其居住国（国籍国）的纳税义务。两个方面的国家都要对这个自然人征税，税收负担需由这一个人承担，这个跨国自然人本身当然是同一经济实体了。如果有两个自然人A和B，A向收入来源国缴纳的所得税，就不能在B向居住国缴纳的所得税中实行抵免，因为A和B是两个经济实体，不适用直接抵免法。

第二，分支机构。居住国（国籍国）的公司在国外设立的分支机构，向收入来源国缴纳的所得税，适用直接抵免法。因为从总机构和分支机构性质的归属来分析，它们本来就是一个统一体，分支机构只不过是总机构的派出单位。总机构和分支机构的资金所有权是同一的。总机构派出分支机构，是将本经济实体的一部分资金划拨给分支机构使用，而不是向别的经济实体再投资形成一个新的机构。总机构和分支机构的经营决策也是统一的，目的都是为了同一经济实体的利益，实质上还是资金所有权同一所决定的。利润分配是统一的。分支机构不是独立的经济实体，其盈利不属于其本身，而是属于整个经济实体。分支机构盈利的多少，也往往受总机构的控制和制约。其盈利和整个经济实体的盈利一起，由总机构进行统一分配。究其原因，也是资金所有权的同一。

直接抵免的计算方法，就是我们已介绍过的公式：

$$\text{居住国应征所得税额} = \text{居民总所得} \times \text{适用税率} - \text{允许抵免的已缴来源国税额}$$

由于对“允许抵免的已缴来源国税额”处理的不同，直接抵免法可分为全额抵免和限额抵免。全额抵免指居住国政府在对跨国纳税人征税时，允许纳税人将其在收入来源国缴纳的所得税，在应向本国缴纳的税款中全部给予抵免的做法。限额抵免又称普通抵免，这种做法要求居住国（国籍国）政府在对跨国纳税人的国内外所得计算征税时，允许纳税人抵免的税额，最高不得超过其国外所得乘以本国法定税率所计算出的应纳税额。

由于全额抵免对纳税人在国外的已纳税款全部予以抵免，在一定条件下会影响居住国的利益。而限额抵免把予以抵免的税额限制在居住国的税率范围之内，从而维护了居住国的利益。所以，世界上绝大多数国家实行限额抵免的做法。限额抵免比全额抵免的计算要复杂一些，其复杂点主要集中在对"允许抵免的已缴来源国税款"的确认上。在收入来源国的税率低于居住国税率时，抵免限额就大于纳税人已向收入来源国缴纳的税额；当收入来源国的税率等于居住国的税率时，抵免限额就与纳税人已缴收入来源国的税额相等；当收入来源国的税率高于居住国税率时，抵免税额则小于纳税人已向收入来源国缴纳的所得税税额。

2. 间接抵免法。间接抵免法是在直接抵免法的基础上发展起来的。

当资本主义发展到一定水平时，有些垄断资本组织通过占有别的公司的全部资本或部分股票，来控制这些公司，使这些公司成为从属于自己的子公司，自己成为母公司。这样就可以用较少的资本去掌握、控制比自己大几倍甚至几十倍的资本。当这种方式跨出国界后，就成为跨国母子公司。

这种跨国母子公司与前面直接抵免法中所述总机构与分支机构的关系是不同的。

母公司与子公司都是独立的经济实体，而不是同一个经济实体。母公司与子公司之间，在资本的所有、经营策略和利润分配方面并不是一致的，母公司只能通过参股来发挥自己的影响，以控制所属子公司；母公司与子公司间的关系，反映到税收管辖权上，不是居住国的居民税收管辖权与收入来源国的地域税收管辖权之间的关系，而是不同居住国各自行使的居民税收管辖权之间的关系。

跨国母子公司与跨国总公司间的上述两方面的不同，反映到国际税收中来，出现这样两个结果：

第一,子公司获取的所得,只有一部分是属于母公司的,其余部分属于其他投资者。所以,母公司所在的居住国政府,是不会允许将子公司已缴其居住国的税额,全部用来抵免母公司应缴税额。

第二,母公司与子公司之间在税收上又是关联的。由于母公司是其子公司的股东,母公司每年从子公司的所得中,会分得一部分股息。这部分股息,是从子公司向其居住国政府纳过税后的所得中分来的,即这部分股息是已纳过税的,而母公司将这部分股息并入自己的所得中,还要向居住国政府纳税,于是出现了对这部分股息的国际双重征税。

消除这种国际双重征税,不能用子公司在其居住国已缴税额来直接抵免母公司的应纳税款。这就需要采用间接抵免法。

间接抵免法,是指母公司所在的居住国政府,允许母公司将子公司已缴东道国的所得税中,应由母公司分得股息承担的那部分税额,来充抵母公司应纳税款的方法。

在这个概念中,有三个基本内容:

第一,间接抵免法适用的范围是具有跨国母子公司关系的纳税人;直接抵免法的适用对象是居住国和收入来源国两个国家对同一纳税人征税产生的国际双重征税;而间接抵免法的适用对象是由两个居住国对两个纳税人征税产生的国际双重征税。

第二,间接抵免法之所以称为间接,是因为母公司所在的居住国政府允许母公司抵免的税额,并不是由母公司直接向子公司所在国政府缴纳的,而是通过子公司间接缴纳的。

第三,间接抵免法所允许抵免的税额,不是子公司已缴其居住国的全部税额,而是母公司所分股息应承担的那部分税额。这个税额,只能通过母公司收到的股利间接地计算出来。

间接抵免法与直接抵免法的计算基本相同,只是更复杂一些。由于母子公司可以通过母公司——子公司——孙公司——曾孙公司等,层层参股投资,因此会出现一层、两层乃至数层重叠的情况,计算时也有一层间接抵免与多层间接抵免之分。

(四)税收饶让

在实行抵免法的条件下,虽然居住国政府允许跨国纳税人将已缴外国政府的税额,在抵免限额内给予抵免,比较有效地免除了国际双重税收,但是,一些国家为了吸引外资和引进先进技术,对外国企业给予的税收减免优惠,也被居住国的抵免计算抵消了。因为居住国政府一般是按本国的税率进行抵免的,这会把非居住国给予纳税人减免的税收,补征到居住国的税负水平,即优惠的税收,没有使纳税人受惠,却送到居住国政府的口袋里去了,从而使非居住国的优惠措施失去作用。为了使税收优惠落实到纳税人的身上,一些国家要求居住国政府,将给予纳税人优惠减免的税收视同于已缴给外国政府的税额进行抵免。

所谓税收饶让,就是一国政府对其纳税人从国外得到优惠减免的所得税款,视同已纳税款,准予抵免的一种特殊抵免措施。对税收饶让,世界各国所持的态度不同,有些国家赞成,有些国家反对。在赞成的国家中,各国出于各自国家利益的考虑,在准予饶让的范围上也是不尽相同的,一般都是通过有关国家之间签订税收协定加以规定。

税收饶让,是一国政府对外国政府税收优惠措施的积极配合。实行饶让,受惠的是纳税人,显而易见。对相关国家的影响,应从税收利益和经济发展两方面分析。外国政府实行税收优惠政策,对来自国外的投资减免税收,短期内在税收利益方面是有损失的。但其税收优惠政策是为了经济发展服务的,牺牲一部分税收利益,以吸引更多的外资和技术,换来经济发展的更大利益。从长远来看,经济发展了,税收利益也会增加。因此,凡是希望用税收优惠措施吸引外资的国家,都积极推行税收饶让。

税收饶让准予抵免的优惠减免税款,本来就是外国政府应该征得的税款,只是出于政策的需要,才优惠减免给纳税人的,而不是优惠给其居住国政府的。所以,纳税人的居住国政府对其予以饶让,根本不会在税收利益上受到损失。如果居住国的过剩资本较多,实行税收饶让还能够鼓励资本和技术输出。因此,相当多的发达国家都实行了税收饶让。英国最早在1953年实行,法国、日本、德国、瑞典、丹麦等国相继效仿。但是美国却是反对税收饶让的,这是因为美国国土辽阔、资源丰富,不像上述几国急于开拓国际投资场所。

第四节　国际避税与逃税

国际双重征税的对立面是国际避税与逃税。前者表示税收负担超限,后者表示税收负担不足。这都不符合公平负担原则,同样是税收征纳关系不正常的表现。

国际避税是指跨国纳税人用合法的手段,在税收法规许可的范围内,减轻或消除税负的行为。国际逃税是指跨国纳税人用非法手段,减轻或消除税负的行为。

国际避税与逃税的目的都是减轻或消除税负。二者的区别就在于采用的手段是否合法。但实际上国际避税与逃税,往往相伴出现,如影随形,难于分辨。特别是从政府角度看,二者同样都会导致国家税收的流失。

一、出现国际避税与逃税的主要原因

(一)沉重的税负

国际避税与逃税的主要锋芒是所得税,因为跨国纳税人承受着很重的税收负担。特别是第二次世界大战后至20世纪80年代初,许多国家的税率和实际税负不断提高。所得税税负一般要占净收入的一半左右,使来自国际避税和逃税的收益也随着增加。

影响税负的第一个因素是税率。在其他条件不变时,税率的

高低决定了税收负担的轻重。因此,避税与逃税动机的强烈程度与税率成正比。这里税率的含义,不是简单指平均税率,更重要的是指边际税率。平均税率是指税收总额被税基相除的比率,也就是应纳税额占应税所得的百分比。而边际税率是指对税基下一个单位适用的税率,也就是对新增加的每一元应税所得适用的税率。在实行累进税率情况下,边际税率随税基增加而增加。

边际税率是构成避税、逃税最直接、最主要的原因。纳税人对边际税率格外敏感,其核心问题是:政府要从纳税人新增加的每一元收入中征走多少?当边际税率超过50%时,纳税人新增收入的大部分被政府拿走,常导致纳税人的抗拒心理,因而想方设法减轻税负,各种逃税避税之术便应运而生。

税基是影响税负的第二因素。税基是征税的客观基础,是计算税额的依据。在税率一定的前提下,税基大小决定了税负的轻重。近年来,所得税税基有扩大的趋势。比如,以美国和法国为首的很多国家,对一向不视为征税所得的转让所得也趋向于征税。加拿大也提出把转让所得、赠予、继承及其他一切收入均列入计征所得税的范围。

通货膨胀是增加实际税负的又一因素。在当今世界经济中,通货膨胀是许多国家都面临的一个令人苦恼的难题。在实行累进所得税的国家,若没有对收入和资本或者两者兼而有之的价格指数的调整,来提供相应的免税补偿(即税收指数化),通货膨胀造成的名义收入增长,将把纳税人的适用税率推向更高的档次,政府借此从纳税人实际所得中,征走更大的份额。这种现象被称为“档次爬升”。从某种意义上说,“档次爬升”是增加税收收入的一条微妙的途径。因为这一途径不必政府发布新的增税法令,就可以利用所得税累进税率的特点,使政府从国民收入真实所得中取走更多的份额。并且,由于通货膨胀直接引发的物价水平的上涨和消费价格指数的提高,以及对企业资产原始价值的影响,还造成了对个人所得和企业所得中应扣除的成本费用的扣除不足,从而导致过分征税。显然,通货膨胀造成的“档次爬升”和扣除不足,吞食了纳税人的实际所得的资本,是对国际避税与逃税的强烈刺激。

(二)激烈的竞争

国际市场与国内市场有很大的不同。以商品市场为例,它涉及的范围广(100 多个国家和地区)、成交量大(目前世界各国进出口总额已超过 2.5 万亿美元)、发展速度快(二战后全世界贸易额的平均增长率超过生产总值的平均增长率)。

跨国纳税人在国际市场中,面对着比国内市场更激烈、更复杂的竞争。税负轻重是影响竞争力的一个重要因素,它驱使着跨国纳税人寻找种种可能的逃税、避税的方式和时机。

(三)差别很大的各国税制

各国之间存在着税收差别,使国际避税的企图得以实现成为可能。如果各国税制完全相同,国际避税的可能性就会化为乌有。

国家间税收差别的存在,意味着人、收入来源或资金的流动,都可能会给纳税义务和实际税负带来变化。

1. 各国税收管辖权的差别。该差别在造成双重征税的同时,也使国际避税成为可能。假定 A 国行使居民税收管辖权,B 国行使地域税收权限权,某纳税人是 B 国居民,他的收入如果来自 A 国,就可以在两国都免于纳税。

2. 各国税种和征收范围的差别。这种差别表现在税种名称的形式上,比如对“法人所得”课税,有的国家称“法人税”,有的国家称“法人所得税”,有的国家则与对个人所得课税放在一起称“所得税”。有的税种在一些国家根本不存在,有的所得在一些国家不属纳税范围。

3. 各国税率的差别。有的国家最高税率可达 70%,有的国家则不超过 40%。

4. 各国税基计算上的差别。所得税的税基为应税所得。计算应税所得要对各项相关的成本费用进行扣除,各国对扣除项目的规定差异很大。这样,同一收入在两个国度,就可能形成不同的税基,即使两国税率相同,也会造成高低不同的两种税负。

5. 各国税收减免措施的差别。发展中国家为了吸引外资,税法中有税收减免措施,这些措施因国而异。与此相对应的是外资来源国的税收饶让。目前,只有一部分国家在双边税收协定中同意饶让。因此,跨国纳税人的投资有无优惠的税收减免措施,他的居住国有无相应的税收饶让制度,直接影响到纳税人的税负高低。

6. 各国在避免国际双重征税方法上的差异。在三种基本免税方法中,扣除法税负最重,其次是抵免法,税负最轻的是免除法。

7. 各国税法实施程度的差别。由于种种原因,各国税务部门的征管水平差异很大,即使在两个税法条文相同的国家,也会因实施程度的差别使纳税人的实际税负大不相同。

综上所述,沉重的税负、激烈的竞争和差别很大的各国税制,使避税和逃税逐渐发展为具有国际化性质的一个重要现象。越来越多的法人和个人,为了避免风险过大和防止损害公司信誉,都在非常精心地研究有关国家的税法和行政惯例以寻找漏洞,利用各国税收上的种种差别,用合法方式逃避税收,达到减轻税负的目的。因而近些年来,对国际避税手段的运用频率,要大大超过国际逃税。

二、国际避税与逃税的方式

(一)国际避税

跨国纳税人的避税方法犹如万花筒,形形色色,千奇百怪,并且带有很强的隐蔽性,下面只就其中几种基本形式加以介绍。

1. 个人居民的流动。目前,世界上多数国家都同时实行居民税收管辖权和地域税收管辖权。这种做法是对居民纳税人的全球范围所得征税,这被称作"无限纳税义务";对非居民仅就其来源于本国的所得征税,这被称作“有限纳税义务”。

居民身份的判别标准主要是住所标准和时间标准。住所标准是,只要一个人在同一国拥有永久性住宅,那么这个人就是该国居民。时间标准是,只要一个人在一国连续停留超过一定时间,比如6个月,那么这个人也同样被视为该国居民。

跨国纳税人通过人的流动进行避税,也就是避免成为居民,推卸就其全球范围所得的纳税义务,而仅就来源于该国的所得纳税。他们采用的方法有两种,即避免成为居民和避免成为高税国居民。

避免成为居民跨国纳税人为了避税,可设法使其不成为任何一个国家的居民。他们采取不购置住宅、出境、流动性居留或压缩居住时间等方法来避免成为任何一国的居民,回避政府行使的居民税收管辖权。例如,通过在各国间旅行,在不同的旅馆中只逗留不长的时间,甚至为了避税,宁可住在船上或游艇上。国外一些文献中使用“税收难民”一词来称呼这些财政性“无国籍人”。

避免成为高税国居民。生活在高税国的居民可以移居到一个合适的低税国。这类实际的移居大多数发生在纳税人退休以后。例如,与美国隔海相望的岛国巴哈马,因几乎无税的经济环境,加之风光秀丽,使它成为一个理想的退休定居地。

2. 法人居民的流动。法人居民的流动一般是为了避免成为高税国的居民。与个人流动不同的是,法人居民很少采用向低税国实际移居的方法。这是因为这种移居常常是一项破财之举,因为许多东西(厂房、地皮、机器设备)无法带走,在当地变卖而产生的资产利得,需缴纳大量税款。

那么法人采用什么方式使其避免成为高税国的居民呢?国际上对法人居民的判定标准主要有两类:一类是按机构登记所在地,一类是按实际管理机构所在地。按前一类判定标准,企业只要采取变更登记地的权宜措施,便可以比较容易达到避税的目的。后一类按实际管理机构所在地的判别标准多种多样,比如,按总机构标准，即在一个行使居民税收管辖权的国家内设有总机构的公司，即为该国的居民公司；按管理中心标准，即在一个行使居民税收管辖权的国家内设有实际控制或实际管理中心的公司，即为该国的居民公司；按主要经济活动标准，只要某公司的主要经济活动在一个行使居民税收管辖权的国家境内，则该公司即成为其居民公司等。纳税人可以对症下药，避免成为高税国居民。

3. 企业资产和个人资产的流动。跨国公司利用其分支机构或子公司分布国度的税收差异，可以精心安排收入和费用项目及其收付标准，使高税国机构或公司的成本费用加大，应税所得减少；低税国机构或公司的成本费用减少，应税所得加大，导致企业的所得从高税国流向低税国，达到避税的目的。

个人也可通过财产由高税国向低税国移动，达到避税目的。比如，使用信托方式，借此来转移一部分所得或财产，造成法律形式上所得或财产与原所得人的分离，以避免这部分所得或财产缴纳所得税或继承税。

4. 资产的非流动。主要是利用各国税法中有关“延期”纳税的规定，通过在低税国的一个实体，通常是一个法人（比如子公司），将所得和财产积存起来，以达到减轻税负的目的。所谓延期纳税，是指实行居民税收管辖权的国家对外国子公司取得的利润等收入，在没有以股息等形式汇给母公司之前，对母公司不就外国子公司的利润征税。因此，一个纳税人利用资产非流动的形式避税，究竟能在多大程度上取得成功，取决于有关国家税法中对延期纳税规定的宽严。

这几种方法可以交叉使用。

（二）国际逃税方式

1. 匿报应税收入。这是国际逃税的主要手段之一。可能被匿报的收入有营业利润、资本所得、投资收益、特许权使用费收入、工薪劳务所得、财产赠予收入等，与国内税收相比，国际税收利用这一手段逃税的可能性更大。跨国纳税人常常利用外国银行严格的账户保密法,把应税收入转入外国银行账户内,使国内税务部门无法掌握。如瑞士银行法严格规定,对客户进出款项绝对保密,泄密者予以刑事制裁。这给匿报应税收入提供了屏障。

2. 虚报成本费用。有的无中生有,进行捏造;有的则把应由个人负担的支出,塞到企业的账上报销;有的以少报多;有的把支付股利作为支付费用……手段繁多,不一而足。由于大多数国家没有严格的开支标准和统一的收付款凭证,国际市场价格涨落又复杂多变,再加上企业的费用支出,通常是由主要股权者和其代理人决定,知情者只限于少数人,这就使成本费用的支付特别难于控制管理。

3. 虚报投资额。一方面,纳税人可用虚报价款的手段,增大固定资本投资额,虚增折旧扣除,减少应税所得;另一方面,可以把现金投资中的自有资金,虚报为借入资本,虚列利息,加大费用,减少应税所得。

4. 地下经营。目前,世界上几乎每个国家都存在着数量可观的地下经济活动,这种经济活动完全避开了政府的管理,其中包括逃避全部税收。应当指出,地下经营一般逃避的是国内税收,如果要进行国际逃税,则往往同出入境走私活动相结合。

三、国际避税地

避税地(tax haven)的英语含义是税收的避难所。实际上它是指这样的地方,人们在那里拥有资产或取得收入而不必负担税收,或者只负担比在主要工业国轻得多的税收。

(一)避税地的分类

国际上把形形色色的避税地分为四类:

第一类指没有个人或公司所得税、净财富税、遗产税或赠予税的国家和地区,一般称为“纯国际避税地”。如巴哈马、百慕大、开曼群岛等。

第二类指完全放弃居民(公民)税收管辖权,只行使地域税收管辖权,对来源于国外的所得基本免征所得税的国家和地区。如香港、马来西亚、巴拿马等。

第三类是对当地和国外的所得或资本课征某些直接税,但对外国经营(控股公司)给予特别税收优惠的国家和地区。如新加坡、澳门、以色列、列支敦士登等。

第四类是实行正常课税,但提供某些税收优惠的国家和地区。如加拿大、希腊、爱尔兰、菲律宾等,如卢森堡为控股公司提供了一种免税地位,使其成为闻名于世的控股公司的绿洲。

(二)避税地的特征

概括各类避税地的情况,避税地一般具有以下几个特点:

第一,有独特的低税结构。低税是"避税地"的基本特征,不但占国民生产总值的税收负担低,更重要的是直接税的负担轻,因此可以像磁铁一样,吸引外部资金。

第二,以所得税为主体,除少数消费品外,一般不课征流通税,商品进出口税也放得很宽。

第三,有明确的避税区域范围。小的可以是一个岛、一个港口城市、一个出口加工区、一个自由贸易区,大的可以是整个国家。

第四,提供税收优惠的形式具有多样性,几乎没有两个避税地的优惠内容完全相同。

如果对各避税地的政治、历史、地理因素加以分析,还可以看出它们具有这样几个特点:①绝大多数是很小的国家和地区,其中很多过去是殖民地,有的至今仍是殖民地,他们强烈要求经济繁荣;②许多是英联邦属地,未独立前联邦对属地管理松散,独立后容易过渡为"避税地";③在地理位置上靠近实行高税的经济发达国家,交通方便,便于形成高税管理的庇护地;④本身财政预算支出不沉重。例如,没有国防支出,不必依靠重税;有一个比较安定的政治环境等。

(三)避税地的作用

1. 影响了国际资本的流动方向。避税地像磁铁般吸引着国际流动资本,使跨国纳税人纷纷前往,五花八门的公司云集“避税地”的区区弹丸之地。

2. 减少了高税国政府当前的财政收入。这对高税国政府是不利的。但同时,避税地对高税国的经济也具有一定的“安全阀”的作用。如果没有这些避税地,那么处于高税负压力下的纳税人必定会减少投资和采取其他对策,高税国因此可能会蒙受更大的财政损失。

3. 增加了跨国公司的收入。避税地的直接受益人,主要是跨国公司。避税地的存在,对跨国公司的迅速发展,起到了一定的作用。

4. 对避税地经济的影响。避税地给自身带来的好处有:带动了建筑、运输、旅游以及服务业的发展;扩大了就业机会;金融业的兴旺,便于政府筹集资金;有利于引进先进技术和管理。但避税地也存在着若干问题,多数避税地经济立足的基础比较差;避税地的经营活动直接受到一些发达国家税收政策的影响;避税地对自身及国际上的政治经济动态过于敏感;各避税地之间竞争激烈。这使得避税地经济表现出一定的虚假性和不稳定性。

四、反国际避税和逃税的措施

为了有效地控制国际避税和逃税,许多国家把重点放在建立和完善有关的税法条款上,同时建立健全税收征管制度。

(一)在税法行为中堵塞漏洞

在一般条款中,注意准确使用文字,设法堵塞漏洞。如对纳税客体的表述,一方面,采用经济概念,而不用法律概念,因为前者内涵广泛,适用性强;后者则显得狭窄、刻板,像对应税所得,明确规定为“来自营业企业的任何种类的所得”，这就如一张网口大张的罗网，所有要捕的鱼都尽在其中；另一方面，对一些税源大或者容易避税的项目，再采用专门列举的办法，做到在法律解释上不给纳税人留下模棱两可的空子。这就像一把钩子，把网中或是分量重，或是活动能力强、容易逃出的鱼再一条条用钩子勾住。

（二）设立反避税专门条款

一种方法是对容易避税，而且用一般条款又难以控制的项目，采用在一般条款外再另设一条附加准则的办法；另一种方法就是针对一种避税习惯做法设立的专门条款，如关于跨国公司间定价的规定，在认为有必要的情况下，在一个有连属关系的纳税人内部，授权财政主管部门重新确定毛所得额、扣除额、抵免或减免额。

（三）规定某些交易必须获政府同意

与前两种方法相比，这是最为严厉、也最为简单的一种方法。即规定某些交易除非获政府同意，否则就是非法。如一家公司若得不到财政部门的批准，不能迁移出境。

（四）建立税务申报制度

几乎所有国家在税法上都明确规定纳税人要按期向税务机关申报有关税务事项的各类报表，包括资产负债表、损益表和财务状况变动表等。

（五）会计审计制度

许多国家规定企业，特别是股份有限公司所申报的税务报表一律要经过公证会计师的审核。

（六）所得税评估制度

许多国家对不能提供准确的成本、费用凭证，不能正确计算应税所得的公司、企业，补充实行所得评估制度。评估方法很多，比如，制定所得税征收率，对国际运输收入多半采用这个办法。我国对外国籍轮船就是按运输收入的0.5%课征所得税。

当然，在与国际避税和逃税的斗争中，面对在广阔的国际背景中进行活动的对手，仅靠一国的力量单枪匹马地去禁止，难以收到预期效果。只有通过加强政府间的双边合作和多边合作，组成反国际避税和逃税的同盟，协同行动，才有可能在避税与逃税这场长期的较量中取得胜利。

第五节　国际税收协定

一、国际税收协定的必要性

国际税收协定，是指两个或两个以上的国家，为了消除或减轻国际重复征税，协调有关税收分配关系，通过谈判而签订的一种具有法律效力的书面协议。它的产生取决于以下原因。

（一）国际经济发展的需要

国际经济活动的产生和发展，必然导致税收的国际化，但各国行使无可非议的主权对纳税人征税，又会产生国际重复征税。国际重复征税使纳税人承担双重或多重的税收负担，严重影响着国际经济的正常发展。而国际经济的发展是历史发展的必然趋势，为适应这一潮流，有关国家需要签订国际税收协定。

（二）各国税制差异的需要

由于各国的政治经济和文化传统不同，其税收制度也存在着一定的差异。即使一些国家单方面采取措施，也不可能解决各国税制之间出现的重复征税和避税、逃税问题。所以，有关国家选择了双边或多边的国际税收协定，来协调某些国家税收制度的差异。

（三）国家间税收复杂性的需要

国际经济活动的发展，产生了国家之间的税收分配关系，涉及有关国家的税收利益。如果国家之间的税收分配关系处理不当，影响到有关国家的利益，这些国家就会采取一定的保护措施，甚至于可能阻碍相互之间的国际经济交往。而且，由于世界各国经济发展的不平衡性，导致发达国家的资金技术单向流动至发展中国家，使国际税收更加复杂。为平等互利地解决国家之间的税收分配关系，缔结法律性的书面协议很有必要。

二、签订国际税收协定的原则

（一）独立自主

独立自主是国际社会中处理国际事务的一个基本准则，有关国家在通过谈判签订国际税收协定的过程中，要相互尊重对方国家的主权，不得发号施令，将某些条款强加给对方。

（二）平等互利

平等互利是缔结国际税收协定的基本出发点，它要求有关国家都处于完全平等的地位，反对一方只享有权利而不承担义务，另一方只承担义务不享有权利，同时要使各方均有利可得，且利益相当。

（三）尊重国际惯例

国际税收协定关系到签约国的切身利益，从其各自的立场出发，必然会出现各种各样的矛盾。解决这些矛盾的主要出路，在于有关国家共同尊重国际惯例。在国际税收中，国际惯例主要表现为"经济合作与发展组织关于对所得和财产避免双重征税的协定范本"和"联合国范本"，所以，绝大多数的国际税收协定，都是根据这两个范本起草和签订的。

三、国际税收协定的主要内容

根据"经济合作范本"和"联合国范本"，一般国际税收协定包括以下主要内容：

（一）确定纳税人的范围

一切双边税收协定只适用于缔约国双方境内的居民，凡是居民都要受协定的约束,同时享有协定所规定的权利。确定纳税人身份的标准问题,两个范本完全一致,即“缔约国一方居民,是指按照该国法律,由于住所、居住时间、管理机构或任何其他类似性质的标准,负有纳税义务的任何人”。

(二)明确所得和税种的范围

一般说来,协定中涉及的所得都是纯所得,即扣除成本项目以后的经营和劳务净收入。

缔约国只能在协定所列的税种范围内,参与权益的分享和应尽义务的承担。各缔约国在其签订的国际税收协定中,所确定的税种范围不尽一致,涉及的税种包括所得税、财产税、社会保险税和遗产税等,但一般国家倾向于仅仅签订所得税方面的双边税收协定。

1. 确定纳税人的范围。由于重复征税是由各国政府同时行使居民(公民)管辖权和地域管辖权引起的,为了解决这一问题,必须在协定中明确各缔约国行使税收管辖权的范围,如规定确切的地理概念等,以免在执行中发生争议。

2. 确定消除重复征税的方法。对于国内税法中未规定免除双重征税方法的国家,必须在协定中确定免除双重征税的方法,以保证该国投资者在国外缴纳所得税后,能够得到本国政府的税收抵免。对于国内税法中规定有抵免、免税等方法的国家,也必须在协定中加以确认,保证双方协调一致。

3. 规定无差别待遇和情报交换。双边税收协定中规定的无差别待遇,就是国民待遇,即缔约国双方各自对来自本国国民和对方国家的国民一视同仁,要求对方国家的国民所承担的税收义务同本国国民相等或不高于本国国民所承担的税收负担。不能搞税收歧视。

签订双边税收协定的缔约国双方,各自均有义务将协定所涉及的有关税种的国内法律规定,包括协定生效期间内有关税法的修改或变化，向对方提供。特别是要相互提供防止偷漏税的情报，以堵塞漏洞。

四、国际税收征管的经验

综观世界各国税收征管实践可以发现，世界各国虽然在具体的税收征管措施方面有所区别，但也有共同之处，概括起来包括：

（一）税收征管日趋法制化

世界各国的税收征管改革的历程是相同的，即由人治走向法治。税收征管活动所依据的是国家法律，也必须用法律作后盾。各国的税收征管法律最初大多只规定税务机关的权利和纳税人的义务，伴随着税收征管的实践，各国都逐渐开始重视纳税人的权利与保护，并出现了保护纳税人权利的专门性法律、法规。发展到今天，税收征管活动包括税务登记、纳税申报、税款征收、代扣代缴、税务处罚、税务争议的解决办法、税务机关的权利与义务、纳税人的权利与义务、税务代理的权利与义务，基本都纳入了法律、法规的调节范围。

（二）税收征管手段日趋现代化

美国从20世纪60年代开始在全国范围内逐步建立计算机征管网络。随后，西方国家也都开始大规模的运用计算机，使发达国家税收征管效率大大提高，各税务服务中心每年处理几千万份的纳税申报单，高峰期每天就能处理几十万份，不仅提高了征管效率，也直接降低了税收成本。

（三）纳税申报规范化

在纳税申报方面，世界各国不仅在税法中明确规定纳税人的申报期限、程序和方式等，而且对税务申报表的设计、格式和种类等也都加以规范。如美国，税务局设计出申报草表后，先交局内同行审阅，再发给会计师事务所、律师事务所等社会中介机构审查，最后还要到8年级学生中征求意见。为保证申报表的设计有足够的时间,美国国会通过税法后,必须留给税务局3~4个月的表格设计和分发时间。同时要求税务申报表必须通俗易懂,要保证13岁左右的8年级学生能够看懂。

(四)税收征管日趋社会化

税收征管社会化是指税收征管不再是原来的那种很纯粹的税务机关和纳税人两方的关系,在税务机关和纳税人之间出现了中介代理人。目前,世界各国都制定有自己的税务代理法律法规,以调节和规范税务代理行为。这种征管社会化方式,形成了税务机关、社会中介、纳税人之间相互配合又相互制约的完整机制,有效地防止了国家税收的流失。

(五)税收征管协作化

税收征管是税务机关的法定职责,但由于社会分工的日益细化,税务机关根本不可能独立地完成税收征管任务,必须得到银行、工商、司法等部门的支持与配合。世界各国都在法律中明确规定,任何负有纳税义务的纳税人在离开关境前必须缴清税款,否则,海关不允许离境;银行对于存款人的利息收入,在通知存款人的同时,也通知税务机关。

(六)税务稽查专业化

税务稽查是税收征管工作的重要保证。世界各国在征管改革中不断地提升税务稽查机关的法律地位,将税务稽查逐步从原有的征收机关中分离出来,形成相对独立的税务机构,拥有独立的行政执法权。在西方国家,税务稽查机关一般都拥有较大的权力,他们不仅可以对纳税人进行检查,而且可以对税务人员进行检查。与税务稽查专业化相对应,各国对税务稽查的程序也都有明确规定。

第六节　我国加入 WTO 后的机遇与挑战

至 20 世纪末,世界贸易组织共有成员国 134 个,我国经过若干轮艰苦的谈判,于 2001 年 12 月 11 日成为其中的一员。屈指算来,整整十年过去了,我国的所有承诺均已兑现,在肯定成就的同时,有必要反思一下问题。

一 、我国当前税制存在的主要问题

改革开放以来,尤其是经过 1994 年税制改革,我国已初步建立了符合社会主义市场经济要求的税制体系的基本框架,但与世贸组织的一般原则相比,还存在着许多不适应的地方。

(一)税收立法层次低

税法是调整税收征纳关系的法律规范。我国的现行税法由六个层次构成:一是全国人民代表大会及其常务委员会制定的法律;二是全国人民代表大会或人大常委会授权的立法;三是国务院制定的税收行政法规;四是地方人大及其常委会制定的地方性税收法规;五是国务院有关部门(主要是财政部)制定的税收规章制度;六是地方政府制定的地方税收规章。在这六个层次的税法中,只有《个人所得税法》、《税收征管法》、《企业所得税法》属于税收法律,而大多数税种的基本规定,是以税收法规颁布的,特别是全国人大常委会和全国人大先后授权国务院发布的有关税收条例草案,导致了行政与立法界限的模糊,加大了行政权无限扩张的可能性,必然影响税法效力的发挥,也容易遭到 WTO 其他成员的攻击。

(二)税收执法不统一

由于税收立法层次低,在较大程度上造成了税收法规之间,税收法规与其他法律、法规之间相互抵触,一遇情况变化,只得追加

补充规定。比如，在我国增值税实施的17年里，税务部门已发了上百次通知和补充规定，税务人员办理纳税事项时千差万别，纳税人更处于被动状态，无所适从。在实践中，许多税务人员为了完成税收任务，常常只关注税额的多少，而不考虑执法过程的各种行为是否符合法定程序，征收"人情税"、"过头税"在所难免。这样一来，不仅使执法的统一性和规范性受到冲击，而且使税收执法缺少透明度。

（三）税收征管效率低下

虽然我国目前采取"以申报纳税和优化服务为基础，以计算机为依托，集中征收，重点稽查"的税收征管模式，但由于受客观条件的影响，税收征管效率的提高仍被削弱。根本的原因在于税收人员素质较低，个别人员政治思想上缺乏正确的人生观，信奉"实惠"的人生哲学，利用工作之便"吃、拿、要"，不给好处不办事，给了好处乱办事。加之基层税务人员来源途径多元化，大部分人员未经过专门培训，专业知识匮乏，仅满足于处理日常的肤浅工作，这一切显然不适应加入WTO的要求。

二、加入WTO后对我国税制的影响

加入WTO后，并非高枕无忧，而是对我国税收征管提出了更新的要求，并终将对我国税收产生重大影响。

（一）有利于推动我国税制向规范、透明、法制化的方向发展

加入WTO后，虽然不影响我国政治主权的稳固性，但为了从中得到实惠，部分经济主权不得不让位于世贸组织，这就意味着我们的税制设计必须符合WTO的"游戏规则"，不过，世贸组织仅要求其成员按基本规则操作，还特别规定了保护经济落后国家的例外原则，这表明我国税制改革并非完全被动的放弃主权和宏观调控，相反，我国的税收宏观调控职能还应进一步加强。只是要求政府主要通过间接手段治理经济，更多的是要通过法律规范，而不是靠行政命令来适应经济发展的新情况。

(二)有利于提高税收征管效率

按照 WTO 的要求,成员国的税收法律要体现统一性和透明性,绝不能因征管工作的随意性而形成差别待遇。随着跨国经营和跨国贸易,以及不受区域限制的电子商务的迅速增长,迫使我们必须采用先进手段,提高“科技治税”的能力,进而提高征管效率。当然,关键因素在于税务干部素质的提高,无论多么繁杂的纳税人类型,多么复杂的纳税情况,最终要靠广大税务干部去解决。这就要求税务干部不仅坚定自己的政治信念,清正廉洁,秉公执法,能够抵御腐朽思想的诱惑与冲击。还要具有过硬的税收专业知识,精通税收法律知识和会计财务运作知识,熟练掌握一门外语及 WTO 税收规则和计算机应用,以全新的形象适应入世后的挑战。

(三)增加了税收征管的难度

由于利益的驱动性,一些跨国公司往往会采取骗税、避税等形式追求自身利益的最大化。如采用转让定价、关联交易方式,隐瞒国外实现的利润。利用出口退税方式,减少税款的缴纳。尤其是电子商务的“无纸化”、“无址化”和“无界化”等特点,弱化了经济活动与具体地点的联系,使常设机构出现虚位,使商品劳务和特许权难以区分,从而增加了税收征管的难度。加之跨国银行的国际金融活动及各种衍生交易的出现,使资本利得与其他所得、已实现所得与未实现所得、股息所得与利息所得等的界限更加模糊,导致税收征管工作越来越艰难。

三、我国税制的调整方向

在独立行使我国税收主权的同时,我们既应遵循国际惯例和 WTO 规则,又要考虑我国国情,通过改革和完善我国社会主义市场经济体制下的税收政策和税收制度,使之更加符合国际规范。

（一）税收立法必须规范、统一、透明

我国要尽快出台税收基本法。税收基本法是调整税收分配关系的母法，可以统领各税收单行法，有效解决各单行法的冲突和矛盾，协调各税种间的内在联系，这是适应加入 WTO 后税收法制建设的基本要求。按照 WTO 规则的统一性原则，还要提高我国税收的立法层次，尽量减少非法律形式的税收规章和暂行条例的颁布。凡经全国人大立法程序批准的有关法律制度，在全国范围内必须统一实施。未经全国人大授权同意，地方政府不得各自为政。地方政府制定的有关规定，也不得与国家法律制度相抵触。在规范税收立法程序和形式的同时，相应建立税法公告制度，确保税法的公开性和透明性。新颁布实施的法律，应提前公布，并及时通知 WTO 总部与各成员国。

（二）税收执法必须严肃、公开

《税收征管法》的修订实施，既加大了打击偷逃骗税的力度，也增加了保护纳税人合法权益的条款，进一步明确了对税务机关和税务人员行为的法律要求，为规范执法程序和执法行为奠定了法律基础。当前要抓紧建立健全税务执法责任制度，从监督制约机制上规范税收执法行为，在税收征收、管理、检查等各个工作环节中，明确部门和个人的工作职责，细化工作考核指标，对税务干部因故意或重大过失产生的违法行为，尤其是人为造成纳税人税负明显不公，出现该收不收的“人情税”，不该收已收的“过头税”，必须依法实行执法过错责任追究，以提高税收执法的严肃性。适时建立税务执法公示制度，逐步推行税务公开、力求做到执法程序公开、执法内容公开和执法依据公开，执法权利与义务公开，只有保证税收执法的公开、公正，才能使税收执法有效、合理，为市场竞争创造一个平等的环境。

（三）税收征管手段必须先进、科学

在经济形势越来越复杂的条件下，税收征管必须积极采用现代化的科技手段,抓好计算机网络的开发应用,一方面要不断开发新的征管软件,另一方面要充分挖掘现有的计算机网络资源,实现与工商、海关、银行等部门的联网,构建税收征管电子化的立体交叉网络,加强税源监控,防止税源流失。同时要强化税务稽查,加大对税务违法犯罪的打击力度,凡被查出的偷漏骗税行为,一经核实,可分别处以数倍罚款,直至追究刑事责任,以增强税法的威慑力。

加入 WTO 后对我国税收既是机遇,又是挑战。从长期趋势上看,机遇会大于挑战,关键是我们要抓住这一契机,进一步推进我国的税制建设,在与国际惯例接轨的同时,促进我国财政收入随同国民经济一并增长。

思 考 题

1. 试述税收管辖权的含义及内容。
2. 简述国际税收重复征税的免除方法。
3. 什么是税收饶让?
4. 试析国际避税的主要原因与反避税对策。
5. 未来我国税制的调整方向如何?

第十章　公债理论

第一节　公债概述

一、公债的概念

公债是指国家为了筹措财政资金，以债务人身份取得的一种债务收入。从广义的角度来看，公债是公共部门的借贷需求。社会上存在公共部门和私人部门两大部门，私人部门的财产归私人所有，而公共部门的财产归国家所有。广义的公债范围限定于整个公共部门对私人部门的负债，研究公共部门作为一个整体与私人部门之间的债务关系。从狭义的角度来看，公债的债务主体是政府，范围限定于政府部门对非政府部门间的负债，研究政府部门与非政府部门间的债务关系。本书所指的公债是狭义的公债，即政府举借的债。

为了更好地把握公债的含义，有必要进一步对公债的概念作一些解释。

（一）公债是各级政府借债的统称

公债有国债和地方债之分，凡属中央政府举借的公债，称为"国债"，它是中央政府组织财政收入的一种形式，其收入列入中央政府预算，由中央政府调度使用；凡属地方政府发行的公债，称为"地方债"，它是地方政府筹措财政收入的一种形式，其收入列入地方政府预算，是作为地方政府调度使用的财政资金。鉴于目前我国地方政府无权以自身名义发行债务，人们常将公债与国债等同起来。随着我国预算管理体制改革的深入，地方各级政府在发行公债方面独立性的增强，在理论上区分公债和国债具有十分重要的意义。

（二）公债是“内债”与“外债”的统一

“内债”是债权人为本国公民或法人的公债，包括政府对企业、公益团体或个人的负债，是一国公债的主要组成部分。在国外发行的公债为国外公债，简称“外债”，其债权人为外国政府、国际金融组织、外国企业或个人。国外公债是一国公债总额中的组成部分，其所占比重通常低于国内公债。

（三）公债是国家筹措财政资金的一种特殊形式

这是相对于税收而言的，税收是财政收入的一般形式，具有强制性和无偿性。而公债具有有偿性和自愿性的特点，政府发行公债以借贷双方的自愿互利为基础，政府与公债认购者结成的是债权债务关系，除特定时期的某些强制性公债外，公众在是否认购、认购多少等方面，拥有完全自主的权利。

（四）公债是政府可以运用的一种重要的宏观调控手段

从功能上看，公债最初仅仅是政府弥补赤字的手段，但在现代商品经济条件下，公债已成为国家实施宏观经济政策、进行宏观调控的工具。公债的发行与否、发行多少、发行品种的选择等，都主要取决于国家的财政政策和货币政策。公债是政府筹集资金、扩大公共事业开支的重要手段，并且公债一经发行，作为一种有价证券就立即成为金融市场的一种重要金融工具，所以政府可以通过公债发行的品种、数量来推行自己的财政政策，中央银行也可以通过在公开市场业务中对公债的操作来推行自己的货币政策。

二、公债的产生与发展

（一）国外公债的产生与发展

1. 公债产生和发展的早期阶段。在奴隶制时代，公债已经产生。公元前4世纪，古希腊和古罗马就出现了国家向商人、高利贷者和寺院借债的情况。到了封建社会,公债有了更进一步的发展。但是,无论是在奴隶社会还是在封建社会,公债的发展都还处于一个早期阶段,公债发行具有规模小、不经常化的特点。这是因为:在奴隶社会和封建社会,政府在社会经济中发挥的作用十分有限,财政规模较小,而且,在当时商品货币经济尚不发达的情况下,经常的、大量的举债也是无法实现的。

2. 现代意义上的公债。现代意义上的公债制度是随着资本主义制度的建立和发展而逐步兴起的。在资本主义社会,由于争夺殖民地的战争、支持海外贸易、发展交通事业等国家职能的扩大,政府所需消耗的资源越来越多,财政入不敷出成为经常,于是发行公债就成了国家弥补财政赤字的主要手段。在历史上,发行追加公债的最普遍的理由,一般均是战争使政府面临紧急的大量支出。当然,这并不是唯一的理由,在和平时期,以和平方式实现领土扩张时,公债的发行也可作为筹措购买领土所需资金的一种有效手段。比如,美国在购买路易斯安娜这块土地时就发行过公债。同时,在资本主义社会,由于商品经济占统治地位,经济增长促使闲置资本规模扩大,为公债发行提供了大量的、稳定的资金来源,使公债的大量发行有了可能性。

12 世纪末期,在当时经济最为发达的意大利城市佛罗伦萨,政府曾向金融业者举借公债。其后,其他的意大利城市如热那亚和威尼斯等,也相继仿效,通过发行公债券的方式筹集资金,来应付当时财政的紧急之需。从那以后,这种实践遍及整个欧洲,西班牙、法国和荷兰这些居于领导地位的民族与国家都采用了公债这种工具。在英国,1688 年的光荣革命之后,公债成为一种比较系统的财政工具。1715 年,英国有了第一种永久性的公债形式。1790 年,美国的联邦政府运用了公债这一财政工具来筹措财政资金。

在 20 世纪 30 年代资本主义经济大危机以前,公债发行规模相对有限。但此后,凯恩斯主义的赤字财政理论和赤字财政政策在西方广为流行。为了刺激总需求，缓和经济危机，不少发达国家纷纷推行赤字财政政策，大规模发行公债，用扩大政府开支的方法刺激经济的发展。在现代社会，公债已经成为一种国家弥补财政赤字、调控宏观经济的重要工具。

（二）公债在我国的产生与发展

1. 我国古代的公债。在我国奴隶社会和封建社会时期，曾经出现过一些皇朝政府举债的事件。例如，在唐代，《旧唐书·卢杞传》中描述了公元782年唐德宗李适借债的事情；根据《续资治通鉴长编·神宗》，北宋时期的宋神宗在熙宁四年“诏宣抚司以军兴贷河东民钱，转运司速偿之”。不过，总体说来，在我国漫长的古代社会中，政府借债是比较少见的现象，其原因在于占据主导地位的理财思想是政府强调的量入为出的原则，以度支节用为主。

2. 我国近代的公债。近代中国的公债，可以从清朝末年说起。清政府于1894年（光绪二十年）发行了中国历史上第一次正式的、大规模的公债——息借商款，目的是为了应付甲午战争的军事支出需要。清朝政府第二次发行的公债，是1898年（光绪二十四年）的“昭信股票”，发行的原因是甲午战败偿还赔款的需要。此后，清政府还发行了第三次公债——“爱国公债”，当时，辛亥革命即将爆发，清政府为了挽救自己的命运，决定发行公债以增加实力来进行抵抗。

此后的北洋军阀政府和国民党政府也曾多次发行公债。据统计，在北洋军阀统治期间共发行公债6.12亿元；国民党政府统治期间，先后发行公债86次，数额达亿元之巨，在中国财政史上达到登峰造极的地步，也加速了国民党政权的崩溃。

3. 新中国建立后的公债。新中国建立以后，政府曾多次发行公债，大致可分为三个阶段：

第一阶段，20世纪50年代的公债。建国初期，中央人民政府面临着困难重重的经济形势，为了制止通货膨胀、稳定市场物价、弥补财政赤字，1950 年，我国发行了“人民胜利折实公债”。到 1953 年，我国国民经济恢复任务已经基本完成，随即进入有计划的经济建设时期，即第一个五年计划开始。为了筹集经济建设资金，1954 年～1958 年，我国又连续 5 年发行了“经济建设公债”。

第二阶段，20 世纪 80 年代至 90 年代中期的公债。在 20 世纪 50 年代末至 80 年代初这段时间，我国没有发行公债，这反映了我国当时经济工作指导思想上对公债的排斥态度。改革开放后，大规模的重点建设和渐进的体制改革使财政支出迅速增加，为了弥补赤字，支持经济建设，我国从 1981 年起发行了国库券，另外，还发行了国家重点建设债券、财政债券、保值公债等，并向外国政府、国际金融机构、外国银行等借入大量外债。

第三阶段，20 世纪 90 年代末期以来的公债。20 世纪 90 年代末期，由于我国经济软着陆的影响和亚洲金融危机的后期效应，国内出现了通货紧缩、内需不足等问题。在经济处于低谷的形势下，政府和社会各界对公债的宏观调控功能给予了热切的期望。政府不断增发公债，并配合其他经济政策，以期拉动经济、走出困境。与以往发行公债主要是为了弥补财政赤字、筹集建设资金相比，此时发行的公债扮演着一个全新的角色，即政府进行宏观经济调控的工具。

三、公债的特征和用途

（一）公债的特征

在当今社会，一国政府取得财政收入的渠道很多，除了公债以外还有税收收入、利润收入和规费收入等。公债作为财政收入的特定形式，与其他财政收入形式相比，有一定的区别，主要表现在公债是自愿性、有偿性和灵活性的统一。

1. 自愿性。所谓自愿性，是指公债的发行或认购应建立在认购者自愿的基础上。认购者买与不买，购买多少，完全由认购者视个人或单位情况自主决定。这一特征使公债有别于其他财政收入形式。众所周知,税收的课征是以国家的政治权力为依托的,国家获得国有企业的利润收入依据的是国家对国有资产的所有权,国家规定的各种规费也是强制征收的,而公债的发行是以国家信用为依托的,所以政府发行公债就应以借贷双方的自愿互利为基础,按一定条件与公债认购者结成债权债务关系。

2. 有偿性。所谓有偿性,是指通过发行公债筹集的财政资金,政府必须把它当成一种负债而按期偿还,除此之外,还要按事先规定的认购条件向债权人支付一定数额的暂时让渡资金使用权的报酬,即利息。公债是政府发行的债券,由政府承担还本付息的责任,政府以国家主权和资源作为承担公债还本付息责任的基础,几乎没有不按时还本付息的可能。所以,相对于其他各类债券来说,公债的信用等级通常被认为是最高的。投资者购买公债,是一种较安全的投资。此外,假如投资者认购公债后到二级市场上转让,因公债的本息大多数固定且有保障,所以其转让价格一般不会像股票那样容易出现大的波动,转让双方也能得到相对稳定的收益。

3. 灵活性。所谓灵活性,是指公债发行与否以及发行多少,一般由政府根据财政资金的余缺状况灵活确定,而非通过法律形式预先规定。这种灵活性,是公债的一个突出特征,它与税收的固定性特征形成了鲜明的对比,也正是由于公债的这一特征,使其可以与税收等其他财政收入形式互相配合,互为补充。

(二)公债的用途

1. 弥补财政赤字。财政收支数量对比有三种情况:当财政收入大于财政支出时,出现结余;当财政收入等于财政支出时,实现平衡;当财政收入小于财政支出时,结果为赤字。在当今世界,各国出现财政赤字是较为常见的,我国自 1978 年改革开放以来,除了 1985 年外,年年都有财政赤字,而通过发行公债的办法来弥补财政赤字,也是现代国家的普遍做法。经济学家瓦格纳指出,凡属于经营性的财政开支，必须以租税形式解决；凡属于临时性的财政支出，宜以举借公债的方式解决，因此，公债是财政收入的补充形式，是弥补赤字、解决财政困难的有效手段。当国家财政一时支出大于收入、遇有临时急需时，发行公债比较简捷，可济急需。当然，弥补财政赤字的方式绝不仅限于发行公债，还可以用增加税收或财政发行的办法，但增加税收或财政发行受到各种因素的制约：税率的提高、税基的扩大需要通过一系列的法律程序，手续较为繁杂，而且税收的增加要受制于客观经济发展状况；由财政部门向中央银行借款或透支来进行财政发行会增加流通中的货币量，引起物价上涨，通货膨胀。所以，相比较而言，用发行公债的办法弥补财政赤字是最佳选择，对经济的副作用较小，而且在现代社会，许多国家都从被动无奈有财政赤字转变为主动利用财政赤字来刺激经济发展。

2. 筹集建设资金。从长远看，公债还是筹集建设资金的较好形式。一些投资大、建设周期长、见效慢的项目，如能源、交通、通信等重点建设项目，往往需要政府积极介入。这些项目为整个社会的生活、生产和建设活动提供原料、燃料、动力等基本服务，构成了国民经济赖以运行的物质基础，它们的任何重大波动都会严重影响经济以及社会的全局稳定，他们的发展水平和质量对国民经济整体素质的提高至关重要。近年来，我国就利用国债资金集中力量建成了一大批重大基础设施项目，产生了巨大的社会效益，有力地促进了基础设施、生态环境等方面的建设，使我国经济发展的基础更为扎实。国内外财政运行的实践表明，在现代市场经济条件下，公债的存在和发展具有一定的客观必然性，它不仅仅是弥补财政赤字的重要手段，而且也是国家财政投资的重要资金来源。

3. 宏观经济调控。公债是政府按照有偿信用原则筹集财政资金的一种形式，同时也是政府进行宏观调控的重要工具。公债资金的筹集和使用过程，就是政府有目的的调节经济的过程，具体表现为：首先，公债可以调节国民收入的最佳使用，促进积累与消费比例关系的合理化。政府通过对公债发行数量与期限、公债利率等的调整，可以将一部分消费基金转化为积累基金，可以从宏观上掌握积累基金流向，调节产业结构和投资结构。其次，公债是调节货币流通的重要工具。公债既是财政政策的工具，又是货币政策的工具，公债可以通过财政、货币政策的联合作用实现对货币流通的调节。公债的发行或偿还可以吞吐居民个人的部分手持现金，也可以调节银行储蓄存款的规模和结构，直接增加或减少流通中的货币；通过调整公债的发行利率和实际利率水平，可以影响金融市场利率的升降，从而影响货币供求；在公开市场上，政府和中央银行通过对公债进行适时、适量的买进或卖出操作，可以平衡金融市场的资金需求，调节银根的松紧度，有利于金融市场乃至整个宏观经济的稳定。最后，调节社会总需求，促进社会总供给与总需求在总量和结构上的平衡。向居民个人或企事业单位发行的国内公债，资金来源于非政府部门的消费需求资金或投资需求资金，经过国家预算支出，这部分公债收入被用于生产性投资，对需求结构和供给的增长形成重要影响；国外公债的借入或偿还，会直接对国内总需求产生增加或减少的影响，同时，也会引起国内总供给及其结构的变化。

第二节　公债的管理

一、公债的种类

为了更好地认识公债，把握其运行规律，下面我们从不同角度，根据不同标准对公债加以分类。

（一）定期公债和不定期公债

按偿还期限分类，公债可分为定期公债和不定期公债。

1. 定期公债明确规定了还本付息的期限,分为短期公债、中期公债和长期公债。短期公债一般指偿还期限在1年或1年以内的公债,具有周转期短及流动性强的特点。在国际上,短期公债的常见形式是国库券。20世纪80年代以来,我国也曾使用国库券的名称,但它与发达国家所指的短期公债不同,发达国家的短期公债的偿还期很多是超过1年的。中期公债一般指偿还期限在1年以上10年以下的公债,主要用于政府筹集投资资金或弥补财政赤字。长期公债一般指偿还期限在10年或10年以上的公债,由于其期限长,政府短期内无偿付负担,所以常被视做政府投资的主要资金来源。

2. 不定期公债是不规定还本付息期限的公债,又称永久公债。这种公债在发行时并未规定还本期限,债权人平时仅有权按期索取利息,而无权要求清偿,政府可以随时从市场上买入而将其注销。

(二)无记名公债、凭证式公债和记账式公债

按券面形态分类,公债可分为无记名公债、凭证式公债和记账式公债。

1. 无记名公债,是一种在票面上不记载债权人姓名的公债,通常以实物券形式出现,又称实物券或国库券。我国20世纪50年代发行的国债和从1981年起发行的国债主要是无记名国库券。

2. 凭证式公债,是一种债权人认购公债的收款凭证。我国近年来通过银行系统发行的凭证式国债,券面上并不印制票面金额,而是根据认购者的认购额填写实际的缴款金额。

3. 记账式公债,又称无纸化公债,它是指将投资者持有的公债登记于证券账户中,投资者仅取得收据或对账单以证实其所有权的一种公债。由于这种公债的发行和交易均属无纸化,所以效率高、成本低、交易安全。

(三)固定利率公债和浮动利率公债

按利率是否固定分类,公债可分为固定利率公债和浮动利率公债。

1. 固定利率公债,是在偿还期内利率固定的公债。在该偿还期内,无论市场利率如何变化,政府只按原定利率向国债持有者支付利息。这种公债有可能为持有人带来风险。当偿还期内的市场利率上升且超过原定利率时,公债持有人就要承担利率相对降低的风险;在偿还期内如果利率下降且低于原定利率,公债持有人也就相当于获得了由于利率下降而带来的额外利益。

2. 浮动利率公债,是指利率随物价或银行利率变动而变动的公债。这种公债可以避开因市场利率波动而产生的风险,通常是在市场物价波动幅度过大、通货膨胀比较严重时,为了促进公债的销售而发行的。

(四)贴现公债和附息公债

按利息的支付方式不同分类,公债可分为贴现公债和附息公债。

1. 贴现公债,是指以贴现方式发行、到期按面额清偿、发行价格与其面值的差额即为利息的公债。这种公债一般是短期公债,以贴现方式发行,可减少平时利息支付所带来的麻烦。美国的短期国库券和日本的贴现国债,都是较为典型的贴现公债。

2. 附息公债,是指附有息票、按照票面载明的利率及支付方式支付利息的公债。息票上标有利息额、支付利息的期限和公债号码等内容,持有人可剪下息票,并据此领取利息。附息公债的利息支付方式一般是在偿还期内按期付息,如每半年或一年付息一次,这种公债有利于在偿还期限内均匀地支付利息,以免政府因还本付息过于集中而加重财政负担。

(五)流通公债和非流通公债

按流通与否分类,公债可分为流通公债和非流通公债。

1. 流通公债,是指在其期限内可以自由买卖转让的公债。它的特点是自由认购、自由转让,通常以不记名方式来发行,转让价格取决于对该公债的供给与需求。流通公债的转让一般是在证券市场上进行的,如通过证券交易所或柜台市场进行交易。

2. 非流通公债,指在其期限内不可以自由买卖转让的公债。公债持有人只能将其持有到期,收取本金和利息。它可以记名,也可以不记名,因为流动性差,所以利率相对高些。

二、公债的发行条件

公债运作的第一个环节就是公债发行条件的确定,公债发行条件是否科学合理直接影响着政府筹集资金和使用资金的计划及公债发行的成本。公债发行条件的设计包括发行规模、发行利率、发行价格、期限结构等内容。

(一)发行规模

发行规模是公债发行的计划数量,这一数量是由各级政府来决定的。政府在作决定时,需要综合考虑诸多因素。

1. 政府对公债资金的需要量。它反映了公债发行的目的性要求。财政经常性预算收支赤字额越大,到期公债的还本付息额越多,政府对债务资金的需求就越多。

2. 政府的偿债能力。它取决于公债的用途和政府使用资金的效率。如果举债的目的在于增加生产性投资,公债的规模可以相应大些,因为生产性投资可以增加产出,增强政府的偿债能力;如果政府的资金使用效率低下,就会给还本付息带来困难。

3. 社会的应债能力。它取决于生产力发展水平的高低,生产力发展水平较低时,社会所能创造的财富较少,政府向居民和企事业单位举债的规模就会受到限制。公债发行规模的增长速度应控制在国民经济增长速度以内,这样,既有利于经济增长,又能使公债规模保持在可偿还能力的限度之内。

4. 私人部门的资金需求。公债的作用在于将私人部门的借贷资金转移到政府的手中,在社会资金总量既定的情况下,这种转移必然会减少私人部门的可用资金数,如果公债规模太大,极有可能发生"挤出效应",抑制私人部门的发展。

(二)发行利率

发行利率是公债利息与本金的比率。利率水平及其结构是否合理,直接关系到偿债成本的高低。利率愈高,公债发行就愈容易,但政府的发行成本会愈高。所以,发行利率的确定不仅要考虑发行的需要,还要兼顾偿还的可能,权衡政府的发行成本和发行收益。通常来看,利率的确定应该参考以下因素:

1. 参照金融市场利息率确定。金融市场的利息率是衡量公债投资机会成本大小的重要参考指标。在发达国家,公债利率具有多极化和弹性化特征,制约公债利率的主要因素是金融市场上各种证券的平均利率水平。公债利率必须与市场利率保持大体相当的水平才能使公债具有吸引力,才能保证公债的发行不遇到困难,才能兼顾公债发行、投资两方面的经济利益。

2. 与政府的信用状况有关。投资者的投资通常要兼顾收益和风险两个方面,在相同的利率水平下,公债因其风险较低而优于其他种类的投资。而且,由于政府的信用度高,公债发行利率即使相对低一些,也可以销售出去。另外,在公债中,由于国债的发行者是中央政府,依据的是信用等级最高的国家信用,所以国债被誉为"金边债券";而地方政府由于自身的行政能力有限,其税收收入要受到各种经济因素的影响,所以地方债仍然存在信用问题,利率设计得应该比国债高一些。

3. 与社会资金的供求状况有关。在社会资金供给量充裕、闲置资金较多时,发行利率应从低设计;相反,社会资金需求旺盛、供给匮乏时,发行利率可从高设计。

4. 与通货膨胀率有关。在通货膨胀势头较猛的情况下,为了吸引投资者购买，公债发行一般采用浮动利率。我国在1989年通货膨胀较严重时所发行的保值公债，就是一种浮动利率公债。

（三）发行价格

发行价格是发行期内公债的出售价格。公债发行时，由于宏观经济形势、资金供求状况等因素的影响，发行价格可能与面额一致，也可能高于或低于面额。所以公债的发行价格，一般有平价发行、溢价发行和折价发行三种。

1. 平价发行。它是指公债的发行价格与票面金额相同，政府按票面金额取得收入，到期按票面金额还本。当市场利率与公债发行利率基本一致时，一般采用平价发行。

2. 折价发行。它是指公债的发行价格低于票面金额，政府按低于票面金额的折价取得收入，到期按票面金额还本。采用折价发行，政府的发行收入将少于将来偿还本金的支出，但对于认购者来说，不仅可以得到规定的利息，而且可以获得票面额与发行价格之间的价差收益。当市场利率高于公债票面利率时，一般采用折价发行，以补偿认购者由于公债票面利率较低而发生的损失。

3. 溢价发行。它是指公债的发行价格高于票面金额，政府按高于票面金额的溢价取得收入，到期按票面金额还本，公债发行收入将高于将来偿还本金的支出。公债之所以能够溢价发行，一般是因为公债的票面利率较高，超过了市场利率，公债成了供不应求的投资品。

（四）公债期限

公债期限是指从公债发行日起到还本付息日止的这段时间。公债期限的确定受制于以下因素：

1. 政府资金需求的性质。如果公债是要用于调剂预算资金的周转，弥补财政临时性的先支后收，则可发行短期性公债；如果公债资金是要用于长期的基础设施建设投资，则公债发行期限要依据投资项目的回收期来确定。

2. 对未来市场利率的预期。如果政府预期未来利率会上升，则可以发行中长期公债，这样可以减少由于利率上升而引起的发行成本的增加；如果政府预期未来利率会下降，则可以发行短期公债，这样便于在将来以较低的利率发行新的公债。

3. 政府偿债的均衡性。合理的公债期限结构，能促使公债年度还本付息的均衡化，避免形成偿债高峰，也有利于公债的管理和认购，满足不同类型的投资需要。

4. 应债主体的偏好。应债主体的存在是公债发行的前提，应债主体的偏好对公债发行具有较大的制约作用。对政府而言，发行更多的长期公债是有利的，而对于认购者而言，长期公债的流动性和变现力较差，他们更愿意购买中、短期公债。政府在确定公债期限时必须兼顾自身和应债主体两个方面的要求和愿望。

5、金融市场发达程度。一个国家金融市场越发达，交易的种类越多，投资者化解风险的途径越通畅，则投资者越敢于购买长期公债；如果流通市场不发达，投资者有后顾之忧，则不会去购买长期公债。

三、公债的发行方式

公债发行方式是指政府出售公债的具体方法和形式。公债的发行方式多种多样，下面介绍公债发行方式的种类和主要的公债发行方式。

（一）发行方式的种类

1. 公募与私募。公募是指财政部门向不特定的社会公众公开筹集资金。私募是指财政部门不公开发行公债，只允许少数特定投资者承购，发行条件可以通过谈判直接确定。公募的发行面比较宽，涉及社会的各个方面，适合于大规模公债的推出，但一般需要中介机构的帮助来推销。私募与公募相比，由于私募的发行对象仅限于少数特定投资者，销售数额不大，但购买者集中，一次性购买量大，环节少，效率高。在现代社会，由于公债的发行规模都比较大，因此，大多数国家发行公债都以公募方式为主，只有当公债在公募市场上出现过剩时，才采用私募方式。但有时政府为了将某些特定主体的国民收入集中到财政手中，由财政按宏观经济运行的需要来加以运作，也会采用私募方式发行公债。例如，20 世纪 80 年代以来，我国对银行、保险公司、养老保险基金和待业基金等定向发行的财政债券、专项国债和特种国债等，采用的均是私募方式。

2. 直接发行与间接发行。直接发行是指由财政部门直接承担发行公债的责任，通过专门的发行系统向公债投资者推销其所发公债。间接发行是指按约定的条件，由中介机构代理财政部门承担公债的发行责任，完成公债的发行事宜。在直接发行的情况下，财政部门不必向中介机构支付代理发行或承购包销的费用，而且发行权直接控制在政府手中，便于直接贯彻国家的经济政策。但直接发行要求财政部门设立自上而下的专门发行系统，要求财政部门为此投入相应的人力、物力和财力，发行周期较长，发行成本较高。在间接发行的情况下，财政部门不必自行承担发行公债的工作，而可以利用中介机构来完成，但必须向中介机构支付一定的发行费用。由于中介机构系统健全，网点较多，推销比较方便，与财政部门自行设立机构推销公债相比，财政部门的发行成本较低。所以，在实践中，间接发行方式采用得较多，而只有在以私募方式筹集公债资金时，一般才使用直接发行方式。

3. 竞价发行与定价发行。竞价发行，也称招标发行，是指投资者通过一定的竞价程序来确定公债的发行价格或发行利率的方式。定价发行是指由发行者单方面确定公债发行价格或发行利率，而后由投资者认购的方式。采用竞价发行时，一般由中介机构竞争投标决定公债的发行价格或发行利率，然后再向社会投资者分销公债。一般认为，竞价发行能体现公平合理的市场竞争原则，可以比较真实地反映出借贷资金的真实利率水平。在定价发行中,发行条件由政府自行规定,发行价格的高低会直接影响到投资者认购公债的积极性,所以定价发行要求政府规定的发行价格要尽可能地符合借贷资金市场的实际供求情况。

4. 自愿认购与强制摊派。自愿认购是指认购者不受政府行政权力影响而自主决定是否购买公债的方式。强制摊派是指政府运用行政权力来对认购者分配派购公债的方式。在市场经济条件下,公债一般采用自愿认购的方式来发行,因为公债是一种金融商品,应遵循买卖自愿、平等交换的原则。在非市场经济条件下,有时会采用强制摊派的发行方式,这时,公债的商品特性被抹杀,公债的供求双方不再遵循买卖自愿的原则,公债的信誉会降低,人们易产生抵触情绪。但是,采用这种方式,对于完成公债的发行任务有一定的积极意义。我国在20世纪80年代就采用过计划派购方式来发行公债:由财政部直接发行,采取计划分配方式,按地区、部门、企业单位和个人确定发行数额,并要求全额完成。

(二)主要发行方式

1. 承购包销方式。所谓承购包销方式,是由拥有一定规模和较高资信的中介机构组成承购包销团,按一定条件向财政部门直接承购包销公债,并由其负责在市场上转售,未能售出的余额均由承销者自行认购。承购包销方式的特征是:首先,这种方法通过承销合同确定财政部门与承销团体的权利和义务,二者之间不是代理关系而是买卖关系,在确定发行条件方面是平等的,承销团体承担推销的风险。其次,发行价格和利率一般由政府与承销团体通过讨价还价协商决定,或由政府根据市场价格和利率单方面决定,较为符合资金的市场供求状况。目前,日本、德国、加拿大等国比较多地采取这一方式,这也是我国20世纪90年代中后期公债发行的主要方式之一。

2. 连续经销方式。所谓连续经销方式,是指财政部门通过金融机构或邮政系统的网点持续卖出公债。这种方式的特征是:首先,财政部门与金融机构或邮政系统是一种代理关系,财政部门按代销额的一定比例向代理销售机构支付委托手续费,代理销售机构不承担任何推销的风险。其次,发行条件可以灵活调整,即发行之前政府不预先规定公债的发行利率和发行价格,而是可以在经销期中根据市场行情变化相机决定。其三,经销期限不限定,代理销售机构可以持续经销,直至预定的发行数量全部售完。在这种情况下,公债的实际发行期限可能会很长,这种方式一般只有在公债很走俏时才比较适用。我国 20 世纪 80 年代后期和 90 年代初期运用的代销方式,就是一种固定期限的连续经销方式,具体是由财政部委托代销者向社会出售国债,代销者按预定的发行条件,于约定日期内代为推销,代销期终止,未销出的余额全部退回,代销者不承担任何风险与责任。

3. 公开招标方式。所谓公开招标方式,是指财政部门先不规定公债的发行价格或发行利率,由投标人直接竞价,然后再根据投标所产生的结果来发行公债。中标者既可以按一定的价格向社会转售公债,也可以自身持有公债成为公债认购者。公开招标方式又分为价格投标和利率投标两种形式。价格投标是指公债的利率与票面价格之间的联系固定不变,投标者根据固定利率对未来金融市场利率变化的预期加以投标,投标价格可低于面值,也可高于面值。价格投标又可具体分为两种:所有中标者根据各自不同的投标价格购买公债的招标方式,称之为"美国式招标";所有中标者都按统一价格购买公债的招标方式,称之为"荷兰式招标"。利率投标是指财政部门只确定发行规模和票面价格,发行利率由投标者投标确定,财政部门以投标者报出的最高利率作为公债的发行利率,从报出的最低利率开始依次选定认购者,直至售完预定的发行量。由于公开招标方式所确定的价格或利率基本是由市场供求状况决定的,体现了发行条件是由供求双方的供求关系确定的市场经济原则,因此,公开招标方式中发行条件的确定基本实现了市场化。

我国从 1995 年开始,在一部分国债中采用了公开招标发行的方式。

4. 公开拍卖方式。所谓公开拍卖方式,是指在拍卖市场上,按照例行的经营性拍卖方式和程序,由财政部门或委托专业机构公开向投资者拍卖公债。公开拍卖是一种在公开招标发行的基础上更加市场化的做法,完全由市场决定公债的发行价格与利率。公开拍卖根据叫卖顺序的不同,可分为价格上行式拍卖和价格下行式拍卖。价格上行式拍卖是指拍卖人按不断上升的价格顺序报价,投标人则在不同的价位上报出其所需的公债数量,直至某一位价的全部需要量小于预定的公债发行数额时,则前次价格就是中标价格。价格下行式拍卖是指拍卖人按不断降低的价格顺序报价,投标人则在不同的价位上报出其所需的公债数量,直至某一位价的全部需要量大于或等于预定的公债发行数额时,则本次价格就是中标价格。公开拍卖方式能使投标人集中在同一拍卖场所,信息交流通畅,投标人易于知道公债公认的价值,通过这种方式确定的公债发行价格和利率,最接近于市场价格及市场利率水平。目前,大多数发达国家的公债发行都采用公开拍卖方式。

四、公债的还本付息

政府发行的公债是需要偿还的,公债的还本付息主要涉及三个方面的问题。

(一)付息方式

1. 一次性付息。它是指公债到期之前,政府不承担付息责任,所有的利息都在公债期满时一次性支付。一般来讲,期满时的付息和还本是同时进行的,即利息随同本金一起偿还。我国 1995 年以前所发行的国债,大都属于一次还本付息国债,但这种集中性的利息支付,容易加重政府的财政困难,所以从 1996 年起,我国开始发行分期付息的附息公债。

2. 分期付息。它是指政府在公债的有效期内,按照规定的利息率,分期将利息付给公债持有人并逐期结清的支付方式。分期付息一般分为按年付息、按半年付息、按季付息甚至按月付息几种。一般来说,付息期限的选择要视金融运行状况、投资者心理和政府应支付利息的总额来决定。分期付息对投资者和政府都有好处:对投资者来说,分期付息可以使利息收益在公债期限内均衡地得到,从而满足其对现金流的需要;对政府来说,分期付息可以使其利息负担在各年度间分散,减轻一次性集中付息的压力。

3. 贴现付息。它是指政府发行公债时采用贴现发行,偿还时按票面金额还本,其差额为实质上的利息支付。这种公债一般不会规定票面利率,在发行时直接按低于面值的价格出售,到期时政府按面值偿还,这样,投资者的收益表现为面值与折价之间的差额,而该差额就相当于利息支付。

(二)本金支付方式

1. 直接偿还法。它是指政府发行公债后,在约定的时间,直接向公债持有者偿还本金。直接偿还法还可以进一步分为以下几种:

(1)到期一次偿还,也称满期偿还,是指按发行时规定的还本时间,在公债到期时一次全部偿还本金的还本方式。采用到期一次还本,对于政府来说,手续相对简便,可以节省政府偿债的费用支出。但是,如果公债数量很大,一次性支付会形成较大的财政偿还压力,尤其是利息随同本金一起支付时更是如此。

(2)比例偿还法,是指政府按公债的数额,分期按比例兑付本金的方法。比例偿还的缺点是政府偿还期限固定,政府机动性较小。

(3)轮次偿还法,是指政府按公债券号码的一定顺序分次偿还的方法。通常在发行时即规定各种号码公债的偿还期限,供认购者自由选择。

(4)抽签偿还法,是指政府在期满前偿还一部分公债时,通过抽签方式决定应偿还公债的号码。抽签偿还有一次性抽签和分次抽签两种,前者是对发行的公债在到期前的某个时间集中一次抽签,以决定各次还本债券号码;后者是对发行的公债按分批还本次数定期抽签以确定还本债券号码。采用抽签还本方式,政府在发行公债时要规定抽签方式,对中签公债券应按规定的偿还日期予以清偿。公债券持有者中签后,亦要按规定接受偿还,未中签的则不能得到清偿。

2. 买销法。它是由政府委托证券公司或其他机构,从流通市场上以市场价格买进政府所发行的公债,这种方法的适用对象是各种可流通公债。在流通市场上,公债价格会受很多因素的影响而发生波动,因此,政府采用这种偿还方式要选择适当的时机,一般是在公债的市场价格较低、政府财政资金比较宽裕的时候进行。在有些国家,买销法是一种比较重要的公债还本方式。比如,政府以结余的资金通过中央银行的公开市场业务,在二级市场上陆续收购公债,当这种公债到期时,大部分已被政府持有。买销法使政府在清偿债务方面有了主动性,而同时又不损害公债持有者的利益,因为在市场上公债的转让遵循买卖自愿的原则。这种方式的长处是成本较低,操作简单,并可以体现政府的经济政策;其短处是政府和中央银行需为市场购销进行大量的准备工作,对业务人员的素质要求较高等。

3. 调换偿还法。它是指政府发行新债调换旧债,从而达到延期偿债或减轻财政负担的目的。调换偿还法有两种形式:一是自愿调换,即公债的调换与清偿完全由公债持有人自主决定。对绝大部分公债,各国政府在调换时都给债权人此项权利,所以,自愿调换是公债调换的主要形式;二是强制调换,即公债的调换与清偿由政府依靠政治权力来强制进行,债权人无还本与调换的选择权。我国在20世纪90年代初期发行的转换债就属于此种类型,采取的是按自愿原则进行以新换旧的做法。

(三)偿债资金来源

政府偿还公债,必须有一定的资金来源。从形式上看,偿债资金来源主要有以下几种。

1. 增加税收。税收是政府预算中最主要的一个收入来源,所以,从理论上讲,政府可以将增加税收作为偿还公债的主要资金来源。但拉弗曲线表明,提高税率会对税收收入的增加产生抑制作用,当税率达到一定限度时,提高税率反而会导致税收收入降低。而且税率提高、税基扩大需要一定的法律程序才能实现,这一过程耗时长、手续繁杂且会有各种阻力,因此,通过增加税收取得偿债所需资金的做法,往往要受到诸多限制。

2. 预算直接拨款。它是指政府从预算中直接安排一笔资金来偿还当年到期公债的本息,预算拨款的具体数额取决于当年到期公债本息的数额。由于预算支出有很多项目,所以政府在以预算拨款作为偿债资金来源时,应通盘考虑。从一些国家的实践来看,偿还债务确实不能作为预算拨款的第一使用方向。

3. 预算盈余偿还。它是以政府预算盈余资金作为偿债资金来源。预算盈余是政府预算执行结果所形成的收入大于支出的余额,该余额属于政府当年未消耗而结存的金额,所以自然可以成为以后年度偿付债务的资金来源。不过,这种做法的前提是预算有盈余。从目前世界各国的财政收支情况来看,这个前提通常并不具备,因为在很多国家近几十年来的财政实践中,预算盈余只是在很少的年份里才会出现,而预算赤字则是一种常见的现象,并且正因为有连年的预算赤字,才不断发行公债。所以,用预算盈余资金作为偿债资金的来源,实践价值不大。

4. 举借新债偿还旧债。这是指政府用新债收入作为偿还旧债的资金来源。这种做法对于债权人来说,政府履行了偿债义务,但对政府而言,只是调换了债权人,债务依然存在。举借新债偿还旧债只是原先债务期限的延长,或者说是推迟了实际的偿债时间。

所以,采用这种方法,只能作为政府延缓债务期限、暂时度过偿债高峰的权宜手段。当然,如果政府能够做到长期、甚至永远借新还旧,也会长期或永远占用一笔资金。在现代社会,很多国家实际上都采取这种借新还旧的做法。

5. 建立偿债基金。它是指政府每年从预算收入中拨出一定数额的专款,作为清偿债务的专用基金,这些基金逐年累积,并由特定机关管理。偿债基金目的性明确,专用于偿付公债之用,所以,从理论上来说,它应该是一种稳定的偿债资金来源。然而在实践中,有些国家建立偿债基金后,取得的效果并不理想。

第三节 公债的经济影响

一、公债的负担

政府借债必须承担还本付息义务,但政府并不是公债负担的最终承担者,公债的负担本质上是一个代际背景中的税收归宿问题,即政府欠了一些社会成员的债,而另一些成员替政府还债。

(一)关于公债负担的不同观点

1. 勒纳的观点。勒纳认为,内债不会对后代造成任何负担。下一代的人只是相互欠债,一旦偿还债务时,收入就从一组公民(未持有债券的人)转移给另一组公民(债券持有者)。然而,下一代作为整体,其境况并没有变坏,因为他们的消费水平还是一样的。但是,如果政府依靠外债来为经常支出融通资金,情况就大不一样了。在这种情况下,后代肯定要承担负担,因为其消费水平会下降,其下降数额相当于给外国债权人的还本付息额。并且,如果外债是为资本积累融通资金,则结果取决于项目的生产率。如果投资的边际收益大于所借外债的边际成本,那么借债实际上会使后代的境况变好;假使项目的边际收益小于边际成本,那么后代的境况会变坏。其中，内债不会给后代造成负担的观点，在 20 世纪 40 年代至 50 年代的经济学界占统治地位。

2. 新古典模型。新古典模型强调，当政府开始一个项目时，不管是用税收还是用借款来筹措资金，资源都要从私人部门抽出。通常假定，当使用税收理财时，抽出的资源的极大部分是以消费为代价的。并且，当政府借款时，为了筹集资金，它就会与那些需要钱来投资于自己项目的个人和企业展开竞争。因此，人们一般假定，债务带来的极大部分的影响是作用于私人投资的。政府借款减少私人投资的假设被称为"挤出假说"，即当公共部门在可供投资的资源池中汲"水"时，私人投资会被挤出。挤出是由利率的变动引起的，当政府增加其对信贷的需求时，作为信贷价格的利率必然会上升，利率上升使得私人投资变得更为昂贵，人们就会从事较少的私人投资。如果这些假定是正确的，那么在其他条件相同的情况下，通过债务筹资会给下一代留下较少的资本存量，因此，下一代人的生产率与实际收入会不如不这样做时可能出现的情况。

3. 巴罗—李嘉图等价定理。1974 年，巴罗在其经典文章《政府债券是净财富吗?》中提出：财政支出无论是通过目前征税方式还是通过发行公债的方式筹资，没有任何区别，即公债无非是延迟的税收，在具有完全理性的消费者眼中，债务和税收是等价的。他认为，当政府借款时，"老"一代人会认识到其子孙的境况会变坏，假设老年人关心其后代的福利，不想使后代的消费水平下降，他们就会增加留给后代的遗产，这笔遗产的数量足以支付未来偿债时应交的额外税款，于是每一代恰好会有政府借款前的消费量，私人能够抵消政府债务政策的代际效应，以至于征税与公债筹资在本质上是等价的。大卫·李嘉图在《政治经济学及赋税原理》的第 17 章中也曾明确地表达了征税与公债在效应上相同的看法。经济学家将这个观点命名为巴罗—李嘉图等价定理。根据这个定理，政府发行公债并不提高利率，对私人投资不会产生挤出效应，也不会增加通货膨胀的压力，但这些论断仍然未得到实际经济运行的论证，反而在20世纪80年代的美国，公共债务面临着持续增加的状况，私人储蓄率大幅度下降，反倒成为反对这个定理的一个证据。

（二）公债的负担分析

1. 短期公债负担分析。如果政府发行的是短期公债，公债在收入分配上的影响表现在同一时期中各社会成员之间的利益转移。从公债的持有者来看，如果能在规定期限内按规定的利率取回本息，公债对其将不构成经济负担，甚至由于公债是一种较为安全的、有保障的投资方式而使公债的持有者得益。但是，如果政府部门用发行公债筹集的资金为社会提供免费产品和服务，那么，这些产品或服务的消费者就是公债资金的受益者。如果短期债务的偿还主要依赖于税收，纳税人就会成为还本付息资金的提供者。如果能够严格按受益原则征税，那么公债的受益者就是公债本息的承担者，这时，公债在收入分配上的影响是中性的，它没有使一些人受益，也没有使另一些人受损。但是在实践中，税收不可能完全按受益原则来征收，这样，各人的受益与各人所承担的成本就不相一致。公债使得谁受益谁受损的问题，最终归结到公债资金使用的受益归宿与为公债还本付息而征税的税负归宿问题。一般来说，如果公债所筹集的资金主要用于使低收入阶层受益的项目，而税收又具有累进性的话，这种利益的转移有助于缩小贫富差距。如果短期公债是不断地用借新债还旧债的方式还本付息，短期公债也会造成公债的代际负担问题，它在收入分配方面的影响与长期公债没有什么区别。

2. 长期公债负担分析。长期公债将使公债的受益人和还本付息的承担人分属于不同的时期，长期公债的负担状况可以根据政府部门将公债用于经常性支出还是投资性支出而有所不同。如果政府将公债资金用于本期的经常性支出，从未来社会的整体来看，还本付息只是其中的一些人缴纳税款，政府再将这些款项支付给公债持有者,这是一个社会内部的利益转移,还本付息本身并不给未来社会的整体造成负担。未来一代的真正负担在于,如果现在的政府不借债,这笔资金本来可以用于企业部门的投资,从而形成一项不断创造出收入的资产。由于政府借债占用了这笔资金,并用于现在的消费性支出,这笔资产失去了,公债使得产出能力以及可获得的福利水平下降,在这种情况下,公债会给下一代造成负担。如果政府将公债用于投资性支出,它是否给后代造成负担取决于投资的收益率。假如政府部门的投资收益率高于私人部门的投资收益率和支付给公债持有人的利率,那么公债实际上是将资金从低投资收益率的私人部门转移到了投资收益率较高的公共部门,在这种情况下,公债不仅不会给后代造成负担,反而会提高未来社会的福利。如果公债所支持的投资项目收益率低于它所排挤的私人部门的投资收益率,或者,从极端情形来看,它不仅没有收益而且还发生亏损,则未来社会可以继承的资产小于将这笔资金用于私人部门投资可获得的资产,在这种情况下,借债显然会给后代造成负担。

(三)公债的限度

1. 公债负担与经济增长。根据上面的分析,公债的增加可能会降低下一代的资本存量,随着赤字的增加,公债逐渐累积,政府预算会失控,税收不得不跟着提高,直到最终发生可怕的事情。但是,事实并非如此,在过去的几十年间,美国的公债几乎每年都在增加,但可怕的事情并没有发生,原因就在于经济在不断增长。假定一国经济是不增长(或零增长)的,则任何关于以一种持续的债务融资办法来平衡持续的实际赤字的企图,都会是失败的。因为随着时间的推移,公债的负担会累积起来,利息支付也会增加并处于增长状态中,如果该国的经济没有增长,则在长期中就不会有能力来还本付息。

公债负担在经济增长中的临界点该如何把握呢？债务与收入

比率是一个有用的指标：

$$债务与收入比率 = 债务/PY$$

其中 *PY* 代表名义 GDP，是对一国经济规模的衡量，而债务与 GDP 之比则是衡量一国债务相对于经济规模的大小。当名义 GDP 的增长比债务增长更快时，债务与名义 GDP 之比就会下降。有了这一指标，我们就能了解一国的债务经济是否稳定。一国的债务—收入比率在长期内如果是一直上升的，则债务经济就是不稳定的；如果它是下降的或保持不变的，则债务经济就是稳定的。美国从第二次世界大战到 1974 年的大多数时间里，虽然债务本身由于预算赤字而上升，但债务—收入比率却是下降的，这说明美国的债务经济是较为稳定的。如果一国已经陷入债务经济中，则走出债务经济陷阱的根本出路就是加速经济增长。

2. 征税还是借债。既然公债的发行会造成公债的代际负担，减少下一代拥有的资本存量，政府应依据什么在债务与税收之间做出融资选择呢？在对公债负担的讨论结果有准备的情况下，我们来评估几种不同的观点：

(1)受益原则。这个原则认为，如果政府支出方案会给后代带来利益，那么通过发行公债将负担转嫁给下一代就是合适的。例如，用发行公债的方式为地震救援筹资是恰当的，因为下一代会享受到这种重建基础设施的利益。

(2)代际公平。由于技术上的进步，我们预期下一代比我们更为富有。如果在一代人内部将收入从富人转移给穷人是合理的，那么我们将收入从富的一代转移给穷的一代也就是合理的。

(3)效率考虑。从劳动供给选择的观点来看，由于税收会扭曲劳动供给决策，产生一种超额负担，债务筹资可能更有效率；但从资本配置决策的观点来看，如果发生了“挤出”，则税收筹资更富有吸引力。

(4)宏观经济考虑。如果就业率非常高，那么过多的政府开支可能会导致通货膨胀,所以从私人部门拿走某些开支权——增税是必要的;相反,如果失业率非常高,那么为了刺激需求,发行公债就是一个切实的办法。这种理财方法有时被称之为功能理财,即利用税收和赤字使总需求保持在恰当的水平上,而不必担心预算本身的平衡。

二、公债的经济效应

(一)公债的经济学观点

公债对经济活动的影响是一个一直争论不休的宏观经济学问题,不同的经济学流派对于赤字和公债的看法截然不同,甚至针锋相对。

1. 公债的古典原则。以亚当·斯密为代表的古典经济学家几乎一致坚持削减政府公债的规模。作为新兴资产阶级的代言人,他们认为政府债务会消耗宝贵的生产性资本。古典经济学家头脑中根深蒂固的自由主义哲学思想也使他们近乎固执地认为,政府举借公债会扩大政府规模并扼杀市场经济生机勃勃的内在活力。他们认为,削减公债还有利于提高私人经济部门生产活动所需要的追加资金,因为公债负担的减轻无疑会使部分资本从公债中游离出来,结果工资或就业机会便会上升,经济增长率也会随之上升;减少公债还有利于改善社会的收入分配,因为通过公共支出而再分配的收入往往是有利于富裕阶层的,私人生产部门至少可以让穷人多就业并提高工资,而减少公债会提高私人生产部门的比重,降低公共部门的比重。古典经济学家提出了关于公债的基本原则:一是只有当政府财政面临一次性的、超常规的社会需求时,并且这种需求对于公共支出的要求只是暂时性时,政府财政才能使用发行公债这种手段;二是当政府为真正的生产性资本项目筹措资金时,必须只有在生产性资本投资超常规时才能发行公债,并且公债的规模必须适当,公债清偿期的安排也必须适当。

2. 凯恩斯主义的公债观点。“凯恩斯革命”否定了古典经济学家的公债原则,凯恩斯认为在有效需求不足的情况下,政府可以通过扩大财政支出和收入之间的差额向经济体系中注入额外的购买力,从而增加产量和就业。只有当政府进行公共项目的投资时,社会资源才有可能被充分利用,否则,整个社会的资源是不会得到充分利用的。当政府通过发行公债获得资金并将资金投资于武器生产时,在同时期私人部门便要放弃生产某些东西,而绝不是要等到以后才要求私人部门放弃生产。因此,发行公债只是同一时期产生了公共部门与私人部门之间的替代,而绝不是产生这一时期与下一时期的生产替代,因此,公债负担是不可能向下一代转移的,公债发行只是涉及财富的内部再分配问题,而不会给整个国家和民族增加新的负担。这样,来自公债的公共支出就会促进经济高涨,增加就业,还会刺激私人部门的发展。所以,在特定的条件下,如果运用得好,政府发行公债不但无害,还具有提高国家的经济福利的积极作用。

汉森和勒纳等人将凯恩斯的这个观点进一步发扬光大。他们强调,公债政策作为宏观经济政策的重要组成部分,可以被政府用来作为管理总需求的有效工具。20 世纪 60 年代以及此后的政治领袖们都接受了凯恩斯主义的观点,认为依靠公债发行可以调整由需求扩张引发的财政赤字。直到 20 世纪 70 年代,凯恩斯主义的公债理论一直是经济学界的主流看法。在 20 世纪 70 年代与 80 年代,在西方现代财政史上首次出现了政府公开运用公债形式来为日常公共消费开支筹措资金的现象,并且,公债也成为政府转移支付的一个财源。可是,由于 20 世纪 70 年代以后主要工业化国家和一些发展中国家出现了巨额预算赤字,国债负担率迅猛增加,并由此导致了许多问题,因此更多的人对凯恩斯主义的公债观点开始表示怀疑。他们认为,政府过多地发行公债会给经济运行带来灾难性的影响,例如,公债规模扩大会提高利率,这会挤出私人投资,从而降低国民储蓄率,削弱了一个国家经济增长的能力;为偿还国债本息征收的税收会造成额外的经济损失;国债的还本付息有可能导致债务负担的代际转移以及加剧贫富差距;巨额的国债会诱发通货膨胀、债务危机并造成贸易收支逆差等。

3. 公共选择论的公债观点。公共选择论的主要代表人物布坎南在1958年出版的《公共债务的公共选择》一书中,驳斥了凯恩斯主义的公债理论,并且指出,古典公债原则是正确的。他对政府依靠发行公债来扩张公共消费的理论和政策的批判的核心论点是:这种财政运行机制相当于摧毁整个民族的资产价值。他指出,当一个人无论是通过个人自愿方式还是通过公共强迫方式放弃当前的消费时,资产价值便会增加;相反,当一个人无论是通过个人自愿方式还是通过公共强迫方式消费更多的现期收入时,可预见到的将来收入的贴现值便会受到损失,从而资产价值也会遭到损失。无论是个人还是政府,当他们借助于公债来耗尽未来的收入而满足于眼前的消费时,其结果都是减少资产的价值。但是,布坎南也指出了一个例外,只有当公债发行是为真正的资本投资筹措资金时,公债对于资本价值的净效应在实际中才是中性的,也只有在这种条件下,公债发行才不会改变可预见的收入的资产价值。因此,一旦政府财政运行中的公共消费是以公债作为财源,那么,处于该体制、政策环境中的居民的可预见的将来收入的现值便会低于不存在公债的条件下的现值,这个事实并不会因为债券持有人中部分外国人的存在(即存在外债)而有所改变。

(二)公债对社会总供求的影响

以上我们介绍了不同经济学流派的公债观点,事实上,20世纪90年代以来,面对复杂的国内经济问题,西方国家推行的是融合凯恩斯主义和新自由主义各派公债观点的政策措施。但是,总体说来,赤字财政政策仍是当今世界各国财政政策的现实选择。下面我们介绍公债是如何影响社会总供求的。

1. 公债对社会总供给的影响。社会总供给是指一定时期内社会提供的进入市场可供购买的商品物资和劳务的价值总额，它取决于现有资源的数量以及使用这些资源的技术和组织能力。在公债对经济活动影响的经济学争论中，人们就是以公债是否对社会产出的增加具有促进作用作为评判公债好坏的依据的。古典学派认为政府举债会引起社会产出减少，进而反对公债的发行；凯恩斯学派则认为发行公债可以促进经济增长，所以主张实行赤字财政政策。我们可以从两个角度来分析公债对社会总供给的影响：

(1)公债对供给总量的影响。不管是内债还是外债，只要公债运用有方，投入生产过程后，就能促进经济增长，扩大未来的社会产出，从而扩大社会供给总量。这里强调公债的有效运用，即公债的规模要适当，公债的投向要合理。一般来说，规模和投向能够正确地安排，公债的积极效应也就能够充分发挥了。

(2)公债对供给结构的影响。供给结构是一定时期内全社会所提供的各类商品物资和劳务的组成比例。政府对公债资金结构的安排，可以在一定程度上影响社会的生产结构，从而进一步影响到社会的供给结构。比如，假定公债收入中用于生产生活资料的比重较大，则社会供给结构中生活资料供给的比重就会提高。

2. 公债对社会总需求的影响。社会总需求是指一定时期内有货币支付能力的现实的对商品物资的需求总和。在市场经济条件下，社会总供给是一个相对固定的量，而社会总需求在政府介入的情况下有着较大的弹性，所以，在社会总供给和社会总需求的平衡过程中，公债的宏观调控功能主要是作用于总需求的，而社会总需求 $=C+I+G$，其中，C 为非政府部门的消费需求；I 为非政府部门投资需求；G 为政府购买性支出。

分析公债对社会总需求的影响，主要涉及以下两个方面：

(1)公债对需求总量的影响。首先,政府购买性支出 G 是社会总需求的直接构成因素,而购买性支出的资金来源之一是公债收入。政府购买性支出的增加额不仅可以直接叠加到原有的社会总需求水平之上,而且可以通过“财政支出乘数”效应的传导,使社会总需求的增加额大于政府购买性支出的增加额。其次,公债利息的偿付刺激了非政府部门的消费需求 C 和投资需求 I。西方税制中对公债利息和银行存款利息的税务处理是不同的。对前者免税,对后者一般课征资本利得税,使得投资者更倾向于购买公债,更有利于发挥公债利息支出对总需求的刺激作用。其三,公债的资产效应,即公债作为持有者的一种能增加财富的资产,公债余额的累积将影响持有者的消费行为和投资行为。如果人们不能预想到偿还公债要在将来提高纳税义务,为弥补赤字而发行的公债就会使家庭感觉变得富有,这种公债幻觉有利于刺激消费需求的增加。最后,在减税公债的情况下,因减税能使非政府部门消费支出 C 和投资支出 I 都增加,故公债融资会刺激总需求。改革开放以来,我国发行的公债基本上都属于减税公债,我们走的是一条以公债发行来支撑财政上减税让利的改革道路,中央政府以公债收入弥补减税后收入的不足。因此,公债发行支持了减税让利政策,提高了企业的留利水平,增加了企业投资的资金来源,促进了企业投资活动,刺激了社会总需求的增长。

(2)公债对需求结构的影响。微观经济主体用以认购国债的资金,主要来源于非政府部门的储蓄资金或原本要用于投资支出的资金,举借公债会将非政府部门的一部分资金转移到政府部门中使用。所以,当公债的来源和运用不同时,就会改变社会需求结构,即当个人或企业压缩现行消费或投资而购买公债时,政府就将个人的消费需求或企业的投资需求转化为政府的投资需求。

思 考 题

1. 试分析公债的特征和用途。
2. 公债的偿债资金的来源有哪些？
3. 公债是如何影响社会总供求的？

第十一章 财政政策

第一节 财政政策的产生与发展

政府干预经济的政策在重商主义时代早已有之,但现代财政政策的产生却是始于20世纪30年代。自“凯恩斯革命”以来,随着经济实践的不断发展变化,宏观经济理论几经演变,相应地出现了许多关于财政政策的不同观点。

一、凯恩斯的观点

自亚当·斯密的《国富论》出版以来,自由竞争的市场经济成为古典经济学的基本信条,后来,新古典经济学更是将这种信条发展为完整的系统化的理论体系。其要点包括:①“萨伊定律”:供给总是能够创造自己的需求,即社会总供给总是等于社会总需求,不会发生总需求不足的经济危机。②充分就业均衡是常态,即市场具有自动调节经济使其趋向或达到充分就业均衡的机制和功能。③价格充分弹性,即利息率自动调节储蓄和投资使货币市场总是处于均衡状态,工资调节劳动的供给和需求使劳动市场也经常处于均衡状态。④货币中性,即货币只影响价格水平等名义变量,不会影响实际就业量和产量。因此,新古典经济学得出政府不应该干预经济而应当采取自由放任态度的政策结论。

20世纪30年代的经济大危机和大萧条使得新古典经济学陷入困境。1936年,凯恩斯出版了《就业、利息和货币通论》,提出了有效需求理论。凯恩斯认为,在商品市场上,由于边际消费倾向规律的作用,消费者的消费需求会随着收入的增加而呈递减趋势,消费需求不足将是一种长期现象。在货币市场上,利息率不再能自动确保储蓄与投资经常相等,因为投资取决于利息率和投资的预期利润率(资本边际效率)的对比,其中,资本边际效率随着经济的扩张将递减,而且易受不确定性和预期的影响;利息率由货币供给和需求共同决定,但主要由货币需求尤其是投机性货币需求决定,而在流动性偏好规律的作用下,利息率难以持续下降。这样,在资本边际效率规律和流动性偏好规律的共同作用下,将会出现投资需求不足的现象。在劳动市场上,劳动供给主要取决于名义工资而非实际工资,而且名义工资在经济萧条时呈刚性,即不会下降,这意味着当经济中出现负的需求冲击时,产出数量的调整就会引起劳动需求的减少,而工资不能下调以保证劳动市场出清,非自愿失业就会发生。

因此,凯恩斯断定,市场自动调节机制无法使经济达到充分就业的均衡状态,应该放弃新古典经济学所主张的自由放任政策,实行政府干预,主要通过实施扩张性的财政政策,增加社会总需求,提高就业和产出水平。凯恩斯扩张性财政政策的主要办法是减税增支,通过减税、大量举借公债,实行赤字预算,并积极扩大政府开支来扩大社会总需求。凯恩斯首次将国家对经济的干预理论化了,标志着现代财政政策的产生。

二、新古典综合派的观点

从20世纪50年代开始,西方各国相继进入“混合经济”时期。“混合经济”就是国家干预的、以私人经济为基础的市场经济,它为新古典综合派提供了实践基础。新古典综合派的直接理论渊源是凯恩斯的经济理论和传统新古典经济学的理论,即该学派在宏观方面接受凯恩斯的经济理论,在微观方面采用传统的新古典经济学理论,从而将凯恩斯主张的总需求变动引起的收入效应与新古典经济学主张的价格变动引起的替代效应结合起来，将政府干预机制与市场自动调节机制结合起来。

新古典综合派理论的基本内容包括：依据凯恩斯理论所构造的收入—支出模型、希克斯和汉森创造的IS—LM模型、总需求—总供给模型以及新古典经济学的微观经济学理论。收入—支出模型就是有效需求决定国民收入的理论，该理论认为，自发的消费和投资不能保证经济达到充分就业均衡，只有依靠政府刺激社会投资，或者依靠政府直接投资才能弥补有效需求的不足，使经济实现充分就业的均衡。*IS—LM* 模型是对上述简单国民收入决定模型的扩展，它说明消费、投资、利率对国民收入决定的影响，该模型将商品市场和货币市场结合起来，克服了新古典经济学"二分法"的缺点，是分析宏观经济政策最常用的工具。总需求—总供给模型则在上述两个模型的基础上，用总需求与总供给的相互作用来说明国民收入和价格水平的决定。新古典综合派认为，在经济达到充分就业之后，新古典经济学的微观经济理论就会自动发挥作用。

新古典综合派经济政策主张的核心是需求管理即调节社会总需求。20世纪50年代，新古典综合派的财政政策主要表现为阿尔文·汉森提出的补偿性财政政策，即在经济萧条时期，政府要扩大财政支出，降低税率，减少税收，实行赤字财政，以刺激社会总需求的扩大，增加就业；在经济高涨和通货膨胀时期，政府应减少财政支出，提高税率，增加税收，造成财政盈余，以降低有效需求，控制通货膨胀。两个时期的财政盈亏相抵，实现预算的周期性平衡。实行补偿性财政政策虽然防止了财政赤字和通货膨胀，但经济增长较慢。对此，托宾等经济学家在20世纪60年代提出了增长性财政政策，其主要内容是以充分就业与经济增长为目标的长期预算赤字政策，首次开始了凯恩斯主义的短期扩张性财政政策长期化的转变。以减税和扩大政府支出为内容的长期预算赤字政策在刺激经济持续增长的同时,也使经济逐渐陷入滞胀的困境。20世纪70年代后,为了解决严重的失业和通货膨胀问题,新古典综合派又提出将财政政策和其他经济政策综合运用的策略,如使财政政策和货币政策相配合,实现财政政策和货币政策的微观化,采用收入政策和人力政策等等。

三、货币主义学派的观点

20世纪70年代初,西方经济开始进入严重的滞胀阶段,新古典综合派的宏观经济政策受到严峻挑战。于是,主张自由放任的新自由主义经济学派纷纷兴起,其中,以芝加哥大学经济学教授米尔顿·弗里德曼为首的货币主义学派否定了新古典综合派财政政策的作用,提出了"自然失业率"的观点,主张实行单一规则的货币政策。

弗里德曼反对凯恩斯主义者的财政政策的主要理由是:首先,政府支出的增加如果没有货币供应量的扩大相配合,则其对经济的刺激作用效果甚微,这是因为在货币供应量不变的情况下,扩张性财政政策将导致利率上升,引起私人投资和消费的减少,即产生"挤出效应"。财政政策要持续有效地发挥作用,必然伴以货币供应量的扩大,这样,政府扩大开支就会引起通货膨胀。其次,在实践中往往减税容易增税难,政府扩大支出受欢迎,而节省开支却受到阻碍,所以财政政策的实施只会加大财政赤字,促进通货膨胀,从而加深经济不稳定。因此,实行凯恩斯主义的扩张性财政政策,不但不能通过刺激需求来达到增加产量和消除失业,反而一定会引起长期持续的通货膨胀。

为了说明上述观点,弗里德曼提出了自然失业率概念。他认为,自然失业率的存在,使得菲利浦斯曲线式的通货膨胀和失业之间的替代关系只有在短期内符合下面条件时才成立:即工人在要求提高工资时预期的物价上涨率低于实际发生的物价上涨率,从而货币工资增长率低于物价上涨率。但是,从长期来看,人们会重新调整对物价上涨率的预期而要求进一步提高工资,这样,雇主就会减少产量、解雇工人,使失业率回到一个与较高的物价上涨率和货币工资增长率相对应的自然率水平,即长期菲利浦斯曲线是垂直的。而且当各国政府都在实行凯恩斯主义的扩张性财政政策时,通货膨胀率就会趋向于上升,高通货膨胀和高失业同时并存,相互加强,即菲利浦斯曲线出现了正斜率,通货膨胀和失业正相关,这就出现了 20 世纪 70 年代西方经济的“滞胀”局面。

可见,货币主义学派认为凯恩斯主义的财政政策是造成经济不稳定的罪魁祸首,因而,它主张自由放任,充分发挥市场机制的调节作用,反对政府过多干预经济。

四、理性预期学派的观点

理性预期学派是 20 世纪 70 年代中期在美国出现的新自由主义经济学派,其主要代表人物是芝加哥大学的经济学教授罗伯特 · E. 卢卡斯。该学派在理性预期和市场持续迅速出清假设下,得出了宏观经济政策即使在短期内也无效的结论。

理性预期学派的财政政策无效性命题是由美国经济学家罗伯特 · 巴罗在理性人假设前提下,通过复兴李嘉图定理来完成的。李嘉图定理指出,在某些条件下,政府使用征税和举债来筹资的效果是等价的或者说是相同的。政府征税会减少个人财富,而政府举借债务意味着将来偿还时会导致更高的税收。巴罗认为,理性预期的人在政府发行债券的同时就会意识到这一点,从而将会把相当于未来额外税收的一部分财富积蓄起来,以备应付将来增加的税收。结果,人们可支配的财富数量与征税时的情况一样。当债务具有代际转移特点时,李嘉图定理仍然成立。因为理性人不仅从自己的消费中获得满足,而且关心后代的消费,政府举借债务时，考虑到后代的税收负担，他们就会留下更多的遗产，为此，就需要更多地储蓄，而不会增加当前的消费。这样一来，政府通过举借债务扩大的支出都将被私人储蓄的等额增加所抵消，结果，既不存在需求扩张，也没有产出增加和失业减少。因此，政府减税和举债增支的扩张性财政政策就是无效的。

所以，理性预期学派认为凯恩斯主义的财政政策是无效的，它主张充分发挥市场机制的调节作用，尽量减少政府对经济生活的干预，政府的作用只是为私人部门的经济活动提供良好的环境。

五、供给学派的观点

供给学派是20世纪70年代后期在美国兴起的又一个新自由主义经济学流派，与上述两个学派不同，供给学派在反对凯恩斯主义需求管理政策的同时，主张通过减税政策实行供给管理，刺激投资。

供给学派认为，凯恩斯主义的需求管理政策是造成经济滞胀的根源，因为需求的增长不一定造成实际产量增长，很可能只是单纯增加货币量，引起物价上涨，储蓄率下降。这又必然引起利息率上升，影响投资的增长和设备更新，使技术变革延缓。如果需求的增长超过实际生产的增长，就会发生通货膨胀。这样一来，生产停滞或下降与通货膨胀就会同时出现，形成滞胀。供给学派在批判凯恩斯有效需求理论和否定新古典综合派需求管理政策的基础上，恢复了“萨伊定律”，提出了供给管理政策。

供给学派财政政策的基本内容包括：①为刺激投资而减税，包括加速折旧、降低公司所得税率、降低资本增值税、对研究与开发费用免税等。②降低个人所得税，包括调低个人所得税税率、减少和取消税收优惠以及对储蓄收入（如利息收入和股息收入）减税等。③缩小政府开支，大规模缩减福利开支，以提高私人投资能力。在上述政策中,减税是最重要的政策。事实上,供给学派的政策仍属于扩张性财政政策,只不过作用方向由需求转向了供给。

六、新凯恩斯主义的观点

在经过了20世纪70年代西方经济滞胀的挑战和新自由主义经济学对凯恩斯主义经济学的责难之后,从20世纪80年代开始,一些凯恩斯主义者在批判、继承原凯恩斯主义的基础上,在分析中引入了厂商利润最大化和家庭效用最大化的假定,吸收了理性预期学派的理性预期假设,逐步建立起有微观基础的新凯恩斯主义宏观经济学。

新凯恩斯主义经济学认为,当经济中出现需求或供给冲击后,由于存在工资黏性和价格黏性,市场不能很快出清,使经济处于非均衡状态,因而,政府干预是必须的。价格黏性使得商品市场不能出清,工资黏性使得劳动市场失灵,信贷市场中由于利率机制和配给机制同时起作用,也会出现市场机制失灵,因此,只有通过政府干预才能纠正市场失灵。

新凯恩斯主义的基本政策主张同原凯恩斯主义一样,即政府应该干预经济。但新凯恩斯主义并非仅仅局限于短期的需求调节,而是更加强调长期性政策和结构性政策,主张从供给方面对经济进行更具长期意义的调节。新凯恩斯主义认为财政赤字是有害的,它会引起投资的减少和贸易逆差的增加,因而强调巩固性的财政政策,基本目标是消除财政赤字,减少公共债务,改善经济增长的条件。新凯恩斯主义主张从需求和供给两方面着手,既注重微调政策的短期作用,又重视结构性政策的长期效果,使得政府干预经济政策理论发展到了一个新阶段。

第二节　财政政策的基本原理

一、财政政策对均衡国民收入的影响

政府运用财政政策影响均衡国民收入的原理可用简单的国民收入决定模型加以说明。该模型的基本假设有：①经济中的技术水平和资源数量不变，即生产能力不变，这意味着考察的是短期情形。②各种生产资源没有得到充分利用，因而，总供给可以适应总需求而无限扩大。③利率水平不变，投资水平也不变，即暂不考虑货币因素的影响。④价格水平不变，不考虑价格水平的决定及其对国民收入水平的影响。⑤不存在对外经济部门，经济处于封闭状态。在上述假定前提下，总需求水平就成为国民收入水平的决定性因素。

封闭经济条件下的三部门经济中的总需求函数公式为：

$$
\begin{aligned}
AD = & \overline{C} + I + G = \\
& \overline{C} + cYD + I + G = \\
& \overline{C} + c(Y + TR - TA) + I + G = \\
& \overline{C} + c(Y + TR - tY) + I + G = \\
& \overline{C} + cTR + I + G + c(1-t)Y
\end{aligned}
$$

其中，YD 代表可支配收入；TR，TA 分别表示政府转移性支出和税收；c 是边际消费倾向；t 为税率。假设政府购买性支出和转移性支出规模既定，$G = \overline{G}$，$TR = \overline{TR}$，则根据上述第三条假设可知，$I = \overline{I}$，因此，总需求函数的公式又可写为：

$$
\begin{aligned}
AD = & (\overline{C} + c\,\overline{TR} + \overline{I} + \overline{G}) + c(1-t)Y = \\
& \overline{A} + c(1-t)Y
\end{aligned}
$$

根据国民收入均衡条件 $Y = AD$ 可得，$Y = \overline{A} + c(1-t)Y$，解方程得

$$Y_0 = \frac{1}{1-c(1-t)}(\overline{C} + c\,\overline{TR} + \overline{I} + \overline{G}) = \frac{\overline{A}}{1-c(1-t)}$$

可见,均衡的国民收入与税收反方向变动,与政府支出规模同方向变动,政府部门的收入和支出活动通过影响总需求进而影响均衡国民收入水平,这为政府运用财政政策干预经济提供了依据。

根据政府收支变动方式的不同,财政政策可区分为自动稳定的财政政策和相机抉择的财政政策两种情形。自动稳定的财政政策是指政府的收支规模不需要人为的改变,而是自动随经济波动发生变化,对经济自动地进行微调。当经济由繁荣转为不景气时,人们的收入水平一般会下降,一方面,人们缴纳个人所得税所适用的税率较以前会有所降低,这不但在一定程度上减缓了消费需求的下滑,而且乘数$\frac{1}{1-c(1-t)}$会因 t 变小而变大;另一方面,经济不景气时转移性支出中的失业救济金的发放额增加,增加的政府转移性支出与变大了的乘数共同对经济衰退起抑制作用,从而会自动地稳定经济。因此,累进的个人所得税和政府转移支付又被称为自动稳定器。

相机抉择的财政政策是政府根据宏观经济形势有意识地改变收支变量,以稳定经济。当失业增加时,政府通常采取扩大支出、减少税收等措施来扩大总需求,以刺激经济和增加就业,即运用扩张性财政政策;反之,当经济过热时,则运用增收减支的紧缩性财政政策。图 11－1 中,$AD_1 = \overline{A} + c(1-t_1)Y$,$AD_2 = \overline{A}' + c(1-t_1)Y$,$AD_3 = \overline{A} + c(1-t_2)Y$,其中,$\overline{A}' = \overline{A} + \Delta\overline{G}$,$t_2 < t_1$。当经济中有效需求不足,出现失业时,政府购买性支出的增加会使总需求曲线平行上移,总需求大于总供给,企业存货减少。为维持理想的存货水平,企业将增加生产,结果导致均衡的国民收入增加,就业相应增加。政府转移性支出的增加,会使个人可支配收入水平提高,消费支出增加,总需求曲线平行上移,均衡国民收入水平提高,但与相

同数量的购买性支出相比,国民收入增加得较少,这是因为增加的可支配收入中只有部分用于消费。减税所引起的总需求的增加可分为两个部分,一是减税使得可支配收入增加从而引起的支出的增加,二是收入水平提高所引起的支出增加又引起总需求的增加,表现在几何图形中,总需求曲线的斜率变大,即乘数变大,结果国民收入增加。

二、财政政策的效应和机制

简单的国民收入决定模型实际上是一个实物经济模型,它没有考虑到货币因素的影响,而在现实经济中,产品市场和货币市场是相互联系和相互影响的。因此,需要引入货币因素,即放弃上述第三条假设,同时保持其他假设不变,这就是 *IS—LM* 模型,如图 11－2 所示。

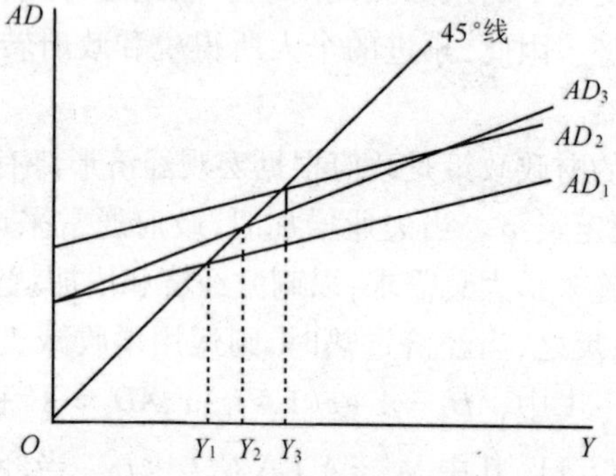

图 11－1　相机抉择的财政政策

IS 曲线和 *LM* 曲线的方程分别为:$i = \frac{\overline{A}}{b} - \frac{Y}{ab}, i = \frac{l}{h}(kY -$

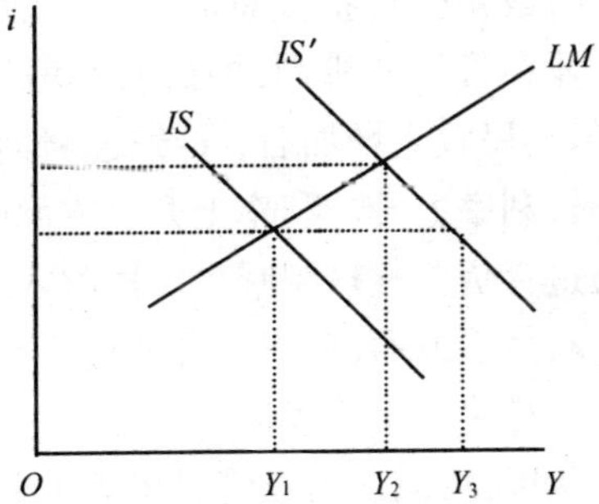

图 11－2　*IS—LM* 模型

$\frac{\overline{M}}{P}$)。其中，b 为投资对利率的敏感系数；h、k 分别为货币需求对利率和国民收入的敏感系数，a 是乘数。*IS* 曲线的斜率取决于 b 和 a 的大小，投资对利率越敏感即 b 越大以及乘数越大，*IS* 曲线越平坦，反之，则越陡峭；*IS* 曲线的位置取决于自主性需求的大小，所有增加总需求的因素，比如消费、投资、政府购买性支出的增加都会使其向右移动；反之，*IS* 曲线则向左移动。*LM* 曲线的斜率取决于 k 和 h 的大小，货币需求的利率弹性 h 越大及收入弹性越小，*LM* 曲线越平坦；反之，则越陡峭。*LM* 曲线的位置取决于 $\frac{\overline{M}}{P}$ 的大小，在其他条件不变时，货币供给量的增加使 *LM* 曲线向右移动；反之，*LM* 曲线则向左移动。*IS* 曲线之上的点表明产品市场均衡时利率与国民收入的组合，其左边的点上利率与国民收入的结合存在着需求过度，其右边的点上利率与国民收入的结合存在着需求不足。*LM* 曲线之上的点表明货币市场均衡时利率与国民收入的组合，其左边的点上利率与国民收入的结合存在着货币需求不足，其右边的点上利率与国民收入的结合存在着货币需求过度。

当经济中存在失业时，政府可实施扩张性的财政政策（增加政府购买、转移支付或减税），扩大总需求。总需求的增加使产品市场失衡，通过企业存货调整机制，国民收入增加，直到产品市场重新实现均衡。但国民收入增加后，导致交易性货币需求增加，实际货币余额不变时，利率上升。利率上升一方面减少了投资，使总需求下降，从而通过存货调整机制减少国民收入，最后在较高的利率水平上再度均衡；另一方面，利率上升通过资产选择行为导致投机性货币需求减少，最终货币市场恢复均衡。一般说来，资产市场的调整速度较快，所以，可以认为经济是沿着 LM 曲线调整的。可见，扩张性财政政策实施的结果使得国民收入和利率都提高了。其作用过程可表示为：

$$G\uparrow\longrightarrow AD\uparrow\longrightarrow Y\uparrow\longrightarrow L\uparrow\longrightarrow i\uparrow\longrightarrow I\downarrow\longrightarrow AD\downarrow$$

如上所述，扩张性财政政策在增加国民收入的同时，还引起利率上升，从而减少投资，这就是挤出效应，即扩大的政府支出挤出了私人支出。

财政政策挤出效应的大小取决于 *IS* 曲线和 *LM* 曲线的斜率和乘数的大小。*LM* 曲线斜率越小，即 *LM* 曲线越平坦，挤出效应越小；反之，则挤出效应越大。当 *LM* 曲线为一条水平线即存在流动性陷阱时，不存在挤出效应；当 *LM* 曲线是一条垂线时，则会完全挤出。*IS* 曲线的斜率越小，即 *IS* 曲线越平坦，挤出效应就越大；反之，挤出效应越小。

三、凯恩斯主义总需求——总供给模型中的财政政策

凯恩斯主义总需求—总供给模型（见图 11－3）是在 *IS—LM* 模型的基础上，进一步放弃价格水平不变假设，将总需求和总供给结合在一起说明国民收入与价格水平的同时决定。总需求曲线可从 *IS—LM* 模型中推导出来，总供给曲线是在劳动市场的名义工资刚性假定下推导出来的。新古典综合派认为，经济在达

到充分就业之前，生产成本是逐渐上升的，从而使总供给价格缓慢上升；当资源实现充分就业之后，生产成本迅速上升，使得供给价格迅速上升，而产出增加的余地很小。因此，总供给曲线呈肘状。当经济中存在失业时，减收增支的扩张性财政政策使总需求曲线右移，价格水平上升，由于名义工资刚性，实际工资下降，厂商增加雇佣工人，扩大生产，结果失业下降，产出增加。

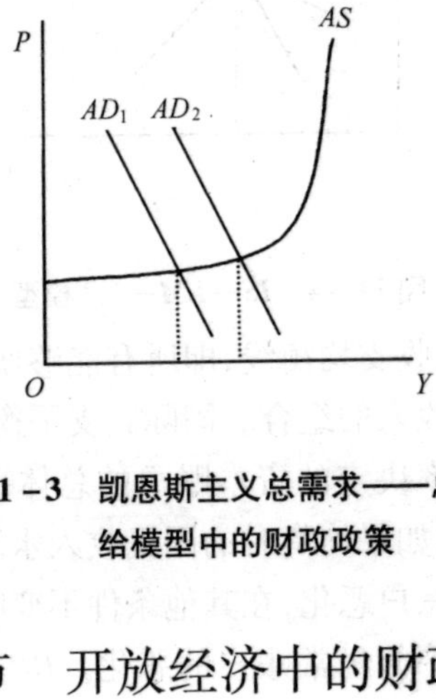

11－3　凯恩斯主义总需求——总供给模型中的财政政策

第三节　开放经济中的财政政策

一、*IS—LM—BP* 模型

IS—LM—BP 模型(见图 11－4)在 *IS—LM* 模型的基础上，引进对外部门，即再放松上节假设中的第五条，而保持剩余的三条假设不变，这意味着考察的仍然是短期情形。*IS* 曲线仍然为产品市场的均衡线，其位置除受消费、投资、政府购买性支出影响外，现在，进出口净额的增加也能使之右移。此外，在一定条件下，本币

贬值由于可以改善经常账户，也能够使 *IS* 曲线向右移动。*LM* 曲线仍然是货币市场均衡线，即所有能够使货币市场上货币供给等于货币需求的市场利率和国民收入的组合。

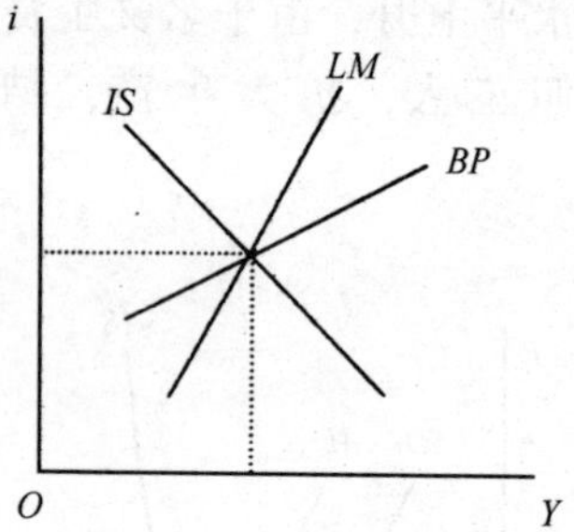

图 11－4　*IS—LM—BP* 模型

BP 曲线为国际收支均衡线，即所有能够使国际收支保持平衡的市场利率和国民收入的组合。国际收支平衡是由国民收入决定的经常账户和由利率决定的资本账户的总体平衡。*BP* 曲线向右上方倾斜，这是因为如果均衡时的国民收入水平提高，进口需求的增加将会导致经常账户恶化，在其他条件不变时，需要利率的提高以吸引资本流入以平衡经常账户的恶化。*BP* 曲线上任何一点均代表国际收支平衡，*BP* 曲线之下的点表示国际收支处于逆差状态，*BP* 曲线之上的点表示国际收支处于顺差状态。*BP* 曲线的位置受一国货币汇率值和其他所有能够影响国际收支因素的影响，其斜率主要取决于边际进口倾向的大小和国际资本流动的利率弹性或一国资本市场的自由化程度。为简单起见，以下假定资本市场完全开放，此时，*BP* 曲线的利率弹性无穷大，即 *BP* 曲线为水平线。

运用凯恩斯主义的 *IS—LM—BP* 模型来分析宏观经济政策对

一国经济内外均衡的不同作用,是由美国经济学家蒙代尔和弗莱明提出的,因而被称为蒙代尔—弗莱明模型。该模型的重要假设前提有:①价格水平不变,总供给曲线水平。这样,产出就完全由总需求水平决定,此外,名义汇率与实际汇率没有区别。②即使在长期状态下,购买力平价也不存在。因此,浮动汇率制下的汇率完全依据国际收支状况调整。③不存在汇率将发生变动的预期,投资者风险中性。

二、固定汇率制度下的财政政策

在固定汇率制度下,如果一国资本市场完全开放,或国际资本完全自由流动,扩张性财政政策的作用被顺差形成的货币因素最充分地放大,财政政策非常有效。如图 11－5 所示,扩张性的财政政策使 *IS* 曲线右移,与 *LM* 曲线相交于 E'点,利率与国民收入都有所增加。这时利率高于国际均衡水平,吸引大量国际资本流入本国,造成巨额国际收支顺差,对本币造成升值压力。中央银行为了稳定汇率,就必须在外汇市场抛售本币、购进外汇。结果本国货币供给增加,价格水平不变时,*LM* 曲线右移,最终在 E''再度实现内外均衡。此时,收入水平进一步提高到 Y''。

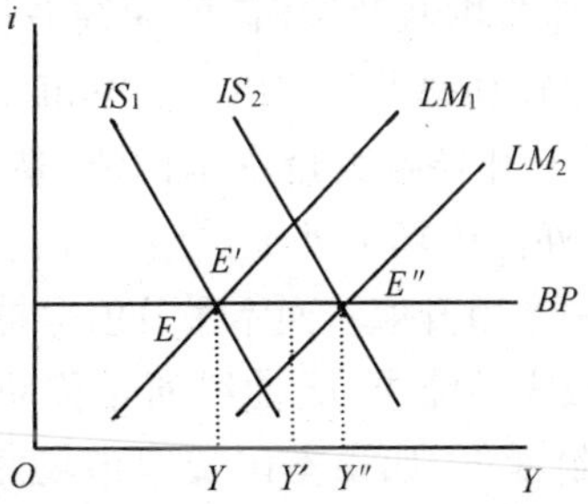

图 11－5　固定汇率制度下的财政政策

三、浮动汇率制度下的财政政策

在浮动汇率制度下，财政政策的作用会受汇率变动的制约。如图 11－6 所示，在价格给定的条件下，国内商品市场的均衡会受到汇率变化的影响，即当国内外商品价格不变时，本币贬值会使本国商品更具竞争力，净出口增加，从而使得 *IS* 曲线右移；相反，本币升值将使 *IS* 曲线向左移动。因此，当本国利率高于国外利率时，本币升值，*IS* 曲线向左移动；当本国利率低于国外利率时，本币贬值，*IS* 曲线向右移动。

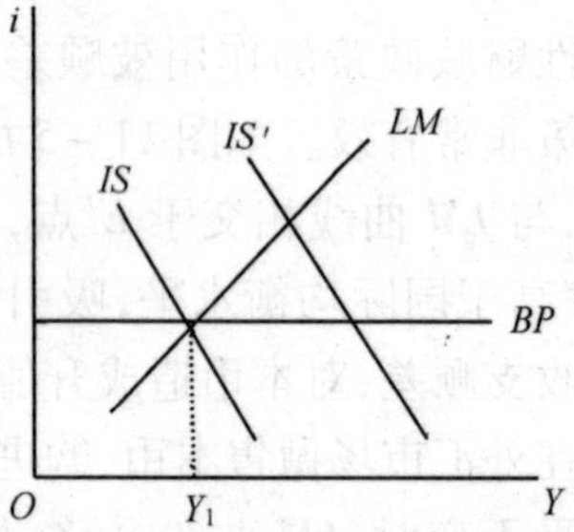

图 11－6　活动汇率制度下的财政政策

当政府实施扩张性财政政策时，*IS* 曲线右移，使产出提高，对货币的需求增加，导致利率上升。由于资本市场完全开放，财政扩张引起的利率水平上升导致大量资本内流，造成国际收支顺差。国际收支顺差会使外汇市场上外汇供给大于外汇需求，由于汇率可以自由调整，于是本币升值。而本币升值会抑制出口的增长，促进进口增加，从而减少总需求，*IS* 曲线向左移动直到原来的位置。可见，在浮动汇率制度下，如果本国资本市场完全实现国际一体化，则扩张性财政政策会受到货币升值效应的完全抵消，即产生完全的挤出效应，结果财政政策无效。

思 考 题

1. 简述现代财政政策理论的产生过程以及各主要经济学流派关于财政政策的不同观点。

2. 分析凯恩斯主义关于财政政策的作用原理、机制和效果。

3. 比较不同汇率制度下财政政策的作用效果。

第十二章 政府间的财政关系

中央与地方政府之间的财政关系是政府财政中的一个重要课题。能否合理地划分中央与地方的财政收支和管理权限,能否合理地确定中央与地方之间的转移支付的办法,将直接影响到各级政府财政收支的平衡、资源的合理配置、收入公平分配、宏观经济的稳定。分级分权财政体制,作为处理政府间财政关系的一种规范制度,强调各级政府在财政职能和收支上有一定的独立性和自主性,其主要内容包括政府间职能的分工、收支划分,以及政府转移支付等一系列问题。所有这些问题为构建合理的政府间财政关系提供了理论基础。

第一节 财政的集权与分权的关系

在中央与地方政府关系中,财政职能的行使有没有分工以及分工的程度与结构问题,实际上是一个财政的集权与分权的关系问题,它所针对的是在一个多级政府制度中的中央与地方政府之间的财政关系。

一、财政分权理论

(一)财政分权的理论基础

在各种公共产品中,不同的公共产品,其影响范围是不同的。有些公共产品的作用范围很大,比如,法律可以对全国的居民发生作用,可以保护、约束全国的居民,从而法律这种公共产品就是全国性的。而有些公共产品的作用范围很小,比如公路,只是对所在城市的居民和过路人起作用,因此它具有地方性。这种公共产品的层次性和受益范围的空间特点,从客观上为财政分权提供了理论基础。

事实上,国民对公共产品的偏好——希望获得怎样的公共产品,获得多少公共产品,往往取决于他们对公共产品的边际成本与边际收益的比较。当人们认为公共产品的边际成本小于其边际收益时,往往会增加对公共产品的需求,而在认为公共产品的边际成本大于其边际收益时,往往会减少对公共产品的需求。假如一切公共产品都由中央政府提供,那么离某一社会群体远的公共产品,人们倾向于认为它的边际收益小于其边际成本,于是要求减少甚至抵制这类公共产品的提供;反之,离这一社会群体近的公共产品,人们倾向于认为它的边际成本小于其边际收益,于是要求增加对这类公共产品的提供。这样,无论哪种情况都会造成公共产品的提供与社会实际需求不相符合的问题,最终导致社会福利损失,或是财政资源浪费。

根据这种情况,现代财政理论认为,除了少数全社会成员共同受益的公共产品应由中央政府提供外,其他公共产品采取分级政府提供的方法,一般会更有效地克服上述缺陷。这是因为,各级地方政府往往能够比中央政府更好地了解本地区居民对不同公共产品的偏好状况,可以更经济的平衡公共产品的成本与收益。

根据公共产品之间的性质和受益范围的不同,公共产品的成本分担原则有以下几点:属于全国公民共同受益的公共产品其成本应该由全国公民共同承担;属于地方居民受益的公共产品(即所谓的“准公共产品”),其成本应由地方居民承担;即使是同类公共产品,如果其受益范围不同,其成本也应该按上述原则分别处理。换言之,公共产品的受益范围局限在属于哪级政府的管理范围,就应该由哪级政府负责提供,这从经济学角度来看既是合理的,也是公平的。

对公共产品层次性的分析表明,中央政府和地方政府作为不同的主体，分别在一定范围内提供用于满足社会成员不同偏好的公共产品，其行为目标存在着明显差异，并非所有的公共产品都应当由中央政府统一提供，而应当分别由中央政府与地方政府分层次提供，才能有效地满足全社会的公共需要。鉴于公共产品的提供和受益范围的空间特点，要保证公共产品有效的供给，客观上要求中央和地方政府分工负责，实行财政分权制。

（二）财政分权的必要性

1. 财政分权有利于效率的增进。鉴于公共产品的提供和受益范围的空间特点，提供产品的主体必须遵循效率原则，实行财政分权。

如果一个社会在信息方面是完全的，经济活动是完全确定的，那么是由中央政府提供公共产品，还是由各地方政府分别提供一部分公共产品，应该是无差异的。无论哪级政府都可以在完全的确定性条件下，在确知任何一个公民的个人偏好中的边际消费替代率的情况下，进行公共产品的提供。

但是，现实是，中央政府对各地公民的偏好了解得没有各个地方政府清楚（其主要原因应该是中央与各地居民相距遥远，信息传递难以及时准确，即使准确的信息也会存在实现过程中的时滞）。因此，中央政府对每一公民的边际消费替代率的了解就带有随机性。显然，在各级政府都诚实地针对所了解的公民偏好提供公共产品的前提下，如果由地方政府提供公共产品，社会福利有可能达到极大；如果由中央政府提供公共产品，则可能发生偏差，或者提供不足，或者提供过量。此外，一个厌恶风险的社会，也会偏好于让地方政府来提供那一部分地方受益的公共产品。

我们可以用图 12－1 来进一步说明分权的必要性。假定一个国家存在着两个地区 A 和 B，两个地区的面积和人口情况都相仿，但对公共产品 X 的需求是不一样的，地区 A 对公共产品的需求在图中以 D_A 表示，地区 B 对公共产品的需求在图中以 D_B 表示，地区 B 对公共产品 X 的需求明显大于地区 A,如果公共产品的供应曲线由 S 表示,表现为常数成本函数。

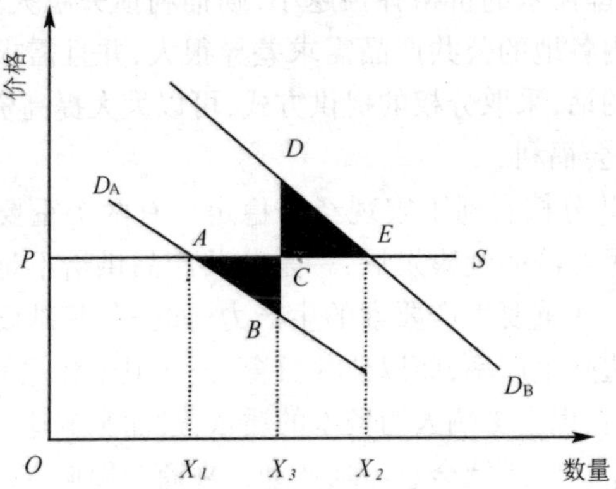

图 12－1　公共产品提供的过量与不足

根据供求平衡原理,地区 A 的供求平衡数量为 X_1,地区 B 的供求平衡数量为 X_2。假如中央政府采取集权的方法对地区 A 和 B 提供公共产品 X,由于对这两个地区的需求情况不能确切地了解,认为既然两个地区的面积和人口都差不多,就应该实行平均分配的办法,提供等量的公共产品 X,即图中的 X_3,则 $2X_3 = X_1 + X_2/2$,于是就发生盲目分配的情况。地区 A 存在过量分配的情况,而地区 B 存在供应不足的情况。地区 A 存在边际成本大于边际效益的情况,从 X_1 到 X_3,S 线高于 D_A 的阴影区域△ABC,表示成本超过效益的浪费;地区 B 存在边际效益超过边际成本的情况,从 X_3 到 X_2,D_B 线高于 S 线的阴影区域△CDE,表示地区 B 因没有得到公共产品 X_2 只得到 X_3 而产生的潜在的效用损失。

从图 12－1 中还可以看出,△ABC 和△CDE 面积的大小与

X_1X_2 的距离及 D_A, D_B 的斜率有关,即福利损失的大小与两组居民的需求差异及各组需求的价格弹性大小有关。具体来说,X_1X_2 的距离越大,即需求的差异越大,福利损失越大;需求曲线 D_A, D_B 的斜率越大,即需求的价格弹性越小,则福利损失越大。因此,如果一国范围内各地的公共产品需求差异很大,并且需求的价格弹性又比较小的话,采取分权的提供方式,可以大大提高资源的配置效率,增进社会福利。

2. 财政分权有利于宏观经济稳定。有两个重要因素往往直接影响国民经济的健康发展:一是公共产品供给不足在某种程度上会降低一些重要生产要素的生产力;如公共基础设施短缺会影响资本的边际生产率,而以公共教育、公共卫生为主的公共福利事业发展滞后,也会影响人力资本的质量,进而影响这一生产要素的边际生产率。二是社会总需求变动带来商业周期变动。总需求不足会把国民经济推入到衰退、萧条的状态,而总需求过旺则会引发严重的通货膨胀问题。

解决公共产品与劳务的有效提供和平衡社会总需求问题的主要方法是适时地调整国内税收政策。可是,税收调整对二者的影响作用却是不同的。例如,在经济衰退时应该减税以刺激社会总需求上升,而减税必然减少政府收入,影响政府对公共产品与劳务的有效提供。反过来,公共产品与劳务提供不足,国民经济也难以及时恢复到正常状态。又如,在国民经济出现通货膨胀时,应该增税以压低社会总需求,而增税可以提高政府收入,在提高政府购买力的同时,也使通货膨胀变得更加难以控制。这是典型的财政资源配置职能与经济稳定职能之间的冲突。

分权体制下的财政活动,虽然不能完全消除这种冲突,但却可以减少冲突的强度。当大量的公共产品与劳务由地方政府提供时,这些公共产品与劳务的开支大部分出自于地方税收,那么中央政府进行的所得税调整,其影响作用则可能大部分局限在私人产品消费方面，而不会直接影响公共产品与劳务的提供。这便有可能在一定程度上缓和上述职能间的冲突，使政府宏观经济调控活动免于对公共产品与劳务供给产生周期性影响，也免于破坏维持私人经济活动稳定进行的条件。

二、财政集权理论

在财政集权下，国家保护所有居民对公共产品的同等享用权，但各级地方政府财政对中央政府有较多依存关系，即使建立多级政府和多级财政体制，最高一级的中央政府仍对各级地方政府的财政活动进行广泛监督和各种形式的调控。财政集权理论认为，财政分权存在诸多缺陷，对于如下一些重要问题难以解决。

（一）分权难以克服跨地区外部效应

当我们说分权体制能比集权体制更有效率地提供地方性共享物品或服务时，这句话暗含了一个假定，即只有当地居民独享地方性共享物品和服务带来的好处并独立负担其全部费用。但实际情况往往不是这样。例如，某地为本地的青少年提供了良好的公共教育，但他们中一些人后来移居他乡，别的地方实际上就从该地培养的人才中获取了好处；又如某地的污水处理厂污染了一条河流，住在下游的人们实际上为该地的污水处理付出了代价。一般说来，当提供某种地方性共享物品或服务会造成正面外部效应时，各地将削减这方面的开支，其结果是这种共享物品或服务的供给不足。反之，当提供某种地方性共享物品或服务会造成负面外部效应时，各地将不考虑社会总成本，其结果是提供这种共享物品或服务的成本与收益不成比例。总之，在存在跨地区外部效应的情况下，分权即使是在提供地方性共享物品或服务方面，也可能是低效率的。

(二)分权难以得到提供共享物品或服务的规模经济效应

对有些公共服务而言,使用他们的人越多,人均成本越低。这时,如果几个地区协调对这类公共服务的提供,这些地区的居民都会受益,因为摊到每个人头上的成本会因协调而降低。但各地区很难为此类协调达成共识,因为每个地区都将采取掩饰自己对这类公共服务偏好的战略,借此希望别的地区尽可能多地承担提供这类公共服务的成本,结果是好事难成。这就是说,在存在规模经济效应的情况下,分权在提供地方性共享物品或服务方面,也是低效率的。

(三)分权难以解决宏观稳定问题

宏观稳定的目标是高就业、稳物价,达到这些目标的手段无外乎是财政政策和货币政策。即使赋予地方政府运用这两种政策工具的权利,它们也无法达到宏观稳定的目标。假设某地试图通过大规模减税来刺激本地经济增长,以降低失业率。但只要当地经济是开放型的,减税形成的相当一部分购买力会用来购买产自外地的产品,从而增加外地的就业率,而不是本地的就业率。如果为了让本地经济从减税中得到全部好处而切断本地经济与外地经济的联系,则不仅整体经济效益,而且当地经济效益也会下降。再假设地方政府被授权决定货币发行量,这时每个地方政府就会产生强烈的扩大货币发行量的冲动。如果所有地方政府都决定增发货币,其结果必定是在全国范围引发物价暴涨,导致宏观经济的极度不稳定。

(四)分权难以解决收入再分配问题

政府进行收入再分配往往是出于社会正义和社会安定的考虑。不论是出于何种动机,靠地方政府来实行再分配都难以达到其目的。例如,为了缩小贫富差距,某地决定对富人征收高税,以便为穷人提供较大的福利。如果人们能够自由迁移,很快我们就会发现,富人纷纷搬出,穷人成群流入。结果该地区收入分配可能变得更平等,但成了贫民区,而别的地方富人则更集中了,这显然不是政策制定者想要达到的目标。如果不允许人们跨地区流动,不仅会降低整体经济的效率,也无助于在全国范围内实现公平分配,因为各地的财政能力高下不一,即使每个地区内部收入分配大致公平,各地之间的差别仍可能悬殊。

财政分权无法解决的问题正是财政集权的长处所在,财政集权能有效地提供全国性共享物品和服务,可以将跨地区外部效应内部化,有利于获得规模经济效应、实现宏观经济稳定和进行收入再分配。

三、财政职能在中央与地方政府之间的分工

财政学研究的一个中心问题就是财政的职能。财政的三大职能在单一政府的经济模式中只能由唯一的一个政府来行使,这是不言而喻的。但在一个拥有多级政府的经济体制中,出现了一个更进一步的财政职能的分工问题。政府间的财政职能分配主要考察的就是资源配置、收入分配以及经济稳定职能应如何在各级政府间合理划分,才能保证这些职能的有效执行。

(一)资源配置职能的分工

财政资源配置职能涉及生产什么与怎样生产这两个基本问题,并通过财政分配活动来实现。就产品属性讲,资源配置总是涉及公共产品与私人产品的合理匹配。政府提供的公共产品,实践中要由中央政府和地方政府承担不同的财政责任。

政府资源配置职责在中央与地方政府之间的划分应根据公共产品的受益范围来划分。某些公共产品,例如,国防、基础研究、中央行政、司法、立法机关、全国性的气象预报、航空、铁路、邮电、通信等,受益范围是整个国家,由于效益的外溢性,地方政府没有提供全国性的公共产品的积极性,或者即使提供,其数量也是不足的,对全社会来讲是一种效率损失。而某些公共产品,例如地方的

公安、城市消防、市政建设等,受益范围仅涉及某个地区。这就产生不同受益范围的公共产品应该由哪个政府来提供的问题。

公共产品的受益范围或利益归宿既然具有上述不同的空间属性,那么根据政府部门的配置理论就可以知道,公共产品的公共提供应该以该产品的利益归宿范围内的居民的偏好为依据,而且为了保证人们对公共产品偏好的显示,需要有一个政治程序(例如,在我国表现为各级人民代表大会制度),在这种情况下,某个公共产品的提供应该由其利益归宿范围内的居民来表决并支付其费用。换言之,受益范围是全国性的公共产品,应由中央政府来提供;受益范围若是地方性的,则就应按其受益范围的大小来确定应由哪一级地方政府来提供。

各个政府辖区不仅应该提供利益归宿于其范围内的公共产品,而且只能使用将公共产品成本内部化的财源,即享受公共产品效益的范围就应该是承担其成本的范围,受益者同时必须为成本的承担者。全国性的公共产品应由中央财政通过中央税收来承担它的成本,地方性的公共产品应由地方财政通过地方税收来承担它的成本。因此,这种按受益范围来划分中央与地方在公共产品提供上的责任,其积极意义在于将公共产品的效益与成本统一于同一个政府辖区,而不同的公共产品都有它们相应的政府辖区,这在客观上要求建立一个由多级政府辖区所组成的财政体制。这样,在这个财政体制中,各级财政由于能够将公共产品的效益与成本内部化,从而在其内部可以建立起有效配置资源的一个约束机制,各级政府的财政行为受到提供公共产品的成本和效益两方面的制约。各级政府辖区不会一味追求公共产品提供规模的扩大,它要在增加的税收成本与公共产品效益之间进行比较,如果前者大于后者,扩大公共产品提供的规模就是得不偿失的,这种趋势就会受到抑制;各级政府辖区也不会一味追求缩小公共产品提供的规模,如果放弃的公共产品的效益大于由此而减少的税收成本,那么公共产品提供规模的缩小必定要停止。显然,公共产品提供的边际成本和边际效益的对比关系,决定了各级政府提供公共产品的有效边界。

(二)经济稳定职能的分工

财政的经济稳定职能的目标是实现总供给与总需求之间的平衡。在中央与地方政府间的财政关系中,财政的这一职能只能由中央财政来承担。

1. 地方政府不能通过使用货币政策来实现经济稳定的目标。几乎所有国家的货币制造和销毁权都由中央政府掌握,地方政府没有制造新货币的权力。如果地方有权制造货币,则意味着某一地区的地方政府对其他地区的实际资源有无限的要求权,地方政府只会通过创造新货币来增加对商品和劳务的购买,而不是对其居民征税。这样,最终的结果将是货币发行混乱,货币量迅速扩张,造成巨大的通货膨胀压力。如果货币政策由中央政府来执行,那么其有效性在全国范围内就能得到保证,而且,中央政府统一的货币发行与管理能使货币政策得到有效的执行。

2. 地方财政的稳定措施会因"贸易漏损"而失效。一国范围内各地区的经济间具有高度的开放性,要素和商品在国内市场上的流动性很大,这种高度的开放性和流动性,严重地限制了地方政府使用反周期财政政策工具的能力。在这种情况下,某个地方所实施的扩张性或紧缩性的稳定措施,都会因"贸易漏损"而使之大部分失效。例如,实施扩大需求的扩张性政策会使其中的一部分需求漏损到其他地区,而实施减少需求的紧缩性政策会使减少的需求反映在对外地商品的消费上。倘若这种政策由中央政府来加以实施,那么这种漏损将不会发生或显得微乎其微,因为国与国之间商品、资本、劳动力的流动要受到国家对外政策的限制,经济开放度远远小于一国内各地区间的开放度,由中央政府来执行扩张性的财政政策,会降低进口漏损的程度,因而会使财政政策更加有效。

3. 地方以邻为壑的政策极易形成各地区间的税收竞争，扭曲资源的配置。在使用传统的货币政策和财政政策稳定经济的作用都不大的情况下，地方政府若要承担起稳定经济的职能，就必须使用其他政策。而某些做法，如给予新进入该地区的企业以低息贷款和税收优惠，会吸引大量的资金和企业涌入该地区，对地方经济的发展确实有很大的促进作用，然而从整个国家的角度看，这些政策带有很大的“以邻为壑”的特征，仅仅是把企业和资金从其他地方吸引到该地而已，并没有扩大整个国家的就业量和产出；相反，这些政策极易形成各地区间的税收竞争，扭曲资源的配置。

4. 地方政府设计和执行的反周期财政政策对经济稳定的作用不大。稳定经济的财政政策需要政府的预算周期性地发生赤字或盈余，即经济衰退时期，应扩大政府开支，减少税收，以扩张经济，因而会形成财政赤字；相反，在经济增长过快时期，应增加税收，减少政府开支，以形成财政盈余。地方政府设计和执行的反周期财政政策，具有很大的效益外溢性，同时成本较大。如某一地方政府采取扩张性的财政政策来扩大本地的需求，也会增加本地对其他地方产品的需求，本地政府的财政负担会增加，但所得到的好处并不大。就财政政策而言，经济稳定有赖于周期性的预算赤字或盈余，这就涉及相应的预算融资，即在赤字时借债而在盈余时偿债，这对地方政府来说困难重重：一方面，地方政府很难进入全国性的资本市场，从而难以利用这个市场为地方预算盈亏进行融资；另一方面，地方政府也无力操纵货币政策以支持其财政政策的执行。

当然，经济稳定的职能由中央财政来承担，并不意味着否定地方财政与宏观调控之间的联系。一方面，地方财政有着对宏观调控的影响，地方财政收支是整个国家财政收支中的一个重要组成部分，它必然对整个国家财政的收支规模、结构以及由此而产生的宏观效应产生不可估量的影响；另一方面，中央政府的宏观调控需要考虑地方财政的需要。地方财政收支可能会受到中央政府宏观调控的影响，而且地方政府取得信贷的机会及其成本也可能会受到中央银行货币政策的作用，此外，中央政府对地方政府的拨款还要视经济周期的情况而有所变化。

（三）收入分配职能的分工

收入分配的公平不仅包括在个人之间的收入再分配，还应包括地方政府之间的再分配。不论是从个人之间的再分配，还是从地区间的再分配来看，分配职能都应是中央政府的财政职能。

在劳动和其他要素具有充分流动性的条件下，如果由地方政府来实现收入分配的公平目标，则不同地区的收入再分配计划的差异会引起人员的流动。具体地说，如果某一地方政府想要实行更多的收入再分配，如对高收入者征收更高的累进税率，对低收入者给予更多的补贴，则会发现大量高收入者迁出该地，以寻找一个只有较少社会福利方案的地区居住，而低收入者则为高福利计划所吸引，会大量涌入该地区。这种富人的迁出和穷人的迁入违背了高福利计划的初衷，是任何一个政府管理者都不愿看到的结果，并且会使原来的再分配方案无法继续下去。由于害怕穷人的迁入，各个地方政府都不愿进行大规模的再分配计划，地区间的竞争结果是在全国范围内形成一个统一的较低的收入再分配标准，不利于公平目标的实现。因此，流动性的存在限制了地方政府进行收入再分配的能力，只有在国家这个层次上才存在着保证再分配职能发挥作用的不可流动性。

各个地方政府由于财政能力和财政需求的不同，提供相同的公共劳务水平，所需征收税收的税率是不同的。这样，两个条件相同的人会由于所处地区地方政府的财政状况的不同，承担不同的税负，这不符合“相同情况同样对待”的横向公平原则，因而中央政府有必要在各地区间进行收入的再分配，以平衡地方政府的财政能力。应当注意的是,这种地区间的收入转移并不能代替个人之间的收入再分配,因为穷的地区也有高收入者,向这一地区进行的收入转移不仅会使低收入者受益,也会使高收入者得到好处;同样,富的地区也有大量的低收入者,因而地区间的收入转移只能达到一种次优的公平目标,不能替代个人之间的收入再分配。

第二节　政府间的财政收支关系

一、分税制

(一)分税制的概念与内容

所谓分税制,是在国家各级政府之间明确划分事权及支出范围的基础上,按照事权和财权相统一的原则,结合税种的特性,划分中央与地方的税收管理权限和税收收入,并辅之以补助制的预算管理体制模式。

分税制的内涵极为丰富,它包括分税、分权、分征、分管等内容。分税即税收收入在中央与地方之间的划分。分税是分税制的核心问题,一般是按税种或税源,将全部税收划分为中央和地方两套税收体系。分权即税收的管理权限在中央与地方之间的划分。这里的税收管理权限包括税收的立法权、税法的解释权、征管权、调整权及减免权等。分征即分别建立中央税与地方税各自独立的征收系统。中央政府设置国家税务局,负责征收中央税和共享税;地方政府设置地方税务局,负责征收地方税。分征有利于保证税法的贯彻和各级税收收入的实现。分管即中央政府与地方政府之间建立分级预算,分别管理各自的收入。

(二)分税制的类型与特点

1. 分税制的类型。当前世界各国所实行的分税制预算管理体制,虽然形式多样,各具特色,但大体可以分为两种类型:

(1)完全分税型。完全分税型也可称为分权型分税模式。其特点是:①将税种按中央税和地方税彻底分开,不设置中央与地方的共享税,各级政府具有相对独立的税收体系;②中央和地方各自享有独立的税收立法权、调整权、减免权等;③设立中央和地方两套税收征收管理机构,明确划分各自的征收管理权限;④建立中央和地方分级预算管理体系,各自享有独立自主的财政收支权;⑤地方财政的最后平衡通过中央的转移支付解决。实行完全分税制的国家多为联邦制国家。

(2)适度分税型。适度分税型也称集权型分税模式。它与完全分税型所不同的是:①在税种划分上,除中央税和地方税外,还设置共享税;②中央制定统一的税收法律和管理法规,地方政府主要是执行中央的统一税法或以其为依据,制定本地的具体实施管理办法。实行适度分税制的国家多为单一制国家或称中央集权制国家。

2. 分税制的特点。分税制与其他类型的预算管理体制相比,在处理中央与地方的财政分配关系方面比较规范化、制度化。其主要特点是:

(1)明确划分各级政府的事权。事权的划分就是要明确中央政府和各级地方政府各自的管理职能和权限,这是实行分税制的前提条件。财政属于政府的分配,而各级政府所执行的特定职能是不同的,所以,应在划分事权的基础上,根据各级政府行使职能的需要,相应地划分其所应拥有的财政管理权限和财力。

(2)维护中央财政的主导地位。分税制的普遍做法是通过分税维护中央财政的主导地位。其主要表现是:在财力分配中,中央政府通过中央税和共享税的征收支配国家财力的主要部分;中央政府对地方有较强的调控能力。

(3)各级财政应拥有自己独立的主体税种。

目前我国地方税主体税种缺位,规模较小,难以支撑地方财政的运行局面。

（三）我国分税制改革的必要性及主要内容

1. 我国分税制改革的必要性。在我国社会主义市场经济快速发展的情况下，推行分税制具有很强的现实意义。

（1）分税制可以规范和稳定中央与地方之间的财政分配关系，减少相互之间的利益冲突和摩擦，使中央和地方各得其所，有效配置各自的财力。

（2）分税制有利于增强中央政府的宏观控制能力，这是因为分税制对公共财力的划分，能确保中央财政的主导地位，为国家调节收入分配和实施宏观政策提供了必要的财力保证。

（3）分税制有利于打破地区分割，规范地方政府行为，促使生产要素的合理流动和全国统一市场的形成。

（4）分税制能改变企业隶属于某一级政府的状况，既有利于企业转换经营机制，真正成为独立的市场经济主体，也有利于政府转换职能，致力于提高公共产品的供给效率和公共服务的供给水平。

2. 我国分税制改革的主要内容

（1）中央与地方的事权和支出划分。根据现行中央政府与地方政府事权的划分，中央财政主要承担国家安全、外交和中央国家机关运转所需经费，以及调整国民经济结构、协调地区发展、实施宏观调控所必需的支出以及由中央直接管理的产业发展支出。具体包括：国防费，武警经费，外交和援外支出，中央级行政管理费，中央统管的基本建设投资，中央直属企业的技术改造和新产品试制费，地质勘探费，由中央财政安排的支农支出，由中央负担的国内外债务的还本付息支出，以及中央本级负担的公检法支出和文化、教育、卫生、科学等各项事业费支出。

地方财政主要承担本地区政权机关运转所需支出以及本地区经济、事业发展所需支出，包括地方行政管理费，公检法支出，部分武警经费，民兵事业费，地方统筹的基本建设投资，地方企业的技术改造和新产品试制经费，支农支出，城市维护和建设经费，地方文化、教育、卫生等各项事业费，价格补贴支出以及其他支出。

（2）中央与地方的收入划分。根据事权与财权相结合的原则，按税种划分中央与地方的收入。将维护国家权益、实施宏观调控所必需的税种划为中央税；将同经济发展直接相关的主要税种划为中央与地方共享税；将适合地方征管的税种划为地方税，并充实地方税税种，增加地方税收收入。

中央固定收入包括：关税、海关代征消费税和增值税、消费税、中央企业所得税、地方银行和外资银行及非银行金融企业所得税；铁道部门、各银行总行、各保险总公司等集中交纳的收入（包括营业税、所得税、利润和城市维护建设税）、中央企业上缴利润等。而外贸企业出口退税，除 1993 年地方已经负担的 20% 部分列入地方上缴中央基数外，以后发生的出口退税全部由中央财政负担。地方固定收入包括：营业税（不含各银行总行、铁道部门、各保险总公司集中交纳的营业税）、地方企业所得税（不含上述地方银行和外资银行及非银行金融企业所得税）、地方企业上缴利润、个人所得税、城镇土地使用税、城市维护建设税（不含各银行总行、铁道部门、各保险总公司集中交纳的部分）、房产税、车船税、印花税、耕地占用税、契税、土地增值税、国有土地有偿使用收入等。中央与地方共享收入包括：增值税、资源税、证券交易税。增值税地方分享 25%；资源税按不同的资源品种划分，大部分资源税作为地方收入，但海洋石油资源税作为中央收入；证券交易税地方分享 20%。

（3）中央财政对地方税收返还数额的确定。为了保持地方既得利益格局，逐步达到改革的目标，中央财政对地方税收返还数额以 1993 年为基期年核定。按照 1993 年地方实际收入以及税制改革和中央与地方收入划分情况，核定 1993 年中央从地方净上划的收入数额（消费税 + 75% 的增值税 - 中央下划收入）。1993 年中央净上划收入全额返还地方,以保证现有地方既得财力,并以此作为以后中央对地方税收的返还基数。1994 年以后,税收返还额在 1993 年的基数上逐年递增,递增率按本地区增值税和消费税增长率的 1:0.3 系数确定,即本地区两税每增长 1%,对地方的税收返还则增长 0.3%。如果 1994 年以后上划中央收入达不到 1993 年基数,则相应扣减税收返还数额。

(4)原体制下的中央补助、地方上解及有关结算事项的处理。为顺利推行分税制改革,1994 年实行分税制以后,原体制的分配格局暂时不变,过渡一段时间再逐步规范化。

(四)完善分税制的必要性及思路

1. 完善分税制的必要性。由于采取渐进的改革方式,分税制预算管理体制只是首先建立了一个框架,因受原有体制的约束,在许多方面仍存在着与市场经济发展要求不相符合的问题。

(1)各级政府的事权范围和各级预算主体的支出职责尚缺乏科学、合理的界定。具体表现为:对政府职能未重新界定,政府职能转换范围不明确;中央与地方的事权划分基本上沿用传统体制下的划分方法,界限不清,存在交叉重叠。

(2)财权和收入划分不够科学、合理。财权和收入的划分应有利于分级治事并充分发挥税收的收入功能和调节功能,但现行分税制不能完全体现这一要求。首先,税收立法权和税收政策制定权过于集中,地方没有税收立法权,只有部分地方税收行政法规的制定权。这种税权划分格局与分税制存在着矛盾,不利于地方因地制宜地安排财政预算和进行财政管理。其次,分税制之后的企业所得税仍是按行政隶属关系划分的,这种划分方法不符合政企分离的原则,而且随着企业重组、合资、联营以及股份制等所有制组织形式的迅速发展,就更不能适应新形势的要求。再次,地方税收体系不健全,收入水平不高,自给率偏低。由于地方税收入来源不足,一方面限制了地方财政职能的有效发挥,另一方面促使地方政府寻求税外收入，以解决其行政事业经费或建设资金不足的问题，从而导致地方政府收入机制的紊乱。最后，省级以下预算管理体制不完善。我国地方政府有省、市、县、乡四个层次，这种层次较多的政权结构加大了分税制改革纵向深化的难度，特别是地方税主体税种的单一性使得难以在省以下各级政府间进行税种的划分。

2. 完善分税制的思路。结合我国实际，进一步完善分税制的基本思路是对目标模式有关问题加以改进和明确，调整现行制度有关内容，逐步形成科学、规范、相对稳定的中央与地方财政分配关系。

(1)进一步明确各级政府的事权范围和各级财政主体的支出职责。首先，根据政府职能的转换对财政职责范围重新界定。对过去保障不足的支出，如基础教育、基础科学、卫生保健、社会保障以及农业投入等要适当增加；而对"越位"的部分，如企业亏损补贴和价格补贴等要逐步减少，或逐步取消。其次，在明确财政职责范围的前提下，重新划分中央与地方的支出职责。在我国的财政支出中投资支出的比重相对较大，而投资支出职责的划分，是事权划分和支出职责划分的关键，主要是要明确各级政府的投资方向和重点。一般而言，中央政府的投资应侧重全国性能源、交通、电讯投资，治理大江大河和水利设施投资，自然资源和环境保护投资以及新兴产业和高科技产业投资等，逐步从一般性盈利领域退出；地方政府则应侧重教育、卫生保健、农业、城镇建设、公共设施以及地方性基础产业投资等；跨地区的大型投资项目，或由中央出资，或由中央与地方共同出资，或按受益原则出资。

(2)调整税收划分的格局和税收管理权限。按照政府职能分工层次标准和公共产品受益范围标准，将涉及全国范围的宏观经济稳定、收入分配公平的税种及税基分布不均匀的税种划给中央政府；将涉及地方性的、便于地方管理的、受经济周期影响较小的税种划给地方政府，实行以分税分率制为特征的彻底的分税制，将税种划分为中央税和地方税，而不设置共享税。在税收立法权和管理权方面，应当适当下放权限，以体现集权为主、分权为辅的指导思想，给地方以一定的本级税收立法权和管理权。

(3)建立科学合理的政府间转移支付制度。这是完善分税制预算体制不可或缺的重要内容。我国必须尽快改变税收返还的做法，采用转移支付制度，即按客观因素，包括人口、人均 GDP、城市化程度、人口密度等一般因素和少数民族、特殊地位等特殊因素，依照科学合理的计算公式算出各地标准财政收入和标准财政支出，确定各地财政收支差额，在综合平衡的基础上实现转移支付。只有这样，才能使各地的财政地位更加均等，抑制地区间不平衡发展，缩小各地提供公共产品能力的悬殊差距。

(4)加强财政资金管理，提高地方财政的运行质量。在分税制模式下，绝大部分收入集中在中央，而绝大部分支出下放到地方使用和管理；因而财政运行质量的提高主要在于提高地方财政的运行质量。首先，地方政府要加强对财政资金使用的管理和监督，控制支出的方向，优化支出结构；其次，要完善上级财政部门对下级的财政监督机制，建立一整套财政支出效益的考核指标，逐步实现财政由供给型向效益型的转变；再次，在完善税制和税外收费逐步清理的基础上，规范政府收入分配机制。

二、政府间支出责任的划分

在中央和地方政府间划分财政收支范围的基础在于其支出责任的划分。各国划分中央与地方政府间支出责任的基本理论依据一般是社会共同事务的受益空间划分理论，然而，在现实经济生活中，政府财政活动远比人们想象的要复杂得多，因此，社会共同事务的受益空间划分理论只不过是人们用来确定政府间财政支出责任的主要理论依据之一。

（一）划分政府间财政支出责任的主要依据

1. 社会共同事务受益空间的划分。社会共同事务的受益空间划分理论对政府间财政支出责任划分的意义在于，它是按照受益的覆盖面来划分政府间财政支出责任的。就中央与地方政府的关系而言，凡是其受益面覆盖全国的社会共同事务，其支出的责任就应当属于中央政府，否则就应当属于地方政府。

以社会共同义务的受益空间为标准划分中央政府与地方政府间的支出责任，实际上是分三个方面进行的：首先，对于那些外部性空间界线明确的社会共同事务需要明确划分中央与地方之间的支出责任，比如说，国防的支出责任就明确地由中央政府来承担，而地方性的基础设施建设的支出责任则明确地由地方政府来承担；其次，对于那些外部性空间界线虽然比较清楚，但是其受益面只涉及若干个地区而不是全国的社会共同事务来说，中央通常是以参与的方式承担一部分支出责任，如跨地区公路、铁路、邮电通信等建设项目；再次，对那些外部性空间界线不清楚，并且会随着时间的推移而发生相应变化的社会共同事务来说，许多国家也是采取由中央政府在一定程度上“参与”的办法，与地方政府共同承担这部分社会共同事务的支出责任，如教育、环境保护项目等的支出责任。

总之，从理论上来说，各类项目在多大程度上使外地国民受益，应当成为中央政府分担支出责任的主要依据，然而，在实践中，某些社会共同事务的“外溢”程度是很难判断的。

2. 再分配与平衡。区域经济发展的不平衡在客观上决定了各个地方政府之间存在着社会共同事务供给能力上的差异，并由此导致生活在某些地区的居民不能获得最基本的社会共同事务。为了保证地区间经济的均衡发展，有必要均衡地区间社会共同事务的供给能力，至少应当保证经济落后地区政府具有最基本的社会共同事务的供给能力。这实际上就是要求有一部分财政资金从经济发达地区往经济落后地区转移。然而,在现实的经济生活当中,在没有中央政府介入的情况下,实现地方政府间资金的平行转移几乎是不可能的,因此,需要中央政府承担在有关区域间进行收入再分配并平衡地区间社会共同事务供给水平的支出责任。

(二)划分政府间支出责任的一般方法

有关政府间支出责任的划分,是财政分权理论的一个重要内容。按照财政分权理论,政府间支出责任的划分应先于政府间收入的划分。

一般地,按照支出责任的归属情况,可以将社会共同事务分为三类,如表12-1所示。

第一类是由中央政府(或联邦政府)承担其支出责任的社会共同事务。从一些国家的实践来看,通常将国防、外交、全国性的立法与司法、全国性的财政政策和货币政策以及对中央银行的管理支出等惠及全国居民的社会共同事务的费用作为中央政府财政支出的责任。

第二类是由地方政府承担其支出责任的社会共同事务。这类事务通常只是惠及本地居民,主要包括:地区性的交通、警察、消防、教育、环保、城市供水、下水道、垃圾处理、公园、地方经济的发展以及地方性法律法规的制定和实施等费用。

表12-1　中央与地方政府间的财政支出责任划分的基本框架

内容	责任归属	理由
国防	中央	全国性的社会共同事务
外交	中央	全国性的社会共同事务
金融与货币政策	中央	全国性的社会共同事务
国际贸易	中央	全国性的社会共同事务
地区间的收入再分配	中央	全国性的社会共同事务

续表

内容	责任归属	理由
邮政	中央	跨地区性的社会共同事务
全国性交通通信设施	中央与地方	跨地区性的社会共同事务，外部效应
失业救济、养老保险和医疗保险	中央与地方	居民间的收入再分配，地区性的社会共同事务，外部效应
环境保护	中央与地方	地区性的社会共同事务，外部效应
教育	中央与地方	地区性的社会共同事务，外部效应
地区性交通	地方	地区性的社会共同事务
卫生	地方	地区性的社会共同事务
供水、下水道、垃圾处理	地方	地区性的社会共同事务
警察、消防	地方	地区性的社会共同事务
公园、娱乐设施	地方	地区性的社会共同事务
公共住宅的修建	地方	地区性的社会共同事务

资料来源：姜维壮主编，《中国当代财政学》，中国财政经济出版社，第434页。

第三类是由中央和地方共同承担其支出责任的社会共同事务，或者是支出责任归属不明确的社会共同事务。这些社会共同事务又可以进一步分为三种情况：第一种情况是，某些社会共同事务，虽然不一定是惠及全国的，但其项目本身却是跨地区的，因此需要中央政府的参与。如跨地区的铁路、公路、水运、邮电等项目。第二种情况是，有些项目虽然位于某一个地区，但其获益者却不限于本地居民，为了解决其外部效应的补偿差异问题，需要中央政府进行参与，如环保、教育（尤其是高等教育）等。第三种情况是，涉及地区间的收入平衡以及资源配置问题的项目。社会经济资源，尤其是人力资源的流动，往往具有收入导向与福利导向的特点。像失业救济、对穷人的补贴、医疗保险及养老保险等项目的费用，如果完全由地方政府承担，往往会出现由于各地福利水平不同而引起居民向福利水平较高地区流动的情况，因此，需要中央政府的介入。

三、政府间收入的划分

中央与地方之间的事权划分清楚以后，还要划分中央与地方之间的收入，也即划分财权。

（一）中央与地方政府之间收入划分的原则

1. 效率原则。效率原则就是以征税效率高低为划分标准，这是从征收方来说的。例如，所得税的征收对象为各类所得，但是所得税的纳税人和征税对象都具有流动性，如果由地方政府来征收所得税，由于税收管辖权的不同，势必给税收征管带来困难，造成税收征收上的低效率，并且纳税人也容易偷漏税。如果由中央政府征收，税收的征管就更具有效率。再如财产税，由于其税源分散，核查困难，如果由中央政府进行征收，因为中央政府对地方情况不熟悉，需要耗费大量人力、物力和财力进行核查，这显然不符合税收征管的效率原则，所以财产税一般由地方征收。

2. 适应原则。适应原则就是以税基广狭为划分标准，税基广的税种归中央政府征收，税基狭的税种归地方政府征收，如印花税、个人所得税等税种税基广泛，应由中央政府征收；房产税的税基在于房屋所在区域，较为狭窄，应由地方政府征收。

3. 恰当原则。恰当原则就是以税负分配公平为划分标准。例如，所得税在西方国家是为了使全国居民公平负担租税而设立的，如果这种税由地方政府来征收，就难以达到上述目标，所以所得税应为中央税。

4. 经济利益原则。经济利益原则就是以税收的调控能力为划分标准。那些宏观调控能力强的税种应划为中央税，如所得税，因为其具有较强的宏观调控能力，如果由地方征收，国家利用所得税调控经济的能力必将削弱。再如，营业税的宏观调控能力较弱，所以通常由地方政府进行征收。也就是说,属于中央政府的税收应该是那些税源广泛、对宏观经济调控能力较强、具有公平税负和再分配性质,适于中央政府征收的税种,而其他的税种应该划为地方税或共享税。

(二)中央与地方政府之间在具体收入上的划分

根据中央与地方收入划分的原则,下面我们将具体阐述每个税种的归属。

1. 所得税。个人所得税是一种具有再分配性质的税种,具有较强的宏观调控能力,它的课税对象是流动的,所以应由中央政府征收,或者主要由中央政府征收,地方政府可以用税收附加的形式课征一部分,作为对课税对象从地方公共服务受益的一种补偿。公司所得税的征收对象也具有流动性,由中央政府征收更具有效率性。如果由地方政府征收,那么公司就有可能通过转让定价将收入转移到低税收的地方,以此来避税,甚至利用各地方征收管理协调上的困难逃税。因此,公司所得税应由中央政府征收,或者主要由中央政府征收,地方政府以附加的形式进行征收。

2. 关税。关税包括进口关税和出口关税,对国家的进出口具有较强的调控能力,是保护国家经济利益的主要政策工具,应该由中央政府进行征收。

3. 资源税。资源税税基具有地区间分布极其不平衡的性质,若由地方政府征收,势必会使地区不平衡长期化,加大地方贫富的差距,并且各地会仅仅因为自然资源分布的差异形成财政能力的不平衡,加大中央政府进行地区间财力调节的难度。另外,由于自然资源收入具有不稳定性和非持久性,所以自然资源收入不该作为地方政府的一种适当的收入来源。因此,让自然资源归国家所有并分享有关的租金,是合情合理的。资源税可以由中央政府征收,或者由中央与地方政府共同征收。

4. 财产税。财产税的征收对象如房屋等,通常具有不可流动性，且税源分散，核查困难，由地方政府征收更符合效率要求。

5. 增值税。单一环节的销售税可以由任意一级政府来征收，但增值税是多环节征收的，如果让各级地方政府来征收这种税，征收对象的流动性将使征管具有很大的难度，并且，如果各地区税率或税基不同，那么征管将更加困难。因此，增值税由中央政府来征收是可取的，地方政府可以参与分成。

6. 营业税。营业税税源分散，宏观调控能力弱，所以应该由地方政府征收。

我国目前中央与地方财政收入是按照税种来划分的。税种划分原则是，将收入大、辐射影响范围广、维护国家权益、宏观调控强、宜于中央征收的税种划为中央税；将税源分散、辐射影响范围小、不宜统一征收管理、便于因地制宜发挥地方优势的税种划为地方税；将征收面宽、收入弹性大、涉及中央和地方共同利益的税种划为中央与地方共享税。

第三节　政府间的财政转移支付制度

一、转移支付概述

（一）政府转移支付制度的含义与特点

1. 政府转移支付制度的含义。政府间财政转移支付是指一国基于各级政府的财政收入能力与支出需求的不一致，以实现各地公共服务水平的均等化为目标而实行的一种财政资金转移或财政均衡制度。政府转移支付制度有广义与狭义之分。广义的政府间财政转移支付有三种转移形式：一是上级政府将其财政资金的一部分转作下级政府预算收入来源的补助形式；二是下级政府将其预算收入的一部分转移给上级政府；三是同级政府之间一部分预算收入的相互转移。狭义的财政转移支付主要指上级政府将其财政资金的一部分转移给下级政府。这里讲的转移支付一般指狭义的转移支付。

2. 政府间财政转移支付的特点

(1)制度化和法制化。中央财政可以主动地运用法律形式规范转移支付的用途、标准和数量,使得中央政府的转移性财力分配做到有法可依、有章可循,从而把政策调节建立在法律约束和客观公平的基础上,避免受到人为因素的消极影响。

(2)运用方式灵活。各种各样的转移支付形式,是有着各不相同的特定功能的。依照调控目标的不同,中央政府可以选择不同的方式,为实现既定的目标服务。

(3)政策性强。中央政府可以紧密地结合实际情况,根据经济发展需要及既定的产业政策,来确定转移支付政策的方式、数量、比例和目标,优化经济结构,激发市场活力,促进经济的良性运转,做到有的放矢。

(4)内部性。内部性是指转移支付的范围仅限于上下级各级财政纵向之间或横向财政各区域之间的财政资金流动,即财政资金只在政府内部上下级政府以及同级政府之间的相互再分配,财政资金并不流出政府之外。其主要方式是中央政府向省政府以及省政府向地方政府的纵向财政资金转移,有些国家同时还以各省之间的横向财政资金转移作补充(如德国)。

(5)公正性。公正性主要体现在通过政府间的财政转移支付,有效地调节各地客观存在的财政经济发展差距,使居住在全国各地的居民均可享受到由政府提供的大体相当的公共服务水平。

(二)实施转移支付的目的

1. 实现横向财政平衡。财政横向失衡,即同级政府的不同地区之间存在财政收支方面的差异。从收入方面来看,由于各个地区之间经济基础、产业结构、收入水平等方面的不同,使得财源的分配情况有很大的差异;从支出方面来看,由于各个地区之间存在着发展程度、自然条件、人口规模和结构、行政管理规模等方面的差别，因而在支出需求上也是各不相同的。一个国家不同地区间的经济发展程度差异，在财政上的具体体现就是发达地区财政收入充裕，而落后地区税源狭小，财政状况拮据。而与此同时，落后地区却比发达地区更需要大量的基础设施方面的投资。当比较富裕的地区出现财政盈余而落后地区却面临财政拮据时，就意味着横向财政失衡问题的存在。显然，横向财政失衡状况的存在和加剧是不利于各地区的均衡发展和社会共同进步的，因而需要通过政府间财政转移支付来解决这种横向失衡问题。

2. 实现财政纵向平衡。财政纵向失衡，即在多级财政体制中，上下级政府之间出现财政收支差异。在各级政府之间既定的支出范围和收入范围得以确定之后，当某一级政府财政面临着赤字，而其他级次的政府却出现盈余时，就意味着纵向财政失衡问题的存在。最常见的一种财政纵向失衡现象就是中央政府掌握较多的财力而地方财政处于收不抵支的情况。无论是从公平还是从效率的角度来看，纵向失衡问题都需要加以解决。而主要的解决办法，便是协调上下级政府之间的资金往来关系，运用财政转移支付政策和手段。

3. 纠正公共产品的外溢性问题。由于公共产品具有明显的外溢性，对地方政府来说，在外溢性存在和成本自担这两种因素的共同作用下，其提供公共产品时所采取的策略就很容易出现某种程度的扭曲和偏差。当公共产品存在正外溢性时，从本地区利益出发，地方政府有可能高估提供公共产品的成本，而低估其整体效益，并有可能以无法完全负担成本为由，减少此类外部效应比较理想的公共产品的提供。当公共产品存在负外溢性时，地方政府则容易高估该公共产品的正效应，低估或者忽视提供该公共产品的成本，从而使这种附带着的外部不经济继续存在乃至有所增加。这种扭曲性政策的实施，不仅影响了区域性公共产品的提供和本地区及相关地区居民的利益，而且也不利于地区间经济关系的协调。在这种情况下，有必要由中央政府出面对具有外溢性的公共产品的提供实行必要的转移支付，纠正提供公共产品上的成本与效益的不对称问题。

4. 促进落后地区的资源开发和经济发展。由于各地区地理条件、人口素质、资源状况以及其他要素禀赋的差异，在一定时期内各地在经济发展水平上存在某种差距是必然的。但如果这种差距过大并任其发展，则会引起资金、人才、劳动力的非规则流动，造成地区间的利益矛盾，严重时甚至会导致社会动荡。因此，国家需要以一定的政策措施促进落后地区的资源开发和经济发展，逐步缩小地区间的经济差距。运用政府间转移支付手段，可以增加对落后地区的资金投入，加大其资源开发、基础设施和公共项目的建设力度，引导资源向落后地区流动，协调区域经济关系。

二、转移支付的种类与效果

从我国和世界上其他一些国家的实践来看，转移支付可分为无条件转移支付和有条件转移支付。其中，有条件转移支付分为有条件的专项补助和有条件的配套资金补助，而后者又可进一步地分为有限额的配套资金补助和无限额的配套资金补助两种类型。

（一）无条件转移支付

无条件转移支付是指中央政府向地方政府的不附加任何条件的转移支付。从理论上来说，这种无条件的转移支付可以用来解决纵向和横向的不平衡问题。由于上级政府对补助的款项不作用途上的限制，接受补助的下级政府可以根据自己的偏好决定补助金的用途，以达到效用的极大化。

（二）有条件的专项补助

有条件的专项补助是指下级政府所得到的上级政府的补助款

项必须按照上级政府的要求用于专门的用途(即购买公共产品或从事公共产品项目),它与无条件转移支付形式的主要区别是,下级政府不能自由支配上级政府所给的补助款项来选择其所需的公共产品组合,从而达到其主观评价的效用极大化。从上级政府的立场上看,指定补助款项用于专门的用途,可以实现上级政府的意图(上级政府的效用评价可能与下级政府的评价有差异,这涉及对公共产品效用的价值判断问题),也可以节省为实现该项目所需的补助款项。

(三)无限额配套性转移支付

上级政府在对下级政府进行无限额配套性转移支付时,不但指定了该项资金的用途,而且还要求下级政府配备相应的拨款。

(四)有限额配套性转移支付

这种补助的方式与上述方式的主要区别是,上级政府对下级政府的配套补助是有限额的。上级政府在对下级政府进行有限额配套性转移支付时,不但指定用途,要求下级政府出一定的配套资金,而且对上级政府转移支付的最高数额还有规定。

三、我国转移支付制度的规范

分税制改革后,我国政府之间的转移支付在形式上向规范化迈进了一步,即有了基本的统一的制度,但明显带有过渡的性质,表现在目前转移支付中的税收返还,是在实行分税制时以维护地方既得利益为前提设计的,没有考虑地区收入能力和支出需求之间的客观差异,过多地保留了一些过渡性措施;另外,现存的专项补助和结算补助还带有相当大的随意性,既不规范也没有建立起科学测算财力的计算公式。因此,我国的转移支付制度亟待规范。

(一)选择适合我国国情的转移支付模式

国际上转移支付模式有两种,一是单一纵向的转移支付制度,即单一的自上而下的垂直转移支付;二是以纵向为主,纵横交错的转移支付制度,即对于政府间的转移支付。中央不仅统一立法,并且直接通过特定手段进行纵向的转移支付,同时又负责组织各地区之间的直接转移支付。后一种转移支付模式既可以实现国家宏观调控的政策目标,又可以解决财政经济落后地区公共财政开支不足的问题,并有助于解决各地区经济发展极不平衡所带来的各地财政地位不同的问题。但是,我国到目前为止一直采用的是单一的纵向转移支付形式,况且我国转移支付的当务之急是解决纵向非均衡问题。因此,目前可以首先将单一的纵向转移支付法制化、弹性化,增加透明度,减少随意性,即建立健全单一纵向的转移支付制度。

(二)运用有效的转移支付手段

政府间转移支付手段的选择,取决于其要实现的目标。根据转移支付手段的不同功能和我国转移支付的目标,我国可以设置一般性转移支付和特殊性转移支付制度。前者主要用于解决经济落后地区财政自求平衡能力的不足;后者主要用于帮助落后地区居民享有与整个国民经济发展水平相适应的公共服务,具体说来就是用于落后地区文教、科学、卫生和生态环境的改善,以及能源、交通、通信等基础条件的改善,可以对地方政府提供的区域性公共服务受益溢出进行弥补。

(三)建立合理的转移支付测算体系

采用"因素法"对各地区进行因素评估,是建立科学、合理的转移支付制度的重要手段。这种因素评估不能任意设定,只能按照各地区的经济、社会等客观因素,经过统计分析加以确定。"因素法"的基本思路是:首先,从某地区的财政支出入手,找出影响该地区财政支出水平的几类因素,如人口、面积、行政机构数量等一般因素,社会事业发展因素,经济发展水平因素,自然条件因素和其他特殊因素等五大类因素;然后,按各类因素影响程度大小确定计分标准,并计算出各省得分及每一分的分值;最后,再以分值乘以各省得分计算出各省财政支出。具体来看,可分为以下四步:①确定该地方支出占全国财政支出的比例和支出的总额。②找出影响地方财政支出的五类因素。③通过反复测算,给每个因素确定计分标准。该项测算既要使各省的支出需要比较接近现实,又要能体现财政均等化要求。④按标准分别计算出各地得分,再以全国的地方财政总支出除以全国总分,得到每一分的分值。以分值分别乘以各省得分,就得到各省财政支出的标准需要。

这种方法的优点是中央在测定财政支出时有较大的主动权,计算公式也比较简单。其关键是各项因素计分标准的确定,它直接关系到均等化转移支付的政策导向,所以应反复测算比较确定。其缺点是忽略了对地方财政收入能力的考虑。

思考题

1. 试分析财政分权的必要性。
2. 财政职能如何在中央与地方政府之间进行分工?
3. 为什么要完善分税制?应如何完善?
4. 试分析划分政府间财政支出责任的主要依据和一般方法。
5. 试比较各种转移支付方式的适用条件和效果。

主要参考书目

1. 储敏伟,杨君昌. 财政学[M]. 北京:高等教育出版社,2000

2. 陈共. 财政学[M]. 北京:中国人民大学出版社,2001

3. 邓子基,邱华炳[M]. 财政学[M]. 北京:高等教育出版社,2001

4. 张志超. 现代财政学原理[M]. 天津:南开大学出版社,1999

5. 张馨. 当代财政与财政学主流[M]. 北京:中国人民大学出版社,2000

6. 蒋洪. 财政学[M]. 上海:上海财经大学出版社,1996

7. 刘宇飞. 当代西方财政学[M]. 北京:北京大学出版社,2000

8. 刘隽亭,许春淑. 财政学[M]. 天津:天津科技出版社,2000

9. 刘玲玲. 公共财政学[M]. 北京:清华大学出版社,2000

10. 胡庆康,杜莉. 现代公共财政学[M]. 上海:复旦大学出版社,2000

11. [美]哈维·S. 罗森. 财政学[M]. 第4版. 北京:中国人民大学出版社,2000

12. 邓子基,邱华炳. 财政学[M]. 北京:高等教育出版

社,2000

13. 龚仰树．国债学[M]．北京:中国财政经济出版社,2000

14. 赵远军,周侃．国债市场与投资[M]．上海:立信会计出版社,1998

15. 平新乔．财政原理与比较财政制度[M]．上海:上海三联书店,上海人民出版社,1995

16. 高培勇．国债投资知识与诀窍[M]．北京:中国金融出版社,1995

17. 王雍君等．政府间财政关系[M]．北京:中国经济出版社,1998

18. 董辅礽．集权与分权:中央与地方关系的构建[M]．北京:经济科学出版社,1996

19. 王绍光．分权的底线[M]．北京:中国计划出版社,1997

20. 王雍君,张志华．政府间财政关系经济学[M]．北京:中国经济出版社,1998

21. 薛敬孝,佟家栋,李坤望．国际经济学[M]．北京:高等教育出版社,2000

22. 胡代光．西方经济学说的演变及其影响[M]．北京:北京大学出版社,1998

23. 梁小民．高级宏观经济学[M]．北京:北京大学出版社,2002

24. 王志伟．现代西方经济学流派[M]．北京:北京大学出版社,2002

25. Bahl, Roy W. and Linn, Johannes F. Urban Public Finance in Developing Countries. New York: Oxford University Press, 1992

26. Bird, Richard M. Threading the Fiscal Labyrinth: Some Issues in Fiscal Decentralization. National Tax Journal XLVI, 1993(2).

27. Dangdai Zhongguo Caizheng Editing Committee. Public Fi-

nance in Modern China (Dangdai Zhongguo Caizheng). Beijing: China Social Sciences Press, 1988

28. Lardy, Nicholas. Centralization and Decentralization in China′s Fiscal Management. the China Quarterly 61, March 1975.

29. Lin Justin Yifu, Liu Zhiqiang and Zhong Funning. Fiscal Decentralization and Rural Development in China. a Report Submitted to the World Bank, June 1997

30. Oates, Wallace E. Fiscal Federalism. New York: Harcout Brace Jovanovich, 1972

后　记

中国加入世界贸易组织后，国内经济与国际经济的接轨越来越广泛。理论的发展总是以实践为先导的，财政理论的更新已迫在眉睫。本教材的编写，尽可能地借鉴和吸收各方面的观点，并运用国际通用的市场经济理论规范进行阐述。当然，任何分析都不能脱离我国的国情。追求理论联系实践的统一，是本书行文遵循的基本原则。

本书编写工作的分工为：许春淑撰写第一、二、三、四、五章；刘隽亭撰写第六、七、八、九章；赵玉平撰写第十章；王开宏撰写第十一章；梁学平撰写第十二章。全书由刘隽亭和许春淑拟定写作框架，并负责定稿的修改。

本书的编写和出版得到了许多领导、专家的大力支持，特别需要说明的是天津商学院院长、经济学博士刘书瀚教授，副院长、法学博士魏胤亭教授，副院长刘文江研究员，教务处长、博士后黄作良教授，天津市高校教材研究会秘书长徐金岭处长为本书的出版提供了诸多帮助，天津财经大学原财政系主任王维舟教授于百忙之中为本书作序，在此谨对他们致以衷心的感谢！

限于作者水平，书中不足之处在所难免，恳请专家和读者不吝赐教，以使该书更加完美。

作　　者

2004 年 1 月